- 研究阐释党的十九届五中全会精神国家社科基金重大项目(21ZDA063)
- 国家社科基金一般项目(20BJL084)
- 教育部人文社会科学研究规划基金项目(22YJA790060)
- 陕西省社科基金项目(2022D025, 2022D036, 2022D039)
- 陕西省软科学研究项目(2022KRM125)
- 教育部人文社会科学重点研究基地——西北大学中国西部经济发展研究中心建设项目
- 西北大学"双一流"建设项目资助（Sponsored by First-class Universities and Academic Programs of Northwest University）

中国城乡发展报告（2022—2023）

巩固拓展脱贫攻坚成果同乡村振兴有效衔接

理论探索、政策分析与案例研究

白永秀　吴振磊　王颂吉　郭俊华　吴丰华　王泽润◎等 著

Consolidating and Expanding the Achievements of Poverty Alleviation and Effectively Linking with Rural Revitalization:

Theoretical Exploration, Policy Analysis and Case Study

中国经济出版社
CHINA ECONOMIC PUBLISHING HOUSE
北京

图书在版编目（CIP）数据

巩固拓展脱贫攻坚成果同乡村振兴有效衔接：理论探索、政策分析与案例研究 / 白永秀等著. -- 北京：中国经济出版社，2023.8

ISBN 978-7-5136-7421-8

Ⅰ.①巩… Ⅱ.①白… Ⅲ.①扶贫-研究-中国 ②农村-社会主义建设-研究-中国 Ⅳ.①F126②F320.3

中国国家版本馆 CIP 数据核字（2023）第 154492 号

责任编辑	贺　静
责任印制	马小宾
封面设计	华子设计

出版发行	中国经济出版社
印　刷　者	河北宝昌佳彩印刷有限公司
经　销　者	各地新华书店
开　　　本	710mm×1000mm　1/16
印　　　张	24.5
字　　　数	389 千字
版　　　次	2023 年 8 月第 1 版
印　　　次	2023 年 8 月第 1 次
定　　　价	98.00 元

广告经营许可证　京西工商广字第 8179 号

中国经济出版社　网址 www.economyph.com　社址 北京市东城区安定门外大街 58 号　邮编 100011
本版图书如存在印装质量问题，请与本社销售中心联系调换（联系电话：010-57512564）

版权所有　盗版必究（举报电话：010-57512600）
国家版权局反盗版举报中心（举报电话：12390）　　服务热线：010-57512564

前言
preface

　　打赢脱贫攻坚战、全面建成小康社会之后,要进一步巩固拓展脱贫攻坚成果,接续推动脱贫地区发展和乡村振兴。2020年12月16日,中共中央、国务院发布了《关于实现巩固拓展脱贫攻坚成果同乡村振兴有效衔接的意见》,对这一战略任务做出全面部署。本书以西部地区为主要研究地域,围绕"巩固拓展脱贫攻坚成果同乡村振兴有效衔接"开展理论探索、政策分析与案例研究。其中,第1篇为理论探索,包括第1章至第3章的内容,研究了巩固拓展脱贫攻坚成果同乡村振兴有效衔接的研究进展、深化研究方向以及乡村振兴的实施路径等问题;第2篇为政策分析,包括第4章至第6章的内容,研究了巩固拓展脱贫攻坚成果同乡村振兴有效衔接的政策演进与逻辑,以及区域性扶贫政策评估等问题;第3篇为案例研究,包括第7章至第12章的内容,研究了西部地区巩固拓展脱贫攻坚成果同乡村振兴衔接的39个案例。

　　第1章为巩固拓展脱贫攻坚成果同乡村振兴有效衔接的研究进展及深化研究方向。本章在梳理学术界已有研究的基础上,提出构建以"三大理论依据""三层次关系"为核心的有效衔接理论框架,探索以"五大衔接"为主要内容的有效衔接路径,完善包括衔接主体体系、衔接支持体系的有效衔接体系,按照"退出、延续、升级、新增"的思路创新有效衔接政策,最终形成包括衔接理论研究、衔接路径研究、衔接体系研究、衔接政策研究在内的巩固拓展脱贫攻坚成果同乡村振兴有效衔接的研究内容体系。

　　第2章为中国特色减贫道路的一般框架与经验借鉴。本章基于对中国减贫实践的历史考察与特征分析,把中国特色减贫道路的一般框架概括为以人民为中心的制度体系、以发展为中心的政策体系、以协同为中心的工作体系和以创新为中心的工具应用体系，对中国特色减贫道路所蕴含的特殊性与一般性进行了辩证分析。把中国特色减贫道路的一般经验提炼为强化领导、连续规划、动态瞄准、发展导向、多维协作、上下互动。

第3章为乡村振兴的历史渊源与实施重点。本章研究认为，乡村振兴战略是我国面向新发展阶段支撑中国式现代化、推动高质量发展、促进城乡融合、破解主要矛盾、实现共同富裕的重大发展战略。乡村振兴具有深厚的历史渊源，是新中国成立后党对"三农"工作认识深化、实践发展的结果，是社会主义新农村建设的全面升级。乡村振兴赋予了乡村建设与发展以"产业兴旺、生态宜居、乡风文明、治理有效、生活富裕"的新目标和"产业振兴、人才振兴、文化振兴、生态振兴、组织振兴"的新内容，其中，产业振兴和人才振兴是乡村振兴战略实施中的重点内容，县域经济和县城建设是乡村振兴的重点空间，基础设施建设是乡村振兴的重点支撑。

第4章为巩固拓展脱贫攻坚成果同乡村振兴有效衔接的政策演进及其逻辑。本章从政策变化、提法变化、新增政策、沿用政策四个维度，分别梳理了包括产业、人才、文化、生态、组织、集体经济、基础设施和公共服务、易地搬迁、帮扶模式、金融信贷在内的十大领域的政策在脱贫攻坚和有效衔接两个阶段的演进内容，总结提炼出这些政策的演进促进了从脱贫攻坚到乡村振兴发展中的"两个转向"和"四个转变"。在此基础上，分析了政策演进的内在逻辑，即"一条主线、三个依据"。"一条主线"是指从脱贫攻坚到有效衔接再到乡村振兴政策的演进过程始终围绕共同富裕的主线不断深化；"三个依据"是政策的连续性、乡村振兴的现状及国外乡村振兴政策。巩固拓展脱贫攻坚成果同乡村振兴有效衔接，无论从政策上还是在实践上都处于探索中，还需要在政策上进一步具体化，在实践上进一步大胆探索，做实做细，做出成效。

第5章为巩固拓展脱贫攻坚成果同乡村振兴的耦合协同关系。本章以秦巴山区75个县（区）为研究对象，构建脱贫攻坚和乡村振兴的耦合协同综合评价指标体系，运用因子分析法和耦合协调度模型，测度2019年脱贫攻坚和乡村振兴的综合水平及二者耦合协调度。研究发现：相对于脱贫攻坚，秦巴山区目前处于乡村振兴滞后期；秦巴山区整体处于脱贫攻坚同乡村振兴有效衔接的初级阶段，其中有62%的县（区）处于初级协调及以下，87%的县（区）处于中级协调及以下；摘帽越早的县（区）平均耦合协调度越高；秦巴山区脱贫攻坚同乡村振兴耦合协调程度地区差异明显。基于上述结论，本章从产业、人才、文化、生态、组织等方向提出"五大衔接"路径，以期推动秦巴山区加快实现巩固拓展脱贫攻坚成果同乡村振兴有效衔接。

第6章为区域性扶贫政策的增长与分配效应。本章利用2006—2016年县级面板数据，以集中连片特困区的确立为政策冲击，从增长和分配效应双重视角研究了区域性扶贫政策的效果。在增长效应方面，基于双重差分法和多种稳健性检验的结果表明，政策显著促进了经济增长和农民增收，且对后者的作用更大，但增长效应在政策实施3~4年后皆出现衰减；机制分析则发现政策通过第一和第二产业增长等渠道对经济增长和农民增收产生间接影响。在分配效应方面，本章首次将包容性增长框架应用于评估不同地区从区域性扶贫政策中获益的差异，研究发现发展水平相对较低的地区从政策中获益更多，政策具有包容性增长性质，有助于缩小发展差距。

第7章为脱贫地区推进乡村产业振兴的案例。包括以下13个案例：陕西澄城"小樱桃"成就"大产业"、陕西山阳"绿叶子"变成"红票子"、陕西山阳"小木耳"发展为"大产业"、陕西山阳肉牛产业联合体促进农民增收、陕西山阳法官镇农旅融合赋能乡村产业振兴、陕西澄城西夏村土地托管促进农业适度规模经营、陕西永寿寨里村探索多元产业发展路径、陕西石泉明星村"小蚕桑"发展"大产业"、青海玛多打好生态产业发展组合拳、四川稻城依托生态旅游实现可持续发展、贵州丹寨借助万达文化小镇促进产业振兴、贵州岑巩促进农文旅融合发展、贵州黔东南白岩村依托特色产业强村富民。

第8章为脱贫地区推进乡村组织振兴和人才振兴的案例。包括以下6个案例：陕西商南推动乡村人才振兴、陕西山阳发展"归雁经济"、陕西澄城吉安城村党建统领乡村治理、陕西澄城樊家川村能人带动产业发展、甘肃康县发展壮大劳务经济、贵州正安推动农民工返乡创业。

第9章为脱贫地区推进乡村文化振兴的案例。包括以下4个案例：陕西镇巴文化振兴赋能乡村旅游、贵州赫章殡葬改革促进乡风文明、贵州雷山千户苗寨加强传统文化保护、贵州榕江大利侗寨村加强村寨保护和文化传承。

第 10 章为脱贫地区推进乡村生态振兴的案例。包括以下 7 个案例：内蒙古通辽科左后旗生态建设推动绿色发展、新疆察布查尔锡伯生态振兴推动可持续发展、贵州毕节探索林业碳汇生态补偿机制、贵州黔西南万峰林街道生态振兴赋能乡村旅游、贵州黔西化屋村加强生态修复、西藏隆子推动生态修复与生态经济协调发展、云南祥云生态建设助推乡村振兴。

第 11 章为脱贫地区改善基础设施条件和提升公共服务水平的案例。包括以下 3 个案例：陕西镇巴推动优质医疗资源下沉山区、陕西宁陕探索农村特困群体集中托养、宁夏彭阳依托互联网推进城乡供水一体化。

第 12 章为易地搬迁后续扶持和扶贫资金资产管理监督的案例。包括以下 6 个案例：陕西澄城幸福搬迁社区"网格下沉"创新社区治理体系、陕西山阳富桥搬迁社区推动乡村移风易俗、新疆莎车促进易地搬迁群众稳定就业、贵州丹寨金泉街道加强易地搬迁后续帮扶、陕西扶风有效管理扶贫资产、陕西岚皋通过"三级三账"监管扶贫资金资产。

当前，脱贫地区巩固拓展脱贫攻坚成果同乡村振兴有效衔接的生动实践正在广泛开展，学术界对这一战略任务的理论研究也不断深入。希望本书的出版，能够助力西部地区顺利实现巩固拓展脱贫攻坚成果同乡村振兴有效衔接。

目录

第1篇 理论探索

1 巩固拓展脱贫攻坚成果同乡村振兴有效衔接的研究进展及深化研究方向 ……………………………………………… 3
    1.1 问题提出 …………………………………………………… 3
    1.2 研究进展 …………………………………………………… 5
    1.3 深化研究方向 ……………………………………………… 8

2 中国特色减贫道路的一般框架与经验借鉴 ……………………… 17
    2.1 文献综述 …………………………………………………… 17
    2.2 历程分析 …………………………………………………… 18
    2.3 理论概括 …………………………………………………… 25
    2.4 实践经验 …………………………………………………… 32
    2.5 研究结论 …………………………………………………… 34

3 乡村振兴的历史渊源与实施重点 ………………………………… 36
    3.1 问题提出 …………………………………………………… 36
    3.2 历史溯源 …………………………………………………… 38
    3.3 主要内容 …………………………………………………… 44
    3.4 实施重点与推进路径 ……………………………………… 48
    3.5 研究结论 …………………………………………………… 58

第2篇 政策分析

4 巩固拓展脱贫攻坚成果同乡村振兴有效衔接的政策演进及其逻辑 …… 61
4.1 文献综述 …… 61
4.2 政策演进 …… 64
4.3 演进逻辑 …… 73
4.4 研究结论 …… 76

5 巩固拓展脱贫攻坚成果同乡村振兴的耦合协同关系 …… 77
5.1 文献综述 …… 78
5.2 实证研究 …… 81
5.3 实现路径 …… 93

6 区域性扶贫政策的增长与分配效应 …… 98
6.1 问题提出 …… 98
6.2 文献综述 …… 100
6.3 实证设计 …… 102
6.4 增长效应的实证分析 …… 105
6.5 分配效应的实证分析 …… 113
6.6 研究结论 …… 115

第3篇 案例研究

7 脱贫地区推进乡村产业振兴的案例 …… 119
7.1 陕西澄城"小樱桃"成就"大产业" …… 119
7.2 陕西山阳"绿叶子"变成"红票子" …… 124
7.3 陕西山阳"小木耳"发展为"大产业" …… 131
7.4 陕西山阳肉牛产业联合体促进农民增收 …… 137
7.5 陕西山阳法官镇农旅融合赋能乡村产业振兴 …… 142
7.6 陕西澄城西夏村土地托管促进农业适度规模经营 …… 148
7.7 陕西永寿寨里村探索多元产业发展路径 …… 154
7.8 陕西石泉明星村"小蚕桑"发展"大产业" …… 159

7.9	青海玛多打好生态产业发展组合拳	165
7.10	四川稻城依托生态旅游实现可持续发展	171
7.11	贵州丹寨借助万达文化小镇促进产业振兴	177
7.12	贵州岑巩促进农文旅融合发展	183
7.13	贵州黔东南白岩村依托特色产业强村富民	190

8 脱贫地区推进乡村组织振兴和人才振兴的案例 197
　　8.1 陕西商南推动乡村人才振兴 197
　　8.2 陕西山阳发展"归雁经济" 203
　　8.3 陕西澄城吉安城村党建统领乡村治理 209
　　8.4 陕西澄城樊家川村能人带动产业发展 215
　　8.5 甘肃康县发展壮大劳务经济 220
　　8.6 贵州正安推动农民工返乡创业 227

9 脱贫地区推进乡村文化振兴的案例 235
　　9.1 陕西镇巴文化振兴赋能乡村旅游 235
　　9.2 贵州赫章殡葬改革促进乡风文明 241
　　9.3 贵州雷山千户苗寨加强传统文化保护 248
　　9.4 贵州榕江大利侗寨村加强村寨保护和文化传承 253

10 脱贫地区推进乡村生态振兴的案例 260
　　10.1 内蒙古通辽科左后旗生态建设推动绿色发展 260
　　10.2 新疆察布查尔锡伯生态振兴推动可持续发展 266
　　10.3 贵州毕节探索林业碳汇生态补偿机制 273
　　10.4 贵州黔西南万峰林街道生态振兴赋能乡村旅游 279
　　10.5 贵州黔西化屋村加强生态修复 285
　　10.6 西藏隆子推动生态修复与生态经济协调发展 291
　　10.7 云南祥云生态建设助推乡村振兴 296

11 脱贫地区改善基础设施条件和提升公共服务水平的案例 304
　　11.1 陕西镇巴推动优质医疗资源下沉山区 304
　　11.2 陕西宁陕探索农村特困群体集中托养 310
　　11.3 宁夏彭阳依托互联网推进城乡供水一体化 315

12 易地搬迁后续扶持和扶贫资金资产管理监督的案例 ………………………………………………………………… 323

12.1 陕西澄城幸福搬迁社区"网格下沉"创新社区治理体系 ……………………………………………………………… 323

12.2 陕西山阳富桥搬迁社区推动乡村移风易俗 ………… 329

12.3 新疆莎车促进易地搬迁群众稳定就业 …………… 335

12.4 贵州丹寨金泉街道加强易地搬迁后续帮扶 ……… 342

12.5 陕西扶风有效管理扶贫资产 ……………………… 348

12.6 陕西岚皋通过"三级三账"监管扶贫资金资产 …… 354

参考文献 ………………………………………………………… 363

后　记 ………………………………………………………… 379

巩固拓展脱贫攻坚成果
同乡村振兴有效衔接：
理论探索、政策分析与案例研究

第1篇
理论探索

1 巩固拓展脱贫攻坚成果同乡村振兴有效衔接的研究进展及深化研究方向

在全面打赢脱贫攻坚战之后,党中央又适时做出了巩固拓展脱贫攻坚成果同乡村振兴有效衔接的重大战略决策,一方面把脱贫攻坚成果作为乡村振兴的重要基础和出发点,另一方面通过乡村振兴战略的实施来进一步巩固和拓展脱贫攻坚成果。这不仅为脱贫攻坚的后续发展指明了方向,也为当前乡村振兴战略的实施确定了重点,同时也为学术界在这方面的研究提出了新的要求。

1.1 问题提出

改革开放以来,党和政府通过一系列政策举措,逐步构建起我国开发式扶贫的体制机制。随着2011年《中国农村扶贫开发纲要(2011—2020年)》的颁布,我国正式进入以解决"两不愁、三保障"为核心目标的瞄准到户的开发式扶贫阶段。在此背景下,2013年11月,习近平总书记在调研时针对原有粗放式扶贫的低质低效,首次提出了"精准扶贫"的概念,之后精准扶贫工作机制开始在农村扶贫开发工作中逐步建立并发挥主要作用。通过有效的探索与尝试,精准扶贫思想也不断完善与深化。2015年,习近平总书记对精准扶贫的思想内涵首次作了明确阐释,他强调"精准扶贫,就是要对扶贫对象实行精细化管理,对扶贫资源实行精确化配置,对扶贫对象实行精确化扶持,确保扶贫资源真正用在扶贫对象身上、真正用在贫困地区"[1],也即六个精准:"扶持对象精准、项目安排精准、资金使用精准、措施到户精准、因村派人精准、脱贫成效精准。"针对不

---

[1] 中共中央党史和文献研究院. 习近平扶贫论述摘编[M]. 北京:中央文献出版社,2018:58.

同的贫困群体、贫困类型与贫困原因，习近平总书记又提出"通过扶持生产和就业发展一批，通过易地搬迁安置一批，通过生态保护脱贫一批，通过教育扶贫脱贫一批，通过低保政策兜底一批"①，即以"五个一批"来促进减贫目标的有效实现。习近平总书记提出的精准扶贫方略与方式，覆盖贫困识别、帮扶、脱贫全过程，为之后的脱贫攻坚提供了理论指导与根本遵循。

2015年党的十八届五中全会召开，全会提出了全面建成小康社会新的目标要求。作为全面建成小康社会这一国家综合发展目标体系的子系统之一，扶贫开发的目标在此框架下也进一步明确，即"到二〇二〇年……我国现行标准下农村贫困人口实现脱贫，贫困县全部摘帽，解决区域性整体贫困"，为此全会首次提出"实施脱贫攻坚工程"。2015年11月，《中共中央 国务院关于打赢脱贫攻坚战的决定》发布，明确了脱贫攻坚的总体要求及路径举措，党的十九大也将精准脱贫作为决胜全面建成小康社会必须打好的三大攻坚战之一写入报告。随后，关于脱贫攻坚目标考核、责任落实、资金管理、产业帮扶、扶贫搬迁、教育医疗等的一系列政策制度陆续出台。四梁八柱有效搭建之后，2018年《中共中央 国务院关于打赢脱贫攻坚战三年行动的指导意见》发布，对新形势下脱贫攻坚的工作、任务以及目标，进行了再部署、再推进和再强调，推动脱贫攻坚工作更加有效开展。从内容来看，以全面建成小康社会总目标为指引的脱贫攻坚，作为精准扶贫方略指导下总的减贫行动路线，其方式举措更为成熟、全面与深入。脱贫攻坚强调产业就业、基础设施、公共服务、扶志扶智、生态扶贫、社会参与等方面在减贫中的重要作用，并从信息共享、人才带动、科技引领、区域协作、监督问责等多角度发力，为打赢脱贫攻坚战提供力量支撑，体现出更强的整体性、协调性、紧迫性与长远性（白永秀、宁启，2020）。

脱贫攻坚解决的是"三农"发展中的底线问题，农村发展不充分、不平衡的问题仍然严峻。对此，在农村贫困地区脱贫攻坚不断取得新成效的同时，习近平总书记着眼于"三农"工作的全局性与战略性，于2017年在党的十九大报告中首次提出"实施乡村振兴战略"，并将此作为建设社

---

① 中共中央党史和文献研究院. 习近平扶贫论述摘编[M]. 北京:中央文献出版社,2018:61.

1 巩固拓展脱贫攻坚成果同乡村振兴有效衔接的研究进展及深化研究方向

会主义现代化强国的七大战略之一写进党章。这一重大决策部署是新时期贯彻新发展理念、建设现代化经济体系在农业农村工作领域的总抓手。2018年，中共中央、国务院相继发布《关于实施乡村振兴战略的意见》《乡村振兴战略规划（2018—2022年）》，提出了乡村振兴战略的顶层设计，分别明确了"产业兴旺、生态宜居、乡风文明、治理有效、生活富裕"的总要求。

随着脱贫攻坚与乡村振兴进入政策叠加期，以及全面建成小康社会时间节点的不断迫近，关于脱贫攻坚与乡村振兴的衔接问题逐渐受到关注。二者有效衔接的提出与发展可分为两个阶段：一是初步探讨阶段。《中共中央 国务院关于实施乡村振兴战略的意见》中，首次提出"做好实施乡村振兴战略与打好精准脱贫攻坚战有机衔接"；《乡村振兴战略规划（2018—2022年）》中进一步提出了"把打好精准脱贫攻坚战作为实施乡村振兴战略的优先任务，推动脱贫攻坚与乡村振兴有机结合、相互促进"的要求；2019年中央一号文件也要求"做好脱贫攻坚与乡村振兴的衔接，对摘帽后的贫困县要通过实施乡村振兴战略巩固发展成果，接续推动经济社会发展和群众生活改善"；2020年中央一号文件提出"抓紧研究制定脱贫攻坚与实施乡村振兴战略有机衔接的意见"。二是部署落实阶段。2021年中央一号文件提出"脱贫攻坚目标任务完成后，对摆脱贫困的县，从脱贫之日起设立5年过渡期，做到扶上马送一程。过渡期内保持现有主要帮扶政策总体稳定，并逐项分类优化调整，合理把握节奏、力度和时限，逐步实现由集中资源支持脱贫攻坚向全面推进乡村振兴平稳过渡"。2021年3月，《中共中央 国务院关于实现巩固拓展脱贫攻坚成果同乡村振兴有效衔接的意见》正式出台，再次重申了要加强5年过渡期内脱贫地区在领导体制、工作体系、发展规划、政策举措、考核机制等方面的有效衔接，以期实现从集中资源支持脱贫攻坚转向巩固拓展脱贫攻坚成果和全面推进乡村振兴的转变。

1.2 研究进展

近年来，学术界关于巩固拓展脱贫攻坚成果同乡村振兴有效衔接的研究主要集中在二者衔接的逻辑、衔接的路径、衔接的难点与衔接的政策建议等方面。

1.2.1 关于衔接逻辑的相关研究

在理论逻辑方面，二者有机衔接是社会主要矛盾转变后的历史必然，是拓展中国特色反贫困理论的必然（卢黎歌、武星星，2020），同时也是对中国共产党反贫困思想的继承（张青、郭雅媛，2020）。在历史逻辑方面，从新中国70多年的减贫之路来看，解决温饱、摆脱绝对贫困仅仅是阶段性任务，新时代新阶段农村的最终发展目标是实现乡村的繁荣发展、有效治理和全面现代化（张青、郭雅媛，2020）。在政策逻辑方面，脱贫攻坚与乡村振兴的有机衔接在关于政策目标、施策范围和保障机制等方面遵循一定的政策和实践逻辑：一是政策目标由解决绝对贫困问题转向解决相对贫困问题（张青、郭雅媛，2020），从解决人的生存问题转向统筹城乡发展、解决人的发展问题（姜正君，2020）；二是政策范围由实施特惠式扶贫转向实施普惠式扶贫（汪三贵、冯紫曦，2019）；三是机制保障的相互融合性，脱贫攻坚过程中采取了一整套有效的治理机制、管理体制、协作机制、政策体系、组织制度以及考核体系等，这些机制可从脱贫攻坚战接续到乡村振兴（姜正君，2020）。

1.2.2 关于衔接路径的相关研究

现有文献关于衔接路径的分析，多从脱贫攻坚和乡村振兴战略内容的对应关系出发，探讨脱贫攻坚期的各类政策如何向乡村振兴的"五大振兴"或"二十字方针"衔接过渡。一是产业振兴。继续实施好产业扶贫政策、做好产业布局规划，将相关扶贫产业纳入乡村振兴发展规划中（汪三贵、冯紫曦，2019），并加强资源要素保障，推动扶贫产业优化升级（冯丹萌，2019）。还有学者提出要探索小农产业发展，通过构建巢状市场作为交易载体，使小农户与城市消费者实现"去中间环节"对接（豆书龙、叶敬忠，2019）。二是人才振兴。要大力实施各类人才支持计划，加大外部人才引进和激励机制，加大对乡村自有人才的培训培育力度（廖彩荣、郭如良、尹琴等，2019），并将动员全社会科技力量投入脱贫攻坚主战场的做法延续到乡村振兴战略之中。三是文化振兴。应以社会主义核心价值观为引领，坚持发扬中华传统文化、地方特色文化，加强农村思想道德建设和公共文化建设，提高乡村社会文明程度（曹立、王声啸，2020）。同时，做好乡村文化产业发展与乡风文明建设的协同，充分利用好各地乡村特色文化资源优势，做大做强特色文化产业，既发挥文化产业的经济效应，又发掘利用其文以化人、文化熏陶的引领塑造作用（廖彩荣、郭如良、尹琴等，2019）。四是生态振兴。推动生态补偿减贫向绿色减贫转型，积极探索生态配额交易、生态补偿、生态转移支付、生态产品开发等多种生态产品价值实现方式，引导已脱贫人口实现绿色转产转业（万君、张琦，2017）。五是组织振兴。乡村振兴中的组织振兴既要从脱贫攻坚中借鉴经验做法，强化基层政府组织保障（豆书龙、叶敬忠，2019），做好干部队伍衔接，更应从依靠各级帮扶向治理有效推进，把组织振兴的重点放在建立健全自治、法治、德治相结合的乡村治理体系（蔡松涛，2020），搭建起乡村治理多元主体的参与平台（王志章、杨志红，2020），实现党和政府主导性和农民主体性的统一（邓磊、罗欣，2020）。

1.2.3 关于衔接难点的相关研究

关于衔接的难点，文献讨论多集中于资源在特惠与普惠间的平衡、激发农户内生动力、产业升级和可持续发展等问题。有学者指出并分析了脱贫攻坚同乡村振兴衔接面临的几个难点问题：一是社会动员机制从"超常规"向常态化转型，难点在于如何增强乡村内生的集体行动能力；二是减贫治理机制要实现特惠性与普惠性兼容，难点在于政策如何协调对已脱贫人口与一般农户的支持；三是投入保障机制要促进持续性与均衡性兼顾，难点在于有限的资金投入如何在已脱贫村、已脱贫人口持续减贫和广大乡村地区发展之间进行平衡（涂圣伟，2020）。还有学者认为二者有效衔接的挑战和难点在于：一是如何有效结合国际经验，整理出一系列应对不同发展阶段不同类型农村地区的发展方案，为乡村振兴提供路径参考；二是激发农民自身动力，形成自发性的发展机制；三是根据乡村实际情况，选择真正有效益的项目和资源进行开发，避免盲目开发造成资源浪费（冯丹萌，2019）。

1.2.4 关于衔接政策建议的相关研究

落脚到政策层面，巩固拓展脱贫攻坚成果同乡村振兴有效衔接的关键在于，既要抓好梯度跟进，又要抓好优化升级（左停、刘文婧、李博，2019），核心在于对已有政策进行分类评估，做好政策转移接续（涂圣伟，2020），明确哪些政策需要退出、哪些需要转型、哪些需要优化，并因时因地制宜提出需要新增的政策。一是构建常态化社会动员机制，形成多元主体参与衔接的大格局。凝聚全社会关于脱贫攻坚同乡村振兴有效衔接的共识，充分调动全社会力量，构建起常态化的社会动员机制，形成政府、社会、市场多元主体参与的大格局，各自发挥好在脱贫攻坚与乡村振兴中的作用（左停、刘文婧、李博，2019）。二是总结评估脱贫攻坚政策做法，按照"修正、转型、强化"的思路，分类推进脱贫攻坚与乡村振兴在政策层面的有机衔接。其中，"修正"旨在化解脱贫攻坚相关政策执行偏差造成的负外部性；"转型"旨在推动减贫政策转型，向解决相对贫困的长效机制建设转型，从集中式减贫治理向常规性减贫治理转型；"强化"则是指脱贫攻坚中围绕土地利用、资金投入、金融服务等进行的政策创新，比较成熟的应尽快上升为国家政策或法规，条件不成熟的政策或举措，可以通过试点试验的方式继续探索（涂圣伟，2020）。

1.2.5 对学术界研究进展的评价

已有文献研究对脱贫攻坚与乡村振兴的内涵、逻辑等问题进行了初步探讨，但尚未形成一个系统、综合且逻辑一致的巩固拓展脱贫攻坚成果同乡村振兴有效衔接的理论分析框架。应继续强化理论研究，阐明二者有效衔接的逻辑、思路及目标，明确有效衔接的路径和各路径之间的关系，界定政府、市场、社会、农户等主体间的关系，最终落脚于政策方案。关于二者有效衔接的路径，已有文献多从乡村振兴的"二十字"总要求或"五大振兴"的对应领域提出二者的衔接路径，如产业、文化、人才、生态、组织等衔接路径，但研究较为零散，缺乏对有效衔接路径的作用机理和各路径衔接的思路、目标及重点的系统性分析。关于二者有效衔接的政策研究，核心是提出有针对性和可操作性的政策优化调整方案或清单，难点在于对已有政策进行全面且细致的评估，但此类研究目前严重不足。要加强对有效衔接路径的作用机理和各路径衔接的思路、目标与重点进行系统性分析，同时基于细致的政策梳理、明确的目标导向不断完善有效衔接的框架体系，明确政策优化调整清单，推进有效衔接政策的转型升级。

1.3 深化研究方向

当前深化研究巩固拓展脱贫攻坚成果同乡村振兴有效衔接的重点是构建有效衔接的理论框架、探索有效衔接路径、完善有效衔接体系与创新衔接政策。

1.3.1 构建有效衔接的理论框架

有效衔接的理论框架包括"三大理论依据"与"三层次关系"。

（1）三大理论依据

第一，中国特色社会主义共同富裕理论是二者有效衔接的理论基石。消除贫困、改善民生、实现共同富裕是社会主义的本质要求，也是中国共产党始终坚持奋斗的初心所在。改革开放后，邓小平、江泽民、胡锦涛、习近平等将毛泽东提出的"共同富裕"观点与解放和发展生产力的时代呼唤、社会主要矛盾的变化相结合，形成并不断发展成为中国特色社会主义共同富裕理论。在该理论指引下，党的十八大后，党率领全国人民打赢了脱贫攻坚战，完成了全面建成小康社会的底线任务，在促进全体人民共同富裕的道路上迈出了坚实一步。习近平总书记曾指出："没有农村的小康，特别是没有贫困地区的小康，就没有全面建成小康社会。"① 同样，没有农业农村的现代化，就没有国家的现代化。党的十九大上，为在脱贫攻坚后振兴乡村、缩小城乡差距，习近平总书记又提出了乡村振兴战略，这是实现"两个一百年"奋斗目标的必然要求，也是实现全体人民共同富裕的必然要求。做好巩固拓展脱贫攻坚成果同乡村振兴有效衔接，关系全面建设社会主义现代化国家全局和实现第二个百年奋斗目标，因此必须紧紧依靠中国特色社会主义共同富裕理论的科学指引，推动伟大事业不断迈向前进。

第二，社会主要矛盾转换理论是二者有效衔接的理论核心。脱贫攻坚采取超常规的举措，目的在于短期内实现农村贫困地区社会生产力的较快发展以及社会生产效率的大幅提升，以此满足贫困群体在不愁吃、不愁穿，义务教育、基本医疗和住房安全等方面的基本需求，其本质就是通过大量且集中的资源投入，有效解决贫困地区落后的生产力无法满足贫困群体刚性基本生活需求的矛盾，也即从属于解决"人民日益增长的物质文化需要同落后的社会生产之间的矛盾"的旧的社会主要矛盾整体性战略。进入新时代，我国社会的主要矛盾已转变为"人民日益增长的美好生活需要和不平衡不充分的发展之间的矛盾"，而当前我国社会发展的最大不平衡是城乡发展不平衡，最大的不充分是农村发展不充分，

---

① 中共中央党史和文献研究院. 习近平扶贫论述摘编[M]. 北京:中央文献出版社,2018:4.

尤其是刚刚摆脱贫困的地区。作为从属于解决新时代社会主要矛盾整体性战略的乡村振兴战略（卢黎歌、武星星，2020），就是为了进一步补齐农村短板、强化农业底板，通过缩小城乡及工农业之间的发展差距、培育并增强农业农村发展的内生动力，缓解农业农村发展不平衡、不充分与农村人口追求更美好的生活、更便捷的公共服务、更高效的乡村治理、更优美的自然环境之间的矛盾。

第三，习近平总书记关于"三农"工作的重要论述是二者有效衔接的理论指导。党的十八大以来，习近平总书记高度重视"三农"问题，尤其将脱贫攻坚摆在治国理政的突出位置，形成了一系列重要的思想论述。通过贫困治理思想指导脱贫攻坚的开展，同时在脱贫攻坚的具体实践中不断丰富贫困治理思想的内涵。形成了包括夯实组织基础、精准扶贫方略、资金投入机制、增强社会合力、激发内生动力、扶贫监管考核等六个方面在内的体系科学、内容丰富、针对性强的贫困治理思想体系。而在指导乡村振兴的多次讲话中，习近平总书记也突出强调党管农村工作、农业农村优先发展、农民主体地位、城乡融合发展、激发农村活力等要求。两方面思想相互融合、相互贯通，集中体现在《中共中央 国务院关于实现巩固拓展脱贫攻坚成果同乡村振兴有效衔接的意见》、2020年中央农村工作会议以及总书记相关重要讲话中，共同构成了关于巩固拓展脱贫攻坚成果同乡村振兴有效衔接的直接思想指导，能够有效指导过渡期内二者在领导体制、工作体系、发展规划、政策举措、考核机制等方面的衔接。

（2）三层次关系

第一层次关系：巩固拓展脱贫攻坚成果同乡村振兴的关系。首先，巩固拓展脱贫攻坚成果同乡村振兴在时间上具有相继性。巩固拓展脱贫攻坚成果重点是巩固消灭绝对贫困和夯实全面建成小康社会的成果，是"十四五"时期的攻坚任务。乡村振兴则瞄准第二个百年目标，重点是化解相对贫困，实现乡村振兴和城乡融合发展，是贯穿于"社会主义现代化建设新征程"的长期任务。其次，巩固拓展脱贫攻坚成果同乡村振兴在空间上具有相叠性。巩固拓展脱贫攻坚成果是在已脱贫地区展开的工作，在区域上主要集中在我国中西部地区，具体分布在国家集中连片特困区、832个国定贫困县和3万个深度贫困村等深度贫困地区，而乡村振兴则是在全国农村践行的国家级发展战略。显然，前者只覆盖农村局部空间，面向农村部分居民；后者则覆盖全部农村，面向全体农村居民。最后，巩固拓展脱贫攻坚成果同乡村振兴在内容上具有相通性。一是目标相通：都统一于中国共产党消灭贫困的初心使命和社会主义对共同富裕的本质要求，统一于农业农村现代化和城乡融合发展的战略目标。二是机制相通：都形成了"党中央集中统一领导＋自上而下推动＋自下而上反馈"的工作机制。三是工作相通：都着眼于解决"三农"问题，从产业发展、基础设施建设、乡村治理、民生保障等方面推进工作。四是主体相通：都形成了"政府＋涉农经济组织＋社会力量＋农户"的参与主体。

第二层次关系：五大路径之间的关系。巩固拓展脱贫攻坚成果同乡村振兴的有效衔接是一个涉及农村产业可持续发展、人才队伍建设、文化氛围塑造、生态环境改善、组织体系完善等多方面的复杂问题，有效衔接必须从系统性视角出发，通过具体的、科学的路径创新才能实现，包括产业衔接、人才衔接、文化衔接、生态衔接、组织衔接五大路径。这五大路径相互促进、融为一体。其中，产业衔接路径是巩固拓展脱贫攻坚成果同乡村振兴有效衔接的基础和关键；人才衔接路径和组织衔接路径为产业衔接路径提供保障；文化衔接路径和生态衔接路径均具有社会与经济二重属性，前者既强调构建公共文化体系，也强调发展文化产业体系，后者既强调建设公共生态环境，也强调发展生态产业，文化衔接路径和生态衔接路径在一定条件下都可以转化为产业衔接路径的重要组成部分。

第三层次关系：产业路径内部的关系。巩固拓展脱贫攻坚成果同乡村振兴有效衔接的核心在于产业。具体来说，要紧紧围绕第一产业，大力发展二、三产业，实现"以一为主，接二连三"的产业发展态势，构建现代化的乡村产业体系，推动乡村三次产业融合发展。其中以地方特色农业为代表的第一产业是基础，通过做精做强现代种养业，推动种养业向规模化、标准化、品牌化和绿色化方向发展，才能有效发挥地区优势、承载乡村价值，是开发农业多种功能的核心；以现代农产品加工业为代表的第二产业是主体，通过对农产品的初加工、精深加工及综合利用，才能有效实现农产品多层次、多环节的转化增值，同时可以实现农民增收、吸纳农民就业、提升农民素质；以农业生产性服务业、乡村休闲旅游业为代表的第三产业，是围绕特色农业不断延长产业链、提升价值链、完善利益链的关键，加强农业科技创新、注重农业品牌培育、促进农村创新创业是促进农业高质量发展的必然要求，大力发展生态涵养、康养休闲、自然观光、民俗体验等业态，深入发掘农业农村多种功能和多重价值，也是未来农村产业发展的必然选择。

1.3.2 探索有效衔接路径

有效衔接的路径包括产业衔接路径、人才衔接路径、文化衔接路径、生态衔接路径与组织衔接路径。

（1）产业衔接路径

注重对脱贫地区已有扶贫产业进行长期培育与扶持，使其转型升级为具有较强市场竞争力与可持续发展能力的乡村产业，有效夯实农业现代化的基础。具体来看，一是继续加强资源要素支撑，保障扶贫产业持续发展和优化升级，深化农村土地、财政、金融制度改革，提升产业层次。二是继续推进一、二、三产业融合发展，推动扶贫产业由短平快为主的特色种养产业，向以二、三产业为牵引的长效产业发展，延长产业链、提升价值链、完善利益链，提升产业核心竞争力。三是强化新型农业经营主体的带动作用，提升生产经营组织化程度，壮大产业发展规模。

（2）人才衔接路径

在脱贫攻坚阶段补人才短板的基础上，统筹人才引进、培育与使用，着重做好人才激励和平台建设，建立乡村人才振兴长效机制，增强农村对人才的吸引力，使乡村振兴所需要的产业、科技、管理、社会治理等各类人才得到满足。具体来看，一是采取措施鼓励在脱贫攻坚阶段涌现出的大批优秀党员干部继续在乡村振兴阶段发挥引领示范作用；二是大力培育新型职业农民，在经费支持、措施配套、责任落实等方面构建起新型职业农民培育的体制机制；三是继续引进懂科技、懂管理、懂市场、懂法律的现代化专业人才，继续推行党政干部下乡创业和服务制度，引导外出农民工、退伍军人、农村大中专毕业生等人才返乡创业。

（3）文化衔接路径

从针对贫困人口的扶志扶智和文化扶贫转向全面提升乡村公共文化资源供给水平，以文旅融合创新发展乡村特色文化产业，不断增强农民主体意识和内生动力，形成乡风文明对产业兴旺和治理有效的有力支撑。具体来说，一是继续加强扶志扶智，激发群众内生动力，培育农民主体意识，宣扬社会主义核心价值观、传统美德和社会道德，倡导和加强文明新风建设,以良好社会风气影响群众尤其是贫困群众。二是充分利用各地乡村特色文化资源优势,做大做强特色文化产业,构建"文化+旅游""文化+产品""文化+科技"等新型文化产业,增强文化在脱贫攻坚和乡村振兴中的经济实力。三是充分挖掘、利用、发挥好农村文化价值,并坚持发掘与利用、开发与传承相结合,体现文化的文以化人、文化熏陶的积极作用。

（4）生态衔接路径

从脱贫攻坚阶段以生态保护扶贫为核心转向构建生态产业发展、生态保护与农村人居环境改善"三位一体"的乡村生态振兴大格局,显著提升农村生态与人居环境,实现生态改善和乡村振兴的双赢。具体采取以下措施：一是坚持绿色发展、绿色赶超、绿色崛起,走绿色脱贫与乡村绿色发展道路,即坚持节约优先、保护优先、自然恢复为主,统筹好山水林田湖草系统治理,严守生态保护红线,以绿色发展引领乡村振兴。二是调整优化产业结构、能源结构,推动煤炭消费尽早达峰,大力发展新能源,实现碳中和。三是完善农村公共基础设施,抓好农村突出环境问题综合治理,扎实推进农村人居环境整治计划,把增强脱贫地区可持续发展能力与实现生态振兴发展结合起来。

（5）组织衔接路径

从"以党建促扶贫"转向"以党建促振兴",加强以党组织为核心的农村基层组织建设,完善现代乡村治理体系。具体措施：一是选优配强农村基层党组织领导班子,把年富力强、有威望、有能力、讲公德、无私心的农民吸收进来、培养起来,真正打造出一支懂农业、懂农村、爱农民的基层党组织队伍。二是构建"五级书记"协同工作格局,协调推进组织协同保障,构建起乡村振兴"五级书记"工作格局。三是搭建起乡村治理多元主体的参与平台,重视新型农业经营主体、社会组织、农村经济精英、新乡贤等主体的民主参与,健全完善自治、法治、德治"三治并举"的治理网络。

1.3.3 完善有效衔接体系

完善有效衔接体系包括完善衔接主体体系与完善衔接支持体系两个方面。

（1）完善衔接主体体系

第一，规划衔接。各地要依据中央规划要求和地方特色，科学编制"十四五"时期巩固拓展脱贫攻坚成果同乡村振兴有效衔接规划，并在总体规划框架下，做好乡村产业布局规划、重点村庄示范规划。注重规划的科学性、系统性和可持续性，统筹推进治理相对贫困和乡村建设工作。

第二，主体衔接。将中央统一部署、省级总负责、市县亲自抓的脱贫攻坚工作机制，完善并运用到乡村振兴方面来，明确主体责任与事权范围。尤其市县两级，要切实做到"靶心不散，频道不换"，接续做好乡村振兴工作。

第三，政策衔接。落实好中央政策文件，立足实际对本地区相关政策进行优化完善。同时地方要深刻理解并把握巩固拓展脱贫攻坚成果、解决相对贫困、农业现代化、乡村振兴等核心目标的内涵及其相互关系，建立政策衔接运行机制，增强政策连续性。

第四，考核衔接。把巩固拓展脱贫攻坚成果纳入市县党政领导班子和领导干部推进乡村振兴战略实绩考核范围，健全防止返贫监测帮扶机制，继续对脱贫人口开展监测，跟踪收入变化和"两不愁、三保障"巩固情况，定期核查，及时发现帮扶，动态清零。

第五，社会力量衔接。将东西部扶贫协作升级为东西部乡村振兴协同发展，加大东部对口支持西部乡村振兴建设力度；将定点扶贫升级为定点协助乡村振兴；继续激励各类企业和社会组织投身乡村振兴事业。

（2）完善衔接支持体系

第一，资金投入衔接。保持现有帮扶资金支持总体稳定，健全与乡村振兴任务相适应的投入保障机制，加强各类乡村振兴资金项目绩效管理。同时赋予脱贫地区更充分的资源配置权，根据发展需要逐年提高特色产业资金配套比例，支持农村人居环境整治与公益性基础设施建设。

第二，基础设施建设衔接。按照实施乡村建设行动的统一部署，加强农村道路建设，按照农村资源路、产业路、旅游路和村内主干道的使用路径分类建设；保障农村供水，不仅要保障农业生产，更要保障村民健康，不断提升村民生活质量；加强农村数字化智能化设施建设，推进数字乡村建设发展，有效提升村级综合服务效能以及乡村社会治理水平。

第三，公共服务提升衔接。相对贫困是乡村振兴阶段贫困治理的主要任务，与消除绝对贫困不同，普惠性、利贫性的社会保障措施将成为这一时期的主要手段，因此要构建覆盖所有弱势群体和低收入群体的社会保障体系，同时不断提升农村社会保障的福利水平，缩小城乡基本公共服务差距，统筹推进公共服务普惠化、均等化。

1.3.4 创新衔接政策

实现巩固拓展脱贫攻坚成果同乡村振兴有效衔接必须使二者的政策体系在平稳过渡的基础上得到优化调整，保证政策的特惠性与普惠性兼容，持续性和均衡性兼顾，因此必须要对中央和各省市就脱贫攻坚的政策进行梳理和分类，并进行政策效果评估。根据评估结果，按照"退出、延续、升级、新增"的思路，明确哪些政策需要退出、哪些政策需要延续、哪些政策需要升级以及哪些政策需要新增，列出政策体系优化调整清单，为推进有效衔接提供政策参考。以此合理把握政策实施的节奏、力度和时限，逐步实现由集中资源支持脱贫攻坚向全面推进乡村振兴平稳过渡，这是创新巩固拓展脱贫攻坚成果同乡村振兴有效衔接政策的应有之义。

第一，确定需要退出的政策。虽然脱贫攻坚与乡村振兴在目标任务、实施内容、体制机制方面具有相似性与共通性，但两大战略间仍存在差异。脱贫攻坚强调紧迫性与福利性，而乡村振兴更强调持续性与内生性。在政策语境转换的背景下，一些不符合当前目标要求的突击性政策、超常规性政策等应该及时退出。

第二，确定需要延续的政策。脱贫攻坚与乡村振兴在产业发展、民生保障、基础设施建设、能力提升、基层治理等方面的实践具有一致性，同时扶贫产业的后期培育与壮大、公共服务水平的提升、脱贫人口的就业参与以及脱贫人口与地区短期内对社会帮扶的依赖，要求产业帮扶政策、投入保障政策、东西部扶贫协作政策、定点帮扶政策等继续实施。

第三，确定需要升级的政策。脱贫攻坚实现了贫困人口与贫困地区的静态脱贫，但从长期动态来看，这一成果仍不稳固，需要从兜底保障、扶志扶智、搬迁后续帮扶等薄弱环节入手对已有脱贫攻坚成果进行巩固与加强，同时随着"三农"工作重心转向乡村振兴，也要不断提高相关政策的实施力度、丰富政策内容，如财政投入政策、人才支持政策、土地支持政策、数字乡村建设政策等。

第四，确定需要新增的政策。乡村振兴在农业现代化和乡村建设方面提出了更高的要求，但服务于此目标的政策举措目前还不完善，要对标对表从分类推进乡村发展、农村创业创新、农业品牌培育与保护、农村资源资产收益分配等方面出台并实施有关政策，推动"三农"工作高质量发展。

2 中国特色减贫道路的一般框架与经验借鉴

2.1 文献综述

消除贫困是社会主义的本质要求，也是新中国成立以来最为艰巨的历史课题之一。在纪念建党百年重要讲话中，习近平总书记庄严宣告在中华大地上全面建成了小康社会，现行标准下的农村贫困人口全部脱贫，历史性地解决了绝对贫困问题。中国的减贫成就不仅体现在提前十年实现联合国 2030 年可持续发展议程的减贫目标，还表现为顶住疫情冲击压力全面打赢脱贫攻坚战，为全球减贫、恢复增长和疫情防控注入强心剂。习近平总书记在全国脱贫攻坚总结表彰大会上指出："我们立足我国国情，把握减贫规律，出台一系列超常规政策举措，构建了一整套行之有效的政策体系、工作体系、制度体系，走出了一条中国特色减贫道路，形成了中国特色反贫困理论。"① 可见，作为来自发展中国家的减贫实践，中国特色减贫道路体现的是贫困治理的中国智慧和中国方案，蕴含着对其他发展中国家减贫的经验借鉴。因此，准确阐释中国特色减贫道路，深入挖掘其对国际社会所能提供的经验借鉴，具有重大理论与现实价值。

中国举世瞩目的减贫成就使学界日益重视对中国减贫实践与经验的总结研究。可以说，现有文献一致性认为中国走出了一条有别于西方，适合中国国情、具有中国优势的特色减贫道路（黄承伟，2016；蒋永穆等，2018；赫曦滢，2020；韩克庆，2021；王小林，2021），但在如何全面准确地描述中国特色减贫道路的问题上，研究相对不足且远未达成共识。尽管已有一些文献尝试从实践或理论的不同侧面界定中国特色减贫道路的内涵

---

① 习近平. 在全国脱贫攻坚总结表彰大会上的讲话[M]. 北京：人民出版社，2021：11 - 12.

并总结经验（韩广富、昝瑞语，2018；蒋永穆等，2018；邢成举、李小云，2018；张占斌，2020；汪三贵、胡骏，2020；黄承伟，2020；燕继荣，2020；王小林、张晓颖，2021），但相较于中国减贫实践的历史性、治理的复杂性和手段的综合性，这类研究仍有很大的拓展空间。此外，已有一部分文献开始讨论中国减贫经验的国际化和有效分享问题（Ravallion & Chen，2004；Ravallion，2009；Montalvo & Ravallion，2010；Li et al.，2016；Chen & Ravallion，2021；姜安印、张庆国，2016；李小云等，2016；蔡熙乾等，2020；汪牧耘，2020；刘义圣等，2021；韩克庆，2021；冯维江，2021）。回答这一问题的关键，在于厘清中国既有实践的特殊背景和隐含前提等的基础上，对中国减贫实践经验的实质进行抽象与概括，进而形成具有对话性、可外推性以及一般性的启示，但此类研究目前仍不多见。为此，基于学界已有文献，本章尝试综合历史、理论与实践三重视角分析有关中国特色减贫道路的两个问题：一是中国特色减贫道路的历史与基本框架，即回答什么是中国特色减贫道路；二是中国特色减贫道路所能提供的经验借鉴，即回答中国减贫有哪些一般性的实践经验可供国际社会参考借鉴。

2.2 历程分析

自中国共产党成立，特别是新中国成立以来，坚持把消除贫困、改善民生作为国家发展的优先目标和社会主义制度的内在要求，针对不同时期的减贫形势，在推动改革和经济增长的同时，实施有针对性的扶贫战略与政策，持续减少贫困人口，全面建成小康社会，逐步推动实现共同富裕。回顾中国减贫历程，建党后、新中国成立前主要是夺取政权，人民翻身做主，建立自己的政权组织，为实现全面开展减贫工作、实现共同富裕奠定以政权为核心的政治基础。新中国成立后，在不同发展阶段主要开展了救济性扶贫、开发性扶贫、综合性扶贫、精准扶贫，通过制度创新、组织创新、政策创新，全面解决贫困问题。

2.2.1 中国特色减贫道路的历史回顾

（1）改革开放前：减贫的探索与奠基

新中国成立后，党带领人民在巩固社会主义政权的基础上，聚焦消除贫困的目标，以解放和发展生产力为抓手，以制度变革调整生产关系，奠定减少贫困人口、实现共同富裕的制度基础。

第一，以制度变革调整生产关系，奠定全面减贫的制度基础。新中国成立后，通过进行土地改革、产权制度改革，消灭私有制，建立公有制，奠定经济制度的基础；通过公社化运动，进行生产经营方式创新，把广大劳动者组织起来，创造新组织方式，从而切断了产生贫富差距或两极分化的经济根源。正如毛泽东在《关于农业合作化问题》中提出的领导农民走社会主义的道路，使农民群众共同富裕起来，穷的要富裕，所有农民都要富裕（中央文献研究室，1993）。

第二，探索建立以救济为主的社会基本保障体系，为兜底扶贫探索了路径。减贫初期主要通过初步形成的、依托于集体、以五保制度和农村特困人口救济为主的社会基本保障体系，开展救济性扶贫，有效消除极端贫困现象。1956 年《高级农业生产合作社示范章程》的颁布标志着农村五保供养制度的建立，《一九五六到一九六七年全国农业发展纲要》明确提出对缺乏劳动力且生活没有依靠的鳏寡孤独的社员，在生活上给予适当照顾，做到保吃、保穿、保烧（燃料）、保教（儿童和少年）、保葬。截至 1958 年，依托五保制度，农村敬老院发展到 15 万所，收养老人 300 多万人。

第三，依托集体改善农村基本公共服务和基础设施，为持续减贫奠定了重要基础。通过发展农村基本教育和医疗卫生事业、改善基础设施等措施，使农村人力资本水平大幅提升，生产条件明显改善，为后续减贫奠定了长期基础。以基本公共服务为例，教育方面，1949 年颁布的《中国人民政治协商会议共同纲领》规定：赋予农民及其子女平等接受教育的权利。医疗方面，毛泽东要求各级党委必须把卫生、防疫和一般医疗工作看作一项重大的政治任务。1965 年 9 月，中共中央批转的《关于把卫生工作重点放到农村的报告》，强调加强农村基层卫生保健工作，极大地推动了农村合作医疗保障事业的发展。这一时期，在国家财力有限的情况下，依托集体建立起全民普惠的教育和农村合作医疗体系（张德元，2004；张磊等，2006），更涌现出一大批"赤脚医生"（吴国宝，2018），有力地改善了农民的基础教育和基本医疗服务条件，进而极大地降低了文盲率，提高了全民健康水平和人均预期寿命，直接或间接地促进了农村减贫（胡鞍钢，2012）。

第四,通过政府投资帮助穷队、穷社发展生产,为开发式扶贫奠定基础。随着人民公社在全国范围内建立,富社、富队与穷社、穷队间的差别日益显露。毛泽东在1959年第二次郑州会议中提出:"关于国家投资问题,我建议国家在十年内向公社投资几十亿到百多亿元人民币,帮助公社发展工业,帮助穷队发展生产。我认为,穷社、穷队,不要很久,就可以向富社、富队看齐,大大发展起来。"① 同年,中央财政预算支出中便新增了一笔占比1.92%的"支援穷队无偿投资",用于改善社队、改善生产条件(王爱云,2017)。1964年2月,内务部党组向中央报送的一份关于帮助贫下中农的报告,再次强调给予农村中的困难户政策扶持,如给困难户家中的劳动力安排生产门路,依靠集体经济生产自救,解决贫困问题②。

新中国成立至改革开放这一时期,面对战争留下的满目疮痍,党和政府带领人民迅速恢复生产。1949—1976年,我国新增人口近4亿,而同期人均粮食占有量从418斤提高到615斤,初步满足了全国人民的基本生活需要。农村居民人均可支配收入由1949年的44元增加至1978年的134元,翻了3倍;农民平均消费水平由1952年的62元增加至1978年的132元,翻了一番;农户居民储蓄存款年底余额由1953年的0.1亿元增加至1978年的55.7亿元,实现了大幅增长③。由此可见,在我国减贫的初级阶段,通过建立农村初级社会保障体系、提升公共服务水平、完善基础设施建设等措施,农村极端贫困状况和居民生产生活水平已得到较为明显的改善,为后续农村贫困大幅减少、民生持续改善奠定了必要的制度和物质基础。

(2)改革开放后:全面减贫的深入推进

党的十一届三中全会后,伴随着市场经济体制的逐步建立和对内对外开放格局的拓展,我国减贫工作进入深入推进时期。这一时期减贫政策和路径的选择与当时的经济、社会发展实际紧密结合,呈现出鲜明的时代特征。其中有两条主线贯穿始终。

---

① 毛泽东. 建国以来毛泽东文稿:第8册[M]. 北京:中央文献出版社,1993:69.
② 报告名称为:关于在社会主义教育运动中加强农村社会保险工作,帮助贫下中农困难户克服困难的报告.
③ 中华人民共和国农业部计划司. 中国农村经济统计大全(1949—1986)[M]. 北京:农业出版社,1989:574-582.

第一，体制改革带来的经济增长。体制改革带来的经济增长，是贫困大规模减少的必要条件。对于个体而言，改革带来了持续的高速增长，提供了广泛多元的就业机会，扩展了个体自主选择的权利；对政府而言，经济增长带来的社会财富增加和政府收入提升，为实施大规模扶贫战略提供了充足的财力保障。一系列农村经济体制改革和解放生产力的机制变革，构成了这一时期农村减贫的主要动力。一是农村基本经济制度改革，改革开放初期确立了以家庭承包经营为基础、统分结合的双层经营体制为农村基本经营制度，激发了农民生产的积极性，开启了农村经济体制改革新篇章。近些年，农业现代化生产组织机制变革不断推进，发展多种形式适度规模经营，培育新型农业经营主体，实施承包地"三权"分置制度，实现小农户和现代农业发展有机衔接，提升了农业生产效率，加快了农业现代化进程。二是购销和流通体制改革，确立了以市场化为取向的农产品价格形成和流通体制，放开了有关农产品价格和城乡农产品集市贸易，逐步建立农产品市场体系，拓展了农民增收的渠道。三是要素流动机制改革，确立了鼓励城乡互动的劳动力流动机制改革，以户籍制度改革为主线，逐步打破"农"与"非农"二元格局，建立了与城镇化发展阶段相适应，有效推动劳动力、资金、土地等生产要素自由流动的新型体制，拓展了农民就业创业的空间。四是农村金融体制改革，从改革开放初恢复设立农业银行、农村信用社，到加快农村政策性银行发展、农村信用社改革、探索建立政策性农业保险制度、发展村镇银行等新型农村金融机构等系列举措，再到精准扶贫阶段的系列金融帮扶政策供给，不断深化为农业发展提供资金支持和有效保障，有效促进了减贫进程。五是农村税费改革，实现了从规范农村税费到最终取消农业税，理顺农村分配关系，大幅减轻农民负担。同时国家不断加大惠农力度，实行对种粮农民直接补贴、良种补贴、农机具购置补贴、农资综合补贴等强农惠农政策，持续改善农业生产条件，降低农业生产成本，有效促进农民增产增收。这些改革都极大解放了生产力，在推进农业全要素生产率不断提升的基础上，有效促进了国民经济增长。

第二，政府主导的减贫战略。中国减贫始终是在党和政府的领导推进下进行的，改革开放以来一系列连续性的农村扶贫开发战略规划的制定与实施充分彰显了这一特点。一是区域开发式扶贫的开端（1978—1985年），

"三西"扶贫开发计划便是其标志性工程①。此外，这一时期发布的《关于帮助贫困地区尽快改变面貌的通知》，专门将老、少、边、穷地区的发展作为一章，提出要帮助这类区域通过发展商品生产改变贫困面貌，并划定了18个连片贫困地区予以重点扶持，且明确了发展目标和政策支持方式。二是以开发式扶贫为主的阶段（1986—2000年）。1986年，国家确定以县为瞄准单位，国定贫困县标准首次确立，331个贫困县被列入国家重点扶持范围，成立了我国扶贫工作的常设机构——国务院贫困地区经济开发领导小组；1990年《关于九十年代进一步加强扶贫开发工作的请示》提出在解决大多数群众温饱问题的基础上，转入以脱贫致富为主要目标的经济开发新阶段目标。《国家八七扶贫攻坚计划》延续并发展了大规模开发式扶贫阶段的基本理念和思路，成为首个系统化的扶贫开发国家战略，开启了中国开发式扶贫的新模式。三是综合扶贫开发阶段（2001—2012年）。这一时期根据贫困人口分布变化，将扶贫对象及资金分配由贫困县转移至贫困村以及低收入的贫困户，鼓励当地贫困人口积极主动地参与扶贫项目的决策、实施管理与评估。《中国农村扶贫开发纲要（2001—2010年）》指出，"不仅应当继续解决少数贫困人口的温饱问题，增加其收入，更应该解决返贫问题，巩固温饱成果；不仅要促进区域经济发展和贫困人口收入提高，更要注重当地文化、教育、社会和环境等方面的全面进步，兼顾贫困人口生活质量与综合素质的全面提高"②。《中国农村扶贫开发纲要（2011—2020年）》首次明确将专项扶贫、行业扶贫和社会扶贫作为农村扶贫的三种基本方式，进一步推动了综合扶贫大格局的发展③。四是精准扶贫与脱贫攻坚阶段（2013—2020年）。进入新时代后，习近平总书记提出精准扶贫方略，把扶贫脱贫工作摆在治国理政的突出位置。2013年11月，习近平总书记首次提出精准扶贫，将农村扶贫开发推进到一个全新阶段。2014年精准扶贫的具体内涵进一步得到明确。2015年11月，习近平总书记在中央扶贫开发工作会议上的重要讲话系统阐释了"六个精准""五个一批"和"四个问题"，标志着精准扶贫方略正式形成。2015年中央做出关

---

① "三西"扶贫开发计划是指1982年12月国务院启动实施的甘肃河西地区、定西地区和宁夏西海固地区的农业建设扶贫工程。
② 中国农村扶贫开发纲要(2001—2010年)[N]. 人民日报,2001-09-20(005).
③ 中国农村扶贫开发纲要(2011—2020年)[N]. 人民日报,2011-12-02(008).

于打赢脱贫攻坚战的决定，标志着农村扶贫工作进入实现全面脱贫，进而实现全面小康的最后阶段，同年印发的《省级党委和政府扶贫开发工作成效考核办法》，形成五级书记抓扶贫的工作格局。2018年中央发布《关于打赢脱贫攻坚战三年行动的指导意见》，标志着脱贫攻坚政策框架和体制机制的成熟。五是巩固拓展脱贫攻坚成果和解决相对贫困问题阶段（2021年至今）。2016年3月，习近平总书记在全国两会期间指出我国相对贫困、相对落后、相对差距将长期存在。中共十九届四中全会正式提出"建立解决相对贫困的长效机制"。2021年出台的《中共中央 国务院关于实现巩固拓展脱贫攻坚成果同乡村振兴有效衔接的意见》指出全面建成小康社会后要用5年过渡期巩固拓展脱贫攻坚成果，接续推动乡村振兴。因此，随着现行标准下绝对贫困问题的全面消除，我国现阶段反贫困工作重点转变为巩固拓展脱贫攻坚成果，未来一个阶段的工作重点则转向解决相对贫困问题，为逐步取得共同富裕的实质性进展奠定基础。

2.2.2　中国特色减贫道路的特征

中国改革开放前后的减贫历程蕴含着一系列鲜明的实践特征，就指导思想而言，始终坚持以马克思主义为思想和方法论指导；就组织领导而言，始终坚持中国共产党的核心领导；就参与主体而言，始终坚持多元主体共同参与；就减贫动力而言，始终坚持区域发展带动战略；就贫困瞄准而言，始终坚持扶贫对象瞄准的精准化。

（1）始终坚持马克思主义指导

中国减贫道路探索中始终贯穿着马克思主义世界观和方法论的指导，特别是马克思的贫困与反贫困思想，马克思关于物质贫困与精神贫困、绝对贫困与相对贫困、关心人的利益、促进"自由人联合体"建立、促进人的全面发展等思想，为中国减贫提供了思想基础和理论支撑。70余年的减贫历程中，中国共产党运用辩证唯物主义和历史唯物主义分析和解决贫困问题，探索减贫规律，推动马克思主义反贫困思想中国化，并随着贫困形势的变化不断调整减贫目标与政策，最终取得脱贫攻坚战的圆满胜利。马克思主义反贫困思想的核心是制度减贫，在我国减贫历程中，所有制制度、分配制度、最低生活保障制度等都构成了减贫体系的关键性基础制度（丁建彪，2021）。我国在改革开放前采取以制度变革调整生产关系和改革开放后采取以体制改革带来经济增长的减贫路径，都体现了对马克思主义反贫困思想的实践。

（2）始终坚持中国共产党的核心领导

中国共产党自成立以来便矢志探索一条中国式的共同富裕道路（范从来、谢超峰，2018），把消除贫困、改善民生作为治国理政的重中之重。中国的减贫实践，始终是在中国共产党的领导下开展的，确立和加强党对扶贫工作的全面领导，是中国各项反贫困工作顺利进行的根本保证，凸显了中国脱贫攻坚的独特政治优势。习近平总书记指出"我们加强党对脱贫攻坚工作的全面领导……形成了中国特色脱贫攻坚制度体系，为脱贫攻坚提供了有力制度保障"[①]。党对脱贫攻坚工作的领导主要体现在协调、组织及动员三个维度：第一，党统领全局、协调各方，是政府、市场和社会三大扶贫主体的领导核心；第二，党发挥其独特的组织优势将松散的乡土社会凝聚起来，是组织核心；第三，在脱贫攻坚期，"五级书记一起抓"、驻村工作队等机制最大范围地动员和配置了各层级资源，形成扶贫合力，是工作核心。

（3）始终坚持多元主体共同参与

改革开放以来，我国在减贫实践中逐渐形成了"政府主导、群众主体、市场推动、社会参与"的多元主体减贫模式。政府、市场和社会多元主体共同参与贫困治理，能够实现优势互补、取长补短，这既是贫困治理采用多元共治方式的主要原因，也是不同反贫困主体间相互协同的前提基础。政府在反贫困中的最大优势是具有强大的组织动员能力和资源统配能力，市场主体参与反贫困能最大限度地发掘和利用贫困主体的资源禀赋，通过资源要素的优化配置使贫困主体获得更多市场收益，既有助于弥补政府在资源配置信息和效率上的不足，又能为减贫工作注入更多元的资金支持。社会组织通常有较强的专业能力，且与服务对象的联系紧密，在贫困治理中体现出创新力强、灵活性高、回应迅速等政府不可比拟的优势。除了政府、市场和社会等反贫困主体外，贫困群体自身也是多元协同治贫体系不可缺少的"一元"和关键。多主体参与，形成了扶贫中的最大合力，体现了社会主义的优越性。

---

① 习近平. 在打好精准脱贫攻坚战座谈会上的讲话[J]. 求是,2020(9).

(4) 始终坚持区域发展带动战略

由于地理和区位因素在贫困形成中具有重要作用，中国农村贫困人口的分布具有鲜明的区域特征，区域性整体贫困问题长期比较突出。为此，我国始终坚持以区域性开发式扶贫带动贫困地区发展，解决区域性整体贫困问题（王泽润等，2020）。从毛泽东同志的《论十大关系》，到邓小平同志"两个大局"的重要思想，从西部大开发战略实施，到统筹东西部发展，再到东西部协作、对口帮扶战略实施等一系列举措，将区域减贫与区域发展紧密链接在一起，强化区域经济发展的涓滴效应，带动贫困人口增收，缩小地区和城乡差距。通过区域发展优惠政策和支持举措，优先解决贫困地区基础设施建设、产业发展、公共服务等短板，形成脱贫致富的持久动力。

(5) 始终坚持扶贫对象瞄准精准化

从新中国成立至今，我国扶贫开发的瞄准对象经历了从瞄准到县—瞄准到村—瞄准到户的转变，瞄准方式从单维瞄准转变到多维瞄准，扶贫手段也从"大水漫灌"转变到"精准滴灌"。特别是党的十八大以来，中国特色减贫道路进入精准扶贫新阶段，确立了"六个精准"和"五个一批"的精准扶贫精准脱贫的基本要求与途径，有针对性地解决好了"扶持谁""谁来扶""怎么扶""如何退"等一系列问题。

2.3 理论概括

2.3.1 中国特色减贫道路的基本框架

结合我国减贫道路的发展历程，我们认为中国特色减贫道路的基本框架由以人民为中心的制度体系、以发展为中心的政策体系、以协同为中心的工作体系、以创新为中心的工具应用体系组成。

(1) 以人民为中心的制度体系

中国特色减贫道路中以人民为中心的制度体系主要体现在以下两大方面：一是在党的领导下始终坚持以人民为中心的发展思想，始终坚定不移走共同富裕道路，科学制定了系列重大减贫规划。从"三西"农业建设、国家八七扶贫计划、中国农村扶贫开发纲要到脱贫攻坚战，形成了系列顶层设计方案，全面引领减贫行动，充分彰显了社会主义制度的优越性。二是以中国特色制度性减贫为引领，形成了有效引领、支撑我国减贫事业的系列制度设计，形成了减贫的垂直治理和水平治理制度体系（王小林，2021）。其中，纵向垂直治理依托一套自上而下、上下互动的扶贫制度体系，以国务院扶贫开发领导小组为领导核心，由省市县扶贫开发领导小组及其办公室构成，以纵向财政转移支付、扶贫责任制、考核监督评估机制以及相应的激励机制等制度为保障。横向水平治理则由一系列跨部门、跨区域的扶贫制度和政策体系构成，如东西部扶贫协作、对口支援、定点帮扶以及驻村帮扶制度等，这些制度设计旨在最大化地用外部资源激发贫困地区发展活力，保障先富带动后富、逐步实现共同富裕理念的落实。

（2）以发展为中心的政策体系

在发展中减贫是中国特色减贫道路的核心理念。系列减贫政策都围绕并促进这一理念具体落地。一是益贫性的经济发展政策，即有利于贫困地区经济发展，有利于贫困人口就业和增收的政策，通过对贫困地区经济增长支持和贫困人口的生计帮扶，实现并强化经济增长的涓滴效应。二是包容性的社会发展政策，聚焦贫困地区在基本公共服务供给上的短板，在教育、医疗卫生和社会保障等领域，不断加大财政支持力度，持续推进基本公共服务均等化、普惠化。在脱贫攻坚期，有针对性地实施系列特惠型社会发展政策，帮助贫困地区基本公共服务供给接近全国平均水平。三是综合性的精准扶贫政策，精准聚焦贫困成因和减贫制约要素，采取多种政策组合的方式，科学规划、系统推进，既有"两不愁、三保障"多维度脱贫目标，又有专项扶贫、行业扶贫、社会扶贫等多方力量、多措并举有机结合和互为支撑的大扶贫格局实施，还有产业扶贫、就业扶贫、易地扶贫搬迁、生态保护扶贫、兜底保障等一系列政策"组合拳"（王小林，2021）。这些政策体现了中国特色减贫道路以发展为中心，以发展减贫、在发展中减贫的理念。

（3）以协同为中心的工作体系

社会主义制度的优越性之一便是集中力量办大事。中国的减贫道路有效集合了全社会的力量，实现了共建共治，形成了协同高效的工作体系。一是形成中央统筹、省负总责、市县抓落实的工作机制，明晰了各层级政府及政府间的工作职责和制约关系，形成了服务于扶贫脱贫的有效激励与约束机制。二是构建五级书记抓扶贫、驻村工作队以及村两委会一体化协同工作队伍。脱贫攻坚期间实施的五级书记抓扶贫，各级党委领导成为脱贫第一责任人,保障了扶贫脱贫在各级党委和政府工作中的优先地位;驻村工作队和村两委的协同,既实现外部资源向贫困村、贫困户的引流和赋能,又保障各项扶贫政策在"最后一公里"落实到村到户。从2013年开始向贫困村选派第一书记和驻村工作队,到2015年,实现每个贫困村都有驻村工作队、每个贫困户都有帮扶责任人。三是构建了囊括政府、企业、社会组织以及个人的社会动员机制,形成大扶贫格局的主体体系,最大范围地动员和投入了减贫资源。例如,2015年至2020年年底,12.7万家民营企业参与"万企帮万村"精准扶贫行动,帮扶13.91万个村(其中贫困村7.32万个),带动和惠及1803.85万贫困人口①,为脱贫攻坚做出了重要贡献。四是构建了试点与推广体系,一方面,各地在遵循中央减贫顶层设计的同时,结合本地实际因地制宜开展了多样化的探索,形成了诸多创新性举措和经验;另一方面,中央同样重视对地方创新做法和经验的发掘与总结,对其中具有参考和应用价值的部分予以肯定并推广,这便形成了自上而下和自下而上的良性互动,有效推进了减贫工作的开展。

(4)以创新为中心的工具应用体系

贫困问题具有综合性和复杂性的特点,解决贫困问题既离不开系统性的筹划,也离不开反贫困政策和工具的灵活组合与应用。我国的减贫实践创新性地开展了不同减贫政策、技术工具以及宣传教育工具的组合和应用,成为中国特色减贫道路的重要特色。一是对减贫政策工具的创新性组合。例如,为了实现易地扶贫搬迁的政策目标,既需要搬迁政策、产业扶贫、就业扶贫、教育扶贫、兜底保障等政策组合发力,也需要起支撑保障作用的财政政策、金融政策、产业政策、土地政策以及人力资源政策等多个工具有机结合。对政策工具进行结构合理的组合,是多维度致贫原因、多元化政策目标和政策主体的内在要求,也是多维度协同减贫的基础(施琳娜、文琦,2020),有助于克服单个政策工具的局限,以政策协同产生政策合力,从而实现稳定且可持续的脱贫(王亚华、舒全峰,2021)。二是对技术工具的创新性组合。善于在减贫工作中运用新技术,既表现为善于运用数字技术、数字经济等新技术新业态赋能扶贫产业发展,又体现在利用新技术提升扶贫组织和信息管理效能。特别是在精准扶贫中大数据、

---

① 国务院新闻办公室. 人类减贫的中国实践(白皮书)[M]. 北京:人民出版社,2021:34.

人工智能等新技术工具的引入和应用,建立起一体化的精准扶贫大数据分析平台,使每一个贫困户的动态信息与各级政府扶贫部门相联通,打通了部门和区域间的数据壁垒,使扶贫政策和资源追踪以及贫困动态监测成为可能,极大地提升了贫困治理能力和水平。三是宣传教育工具的创新组合。在典型事例、人物、经验等的宣传和扶志扶智方面,采用线下与线上相结合、传统说教与亲身体验相结合的宣传教育方式,创作出一批形式多样的文化产品和表现形式,充分展现了脱贫攻坚精神。

贫困是一个结构复杂、涉及面广、外部性明显的经济社会问题。减贫也是一项政策性强、实施难度大、各方面关联度高的经济社会综合治理问题。我国减贫成就的取得得益于以上四大体系密切配合、相辅相成。以人民为中心的制度体系是根本保障,提供了减贫的价值遵循、顶层设计和制度保障,是其他三大体系发挥作用的基础。以发展为中心的政策体系是核心动力,从增长政策、社会政策和精准扶贫政策多个维度为减贫提供直接、综合的驱动力。以协同为中心的工作体系是有力支撑,通过坚强的组织领导、明晰的主体分工、高效的社会动员等为减贫汇聚了最大范围的合力。以创新为中心的工具应用体系是增效手段,通过政策、技术和宣传教育工具的创新组合提高政策效能和减贫效率。

2.3.2 中国特色减贫道路的特殊性与一般性

中国成功走出了一条基于自身国情的减贫道路,是人类减贫事业的重要组成部分。对中国特色减贫道路的总结与研究,意义绝不仅仅限于中国自身,更重要的是立足消除贫困的全人类发展目标与挑战,将中国减贫视为一个富有价值的研究样本,从中挖掘中国的哪些实践与经验对国际社会特别是广大发展中国家减贫具有启发和借鉴意义。

要回答这一问题,需要务实地从中国减贫实践及其产生的"土壤"出发,遵循特殊与一般的辩证关系,探寻中国实践与经验中蕴含的特殊性和一般性。一方面,中国减贫实践及其成功经验根植于中国经济、社会、政治和文化土壤。因此,在向国际社会分享交流中国减贫方案和减贫经验时,要强调并阐明其中的特殊性要素。另一方面,从中国减贫的理论概括、话语提炼进而与主流理论和话语沟通对话的角度,不仅要注重发现特殊性中可能蕴含的对主流理论和话语的突破之处,而且要将从特殊性中阐发一般性作为更重要的目的和归宿,因为从特殊到一般是对全球减贫理论和话语体系做出中国贡献的必经之路。

2021年3月，习近平总书记在全国脱贫攻坚总结表彰大会上用"七个坚持"，从领导力量、指导思想、制度支撑、工作方略、内生动力、文化支撑以及监督考核七个方面较为全面地概括了中国特色减贫实践与经验①，为分析中国特色减贫道路中蕴含的特殊性与一般性提供了良好素材。结合前文对中国特色减贫道路的历史和基本框架的分析，本章从"七个坚持"出发，剖析其中蕴含的中国特色减贫道路的特殊性，并从特殊性中凝练一般性，具体如表2-1所示。

表2-1 中国特色减贫道路的"特殊"与"一般"

"七个坚持"	特殊性	一般性
坚持党的领导，为脱贫攻坚提供坚强政治和组织保证	中国共产党及其组织方式	强调政治领导力、有效组织和激励的重要性
坚持以人民为中心的发展思想，坚定不移走共同富裕道路	作为社会主义理想的共同富裕	强调以人为本的价值导向与资源配置方向以及缩小不平等的重要性
坚持发挥社会主义制度能够集中力量办大事的政治优势，形成脱贫攻坚的共同意志、共同行动	社会主义制度及其动员能力	强调社会协同扶贫
坚持精准扶贫方略，用发展的办法消除贫困根源	经济发展中强有力的政府作用	强调发展导向、资源精准配置、以教育为根本
坚持调动广大贫困群众积极性、主动性、创造性，激发脱贫内生动力	基层党组织的引导调动作用	强调扶志扶智的作用
坚持弘扬和衷共济、团结互助美德，营造全社会扶危济困的浓厚氛围	社会主义核心价值观与传统文化特质	强调社会文化的作用
坚持求真务实、较真碰硬，做到真扶贫、扶真贫、真脱贫	党和政府内部自上而下的考核监督体系	强调对政府扶贫监督、考核、评价的作用

资料来源：笔者根据习近平总书记在全国脱贫攻坚总结表彰大会上的讲话内容整理。

关于中国特色减贫道路的特殊性。习近平总书记（2021）关于"七个坚持"的表述，每一条都或明或暗地蕴含着源于中国制度背景、文化传统以及政府角色与作用等方面的特殊要素。举例而言，第一，独特的制度

---

① 习近平. 在全国脱贫攻坚总结表彰大会上的讲话（单行本）[M]. 北京：人民出版社，2021：11-12.

优势。

第一，中国共产党的集中统一领导以及由此产生的强大领导力、组织力和执行力，使消除贫困乃至共同富裕的价值理念和政治目标上升为国家意志、内化为社会共识，能够以自上而下的扶贫专职机构和晋升激励将扶贫脱贫工作纳入各级政府的工作任务和目标，能够以连贯明确的规划纲要将扶贫脱贫转化分解为可操作的政策方案，能够以强有力的宣传、动员、协调机制统筹调动体制内外的各类减贫力量和资源，能够以主体和形式多样的考核评估保障政策实施和激励有效。其次，社会主义市场经济体制的制度逻辑强调"有效市场"与"有为政府"的有机结合，有助于更好地解决经济发展中效率与公平的矛盾，增进贫困群体的发展机会，保障贫困群体共享发展成果，能够更有效地实现益贫式经济增长。

第二，独特的文化优势及其与制度优势的相融互促。在中国优秀传统文化中，扶贫济困、兼济天下的思想源远流长且影响深远。早在先秦时期就提出了"夫施于贫困者，此适之所谓仁义"，后来儒家的"仁政"观点，到西汉时期的"与民休息"，再到明清时期的社会救济论，都包含丰富的扶贫济困思想（胡富国，2019）。儒家学说所倡导的"达则兼济天下"，则对个体主动肩负扶贫济困的社会责任起到潜移默化的推动作用。当代社会主义核心价值观与中国优秀传统文化的有机结合，更内生出全社会扶危济困的浓厚氛围和行动力量，形成了与政府扶贫的协同效应，与制度优势相融互促。

第三，特殊的减贫形势。一方面，中国贫困人口基数大。1978年贫困发生率高达97.5%（现行贫困标准），贫困人口达7.7亿人；即便在精准扶贫方略实施前的2012年，现行标准下农村贫困人口规模约有9899万人[①]。如此规模的贫困人口以及由此决定的减贫任务，进而需要投入的减贫力量和资源，皆世所罕见。另一方面，中国巨大的地区间发展不平衡性、贫困人口分布的显著区域集聚性和致贫原因的复杂性，对贫困瞄准及其动态调整、减贫动力的多样性、扶贫政策制定实施的精准性提出了更高要求。以上两方面描述的中国贫困人口总量和结构的特殊性，从一开始就

---

① 国家统计局住户调查办公室.2020中国农村贫困监测报告[M].北京：中国统计出版社，2021：2.

深刻影响着中国减贫战略与路径的选择。

关于中国特色减贫道路的一般性。一般性往往寓于特殊性之中，因而从中国特色减贫道路的种种特殊性中可以提炼出与之相应的一般性要素。而从特殊性中发现新的一般性，特别是尚未得到主流理论推崇或尚未成为主流做法但同时具备可外推性的中国经验，往往更具现实意义。这些新的一般性经验很可能就构成了中国对国际减贫实践和理论新贡献的主要来源。

例如，就制度层面而言，中国共产党强有力的领导和中国特色社会主义的制度优势，保障了减贫工作的正确方向并凝聚各方力量投入其中，在中国贫困治理中发挥了至关重要的核心作用。然而，这是中国减贫实践的特殊性所在，不难从特殊性出发解释中国减贫实践与成就，但如果仅仅以此来解释，就会缺失一般意义。因为至少从当下的现实来看，其他发展中国家在政党和社会制度上各有差异，很难具有如同中国共产党这样强有力的政党，同样很难复制中国特色社会主义制度。但就减贫而言，中国的这类独特制度优势完全蕴含着可以一般化的经验。其一，中国共产党在减贫中的作用本质上是提供正确且强大的政治领导力，通过一套与基本制度相容的组织和激励机制，有效调动科层体系和其他社会主体的力量投入减贫。这便是党的领导这一特殊性所对应的一般性，即强调强大政治领导力、有效组织和激励的作用。更为关键的是，党的这套领导、组织和激励体系并未消除地方与基层在具体减贫实践上的自主探索空间，反而依托一套分工明确的工作体系保障地方能结合各自实际自主探索具体实施方案。这本质上是中央统一领导和地方自主实施的协调共存，对于贫困治理同样具有重要的一般意义。其二，社会主义制度集中力量办大事的政治优势，同样蕴含一般意义，即采取有效方式尽可能调动更广泛的社会力量参与减贫是非常必要的。

再如，就指导思想和价值遵循而言，中国特色社会主义以人民为中心的发展思想，所蕴含的一般意义便是强调以人为本的价值导向与公共资源配置方向，经济发展的所有目的都是实现人的发展；同时，中国特色社会主义的共同富裕理想同样具有与其对应的一般含义，即缩小发展机会和收入分配的不平等从而在更大社会范围内共享繁荣，这是具有普遍意义的价值追求，既对减贫具有关键作用，也是可持续发展的应有之义。

中国在长期反贫困实践中积累的减贫经验对很多发展中国家具有很大

参考价值。相关研究表明，东盟、非洲部分国家经历的贫困与中国曾经的发展经历存在很多相似特征（张海霞等，2018；何蕾等，2019），为中国减贫经验的国际化提供了基础。目前来看，中国已经迈出了与国际社会分享交流减贫经验的步伐。2018年12月，第73届联合国大会决议草案纳入了中国倡导的"精准扶贫""合作共赢""构建人类命运共同体"等理念，表明国际社会高度认可中国减贫成就与经验（周文、郑继承，2020）。此外，近年来，借助"一带一路"、南南合作和东盟等平台，中国减贫的一般性经验已经在东南亚、非洲、中亚等国家中得到了初步推广应用。例如，2007年以来中国便开始了与东盟贫困国家开展常态化、机制化的减贫合作，以分享中国政府贫困治理经验和提升相关国家政府贫困治理能力为主要内容，牵头举办了多种类型和层次的减贫交流培训班（覃志敏，2017）。2014年，中方倡导实施"东亚减贫合作倡议"并开展减贫合作示范项目，以中国减贫经验中的"精准扶贫""整村推进"为基础，瞄准贫困户实施精准帮扶，三年间惠及老挝、柬埔寨、缅甸三国六个项目村共12000余人（杨霄霄，2021）。中国在与非洲的减贫合作中，注重把"扶志扶智相结合"的经验传递给非洲国家，帮助后者培养自主发展能力，特别是支持非洲年轻人创业，将人力资源潜力转化为人才支撑（韩萌，2018）。中亚国家中，巴基斯坦总统阿里夫·阿尔维表示巴基斯坦从中国减贫经验中学到了三点——为民众提供更好的医疗卫生保障、更好的教育和平等的机会（严玉洁，2020）。以上不同侧面的案例表明，中国减贫经验已经成为国际减贫合作的重要内容。因此，在深入分析中国减贫经验特殊性和一般性的基础上，更好地学理化表达和阐释中国减贫经验，则有助于进一步推动中国减贫经验、话语与方案的国际化，从而为全球减贫事业做出更大贡献。

2.4 实践经验

消除贫困是国际社会面临的共同挑战。从联合国2030年可持续发展议程的减贫目标来看，全球减贫的总体进程不容乐观，特别是新冠肺炎疫情对全球经济增长和数亿人口生活造成巨大负面冲击，导致贫困人口面临更加困难的处境，给实现2030年减贫目标带来重大挑战。中国作为世界减贫理论的学习者、受益者和创新者，走出了一条中国特色的减贫道路，不仅增强了其他发展中国家通过走出一条适合自身国情实际的减贫道路以实现消除贫困目标的信心,而且为其他发展中国家减贫提供了可供参考的经验。前文的讨论不仅分辨出中国特色减贫道路所蕴含的特殊性要素,更从特殊性中归纳出一般性要素,后者便是中国减贫实践经验可供其他国家讨论、参考和借鉴的基础。基于前文的历史和理论分析,本章进一步概括中国特色减贫道路蕴含的一般性要素,从中提炼出以下六条更有实践意义、更具体、可供其他发展中国家参考和借鉴的减贫经验。

2.4.1 强化领导

当一项工作成为国家最高领导人的"头号工程",并持续不断地指挥落实,就会形成强大的国家意志,推动政治权力配置资源(新华社国家高端智库,2021)。借鉴中国经验,一是要有坚定的政治决心,实现减贫从政党决心或议程上升为国家意志,保障减贫资源的持续投入;二是要形成有效的政治激励,将减贫成效纳入对地方政府的政治与经济激励和考核中,确保执行有力;三是设置专门的组织机构,国家层面成立多部门构成的减贫领导、议事和协调机构,负责制定规划,各层级政府配备负责日常工作的专门行政机构,负责协调规划的执行、考核和监督,形成有效的组织体系。

2.4.2 连续规划

规划是行动的蓝图,中央层面制定并实施连续性的规划以保证减贫目标、任务和政策内容的连贯与衔接,是中国特色减贫道路的鲜明特征,其中也蕴含着具有参考意义的一般经验。具体地,一是要制定与自身发展基础和阶段相适应的减贫规划,明确问题、目标、思路、政策方向和分工;二是要保持减贫规划的连续性,以规划的连续性保障政策的连续性和稳定性,有利于稳定各方预期;三是制定好地方配套规划,各地要制定与国家规划相衔接、更细致且符合自身实际的减贫规划,从而增强规划有效性。

2.4.3 动态瞄准

贫困识别与瞄准是减贫领域的难题。一是选择与贫困人口分布和政府治理能力相匹配的瞄准方式并动态调整,根据实际情况选择地区瞄准或者家庭瞄准,并适时调整;二是技术赋能,借助数字化工具将数字管理应用于减贫的全流程,建立包含贫困地区、群体、扶贫措施与成效的减贫数据库,以数字化提升政府贫困治理能力和扶贫资源传递的精准性;三是精准识别,综合利用入户调查、民主评议及大数据手段识别贫困家庭,并动态调入、调出。

2.4.4 发展导向

坚持用发展解决贫困问题的整体战略。一是以"有为政府+有效市场"激活潜在生产要素，促进贫困地区经济增长，提升市场机制益贫性，实现利贫性增长；二是培育有效市场，促进市场一体化，支持贫困地区因地制宜、遵循比较优势，以市场为导向确定并发展减贫项目，注重发挥农业帮助贫困人口增收脱贫的基础性作用；三是建设有为政府，政府要主动作为，为贫困地区经济发展需求提供与之相适应的必要软硬件基础设施，为相关市场主体参与扶贫和贫困人口参与生产提供必要的补贴、奖励和金融支持（林毅夫，2017），为贫困地区产品和服务对接更大范围的国内外产业链和市场提供必要和合理的补贴、奖励和金融支持。

2.4.5 多维协作

减贫需要多方的协同努力。一是从全国层面配置扶贫资源，引导并激励发达地区与贫困地区开展多维度扶贫协作，形成在产业、就业、人才、教育医疗等多个层次的协同；二是构建多维主体协作的大扶贫格局，引导和鼓励企业、社会组织、个人扶贫发挥更大作用，并与政府专项扶贫相协调，形成符合所在国家和地区实际的大扶贫格局；三是开展减贫国际合作，利用好国际帮扶资源，充分吸收借鉴更广泛的减贫经验，并有针对性地转化到本国的减贫制度创新中。

2.4.6 上下互动

上下互动的良性治理是激活减贫政策实施效能的重要路径。一是做好"分权"，即高层级政府负责统筹和规划顶层设计，具体资源投向和项目实施交给拥有信息更充分的地方政府，激活基层活力；二是做好"试点"，结合自下而上和自上而下，通过分权给予地方政府创造性实施的空间，再通过试点的方式进一步检验并完善地方有效做法，根据试点情况选择是否推广；三是做好"推广"，以自上而下的经验介绍和自下而上的模仿创新相结合的方式，促进先进经验的扩散与应用。

2.5 研究结论

中国巨大的减贫成就不仅为全球减贫进程做出了突出贡献，也蕴含着可供国际社会参考与借鉴的实践经验。中国特色减贫道路是对中国减贫实践经验的总结与概括,已经引发国内学界的广泛讨论,也必将成为国际发展研究的重要话题。本章对中国特色减贫道路的历史分析表明,改革开放前的诸多探索奠定了后续大规模减贫的重要基础,而改革开放以来的全面减贫成就主要源于体制改革带来的经济增长与政府主导的连续减贫战略,这两种动力相互支撑,强化了发展的包容性和益贫性。

本章用一个由以人民为中心的制度体系、以发展为中心的政策体系、以协同为中心的工作体系和以创新为中心的工具应用体系构成的基本框架,描述中国特色减贫道路的内容构成,这些体系实现了顶层设计、纵向垂直治理与横向水平治理的结合,开发式与保障式扶贫的结合,党、政府、市场和社会力量的结合,功能与效率的结合。基于对中国特色减贫道路历程和内容构成的考察,本章阐述了中国典型实践经验中蕴含的特殊性与一般性,并遵循特殊性与一般性的辩证关系,进一步提出并分析了中国特色减贫道路中可资借鉴的六条实践经验,即强化领导、连续规划、动态瞄准、发展导向、多维协作以及上下互动。

3 乡村振兴的历史渊源与实施重点

3.1 问题提出

在人类工业化和城镇化的进程中,农村劳动力从农业流向非农产业,从农村转移到城市是一个普遍规律。这个过程的基本特征是农村各种可流动资源或要素单向地流向城市,特别是流向具有极大集聚力的发达地区和中心城市,在带来城市经济扩张的同时,也在一定程度上引致了乡村的衰落。我国历史上是一个农业国,农业是经济的基础,农民是发展生产的主力,农村是最重要的生存与发展空间。新中国成立特别是改革开放以来,快速由传统社会向现代社会、由农业国向工业国转变,为加速这个过程,国家不断调整城乡、工农政策。第七次人口普查的数据显示,中国城镇常住人口90199万人,城镇化率达到63.89%,但同时农村常住人口仍有50979万人,占总人口比重的36.11%。因此,我国城市化还有很大发展空间。同时,我国农村在消灭绝对贫困之后,面临着防止脱贫户返贫、普遍提高农户收入、促进农业农村现代化、建设美丽乡村的新任务。因此,在城市化依然进行、国家提出新型城镇化建设战略的背景下,我们更需要把握农村巨大的发展潜力,在现代化的总要求下着力解决"三农"问题,促进城乡融合发展。

主动把握人类社会城乡关系发展的规律,清晰认识到发展农村以促进城乡融合的紧迫性,习近平总书记在党的十九大报告中首次提出并深刻论述实施乡村振兴战略。随后,这一战略作为决胜全面建成小康社会、全面建设社会主义现代化强国的七大战略之一写入了党章。党的十九大报告指出,要坚持农业农村优先发展,按照产业兴旺、生态宜居、乡风文明、治理有效、生活富裕的总要求,建立健全城乡融合发展体制机制和政策体系,加快推进农业农村现代化。面向新发展阶段,党的二十大报告指出全面建设社会主义现代化国家,最艰巨最繁重的任务仍然在农村,将乡村振兴作为推动高质量发展、实现中国式现代化的核心议题。面向新发展阶段,乡村振兴战略将发挥重要作用。

第一,乡村振兴战略是中国式现代化的应有之义和重要支撑。党的二十大报告给出了中国式现代化的明确含义——人口规模巨大的现代化、全体人民共同富裕的现代化、物质文明和精神文明相协调的现代化、人与自然和谐共生的现代化、走和平发展道路的现代化。一方面,全面推进乡村振兴、加快建设农业强国,是中央着眼全面建成社会主义现代化强国做出的战略部署,中国式现代化的建成需要农业农村现代化的支撑和助力。另一方面,共同富裕是中国特色社会主义的本质要求。尽管近年来我国城乡收入差距扩大的趋势得以逆转,但城乡居民收入的绝对差距依然较大。实现共同富裕必须围绕解决好发展的不平衡不充分问题,不仅要求整体发展到较高水平,还要控制好并缩小不同群体,特别是城乡两个场域、两个群体之间的发展差距。实施乡村振兴战略对于提高农民收入、繁荣乡村经济、实现共同富裕意义重大。

第二,乡村振兴战略是推动经济高质量发展的重大举措。党的二十大报告指出,高质量发展是全面建设社会主义现代化国家的首要任务。而实现高质量发展,离不开农业农村的高质量发展。40多年前中国的改革是从农村开始的,借助家庭联产承包责任制的农业经营方式变革,向更多农民复归权利,农村生产力得以解放和发展,农业生产效率得到提高。20世纪80年代中期发展起来的乡镇企业,优化了农村内部的产业结构。进入21世纪之后,大量农民工进入城市,支持城市化建设和工业化发展,助力中国制造走进千家万户、走向世界各地。进入新时代,面对上一阶段非均衡发展导致农村发展相对滞后的现实,国家又进一步开展脱贫攻坚行动,发展农村产业、带动农民增收。面向新发展阶段,一方面,乡村振兴战略以"产业兴旺、生态宜居、乡风文明、治理有效、生活富裕"为目标,涵盖对农村发展的需求从增产增收向提质增效转变,从一产为主向一、二、三产融合转变,从村容整洁向生态宜居转变,从单纯提高收入向提高生活质量转变等,这与"创新、协调、绿色、开放、共享"的高质量发展理念高度契合。另一方面,乡村的全面振兴为实现高质量发展提供了更为坚实的农业基础、粮食安全保障、广阔市场发展空间和人才智力支撑。

第三,乡村振兴战略是新发展阶段促进城乡融合发展的核心战略。我国经过改革开放后的高速发展,进入了中国特色社会主义新时代,农村经济社会发生了深刻变化。一方面农业农村迅速发展,取得了历史性成就,具备了在更高水平上实现乡村振兴的条件;另一方面农村发展仍相对滞后,成为我国经济社会发展的短板。近年来,"农村空心化""农业边缘化"和"农民老龄化"为代表的"新三农"问题日益突出,部分乡村衰落的趋向值得高度重视。实施乡村振兴战略可以缩小城乡发展差距,激发农民的内生动力,增强农业农村的发展活力,吸引外商投资和青年返乡就业创业,促进更高质量资本向农村流动、更高水平产业到乡村聚集、更高层次人才向农村流动。以此破解城乡二元结构难题和"新三农"问题,推动城乡高质量融合发展。

第四,乡村振兴战略是破解新时代主要矛盾的主要手段。当前社会的主要矛盾是人民日益增长的美好生活需要和不平衡不充分发展之间的矛盾,突出表现为工农之间农业发展不充分,城乡发展不平衡,以及城市居民消费水平较高,而农村消费市场发展相对滞后,农民消费水平有待进一步提高。可见,广大农村居民的美好生活需要远没有得到满足。实施乡村振兴战略,就是要巩固农业基础地位、促进农业现代化;给予农村充分发展机会,促进城乡均衡发展;实施农村消费促进行动、挖掘农村消费潜力、千方百计扩大农村消费。

3.2 历史溯源

农业农村问题是关乎国计民生的根本性问题。新中国成立以后,党和政府一直把农业农村农民问题作为重要的施政领域,不断进行探索与改革,旨在提高农业农村现代化水平和农民生活幸福度。探索新发展阶段乡村振兴诸多问题,离不开对中国农村发展脉络的回顾与考察。

新中国成立后不久便开始实行高度集中的计划经济体制,开启了重工业优先发展的国家工业化进程。为了举全国之力发展重工业,国家借助工农产品剪刀差抽取农业剩余,实现工业部门快速资本积累,农村为城镇发展提供服务,在严格的户籍制度与集体化人民公社制度下,城乡要素难以自由流动,农村劳动力被束缚在土地上,农民逐渐丧失自由择业权。在此基础上逐步形成工业主导农业、城市主导乡村的工农城乡关系及它们之间不平等的利益交换格局（张军，2018），又进一步强化了历史上本就存在的城乡二元结构。改革开放之后，社会主义市场经济的酝酿和体制变革激发了农村的发展活力。以中国农业农村自身发展水平的阶段性变化、党和国家对城乡发展的重大决策和部署为节点，可将改革后的农业农村划分为四个阶段①。

第一阶段（1978—1984年）：农村经营体制变革促进农业农村快速发展。1978—1984年，从农村开始的改革以创造激励的制度复归为逻辑起点，促进农业生产快速恢复并发展，具体来说：土地制度由农业合作化转变为家庭联产承包责任制，实现了所有权的复归。改革将土地的产权分为所有权和经营权，前者归集体所有，后者由集体经济组织按户均分包给农户自主经营，集体经济组织负责承包合同履行的监督，公共设施的统一安排、使用和调度，土地调整和分配，从而形成了一套有统有分、统分结合的双层经营体制。将价格机制部分地引入农产品市场，适当提高了粮食收购价格。其后粮食统购统销制度的瓦解促进了市场的复归。这一阶段对工商业的诸多限制也有所放宽，生产经营突破了"以粮为纲"的单一政策限制和不准农村办工业的禁令，鼓励发展多种经营，乡镇企业和个体工商业蓬勃发展，农村居民的市场参与权实现复归。户籍制度的放宽带来人口的市场化配置，大批农村剩余劳动力外出经营和务工，农民的自由流动和迁徙权复归。变革使得长期被压抑的农业生产潜力得到释放，农村食品生产和商品经济逐渐恢复。

这一时期的变革主要发生在农村，农村开始快速追赶城市，城乡收入差距持续缩小，农业农村向好发展。一是农业生产潜力得到释放。1984年，全国粮食产量创造了历史最高纪录。1979—1984年，全国农业总产值年均增长达到8.4%②。二是农村商品经济得到一定程度恢复。农村专业户和多种形式联合生产的出现和发展，加速了中国农村商品经济的发展。截

---

① 阶段划分参考了吴丰华和韩文龙（2018）的划分方法,具体参见:吴丰华,韩文龙.改革开放四十年的城乡关系:历史脉络、阶段特征和未来展望[J].学术月刊,2018(4):58-68.

② 牛若峰,郭玮,陈凡.中国经济偏斜循环与农业曲折发展[M].北京:中国人民大学出版社,1991:44.

至1984年年底，粮食商品率达到了30%以上，集市贸易比1978年增加了280%①。农民非农收入明显增长，1978—1988年，农民非农收入占全部收入的比重由15%上升到36.6%②。三是城乡收入差距持续缩小。1978—1984年，农民人均纯收入年均增幅高达16.17%。而且，农民的收入和消费增幅均超过城市居民，1978—1985年，农民人均收入和消费增长分别超出城镇居民71个和47个百分点，城乡收入比从2.57∶1迅速缩小至1.71∶1③。四是计划经济时期停滞的城乡劳动力流动再次开启。1978—1984年，因为知识青年和下放干部返城、恢复高考、城镇集市开放和发展等多方面原因，我国城镇化率从17.92%提高到23.01%④。

第二阶段（1984—2003年）：农村改革相对停滞引致农业农村发展迟缓，"三农"问题突出。1984年党的十二届三中全会将建立有计划的商品经济体制确立为改革目标，改革重点由农村转向城市——城镇居民收入分配体制改革、财税体制改革为城市经济的发展提供了有利的制度环境。国有企业改革、非公有企业的发展以及价格体系的调整，进一步激发了城市经济的发展潜力。同时，农村乡镇企业快速发展起来，提高了农民收入，促进了农村非农产业发展。1994年，农村工业增加值占全国工业总产值的比重已经超过50%，更是占到农村社会总产值的74.3%⑤。此外，20世纪80年代末，农民工群体发展起来。城市中的国有经济和民营经济的改革促进了城市第二产业的发展，创造了更多的就业岗位，户籍制度改革让农民工可以获得更高的收入，1993年党的十四届三中全会又提出"逐渐形成劳动力市场"。到1996年，全国大约有5000万～6000万农民工，到2002年，农民工数量增长到了9000万以上。

但总体来看，这一时期农村改革有限，城市经济发展的速度明显快于农村，城镇居民收入迅速增加，农民收入则增加缓慢。此外，分税制改革导致地方财政出现一定困难，地方将负担压在农民身上。上述原因都导致城乡差距不断拉大，城乡居民收入比从1985年的1.86∶1逐步扩大到1990

---

① 武力. 中华人民共和国经济史[M]. 北京：时代经济出版社，2010：725.
② 国家统计局. 中国统计年鉴（1988）[M]. 北京：中国统计出版社，1989：743.
③ 赵洋. 中国特色社会主义城乡关系变迁：历史、理论与现实[J]. 思想理论教育导刊，2016（9）：111-115.
④ 武力. 1949—2006年城乡关系演变的历史分析[J]. 中国经济史研究，2007（1）：23-31.
⑤ 刘应杰. 中国城乡关系演变的历史分析[J]. 当代中国史研究，1996（2）：1-10.

年的 2.2∶1、1995 年的 2.71∶1、2002 年的 3.11∶1①。在这一过程中新的二元结构产生——农民工在身份、教育、就业、社保以及参与城市决策等方面还难以获得和城市居民平等的待遇，而且，因为这些待遇和权利的缺失，造成了新生代农民工在身份认同方面的巨大障碍。

第三阶段（2003—2012 年）：社会主义新农村建设和统筹城乡发展，促进"三农"快速发展。进入 21 世纪以来，我国经济社会发展进入加速转型阶段，国家促进农业农村发展、农民增收，形成城乡发展新格局的战略思路不断清晰：2002 年党的十六大提出"统筹城乡经济社会发展，建设现代农业，发展农村经济，增加农民收入，是全面建设小康社会的重大任务"。2006 年中央一号文件提出"建设社会主义新农村"，并强调要"建立以工促农、以城带乡的长效机制"。国家也将此作为"十一五"规划的重点工作，2007 年党的十七大提出"形成城乡经济社会发展一体化新格局"。

这种逐渐清晰的认识和政策导向源于理论上"两个趋向"的判断。2004 年，党的十六届四中全会提出："纵观一些工业化国家发展的历程，在工业化初始阶段，农业支持工业、为工业提供积累是带有普遍性的趋向；但在工业化达到相当程度以后，工业反哺农业、城市支持农村，实现工业与农业、城市与农村协调发展，也是带有普遍性的趋向。"② 彼时，我国经济出现了一些明显的结构性变化，这些带有门槛性质的变化——人均国内生产总值超过 1000 美元、第一产业增加值占 GDP 比重下降到 15% 以内、工农业增加值之比超过 3∶1——均达到了国际认可的工业反哺农业的初始化阶段的条件（马晓河、蓝海涛、黄汉权，2005）。

在"两个趋向"判断的指导下，围绕建设社会主义新农村和统筹城乡发展，我国采取了一系列支农发展措施：一是设立统筹城乡发展综合改革试验区——2007 年，中央将成都和重庆市列为统筹城乡综合配套改革试验区，进行统筹城乡发展的先改先试，此后，重庆市和成都市在农村土地制度、农村社会保障等多个领域探索出了一系列创新措施，形成了一些可以

---

① 谢志强，姜典航. 城乡关系演变：历史轨迹及其基本特点[J]. 中共中央党校学报，2011(4)：68-73.

② 中共中央文献研究室. 十六大以来重要文献选编（中册）[M]. 北京：中央文献出版社，2006：311.

在全国推广的模式。二是大力实施社会主义新农村建设,核心在于促使农村发展、实现五方面目标——"生产发展、生活宽裕、乡风文明、村容整洁、管理民主"①。三是户籍制度和农地制度大力度改革。2001年,国务院转批公安部《关于推进小城镇户籍管理制度改革的意见》,标志着在中央层面户籍制度的系统突破。在地方,经济较发达、接收外来人口较多的东南沿海一些城市,如上海市、广州市开始打破原有户籍制度的束缚,主要改革措施包括:缩小城市外来人口和原住居民之间的各种差别,提高农民工待遇、赋予他们更多和城市居民一样的权利。在农地制度方面,改革重点是逐渐推进土地流转。四是大幅提高财政支持力度、丰富财政支农方式。2003—2011年,中央支持"三农"的财政经费增长了3.85倍,从2144.2亿元增长至10408.6亿元②。2006年全面取消农业税后,农民每年减负1250多亿元,人均减负140元左右③。"十五"期间,中央财政对农民直接补贴超过11000亿元,"四项补贴"④已成为农民增收的重要来源。同时加大了对农村教育、医疗、卫生等公共服务的支持。以教育为例,2005年年底,《国务院关于深化农村义务教育经费保障机制改革的通知》规定:"全部免除农村义务教育阶段学生学杂费,对贫困家庭学生免费提供教科书并补助寄宿生生活费。"⑤

在"两个趋向"理论指导下,受益于上述系统改革和政策,我国"三农"快速发展,城乡差距开始缩小。2010年农民人均纯收入同比增长14.9%,自1998年以来首次超过城镇居民人均可支配收入的增幅⑥。城乡居民收入比从改革开放之后的最高值——2009年的3.33∶1下降到了2011年的3.13∶1。而且,农村居民的收入结构也在不断改善⑦。农民工群体持

---

① 中共中央 国务院关于推进社会主义新农村建设的若干意见[M]. 北京:人民出版社,2006:3.
② 数据来自中华人民共和国财政部网站.
③ 金人庆. 扩大公共财政覆盖农村范围 建立支农资金稳定增长机制[J]. 求是,2006(8):34—36.
④ 即粮食直补、良种补贴、农机具购置补贴和农资综合补贴.
⑤ 国务院关于深化农村义务教育经费保障机制改革的通知[J]. 中华人民共和国国务院公报,2006(5):34—37.
⑥ 李力. 亿万农民得到更多实惠[N]. 经济日报,2011-02-16.
⑦ 1990—2011年,农村居民工资性收入占比从20.2%上升至42.5%,家庭经营纯收入从75.6%下降至46.2%,而财产性收入和转移性收入从4.2%上升至11.4%,农民非农业生产的收入占比越来越高,而农业生产的收入占比越来越低,说明农民参与市场的程度逐步提高。具体数据来自:《中国统计年鉴》(2012),国家统计局官方网站.

续壮大，有更多农民工参与到了中国的市场化和城市化进程中。全国农民工数量从上一阶段结束时（2002年）的9000万人增长到了2011年年底的25728万人①。

第四阶段（2012年至今）：从脱贫攻坚迈向乡村振兴，促进"三农"全面发展。始于2013年年底的精准扶贫，通过产业扶贫、移民搬迁、生态补偿、发展教育等系统性措施，帮助832个国家级贫困县全部摘帽，12.8万个贫困村全部出列，9899万贫困人口摆脱了绝对贫困，实现了"两不愁、三保障"，行路难、用电难、通信难等问题得到历史性解决。脱贫地区发展能力明显增强，每个脱贫县都打造了2~3个特色鲜明、带动面广的主导产业。在脱贫攻坚收官阶段，中央又开始部署新阶段的乡村建设和"三农"工作，2017年党的十九大提出"实施乡村振兴战略"，并重申了"三农"问题的重要战略意义："农业农村农民问题是关系国计民生的根本性问题，必须始终把解决好'三农'问题作为全党工作重中之重。"2022年党的二十大将乡村振兴作为加快构建新发展格局、着力推动高质量发展的重要战略部署。在此期间，《乡村振兴战略规划（2018—2022年）》《中华人民共和国乡村振兴促进法》相继颁布，成为推进乡村振兴的标志性事件。具体地，33项过渡期衔接政策出台实施，防止返贫动态监测帮扶机制全面建立，确定了160个国家乡村振兴重点帮扶县并继续倾斜支持，守住了不发生规模性返贫的底线。启动实施"万企兴万村"行动，支持民营企业、工商资本下乡带农发展，形成政府、社会、市场协同推进乡村振兴的工作格局。

受益于以脱贫攻坚和乡村振兴为核心的一系列政策措施，农业强、农村美、农民富获得较大进展。

首先是农业强。党的十八大以来，粮食产能稳定提升，产量连续7年稳定在1.3万亿斤以上，10年再上一个千亿斤新台阶，2021年产量创历史新高、达到13657亿斤，人均粮食占有量达到483公斤，高于国际公认的400公斤粮食安全线，做到了谷物基本自给、口粮绝对安全，牢牢端稳中

---

① 从输出地区看，东部地区输出农民工10790万人，占全国农民工总量的42.7%；中部地区输出农民工7942万人，占全国农民工总量的31.4%；西部地区输出农民工6546万人，占全国农民工总量的25.9%。具体数据来自：《2011年我国农民工调查监测报告》，国家统计局官方网站，2012年4月27日。

国人的饭碗。农田有效灌溉面积占比超过54%，累计建成9亿亩高标准农田，配套建设一批现代化灌区，农业靠天吃饭的局面正在加快改变。农作物耕种收综合机械化率超过72%，特别是小麦的综合机械化率超过97%，畜牧水产、设施农业等机械化水平也有了较大提升。以品种选育为重点的农业科技创新能力明显增强。三大国家级育制种基地和216个制种大县、区域性良繁基地加快建设，农作物自主选育品种面积占比超过了95%，做到了"中国粮"主要用"中国种"。

其次是农村美。改善农村人居环境是实施乡村振兴战略的重要任务。2018年以来，党中央、国务院连续部署实施《农村人居环境整治三年行动方案》《农村人居环境整治提升五年行动方案（2021—2025年）》，各地区各部门协同推进乡村产业发展、基础设施建设、生态保护等重点工作，统筹规划建设，促进协调发展，农村人居环境明显改善，农民群众获得感、幸福感不断提升。截至2021年年底，全国农村卫生厕所普及率超过70%；全国95%以上的村庄开展了清洁行动，农村基本实现了干净整洁有序；各地区立足实际打造了5万多个美丽宜居典型示范村庄。全国已经涌现出一批好的典型和经验，比如浙江的"千万工程"、广东的"三清三拆三整治"等。

最后是农民富。党的十八大以来，脱贫攻坚战取得全面胜利，区域性整体贫困得到解决，走出了一条中国特色减贫道路。2021年农村居民人均可支配收入18931元，较2012年翻了一番多。2013—2021年，农村居民年均收入增速比城镇居民快1.7个百分点。2021年城乡居民人均可支配收入之比为2.5∶1，比2012年下降0.38，城乡居民收入相对差距持续缩小。农村创新创业日渐活跃，建设了2200多个农村创新创业园区和孵化实训基地，累计有1120万人返乡回乡创新创业，平均每个主体带动6~7人稳定就业、15~20人灵活就业。

3.3 主要内容

3.3.1 乡村振兴是社会主义新农村建设的全面升级

党的二十大报告强调全面推进乡村振兴。坚持农业农村优先发展，坚持城乡融合发展，畅通城乡要素流动。加快建设农业强国，扎实推动乡村产业、人才、文化、生态和组织振兴。这是对乡村振兴战略的集中表述，具有丰富的内涵和明确的要求。对比党的十六届五中全会提出的"生产发展、生活宽裕、乡风文明、村容整洁、管理民主"的社会主义新农村建设的总要求,可以看出乡村振兴战略既是新农村建设的"升级版",也是党的"三农"工作一系列方针政策的延续和发展。

从"生产发展"到"产业兴旺",对农业农村经济建设的要求更准、更实,目标更高,体现了层次和要求上的升级。发展生产力,夯实经济基础始终是农业农村现代化的第一要务。但在不同的经济状况下,对发展生产的要求是不同的。21世纪之初,农业生产能力是比较有限的,农业面临的主要困境是供给不足,因此农业生产的主要任务是提高农产品供给水平,相应提出了"生产发展"的要求。如今的农业综合生产能力有了较大提高,主要面临的问题由供给总量不足转变为供给的质量、供给的结构性矛盾。此时要进一步提高农业综合生产能力,必须要加快农业供给侧结构性改革,推进第一、第二、第三产业融合发展。

从"生活宽裕"到"生活富裕",对农民收入水平和消费水平的提高提出了更高的要求。2005年前后,我国农村居民生活水平刚刚从温饱转向小康,收入水平较低,消费结构也比较单一。随着农业农村建设的发展、农民就业渠道的拓宽和收入来源的多元化,农民的收入水平和生活质量有了很大的提高,在满足生存性消费和发展性消费的前提下,追求享受型消费成为越来越多家庭的奋斗目标。以"生活富裕"为目标,体现了城乡居民收入差距进一步缩小,农民有持续稳定收入来源,经济宽裕、衣食无忧、生活便利、共同富裕的未来前景。

从"村容整洁"到"生态宜居",对农村生态环境的要求更加全面,也更富有弹性。一方面由村庄面貌干净整洁拓展到整个生态环境,另一方面更加注重农村居民的获得感,建设美丽乡村,达到"宜居"。2005年前后,我国农业农村发展的重心仍在于促进生产,再加上农业劳动力的外流,农村没有足够的精力和资本进行生态建设。然而城市和农村同属于一个生态命运共同体,要实现经济社会的可持续发展,农村的生态建设是不可忽视的一环。并且随着农村经济条件的改善,具备了建设美丽乡村的经济实力。农业生态系统的重建有利于农业生产力的可持续发展,农村居民生活环境的改造升级也有利于农村生态价值的开发,带动乡村旅游等产业的发展。生态建设让"看得见青山、望得见绿水、留得住乡愁"成为现实。

从"管理民主"到"治理有效",要求健全自治、法治、德治相结合的乡村治理体系,形成有序、有效治理的乡村发展新格局。乡村善治是国家治理体系和治理能力现代化的有机组成部分(叶兴庆,2018)。"管理民主"强调农民在农村社区事务管理中的民主权利,追求的是干群关系的和谐。随着农村人口结构的调整与产权关系的复杂化,仅靠村民自治不足以进行农村的规范管理,对农村治理水平也提出了更高的要求。从管理到治理,民主是要求,有效是结果,从注重程序到注重结果,更加强调农村的和谐和安定有序。

尽管"乡风文明"的表述并没有发生变化,但其具体内涵有了更为深刻的扩展。乡风文明是精神文明建设的重要内容,必须长期建设,完善发展。乡风文明建设的关键在于如何定位乡土文化,如何在现代化的过程中继承和发展乡土文化。乡土文化是农耕文明的历史积淀与文化载体,与自然有着天然的联系,是由中国特色乡村文明的特色文化构成的。乡村振兴的内生动力必须来自广大农民,而乡土文化就是乡村振兴凝心聚力的黏合剂和发动机(索小霞,2018)。城乡融合不仅是经济发展的并轨,文化的交融也尤为重要。乡土文化作为农村地区巨大的文化资本,在城乡融合中有其特有的作用。在农村建设的过程中,乡土文化需要传承创新,乡风文明也离不开乡土文化的现代化转型。

3.3.2 五大振兴之间的内在关联

作为新时代解决"三农"问题的顶层设计,乡村振兴战略的五大目标之间并不是简单的并列关系,而是有其深刻的内在联系和理论逻辑。其中,产业兴旺作为经济基础的部分,对于乡村振兴的其他四项有着基础性、决定性的意义,且产业兴旺也会从其他四项的发展建设中受益,最终形成乡村振兴的良性发展格局。

产业兴旺作为经济基础在五大目标中居于核心地位,决定了作为上层建筑的生态宜居、治理有效、乡风文明、生活富裕四个目标。发展是解决一切问题的基础和关键,财富的最终源泉在于产业的兴旺与发展。在一定的社会经济基础上才能进行配套的经济建设、政治建设、社会建设、文化建设与生态建设。在农业发展从增产导向转为提质导向的要求下,要推进产业兴旺必须实现农村劳动分工的不断深化、资源利用效率的有效提高、财富创造源泉的充分涌流。农村实现产业兴旺意味着农村第一、第二、第三产业更加发达和更有活力,农民在市场经济中拥有了更大的参与权,以及城乡二元经济结构的改善,最终带来了整个农村经济的向好发展。

生活富裕是乡风文明和治理有效的基础(王亚华、苏毅清,2017)。生活富裕标志着农民生活质量的不断提高与消费结构的不断优化,它能够潜移默化地带来生活方式、思维方式的变化甚至价值观念的转变。在知识和技术的溢出效应呈指数增长的时代,一部分富裕起来的农民通过加强对自身以及下一代的人力资本投资,使其作为乡村中的精英群体参与到乡村治理和建设中,推进了乡村治理体系的完善与发展。作为乡村发展目标的富裕不是少数人的富裕,最终是乡村居民的共同富裕。

产业兴旺、生活富裕和乡风文明共同促进了生态宜居的形成。生态宜居是一个动态的过程,是对于农业生态系统以及农村生态系统的修复甚至重建,空气清新、景观宜人、人口密度适宜、城乡交往便捷都是生态宜居的具体要素。在乡村达到一定的富裕程度之后,农民才会产生建设生态农村的诉求,也才有能力将更多资源投入乡村的生态建设中,从而实现生态宜居的要求。乡风文明建设要以乡土文化的继承与发展为基础,而乡土文化是中国生态文明建设离不开的传统文化基因。中国许多地方的乡土文化不仅有丰富系统的与自然和谐相处的地方性知识,还有在长期的历史发展中形成并被村民们所遵循的生态道德,它作为一种约定俗成的规范,成为在广大农村推行绿色生活方式、进行生态文明建设的文化依据。

乡风文明、治理有效、生态宜居对产业兴旺和生活富裕也起着推动作用。乡风文明是乡村精神文明建设的重要目标,它离不开对人力资本的投入。同时乡风文明建设为经济发展创造了有利的软环境,有利于诚信、良性竞争等商业观念的培育。规范和完善的乡村治理体系吸引更多乡村精英为乡村建设服务,新乡贤对乡村事务的参与也有利于当地的经济建设。"绿水青山就是金山银山",生态宜居有其经济价值。美丽乡村建设对于提高农民文明素质和农村社会文明程度、改善农民居住环境、优化农村投资环境具有十分重要的意义。环境改善后的农村能够通过开发乡村旅游项目,发展与农村特色相适应的第三产业,实现第一、第二、第三产业融合发展,产业结构优化升级,最终实现经济创收。

3.4 实施重点与推进路径

从内容上看,乡村振兴包括产业、人才、文化、生态和组织五个方面的振兴。其中,产业振兴和人才振兴是核心内容,产业振兴是实现农户就业增收和乡村可持续发展的根本途径和长久之策,为其他振兴搭建平台、奠定物质基础;人才振兴是推进农业农村现代化、发展乡村新业态的关键所在,并为其他振兴提供人力资本保障。从空间尺度上看,县域经济和县城建设是乡村振兴的重点空间尺度。从保障和支撑上看,基础设施是乡村振兴的基础性重点支撑。

3.4.1 重点内容及推进路径

(1) 产业振兴

在新发展阶段,面向促进经济高质量发展的目标,乡村地区应该发展何种产业,应该如何发展产业,是必须重新审视和探讨的问题。但当前农村产业发展还存在一些问题:一是农业现代化水平不高、产业融合不足。二是很多地方产业发展缺乏龙头企业和集体经济带动,导致应对风险能力和可持续发展能力较弱。三是很多农户长期受政府扶助,且未能掌握现代产业相关技能,致使现代产业发展中农民主体参与不足,市场知识掌握不充分、自生能力不足。四是在经济和财政收入增长逐渐放缓的背景下,继续由政府大包大揽,大规模投入乡村产业振兴有一定难度。此外,上一阶段中蓬勃发展的扶贫产业,也因为产业奖补政策撤出而经营困难,部分产业项目已经出现停工闲置的问题。

第一,深化农业供给侧结构性改革。一是解决好产业选择问题。当地有什么区位优势、要发展何种产业、发展该产业的短板在何处、要如何有效地发展该产业,都是产业选择必须思考的问题。二是大力发展现代农业,加快培育规模化、专业化、品牌化的农业产业,乡村旅游、互联网+农业等新产业新业态,创新农业经营方式,延长农业生产的产业链,提高农业产品的附加值,实现第一、第二、第三产业,上下游产业的融合发展。三是强化数字经济和现代金融赋能。要适当利用电商平台整合线上线下生产、流通和销售的强大功能,拓宽产业发展的渠道。同时创新农村金融供给,对农村产业发展做好金融政策、金融知识和金融产品的扶持。四是促进乡村产业融合发展。融合发展是多方面的融合,既包括三次产业的融合，又包括多种生产主体的融合。只有实现了以农业为主导的乡村产业融合，才能真正完善现代农业产业体系，从而实现农民的充分就业与收入增加，才会有农村经济社会的全面发展。

第二，坚持以市场为主导，发挥有为政府作用，依托当地优势资源，选育恰当产业、引育龙头企业。广大农村要立足地域特色和农业资源禀赋，遵循市场规律和产业发展规律，"发展乡村特色产业，拓宽农民增收致富渠道"①。地方政府重点发挥"风投商"作用，根据当地农村资源禀赋结构、产业发展基础选择有市场前景、自带营养的"种子"型产业，每个县选择1~2个特色主导农业或农副业产业，围绕这一产业，推动第一、第二、第三产业融合发展，不断延伸产业链，贯通供应链，提升价值链。同时，乡村振兴地区要积极融入双循环发展新格局，积极对接经济发达地区和周边城市的市场需求、挖掘自身市场潜力，促进产业发展所需生产要素与产品在城乡之间、区域之间高效流通、合理配置（郑瑞强，2021）。进一步，要重点扶持与家庭农场（合作社）、农户等充分对接、连接紧密的龙头企业，构建农户与规模性经营主体之间紧密的利益联结机制，实现利益共享、风险共担、协同发展。

第三，激发内生动力、培育造血能力，促进农户与现代农业有效衔接。农民是乡村振兴的主体，是促进产业兴旺的基本力量。一方面要以实现农村内源式发展为根本遵循，"增强脱贫地区和脱贫群众内生发展动力"②，引导他们从"被动扶"向"主动兴"转变。坚持"富脑袋"和"富口袋"并重，充分激发农户特别是脱贫户的内生动力。另一方面要培育农户的造血能力。政府要积极推广产教结合、工学结合的职业教育办校模式，培养拥有熟练技术的"现代工匠"，加快培育乡村产业振兴人才，提高农户嵌入产业链的能力。只有内生动力和造血能力同步提高，"大国小农"下的农户才有可能与现代农业、现代市场有机衔接，奠定迈向共同富裕的坚实基础。

第四，因地制宜发展壮大农村集体经济，推动集体经济提质增效。我国农业生产要素高度分散、流动性差，发展壮大集体经济、创新丰富集体

---

①② 习近平. 高举中国特色社会主义伟大旗帜为全面建设社会主义现代化国家而团结奋斗——在中国共产党第二十次全国代表大会上的报告[M]. 北京：人民出版社，2022：31.

经济发展模式,是提高农业规模化发展的重要手段。具体来说,支持鼓励广大农村地区集体经济组织领办土地股份、集体林地股份等各类农民合作社、专业协会等合作组织,"发展新型农村集体经济,发展新型农业经营主体和社会化服务,发展农业适度规模经营"①;要通过入股或参股农业产业化龙头企业、村村合作、村企联手共建等多种形式,推动村集体与农户"联产联业""联股联心",调动农户的生产积极性,增强对村社发展的带动作用(豆书龙、叶敬忠,2019)。

我们在调研中发现,一些地方的产业扶贫项目较为契合上述产业振兴的特征,具有进一步向产业振兴项目衔接和升级的潜力。我们在调研②中所发现的广西龙州肉牛养殖生态循环产业发展,可以为理解产业振兴提供一个观察案例。广西龙州充分利用当地资源——甘蔗尾叶③,紧密对接大湾区市场④,由广东江门鹤山市与广西龙州县合力引育龙头企业——甘牛集团,采取"政府管建、企业管牛、农户管养"的组织模式,形成了甘蔗尾叶养牛、屠宰、加工、冷链、销售的全产业链,并综合形成了多种利益联结机制将农户嵌入产业链中,同步实现产业增效与农民增收。截至2020年年底,项目已覆盖广西龙州县12个乡镇72个行政村,龙头企业牛存栏达4.11万头,累计出栏1.28万头,带动47个村集体增加收入,惠及脱贫户9260户、脱贫人口34445人,非脱贫户超过10万人。

在这一项目中,鹤山、龙州两地政府在东西部协作的框架下建立了强纽带,充分吸取前几次项目选择失败的教训,尊重市场规律,深入发掘龙州资源禀赋优势、鹤山企业优势和鹤山所背靠的大湾区市场优势等"三大优势",以自带营养的"种子"型企业为标准,广泛调研,最终选择引进四代从事肉牛养殖及深加工的广东肉牛企业,并依托该企业,在当地打造拥有独立品牌的龙头企业——甘牛集团。其中,龙州县政府积

---

① 习近平.高举中国特色社会主义伟大旗帜为全面建设社会主义现代化国家而团结奋斗——在中国共产党第二十次全国代表大会上的报告[M].北京:人民出版社,2022:31.
② 此次调研的地点为广西壮族自治区南宁市、崇左市龙州县、河池市都安瑶族自治县,调研时间为2020年10月。
③ 龙州县是国家糖料生产基地,糖料甘蔗种植面积达50多万亩,参与种植的农户多,种植面积稳定。每年榨糖后的30万吨甘蔗尾叶是高品质的肉牛饲养饲料,用以养殖高品质的肉牛,可育肥约12万头。
④ 高品质肉牛以粤港澳大湾区为目标市场,高端肉牛消费量大、市场前景广阔。

极引导项目选址和厂房建设，着力解决好企业落地"最后一公里"难题。同时做好企业与脱贫户的中介服务，匹配双方供需要求，保障企业和农户的合法权益。鹤山市则通过注资农投公司、村集体经济以及先建后补或折股量化等方式为企业搭建平台，并积极对接广东和大湾区市场，促进产业有效衔接。

甘牛集团充分利用原先被焚烧浪费的甘蔗尾叶，使其用于养牛，又将牛粪用作种植甘蔗的肥料，以此为核心，不断在当地延伸产业链——涵盖甘蔗种植、新饲料加工，种牛育选、肉牛养殖、屠宰加工和冷链运输，牛粪无害化处理，既解决了产业引进后配套不足、在当地适宜性不强、不可持续的问题，也实现了第一、第二、第三产业充分融合和绿色循环种养结合，更将产业附加值留在当地，带动农户增收。进一步地，集团围绕"甘牛"品牌，加强市场拓展和产品营销，逐步赢得了广东乃至整个大湾区消费者的信赖。随着企业发展，示范带动效应逐渐显现，四野牧业、中禾恒瑞、树春牧业等一批企业加盟甘牛集团，龙州肉牛养殖和深加工产业走上绿色化、优质化、特色化、品牌化[①]协同发展之路。

在这一案例中，龙头企业与农户间建立了多种利益联结机制，充分发挥合作社、家庭农场等新型农村经营主体的作用，农户通过多渠道增收致富。一是形成了"龙头企业+合作社+农户"的利益联结机制。农民专业合作社为社内农户搭建平台，鼓励农户从甘牛集团引进肉牛进行养殖，同时甘牛集团为农户提供明确技术标准、开展技术指导，有效解决小农户与大市场的衔接难题。此外，合作社（村集体经济组织）利用土地出租、委托经营等方式盘活闲置的土地和资金，提高了农户的资产性收入，实现农户增收与村级集体经济同步发展。二是形成了"龙头企业+家庭农场+农户"的利益联结机制。农户在自家改建生态牛栏，从甘牛集团贷款购买待孕母牛，母牛产子后归农户所有，养大后由公司按市场价保底收购，不仅解决了农户启动资金问题，更激发了其参与热情，大大提高了农户的经营性收入。三是形成了"龙头企业+农户"的利益联结机制。甘牛集团为当地带来大量的就业机会，那些缺少养殖肉牛经验的蔗农，还可以通过出售

---

① 绿色化、优质化、特色化、品牌化是《国家质量兴农战略规划（2018—2022年）》提出的农业高质量发展目标。

甘蔗尾叶和在产业链上打工,获得双份收入,提高农户的工资性收入。

(2) 人才振兴

乡村人才振兴是实施乡村振兴战略、推进农业农村现代化的关键所在。乡村振兴的每一个环节落实到具体的行动中,都需要有所长的人才,个人能力突出的人才不可多得。现阶段实施乡村振兴战略面临着人才支撑弱、人才引进政策不完善等多重困难,乡村留不住人才的现象比比皆是,如何培养和留住人才是乡村振兴面临的一大挑战。

第一,增强自主发展能力,培育本土人才。面向农民就业创业需求,建立高校、地方政府与基层农业农村机构"三位一体"的协同培养机制,实施农科生"订单式"培养计划和新型职业农民培育工程,加大乡村实用技术人才培养力度,努力实现人才需求端和供给侧有效衔接。如吉林省深入实施农科生"订单式"培养计划,连续5年每年拿出300个指标纳入高考地方专项计划。2020年首批招考的延边大学、吉林农业大学、北华大学、吉林财经大学4所高校,共吸引3553名考生报名[1]。在培养过程中,定期安排农科生到农村进行假期实践。同时,吉林省还实施新型职业农民培育工程。结合区域特点和产业发展需求,市统筹、县安排,通过"国外培训+国内省内交流"以及在线平台如"云上智农""吉农云"等多种形式,开展农业经理人、现代青年农场主和创新创业青年培养,组织新型农业经营主体带头人轮训,大力扶持职业农民的学历提升,推动人才扶贫向人才振兴有效衔接。

第二,打通乡贤回归通道,吸纳外部人才。习近平总书记指出,要激励各类人才在农村广阔天地大施所能、大展才华、大显身手[2]。"十四五"时期,要创新人才引进、留用举措,畅通青年回乡、乡贤返乡渠道,吸引各类人才"上山下乡",引导和支持人才扎根乡村、服务乡村,在乡村建功立业。如安徽饺欢天食品有限公司就是张李乡外出打拼获得成功的时磊回乡创办的。时磊夫妇离开油坊村后在苏州创办了一家食品企业,年销售

---

[1] 吉林举行激发人才活力支持人才服务乡村振兴《政策措施》发布会[EB/OL]. 中华人民共和国国务院新闻办公室网,2021-05-10,http://www.scio.gov.cn/xwfbh/gssxwfbh/xwfbh/jilin/Document/1703699/1703699.htm.

[2] 习近平、李克强、王沪宁、赵乐际、韩正分别参加全国人大会议一些代表团审议[EB/OL]. 中华人民共和国中央人民政府网,2018-03-08,http://www.gov.cn/guowuyuan/2018-03/08/content_5272385.htm.

额达1.2亿元。2018年，为鼓励创业者返乡，张李乡制定"归巢投资计划"，具体利用村集体存量建设用地及220万元的扶贫项目资金，建设了超2000平方米的扶贫车间。2019年，时磊在家乡政策的吸引下决定回家办厂，反哺家乡。进一步，时磊对原企业规章制度进行了适应张李乡的"本土化"改造，提供全日制、小时工、计件工等多种灵活的就业形式，吸引了不少附近乡镇的人前来就业。由于水饺生产需要大量蔬菜，张李乡还利用扶贫资金建设了蔬菜大棚基地。该企业为当地创造了100多个就业岗位，使230余名当地农民受益，还带动周边乡镇蔬菜、肉等农副产品就近转化，延伸了当地农业产业链。"归巢投资计划"吸引了不少当地人返乡创业，为破解人才瓶颈提供了良好开端，促进了人才振兴。

第三，扩大人才选派规模，推动科技人才下沉。要扎实推进有效衔接，并进一步促进乡村振兴，需要发挥科技人员的作用，促进科技成果转化、优势特色产品开发、发展现代农业、促进一、二、三产融合，带动包括脱贫户在内的农户致富。我们在调研[①]中了解到，河南省充分了解各县主导产业发展中的科技需求，不断扩大科技特派员[②]选派范围，从以往生产环节向加工、检测、流通、销售等全产业链延伸，促进第一、第二、第三产业融合。2021年1月至2022年3月，河南省科技特派员培养基层技术骨干4200多名，培训农民6万多人，培育壮大了兰考蜜瓜、宁陵酥梨、光山油茶等一大批县域特色产业，从业农户增收3亿多元，为有效衔接提供了切实的人才和科技支撑。

第四，升级东西部发展协作机制，促进人才双向交流。在打赢脱贫攻坚战的过程中，除了中央对贫困地区"自上而下"的扶持外，还实施了东部发达地区同西部贫困地区之间的区域协作扶贫，即"东西部扶贫协作"，其中人才支援帮扶是重要手段。面向新发展阶段，需要将东西部扶贫协作进一步升级为东西部发展协作。持续选派优秀干部挂职互派，促进观念互通、思路互动、技术互学、作风互鉴；采取双向挂职、两地培训、委托培

---

① 此处调研是指本章第一作者所在的西北大学城乡发展与反贫困研究团队，围绕团队所承担的国家社科基金重大项目在河南省开展的调研。

② 科技特派员制度是1999年福建省南平市党委和政府为探索解决新时期"三农"问题，在科技干部交流制度上的一项创新与实践。国家科技部对南平市的做法给予了充分肯定，陆续在部分地区展开试点，目前全国大部分省市开展了科技特派员工作。目前，我国科技特派员人数已超百万，成为农业科技的传播者和乡村脱贫致富的带头人。

养和组团式支教、支医、支农等方式,加大东西部教育、卫生、科技、文化、社会工作等领域的人才支持和双向交流。乡村振兴提出以来,在北京—内蒙古兴安盟协作框架下,京蒙两地在卫生健康领域开展了更深层次的人才交流合作,2018年至2022年3月,兴安盟累计选派236名医务人员赴京跟岗学习培训,为当地医院带回一支支能打硬仗的医疗队;兴安盟313家医院与北京市269家医院建立结对帮扶关系,采取人才支援、跟岗研修、科室共建等多种方式,充分发挥优质人才的辐射、示范和带动作用,推动京蒙医疗协作从"输血式帮扶"迈向"造血式协作"。

3.4.2 空间重点及推进路径

县域经济是我国国民经济的基础单元,在整个国民经济体系中占有重要位置[①],是乡村振兴的空间重点。县域经济能否实现高质量发展,直接关系到我国经济高质量发展的成效;县域经济是繁荣农村经济、解决"三农"问题、推进城乡高质量融合的空间重点和发力点;推进县城建设[②],有利于引导农业转移人口就近城镇化,并吸引资本和返乡创业人员,完善大中小城市和小城镇协调发展的城镇空间布局;县域居民能否提高收入、迈向富裕生活,事关我国中等收入群体的壮大和迈向共同富裕的步伐。新发展阶段,促进县域发展、带动乡村振兴,应依循以下路径:

第一,推进县域城乡融合发展。在2020年12月召开的中央农村工作会议上,习近平总书记强调,要把县域作为城乡融合发展的重要切入点,赋予县级更多资源整合使用的自主权,强化县城综合服务能力[③]。健全城乡融合发展体制机制和政策体系,畅通城乡要素流动。统筹县域城乡规划建设,推动县城城镇化补短板强弱项,加强中心镇市政、服务设施建设,构建以县城为中心、高效便捷、广泛覆盖的交通网络,同时提高乡村公路等级,提高实际通勤和货运能力。深入推进县域农民工市民化,建立健全基本公共服务同常住人口挂钩、由常住地供给机制。做好农民工金融服务工作。梯度配置县乡村公共资源,发展城乡学校共同体、紧密型医疗卫生

---

① 2011—2020年,我国县域经济GDP从2011年的20.18万亿元上升至2020年的39.12万亿元,同时,其GDP占全国GDP比重大致维持不变,从2011年的41.36%稍下降至2020年的38.60%。

② 县城是我国城镇体系的重要组成部分。截至2021年年底,我国城镇常住人口为9.1亿人。县城及县级市城区人口占全国城镇常住人口的近30%。

③ 习近平在中央农村工作会议上强调 坚持把解决好"三农"问题作为全党工作重中之重 促进农业高质高效乡村宜居宜业农民富裕富足[N]. 人民日报,2020-12-30.

共同体、养老服务联合体,推动县域供电、供气、电信、邮政等普遍服务类设施城乡统筹建设和管护,有条件的地区推动市政管网、乡村微管网等往户延伸。加快建立覆盖城乡的信息化网络体系,提高农村电脑普及率、中老年人智能手机使用率和光纤宽带覆盖率,引导农民使用现代化信息技术。扎实开展乡村振兴示范创建。

第二,引导产业向县城布局,培育壮大县域富民产业。我国现在农村产业发展的一大弊病是产业、项目、园区遍地开花,导致本身就高度分散的农村资金和产业资源更加难以集聚,与产业发展的基本规律背道而驰。另一大问题是富民产业发展不足,农户从产业发展中收获实惠不足。对于前者,必须要将产业向县城引导布局,并进一步完善县乡村产业空间布局,提升县城产业承载和配套服务功能,增强重点镇集聚功能。支持国家级高新区、经开区、农高区托管联办县域产业园区。对于后者,实施"一县一业"强县富民工程。引导劳动密集型产业向中西部地区、向县域梯度转移,支持大中城市在周边县域布局关联产业和配套企业。此外,注重县域经济的产业化和城镇化水平的协调发展,产业选择尽量偏向那些既能提高工业化水平也能提高城市化水平的产业模式和发展路径。

第三,优化县城人居质量,扎实推进宜居宜业和美乡村建设。优化县城人居环境、提高县城社保和公共服务水平,有助于实现"县城留人"的目标。关键在于将本就不富裕的县级财政资源更多用于县城建设,调整医疗、教育、养老等公共服务资源在农村的空间布局,更多向县城集中。通过加强村庄规划建设、坚持县域统筹,扎实推进农村人居环境整治提升,持续加强乡村基础设施建设,提升基本公共服务能力等措施,扎实推进宜居宜业和美乡村建设。

3.4.3 支撑重点及推进路径

乡村振兴建设需要基础设施、生态环境、体制机制等多方面的支撑,其中,基础设施处于最为核心和基础的位置。近年来,我国农村基础设施建设成效明显,但仍不能满足构建新发展格局、加速推进农业现代化、大力发展数字经济等方面的要求,主要表现为:农业基础设施仍存在短板,难以支撑农业现代化和粮食安全要求;交通物流基础设施城乡差距、区域差距大,难以满足农村居民出行需求和要素城乡间自由流动需求;数字基

础设施建设滞后①,难以充分支撑现代农副业发展。新发展阶段,推进农村基础设施建设充分支撑乡村振兴,应遵循以下路径:

第一,加强农业基础设施建设,支撑农业现代化发展。一是加强耕地保护和用途管控。严格耕地占补平衡管理,实行部门联合开展补充耕地验收评定和"市县审核、省级复核、社会监督"机制。严格控制耕地转为其他农用地。探索建立耕地种植用途管控机制。加大撂荒耕地利用力度。二是加强高标准农田建设。开展高标准农田新建和改造提升,重点补上土壤改良、农田灌排设施等短板,统筹推进高效节水灌溉,健全长效管护机制。逐步把永久基本农田全部建成高标准农田。加强黑土地保护和坡耕地综合治理。强化干旱半干旱耕地、红黄壤耕地产能提升技术攻关,做好盐碱地等耕地后备资源综合开发利用试点。三是加强水利基础设施建设。扎实推进重大水利工程建设,加快构建国家水网骨干网络。加快大中型灌区建设和现代化改造。实施一批中小型水库及引调水、抗旱备用水源等工程建设。加强田间地头渠系与灌区骨干工程连接等农田水利设施建设。支持重点区域开展地下水超采综合治理,推进黄河流域农业深度节水控水。在干旱半干旱地区发展高效节水旱作农业。强化蓄滞洪区建设管理、中小河流治理、山洪灾害防治。深入推进农业水价综合改革。四是强化农业防灾减灾能力建设。开展新一轮农业气候资源普查和农业气候区划工作。优化完善农业气象观测设施站网布局,分区域、分灾种发布农业气象灾害信息。加强旱涝灾害防御体系建设和农业生产防灾救灾保障。健全基层动植物疫病虫害监测预警网络。抓好重大动物疫病常态化防控和重点人畜共患病源头防控。提升重点区域森林草原火灾综合防控水平。

第二,加强交通物流基础设施建设,便利农户生产生活。一是全面推进农村公路建设。提高农村道路完工的质量检测和质量要求。重视对农村生活和生产道路的安全防范,进一步提升农村交通安全的治理能力和现代化治理水平,完善道路安全防护基础设施。深化农村公路的道路养护体制改革,健全长效养护机制。二是推进城市公路向农村延伸。鼓励发展镇村公交,便利镇村居民生活交通。开通城市与附近乡村公交班车专线,提高

---

① 截至2020年3月,我国城镇和农村地区的互联网普及率分别为76.5%与46.2%,网民规模则分别为6.49亿人与2.55亿人,这表明城乡互联网使用率差距明显。数据来源:第45次《中国互联网络发展状况统计报告》。

农村居民的出行效率，扩大公共交通的辐射范围。三是加快农村物流基础设施骨干网络建设。完善农村物流配送网络，实施高效配送体系，大力支持物流公司在农村设置配送网点。加快乡镇物流中心等末端网点建设，在有条件的地区建设面向农村地区的共同配送中心[1]。

第三，加强数字基础设施建设，支撑农业农村数字化发展。一是加快生产经营数字化改造。建设农业自然资源大数据，实现种植业信息化。建设重要农业种质资源大数据，加快农业产业智能化、数字化建设。二是不断扩大网络宽带、移动网络等基础性网络工程在乡村地区特别是偏远乡村的覆盖面。推进乡村用网速度提升，费用下降，提高广大农村居民的网络信息技术运用水平。三是建设数字农业农村服务体系。深入实施信息进村入户工程，优化提升农村社区网上服务，加快建设益农信息社，完善社会服务管理。完善农业科技信息服务平台，实现农业专家在线为农民解决生产难题。建设一批农民创业创新中心，开展农产品、农村工艺品、乡村旅游、民宿餐饮等在线展示和交易撮合，实时采集发布和精准推送农村劳动力就业创业信息[2]。

第四，推动公共服务类基础设施建设，提升农民幸福指数。一是优先发展农村教育事业。加大政府财政对乡村教育的支持力度。加快义务教育优质均衡发展和城乡一体化，优化区域教育资源配置，强化学前教育、特殊教育普惠发展。大力发展面向农村的职业教育，加快推进职业院校布局结构调整[3]。二是推进健康乡村建设。深入实施基本公共卫生服务项目，完善基本公共卫生服务项目的补助政策。加强基层医疗卫生赋予体系建设，增强妇幼健康服务能力。三是加强农村社会保障体系建设。完善城乡居民基本养老保险制度，加快建立城乡居民基本养老保险待遇确定和基础养老金标准正常调整机制。完善统一的城乡居民基本医疗保险制度和大病保险制度，做好农民重特大疾病救助工作，健全医疗救助与基本医疗保

---

[1] 乡村振兴战略规划(2018—2022年)[EB/OL]. 中华人民共和国中央人民政府网, 2018-09-26, http://www.gov.cn/zhengce/2018-09/26/content_5325534.htm.

[2] 农业农村部 中央网络安全和信息化委员会办公室关于印发《数字农业农村发展规划(2019—2025年)》的通知[EB/OL]. 中华人民共和国国家互联网信息办公室网, 2020-01-21, http://www.cac.gov.cn/2020-01/21/c_1581145429704893.htm?from=timeline.

[3] 习近平. 高举中国特色社会主义伟大旗帜为全面建设社会主义现代化国家而团结奋斗——在中国共产党第二十次全国代表大会上的报告[M]. 北京：人民出版社, 2022：34.

险、城乡居民大病保险及相关保障制度的衔接机制，巩固城乡居民医保全国异地就医联网直接结算。推进低保制度城乡统筹发展，健全低保标准动态调整机制①。四是满足村民体育锻炼和体质增强的需要。引入现代休闲体育，在有条件的农村完善体育设施，丰富体育健身活动。

3.5 研究结论

全面建设社会主义现代化国家，最艰巨最繁重的任务仍然在农村。40多年前的改革从农村开始，如今，站在新的发展阶段，新一轮改革与发展从现代化建设任务最艰巨最繁重，也是发展潜力最大的乡村再次发力。乡村振兴战略作为加快构建新发展格局、着力推动高质量发展的五大方略之一，对于新发展阶段实现农业农村现代化，缩小城乡之间、农村不同群体之间和不同地区农村之间的差距，扎实推进共同富裕意义重大（文丰安，2022）。

面向未来，需要深入研究如何提高农户特别是脱贫户参与乡村振兴及乡村治理的积极性和可行路径，如何提高乡村振兴的包容性以促进农民农村共同富裕，数字经济如何赋能乡村产业发展和驱动乡村振兴、乡村组织振兴、文化振兴、生态振兴的长效机制和实现方式，如何科学有效地评价乡村振兴的水平，新型城镇化和乡村振兴如何协同推进等重要问题，并促进乡村振兴政策界、学术界和实践界的对话交流和成果互鉴，将乡村振兴战略推向深入、干出实效。

---

① 乡村振兴战略规划(2018—2022年)[EB/OL]. 中华人民共和国中央人民政府网,2018-09-26,http://www.gov.cn/zhengce/2018-09/26/content_5325534.htm.

巩固拓展脱贫攻坚成果
同乡村振兴有效衔接：
理论探索、政策分析与案例研究

第2篇
政策分析

4 巩固拓展脱贫攻坚成果同乡村振兴有效衔接的政策演进及其逻辑

巩固拓展脱贫攻坚成果和乡村振兴是新时代我国全面建设社会主义现代化国家的两大战略任务。在以习近平同志为核心的党中央领导下，经过多年艰苦奋斗，我国脱贫攻坚战已经取得全面胜利，农村绝对贫困问题得到了有效解决。"三农"工作重心已经转向实现巩固拓展脱贫攻坚成果同乡村振兴有效衔接。现阶段，实现巩固拓展脱贫攻坚成果同乡村振兴有效衔接是解决城乡发展不平衡问题的关键，也是实现农业农村现代化的迫切需求，更是实现人民共同富裕、中华民族伟大复兴的时代要义。

巩固拓展脱贫攻坚成果与乡村振兴目标一致、任务相通、时间相继，是共同富裕目标在不同时间段的具体任务，实现二者的有效衔接具有理论基础和现实必然。从脱贫攻坚到巩固拓展脱贫攻坚成果同乡村振兴有效衔接，国家先后出台了一系列政策文件，但有效衔接只是起步，政策演进刚刚开始，梳理这些政策文件，探索从脱贫攻坚到有效衔接的政策演进，分析政策变化的逻辑结构，掌握这些政策变化的规律，有利于进一步更好地落实已出台的政策，把握出台新政策的时机，精准制定新政策，从而促进巩固拓展脱贫攻坚成果同乡村振兴有效衔接政策以及乡村振兴政策更加有效实施。

4.1 文献综述

学术界围绕巩固拓展脱贫攻坚成果同乡村振兴有效衔接政策演进的讨论，主要集中在巩固拓展脱贫攻坚成果同乡村振兴有效衔接的政策创新、政策创新的逻辑和国外乡村振兴政策三个方面。

4.1.1 关于巩固拓展脱贫攻坚成果同乡村振兴有效衔接政策创新的相关研究

脱贫攻坚战取得决定性胜利后，众多学者从多维度建议出台巩固拓展脱贫攻坚成果同乡村振兴有效衔接的新政策。有些学者从政策体系变化的角度提出政策创新。例如白永秀和宁启（2021）提出要根据"退出、延续、升级、新增"的思路创新有效衔接政策。高强（2020）提出要从政策调整、政策加强、政策转化、政策新设四个方面重塑两大战略衔接的政策体系。吕方（2020）认为构筑解决相对贫困问题的长效机制需要做好贫困治理体系的转换。周国华等（2021）提出巩固拓展脱贫攻坚成果对接乡村全面振兴战略要求优化完善保障类、支持类、发展类三类政策举措，完善分区引导、分类管理、分段评估等区域政策体系。张明皓和叶敬忠（2021）提出要建构基础性和差异性相统一的衔接政策体系、分类梳理和调整脱贫攻坚的原有政策，处理好政策延续与退出、政策转化和政策新设之间的关系。

还有一些学者提出了政策创新的具体内容。例如，左停等（2021）从宏观层面构建包容性公共政策、中观层面注重提升产业与劳动力市场益贫性、微观层面建设脱贫主体的能力三个维度，提出未来亟待完善优化的面向脆弱和低收入群体特惠性的兜底性保护政策、面向社会大众普惠性的基本公共服务政策、以效率为导向兼顾公平的市场化政策三个梯度的有效衔接政策体系。董玮等（2021）从产业政策、生态政策、文化政策、治理政策、"双基"建设政策等维度，提出脱贫攻坚和乡村振兴有效衔接的公共政策调适路径。贾晋、尹业兴（2020）认为应从产业升级、基础设施提档、宜居乡村建设、农民持续增收等方面进行有效衔接。左停（2020）指出实现脱贫攻坚和乡村振兴有效衔接要考虑村社治理结构创新问题，补齐幼儿养育和敬（养）老机构建设的短板，积极促进中心集镇的建设。刘建生、邱俊柯（2021）提出通过责任体系、动员体系与考核体系的构建与完善，实现从脱贫攻坚到乡村振兴政策体系的转变。朱海波和毕洁颖（2021）提出巩固拓展脱贫攻坚成果同乡村振兴有效衔接，应该拓展村集体领办合作社的产业发展组织模式，提高村集体组织化能力，同时要以消费帮扶为着力点，拓展"互联网+"产销对接，推动乡村数字经济发展，最后还要以人才培育为抓手，推进脱贫群众人力资本的提升。

4.1.2 关于巩固拓展脱贫攻坚成果同乡村振兴有效衔接政策创新逻辑的相关研究

高强等（2019）认为有效衔接政策创新，要遵循从产业发展、乡村建设、搬迁户社会融入、"三保障"以及兜底保障等领域推动扶贫政策从特惠性政策向普惠性政策转型的逻辑。左停、苏武峥（2020）提出有效衔接政策逻辑是由广泛而强力的社会动员向常规化制度化贫困治理转变，是由"扶贫"向"防贫"转变，同时也是由政府行政调配资源向更多依赖市场配置资源转变，更是由外部支持向培育激发脱贫人口和脱贫社区的内生动力及能力提升转变。张明皓、叶敬忠（2021）指出有效衔接政策创新逻辑在于贫困质态转轨（从绝对贫困到相对贫困）、价值理念转化（从底线保障到共同富裕）以及"三农"工作重心的转移（从任务型治理到发展型治理）。蒋永穆、祝林林（2021）提出实现全体人民共同富裕、提高脱贫成效持续性、充分利用脱贫攻坚战成果，是巩固拓展脱贫攻坚成果同乡村振兴的有效衔接政策创新的逻辑。李博、苏武峥（2021）认为巩固拓展脱贫攻坚成果同乡村振兴有效衔接的政策创新逻辑，体现在治理模式、治理主体、治理对象和治理方式上的转变，其中，治理模式由探索性的运动式治理向制度性的常态化治理转型，治理主体由政府主导向政府、市场、社会共同参与的多元主体治理过渡，治理对象由贫困治理向乡村社会综合治理全面转型，治理方式实现梯度化推进。刘建生、邱俊柯（2021）提出从脱贫攻坚到乡村振兴的政策转变实现了任务型治理向发展型治理的转型，乡村振兴政策更有利于激发内生活力，从治理理念、治理目标、治理主体和治理机制等方面的改变体现政策创新的逻辑。

4.1.3 关于国外乡村振兴政策的相关研究

诸多学者提出了供中国借鉴的国外乡村振兴政策经验。例如，曹斌总结了日本在乡村振兴立法、顶层设计、体制机制完善和政策工具安排等方面的政策经验，为中国实现城乡均衡发展提供参考（曹斌，2018）。白永秀等（2014）、沈权平（2021）、韩道铉和田杨（2019）分析了韩国从新村运动到归农归村产业政策和社会政策的演变及对中国的启示。沈兴菊、刘韫（2021）探讨了美国国家公园门户社区建设对我国乡村建设的启示。冯勇等（2019）总结了日本、韩国、欧盟等国际典型地区推动乡村振兴的政策经验，提出这些经验对我国在法律制定、制度供给、产业培育、新型经营主体培育、内生发展动力培育等方面的具体启示。郭笑然等（2020）揭示了日本乡村振兴经历的三个阶段即农业规模化生产起步、基础设施提升、多元融合提升，并且分析了其主要特点供中国借鉴。刘震（2018）也总结了日本乡村建设的实践经验，提出中国乡村振兴要重视产业兴农、生态兴农、文化建设和基层治理的有机结合以及城乡人民共同富裕。胡月、田志宏（2019）指出中国乡村振兴应该借鉴美国经验，分阶段、有侧重地实施振兴战略，做到以立法为保障、以市场为基准，加快建立相关政策体系和制度框架。

可见，现有文献提出了很多巩固拓展脱贫攻坚成果同乡村振兴有效衔接的新思路，总结了国外乡村振兴的政策经验，对本章研究其政策演进打下良好基础。但鉴于有效衔接政策尚处于推进阶段，现有文献对从脱贫攻坚到有效衔接再到乡村振兴的政策演变研究不够全面，既没有全面梳理政策的演变过程和内容，也没有系统、深刻地分析政策演进的逻辑结构。为此，本章基于脱贫攻坚阶段和巩固拓展脱贫攻坚成果同乡村振兴有效衔接阶段国家出台的相关政策文件，系统梳理相关政策演变的内容，总结政策演变规律，探索政策演变逻辑，以期为后续政策的出台提供依据。

4.2 政策演进

在脱贫攻坚阶段，国家先后出台了以《关于打赢脱贫攻坚战三年行动的指导意见》《发展特色产业促进贫困地区精准脱贫》《"十三五"时期文化扶贫工作实施方案》《生态扶贫工作方案》等为代表的系列文件；脱贫攻坚任务完成后，在巩固拓展脱贫攻坚成果同乡村振兴有效衔接阶段，先后出台了以《乡村振兴促进法》《关于实现巩固拓展脱贫攻坚成果同乡村振兴有效衔接的意见》《关于加快推进乡村人才振兴的意见》《中共中央 国务院关于全面推进乡村振兴加快农业农村现代化的意见》《中共中央 国务院关于做好2022年全面推进乡村振兴重点工作的意见》等为代表的系列法律和文件。通过梳理脱贫攻坚期间和巩固拓展脱贫攻坚成果同乡村振兴有效衔接期间两个阶段的国家相关政策，可以发现，政策及其变化主要聚焦在产业、人才、文化、生态、组织、集体经济、基础设施和公共服务、易地搬迁、帮扶模式、金融信贷十大领域。表4-1从政策变化、提法变化、新增政策、沿用政策四个维度对十个领域在两个阶段的政策演进进行具体分析。

表4–1 从脱贫攻坚到巩固拓展脱贫攻坚成果同乡村振兴有效衔接的政策演进

序号	领域	政策时段		脱贫攻坚期间的政策	巩固拓展脱贫攻坚成果同乡村振兴有效衔接期间的政策	结论
1	产业	文件名称		《发展特色产业促进贫困地区精准脱贫》《关于打赢脱贫攻坚战三年行动的指导意见》	《关于推动脱贫地区特色产业可持续发展的指导意见》《关于保障和规范农村一二三产业融合发展用地的通知》《中共中央 国务院关于做好2022年全面推进乡村振兴重点工作的意见》	—
		政策演进	政策变化	保障深度贫困地区产业发展、基础设施建设、易地扶贫搬迁、民生发展等用地	将县域作为城乡融合发展的重心，切实保障农村产业融合发展用地之需	关注点由贫困地区转向县域
			提法变化	产业发展指导员	乡村振兴指导员	由产业发展变更为乡村振兴
			新增政策	—	编制"十四五"特色产业发展规划，一体化规划脱贫村和非贫困村、脱贫户和非贫困户，并规划易地扶贫搬迁安置区的产业发展	把产业发展规划作为抓手
			沿用政策	继续利用现代农业产业园、科技园和产业融合发展示范园来支持脱贫县发展。继续加快农产品和食品仓储保鲜、冷链物流设施建设		继续发挥园区和仓储物流作用

续表

序号	领域	政策时段		脱贫攻坚期间的政策	巩固拓展脱贫攻坚成果同乡村振兴有效衔接期间的政策	结论
2	人才	文件名称		《关于在打赢脱贫攻坚战中做好人力资源社会保障扶贫工作的意见》	《关于加快推进乡村人才振兴的意见》	—
		政策演进	政策变化	注重贫困劳动力的就业创业，加强其职业能力培训，努力提高贫困人口社会保险水平，积极引导各类人才在贫困地区发展	加快培养高素质农民、新型农业经营主体带头人等农业生产经营人才，加快培养创业创新带头人、电商人才等，并加快培养乡村公共服务人才、乡村治理人才和乡村科技人才，充分发挥高等教育、职业教育、各级党校等各类教育主体在人才培养中的作用	由关注贫困劳动力的培训和就业到关注乡村振兴的各类人才的培养
			新增政策	—	建立各类人才定期服务乡村、县域专业人才统筹使用等人才振兴体制机制	建立人才振兴体制机制
			沿用政策	继续实施革命老区、民族地区、边疆地区人才支持计划、教师专项计划和银龄讲学计划		沿用革命老区、民族地区、边疆地区人才支持政策
3	文化	文件名称		《"十三五"时期文化扶贫工作实施方案》	《乡村振兴促进法》	—
		政策演进	政策变化	推动贫困地区艺术创作生产，开展院团对口帮扶计划，开展"送戏下乡"	支持农业农村农民题材文艺创作	由推动贫困地区艺术创作生产到支持"三农"题材文艺创作
			提法变化	推动贫困地区村级文化服务中心建设	拓展新时代文明实践中心建设	由服务中心建设到实践中心建设
				统筹推进公共文化服务均衡发展	推进城乡公共文化服务体系一体建设	由均衡发展到服务体系一体建设
			沿用政策	继续加强农村精神文明建设，加强乡村公共文化设施提升改造、丰富乡村公共文化产品和服务供给、传承弘扬乡村优秀传统文化		全面推进乡村文化发展

续表

序号	领域	政策时段		脱贫攻坚期间的政策	巩固拓展脱贫攻坚成果同乡村振兴有效衔接期间的政策	结论
4	生态	文件名称		《关于加快推进生态文明建设的意见》《生态扶贫工作方案》	《关于实现巩固拓展生态脱贫成果同乡村振兴有效衔接的意见》	—
		政策演进	提法变化	大力发展生态产业	加快生态产业提质增效	由发展生态产业到生态产业提质增效
			新增政策	—	因地制宜开展乡村公园建设	开展乡村公园建设
			沿用政策	国土绿化、生态工程、重要生态系统保护和修复重大工程项目资金继续向脱贫地区倾斜		工程项目资金继续倾斜
				加强脱贫地区生态保护修复，加快美丽乡村建设，逐步调整优化生态护林员政策		继续修复生态，建设美丽乡村
5	组织	文件名称		《关于打赢脱贫攻坚战三年行动的指导意见》	《关于向重点乡村持续选派驻村第一书记和工作队的意见》	—
		政策演进	沿用政策	强化农村基层党组织领导核心地位，向重点乡村持续选派驻村第一书记和工作队		继续发挥第一书记和工作队的作用
6	集体经济	文件名称		《关于稳步推进农村集体经济组织产权制度改革试点的指导意见》	《中共中央 国务院关于全面推进乡村振兴加快农业农村现代化的意见》	—
		政策演进	政策变化	脱贫攻坚期间，大力推动农村"三变"改革，在条件成熟的地方，积极稳妥地开展以股份合作为主要形式的农村集体经济组织产权制度改革，探索集体经济的有效实现形式	脱贫攻坚任务完成后，发展壮大新型农村集体经济，鼓励农村集体经济组织对符合条件的集体经营性建设用地入市竞价交易，到2021年基本完成农村集体产权制度改革阶段性任务	更加明确农村产权制度改革的重点

续表

序号	领域	政策时段		脱贫攻坚期间的政策	巩固拓展脱贫攻坚成果同乡村振兴有效衔接期间的政策	结论
7	基础设施和公共服务	交通	文件名称	《关于打赢脱贫攻坚战三年行动的指导意见》	《关于巩固拓展交通运输脱贫攻坚成果全面推进乡村振兴的实施意见》	—
			提法变化	快递下乡	快递进村	由"下乡"到"进村",进一步具体化
			政策演进 沿用政策	继续加大对革命老区、民族地区、边疆地区、脱贫地区、垦区林区等交通基础设施建设的支持力度,推动高速公路、铁路、机场、航道等区域性和跨区域重大项目建设	继续推动地方性、区域性和跨区域性交通设施建设	
				继续推进四好农村路示范创建	继续推进四好路建设	
		水利	文件名称	《关于打赢脱贫攻坚战三年行动的指导意见》	《关于实现巩固拓展水利扶贫成果同乡村振兴水利保障有效衔接的指导意见》	—
			政策演进 政策变化	加快实施贫困地区农村饮水安全巩固提升工程	全面推进乡村振兴水利保障	由实施饮水工程到推进水利保障
		教育	文件名称	《关于打赢脱贫攻坚战三年行动的指导意见》	《关于实现巩固拓展教育脱贫攻坚成果同乡村振兴有效衔接的意见》	—
			政策演进 沿用政策	常态化开展控辍保学工作。同时,继续优化义务教育办学条件,建设乡村寄宿制学校。继续资助家庭经济困难学生,继续农村义务教育学生营养改善计划		继续改善义务教育办学条件和学生营养
		医疗	文件名称	《关于打赢脱贫攻坚战三年行动的指导意见》	《关于巩固拓展医疗保障脱贫攻坚成果有效衔接乡村振兴战略的实施意见》	—
			政策演进 沿用政策	继续完善三级医院对口帮扶长效机制,努力改善和提升县级医院的医疗条件和诊疗能力。优化常见慢性病签约服务,完善医院先诊疗后付费政策。持续优化疾病预防控制条件		继续提升诊疗能力、改善疾病预防条件
		就业	文件名称	《关于打赢脱贫攻坚战三年行动的指导意见》	《关于切实加强就业帮扶巩固拓展脱贫攻坚成果助力乡村振兴的指导意见》	—
			政策演进 新增政策	—	加强返乡创业载体建设	强调创业载体建设
			沿用政策	继续通过帮扶车间、社区工厂、以工代赈、劳务输出等方式促进就业		多渠道促进就业

续表

序号	领域	政策时段		脱贫攻坚期间的政策	巩固拓展脱贫攻坚成果同乡村振兴有效衔接期间的政策	结论
7	基础设施和公共服务	社会保障	文件名称	《关于打赢脱贫攻坚战三年行动的指导意见》	《关于做好巩固拓展残疾人脱贫攻坚成果有关工作的意见》	—
			政策演进 沿用政策	基本医疗保险继续全额资助农村特困人员，定额资助低保对象，逐步调整资助政策。大病保险重点关注低保对象、特困人员和返贫致贫人口。将符合条件的农村残疾人纳入特困人员救助供养范围。继续给予有劳动能力脱贫残疾人小额信贷支持。继续落实符合条件的脱贫残疾人参加基本养老保险个人缴费资助政策。持续做好脱贫人口慢性病家庭医生签约服务		资助特困人员，调整特困范围
8	易地搬迁		文件名称	《关于做好新时期易地扶贫搬迁工作的指导意见的通知》《全国"十三五"易地扶贫搬迁规划》	《关于切实做好易地扶贫搬迁后续扶持工作巩固脱贫成果的指导意见》	—
		政策演进	政策变化	明确搬迁条件、搬迁方式，加强基础设施建设和基本公共服务建设	外出就业要精准对接，支持搬迁群众自主创业，改善安置点人居环境，推进生态友好型生产方式，提升社区治理水平，实现搬迁群众"稳得住、有就业、逐步能致富"	由关注搬迁到关注搬迁群众的生产和生活质量
			沿用政策	加大对就业、产业发展和后续配套设施建设提升等方面的扶持力度		多方面加大扶持力度
9	帮扶模式	消费帮扶	文件名称	《关于深入开展消费扶贫助力打赢脱贫攻坚战的指导意见》	《继续大力实施消费帮扶巩固拓展脱贫攻坚成果的指导意见》	—
			政策演进 沿用政策	继续大力实施消费帮扶，持续促进脱贫地区产品和服务消费		继续促进消费
		结对帮扶	文件名称	《关于进一步加强东西部扶贫协作工作的指导意见》	《关于坚持和完善东西部协作机制的意见》	—
			政策演进 沿用政策	继续大力实施东西部协作，对原有的结对关系进行调整		继续实施东西部协作

续表

序号	领域	政策时段	脱贫攻坚期间的政策	巩固拓展脱贫攻坚成果同乡村振兴有效衔接期间的政策	结论
10	金融信贷	资金 文件名称	《关于金融支持深度贫困地区脱贫攻坚的意见》	《关于金融支持巩固拓展脱贫攻坚成果全面推进乡村振兴的意见》	—
		资金 政策演进 政策变化	财政专项扶贫资金，重点支持扶贫发展、以工代赈、少数民族发展、"三西"农业建设、国有贫困农场扶贫、国有贫困林场扶贫	加大对欠发达地区特色优势产业的扶持力度，资金向防止返贫致贫监测和帮扶倾斜、重点关注"十三五"易地扶贫搬迁后续扶持、脱贫人口就业增收问题，同时资金支持补齐农村人居环境整治短板和公益性基础设施建设短板	金融支持重点发生变化
		小额信贷 政策演进 提法变化	扶贫小额信贷	脱贫人口小额信贷、农户小额信贷	关注点由扶贫到脱贫人口
		税收政策 政策演进 沿用政策	继续实施脱贫攻坚期内支持和促进重点群体创业就业有关税收政策、企业扶贫捐赠所得税前扣除政策、扶贫货物捐赠免征增值税政策等相关税收优惠政策		财税支持创业就业、捐赠和扶贫
		涉农资金 政策演进 沿用政策	2021—2023年在脱贫县继续统筹整合涉农资金，2024—2025年，整合试点对象调整至乡村振兴帮扶模式县		帮扶时点的规划

由此可见，脱贫攻坚期间和巩固拓展脱贫攻坚成果同乡村振兴有效衔接期间的政策在以下十个领域发生了变化，具体变化包括政策变化、提法变化、新增政策和沿用政策：

一是产业发展方面。在脱贫攻坚期间以建档立卡的贫困户收入稳定、长期受益作为产业帮扶的出发点、落脚点和政策边界，实施产业精准扶贫，建成一批对贫困户脱贫带动能力强的特色产品加工、服务基地，初步形成特色产业体系。在巩固拓展脱贫攻坚成果同乡村振兴有效衔接期间，即脱贫攻坚任务完成后，继续保持产业帮扶政策总体稳定，继续优先支持脱贫县创建现代农业产业园、科技园、产业融合发展示范园，继续加快脱贫地区农产品和食品仓储保鲜、冷链物流设施建设。产业帮扶政策更加完善，帮扶人员由贫困户产业发展指导员转化为乡村振兴指导员，帮扶对象由贫困村贫困户转向所有农户，帮扶内容由种养环节向全产业链转变，有效保障农村产业融合发展用地需要，编制"十四五"特色产业发展规划，一体化规划脱贫村和非贫困村、脱贫户和非贫困户，促进脱贫地区特色产业内生可持续发展。

二是人才政策方面。在脱贫攻坚期间，以扶志扶智为基本手段，促进贫困人口就业创业，从而实现脱贫目标，同时引导各类人才服务贫困地区，重点是做好人力资源社会保障扶贫工作。脱贫攻坚任务完成以后，以人才振兴为目标，重视乡村人力资本开发，培养本土人才，同时吸引城市人才，大力推动各类专业人才服务乡村，从而达到助力乡村振兴和实现农业农村现代化的目的。

三是文化方面。在脱贫攻坚期间，以扶贫扶志为基本思路，大力开展移风易俗活动，统筹建设基层公共文化服务中心，同时，大力促进我国优秀文化遗产和高雅艺术进校园、进社区，推进送戏、送书、送电影下乡等项目。脱贫攻坚任务完成后，继续加强农村精神文明建设，推进城乡公共文化服务体系一体建设，创新实施文化惠民工程，不断拓展新时代文明实践中心建设，采取措施丰富农民文化体育生活。

四是生态方面。在脱贫攻坚期间，大力实施重大生态工程建设，加大生态补偿力度，努力发展生态产业，创新生态扶贫方式，统筹推进贫困地区绿色发展。脱贫攻坚任务完成后，在继续保持现有帮扶政策、资金支持、帮扶力量总体稳定的基础上，使生态工程项目资金继续向脱贫地区倾斜。同时，加强已脱贫地区的生态保护修复工作，加快生态产业提质增效，并提出因地制宜开展乡村公园建设。

五是组织管理方面。无论是脱贫攻坚阶段，还是脱贫攻坚任务完成后，都强化农村基层党组织领导的核心地位，向重点乡村持续选派驻村第一书记和工作队。

六是集体经济方面。在脱贫攻坚阶段，关注农村集体产权归属，积极推进集体经营性资产改革，加强农村集体资产管理，积极探索集体经济新的实现形式和运行机制，以促进集体经济发展和农村持续增收。脱贫攻坚任务完成后，更加明确农村产权制度改革的重点，即积极完善农村产权制度和要素市场化机制，探索实施农村集体经营性建设用地入市制度，同时盘活农村存量建设用地政策，发展壮大新型农村集体经济。

七是基础设施和公共服务方面。脱贫攻坚任务完成后的政策更多地沿用了脱贫攻坚期间的政策。具体来说，在交通方面，继续加大对特殊地区交通基础设施建设的支持力度，推动重大项目建设，继续推进"四好农村路"示范创建。同时快递业务由下乡转变为进村，更好地服务更多农民，以适应互联网经济的发展。在水利建设方面，继续推进水利保障。在教育方面，首先继续常态化开展控辍保学工作；其次继续改善办学条件，加强建设乡村寄宿制学校和小规模学校；最后继续资助困难学生，同时坚持营养改善计划。在医疗方面，继续提升医院诊疗能力，改善医疗条件，优化慢性病签约服务，调整付费政策。在就业方面，继续通过多种方式促进就业，同时，在脱贫攻坚完成以后新增加强返乡创业载体建设政策。在社会保障方面，脱贫攻坚前后政策变化不大，主要是要做好对特殊人口的资助政策。

八是易地搬迁方面。在脱贫攻坚阶段，重点明确搬迁条件和搬迁方式，注重基础设施建设和基本公共服务建设。在脱贫攻坚任务完成后，重点做好易地搬迁后续扶持工作。关注原集中连片特困地区、原深度贫困地区以及乡村振兴重点帮扶县的关键安置点，紧紧扭住就业这个牛鼻子，多渠道促进就业，外出就业要精准对接、支持搬迁群众自主创业。持续改善安置点人居环境，推进生态友好型生产方式，提升社区治理水平，从而确保搬迁群众"稳得住、有就业、逐步能致富"。

九是帮扶模式方面。脱贫攻坚完成后消费帮扶和结对帮扶仍然沿用之前政策，即继续大力实施脱贫地区产品和服务消费帮扶，继续加大东西部协作，调整原有结对关系。

十是金融信贷方面。在资金支持上，由重点支持扶贫发展、特殊地区发展和特殊项目发展转变为支持落后地区特色优势产业发展，从而促进乡村产业振兴。同时，脱贫攻坚任务完成以后，大力支持健全防止返贫监测机制、易地扶贫搬迁后续扶持、已脱贫人口就业增收等。"小额信贷"的提法，脱贫攻坚前后由扶贫小额信贷转变为脱贫人口小额信贷、农户小额信贷，但相关税收政策和涉农资金政策依然沿用脱贫攻坚期间的政策。

通过以上两个阶段的政策梳理，我们发现政策的变化主要体现在"两个转向"和"四个转变"。"两个转向"：一是指工作目标从解决建档立卡贫困人口的"两不愁、三保障"，转向实现乡村产业兴旺、生态宜居、乡风文明、治理有效、生活富裕,工作目标得到升级;二是指工作任务从集中资源支持脱贫攻坚,转向巩固拓展脱贫攻坚成果和全面推进乡村振兴,即任务由绝对贫困治理转向通过有效衔接和乡村振兴解决相对贫困治理问题,但主要内容仍然围绕产业、生态、文化、组织、教育、消费等方面。与此相适应,在具体内容上发生了"四个转变",即由扶贫产业向可持续发展的乡村振兴产业转变;易地搬迁群众由"搬得出、稳得住"向"有就业、能致富"转变;由文化扶贫向文旅融合转变;由生态扶贫向美丽宜居转变。"四个转变"顺应了"两个转向",因为工作目标和工作任务的转向,要求有具体政策内容的转变相适应。其中,在产业方面,脱贫攻坚阶段主要关注深度贫困地区的扶贫产业发展,脱贫攻坚任务完成以后,重点放在了县域乡村振兴产业发展。对于易地搬迁群众来说,在脱贫攻坚阶段,政策的主要内容是"搬得出、稳得住",确保搬迁计划和方式可行,移民点基础设施和公共服务跟得上,脱贫攻坚任务完成以后,政策关注搬迁群众的就业和致富能力培养。在文化方面,在脱贫攻坚阶段,重点在文化扶贫,推动贫困地区艺术创作和生产,脱贫攻坚任务完成以后,重点在文旅融合,全面建设乡村文化。在生态方面,在脱贫攻坚阶段,重点在生态扶贫,大力发展生态产业,脱贫攻坚任务完成以后,关注乡村振兴的生态宜居,加快美丽乡村建设。

4.3 演进逻辑

巩固拓展脱贫攻坚成果同乡村振兴有效衔接的政策演进有章可循,具有严谨的内在逻辑。这个逻辑结构就是"一条主线和三个依据","一条主线"是指从脱贫攻坚到巩固拓展脱贫攻坚成果同乡村振兴有效衔接再到乡村振兴政策的演进,始终围绕共同富裕的主线不断深入进行;"三个依据"是指巩固拓展脱贫攻坚成果同乡村振兴有效衔接政策演进,分别依据政策的连续性、乡村振兴现状和国外乡村振兴政策。其中,共同富裕的主线贯穿政策变化的始终,引导政策演进,而"三个依据"提供政策演进的具体内容。

4.3.1 一条主线

巩固拓展脱贫攻坚成果同乡村振兴有效衔接政策,从脱贫攻坚任务提出到有效衔接再到乡村振兴,紧紧围绕共同富裕这一目标不断深入演进。下面以产业政策、易地搬迁政策和帮扶政策为例进行说明。

从产业政策来看，脱贫攻坚期间出台的政策《发展特色产业促进贫困地区精准脱贫》《关于打赢脱贫攻坚战三年行动的指导意见》重点关注贫困地区精准脱贫产业的发展，通过特色产业发展，有助于稳定就业，实现增收，同时致力于将贫困地区的资源优势转换为产业优势，实现贫困地区自我发展能力的提升。脱贫攻坚任务完成后，强调产业兴旺是乡村振兴的物质基础，从培育壮大脱贫地区特色产业的重要性出发，注重拓展产业增值增效空间，这有助于创造更多就业增收机会，从而促进脱贫地区实现内生可持续发展。可见，产业政策目标一直都是稳就业、促增收，以共同富裕为导向。其中，脱贫攻坚期间主要解决脱贫问题，脱贫攻坚任务完成以后，深化共同富裕目标，全面提升地区可持续发展能力。

在易地搬迁方面，脱贫攻坚期间易地搬迁政策出台是为了促进贫困地区经济发展和贫困群众脱贫致富，着力改善其生存环境和发展条件，致力于努力提高搬迁群众的收入水平和生活质量，确保搬得出。脱贫攻坚任务完成以后，政策强调多渠道促进就业，同时推动后续产业可持续发展，确保搬迁群众稳得住，逐步能致富。可见，在易地搬迁方面，政策演变也以实现共同富裕为主线，逐步实现搬迁群众生活富裕。

在帮扶政策方面，一是消费帮扶模式的改变以实现共同富裕为主线，在脱贫攻坚期间，着力拓宽农产品消费渠道，积极推动贫困地区休闲农业和乡村旅游的发展，致力于贫困农民增收脱贫。脱贫攻坚任务完成以后，强调特色产业提质增效，激发乡村发展的内在动力，推动形成强大消费市场，以促进脱贫地区产品和服务消费。二是在结对帮扶中，脱贫攻坚任务完成前后都坚持东西部协作帮扶，因为它本身就是推动区域协调发展，实现先富帮后富、最终实现共同富裕的有力举措。

4.3.2 三个依据

第一，巩固拓展脱贫攻坚成果同乡村振兴有效衔接的政策变化在时间上具有连续性，即政策演变平稳、不折腾，具有衔接性。这表现在以下三个方面：首先，脱贫攻坚期间与巩固拓展脱贫攻坚成果同乡村振兴有效衔接期间有相同政策，即脱贫攻坚任务完成后有一部分政策仍沿用之前政策。例如，在产业方面，继续发挥园区和仓储物流作用；在人才方面，继续实施革命老区、民族地区和边疆地区人才支持政策；在文化方面，继续全面推进乡村文化发展；在生态方面，继续加强脱贫地区生态保护修复，继续加快美丽乡村建设等。其次，脱贫攻坚任务完成前后政策的提法具有一定连贯性，例如产业政策中"产业发展指导员"的提法变更为"乡村振兴指导员"；文化政策中"统筹推进公共文化服务均衡发展"的提法变更为"推进城乡公共文化服务体系一体建设"等。这些提法的变化根据乡村振兴要求更加准确，但本质并未改变。最后，即使发生变化的政策也具有延续性。例如在产业政策中，关于用地的政策由"保障深度贫困地区产业发展、基础设施建设、易地扶贫搬迁、民生发展等用地"变化为"把县域作为城乡融合发展的重要切入点，有效保障农村产业融合发展用地需要"，政策更加细化，并且明确了切入点，同时也延续了保障产业发展用地需要的初衷。

第二，巩固拓展脱贫攻坚成果同乡村振兴有效衔接的政策变化要依据乡村振兴现状，包括农村脱贫攻坚的成就、乡村振兴的基础、乡村发展存在的问题以及相关条件等。政策变化坚持实事求是原则，针对具体情况提出有针对性的具体政策。例如，国家根据农村发展对农民提出的新要求以及农村数字经济发展和科技发展的新变化，制定了"培养高素质农民、新型农业经营主体带头人，加快培养电商、科技等人才"的新政策；国家根据农村农业绿色发展新要求，制定了"加快生态产业提质增效"的新政策；根据脱贫攻坚战取得胜利，但仍存在返贫风险以及农村人居环境整治和小型公益性基础设施建设短板等实际情况，制定了"健全防止返贫致贫监测和帮扶机制"和"易地扶贫搬迁后续扶持"等金融信贷政策。

第三，巩固拓展脱贫攻坚成果同乡村振兴有效衔接的政策变化，参考和借鉴国外乡村振兴的政策及其乡村发展的一般规律。例如，日本的越后妻有地区通过国际著名艺术策展人助阵，借助非营利机构协作组织，成功打造大地艺术节，激发内在的乡土活力，用根植于乡土的艺术手段来振兴乡村，以保持持续的人气热度。这启发我国制定"支持农业农村农民题材文艺创作"的文化政策。澳大利亚的金吉拉利用区域核心资源举办"西瓜节"等水果旅游振兴区域经济的政策经验启发我国三产融合政策的制定。芬兰的海然库卡洛由偏远小渔村发展为都市人"桑拿村"的成功经验，以及日本的冈山县美星町利用繁星资源发展民宿、星空公园等观星旅游业的做法，启发我国生态旅游产业的政策制定等。

4.4 研究结论

从脱贫攻坚到有效衔接再到乡村振兴，十大领域的政策有新变化，有新增政策，有提法变化，还有旧政策的沿用，促进了"两个转向"和"四个转变"，即工作目标从解决建档立卡贫困人口的"两不愁、三保障"转向实现乡村产业兴旺、生态宜居、乡风文明、治理有效、生活富裕，工作任务从集中资源支持脱贫攻坚转向巩固拓展脱贫攻坚成果和全面推进乡村振兴；扶贫产业向可持续发展的乡村振兴产业转变，易地搬迁群众由"稳得住"向"有就业、能致富"转变，由文化扶贫向文旅融合转变，由生态扶贫向美丽宜居转变。巩固拓展脱贫攻坚成果同乡村振兴有效衔接政策演进具有一定的逻辑，共同富裕目标的主线贯穿政策演变始终，政策演进分别依据政策的连续性、乡村振兴现状、国外乡村振兴政策。

总体来看，巩固拓展脱贫攻坚成果同乡村振兴有效衔接政策的导向性已经明晰，在实践中也形成了一些很好的经验。但农村是一个复杂的综合体，乡村振兴是一个漫长的过程，巩固拓展脱贫攻坚成果同乡村振兴有效衔接只是起步，无论从政策上还是在实践中都在摸索中前进，还需要政策上进一步细化、实化，出台更加符合实际的政策，也需要在实践中大胆探索，做实做好，做出成效。

今后，我们要关注并切实有效地使政策和实践互相促进、深度推进乡村全面振兴。重点关注以下三个问题：一是政策要更加具有针对性，以问题为导向，从产业发展、人才培养、文化创造、生态恢复、组织优化等关键角度出台新政策，特别要针对具有返贫风险的特殊地区出台相对应的政策。二是政策要具体化，不仅要防止返贫，而且要切实解决脱贫后农村居民面临的各种困难，要踏实做好就业创业载体的建设、基础设施和公共服务的完善、易地搬迁居民致富能力的培养和对特殊项目金融信贷的支持等。三是注重政策的落地和效果，政策出台后要做好政策的检查和督导，推进政策更好落地。

5 巩固拓展脱贫攻坚成果同乡村振兴的耦合协同关系

贫困是困扰许多发展中国家的重大问题，消除贫困是全人类共同的使命。中国长期致力于解决和消除贫困问题，特别是党的十八大实施精准扶贫以来，脱贫工作成效显著。从2012年末至2020年末八年间，现行标准下9899万农村绝对贫困人口全部脱贫，832个国家级贫困县、12.8万个贫困村全部摘帽。按照世界银行国际贫困标准，中国脱贫人口占同期全球脱贫人口的70%以上[1]。我国成为首个达到联合国千年发展目标中减贫目标的发展中国家，创造了人类历史上的减贫奇迹，为世界的减贫事业贡献了中国智慧和中国方案。然而，绝对贫困的消除并不意味着"三农"工作的结束，全面建成小康社会后，相对贫困、城乡发展不平衡等问题仍将持续很长一段时间。因此，党的十九届五中全会审议通过《中共中央关于制定国民经济和社会发展第十四个五年规划和二〇三五年远景目标的建议》，坚持把解决好"三农"问题作为全党工作重中之重，提出"巩固拓展脱贫攻坚成果同乡村振兴有效衔接"的战略部署。

在"两个一百年"奋斗目标的交汇期、巩固拓展脱贫攻坚成果和乡村振兴的叠加期，实现脱贫攻坚同乡村振兴的有效衔接，对巩固拓展脱贫攻坚成果、抓住乡村振兴发展机遇、实现城乡融合和共同富裕意义重大。作为14个集中连片特困地区之一的秦巴山区，尽管在国家政策的驱动下脱贫攻坚取得全面胜利，但其仍存在乡村产业同质化、部分脱贫户返贫风险高、乡村空心化、乡村人居环境差和基层治理僵化等问题。因此，如何实现巩固拓展脱贫攻坚成果、促进脱贫攻坚同乡村振兴的有效衔接，将成为

---

[1] 中华人民共和国国务院新闻办公室. 人类减贫的中国实践[M]. 北京：人民出版社，2021.

秦巴山区"十四五"期间的工作重心。基于此，本章将研究的主要问题是：第一，回顾学术界有关巩固拓展脱贫攻坚成果同乡村振兴有效衔接的研究；第二，以秦巴山区75个国家级贫困县（区）为例，测度脱贫攻坚和乡村振兴水平以及二者的耦合协同关系；第三，根据研究结论，提出产业、人才、文化、生态、组织"五大衔接"路径，促进秦巴山区实现巩固拓展脱贫攻坚成果同乡村振兴的有效衔接。

5.1 文献综述

5.1.1 巩固拓展脱贫攻坚成果同乡村振兴有效衔接内涵的相关研究

张青、郭雅媛（2020）认为脱贫攻坚是以精准扶贫为指导思想，立足于"第一个百年目标"，以解决现行标准下农村绝对贫困问题为阶段性任务，从而消除贫困、实现共同富裕。解安（2021）认为我国脱贫攻坚战略的核心是"七个坚持"，坚持党的领导、坚持以人民为中心、坚持精准扶贫、坚持思想脱贫、坚持扶贫工作的有效性、坚持扶贫工作的可持续性和坚持扶贫工作的知行合一。脱贫攻坚战的胜利，为我国实现共同富裕夯实了基础。

目前，相对贫困、城乡发展不平衡等是我国"三农"工作面临最突出的问题。然而，脱贫攻坚战略并不能完全解决这些问题。乡村振兴战略则立足于"第二个百年奋斗目标"，成为全面建成小康社会后解决"三农"问题的工作重心。何仁伟（2018）认为乡村振兴战略的重点是产业兴旺，生态宜居是关键，乡风文明是保障，治理有效是基础，生活富裕是根本。刘彦随（2018）指出乡村振兴战略的目标可以归纳为"五大建设"，其中产业兴旺是经济建设的重要基础，生态宜居是生态文明建设的首要任务，乡风文明是文化建设的重要举措，治理有效是政治建设的重要保障，生活富裕是社会建设的根本要求。

学术界关于脱贫攻坚和乡村振兴战略二者异同的观点主要分为"互斥性"和"过渡性"两种。大多数持"互斥性"观点的学者认为，脱贫攻坚和乡村振兴在目标任务（汪三贵、冯紫曦，2019）、政策周期（张琦，2019）和政策着力点（高强，2019）上存在差异。汪三贵、冯紫曦（2019）认为脱贫攻坚战略主要聚焦于短期的目标任务，即全面消除绝对贫困，打赢脱贫攻坚战，实现全面小康，而乡村振兴战略主要聚焦于长期的目标任务，即提升城乡融合水平，实现农业农村的全面现代化。张琦（2019）认为脱贫攻坚和乡村振兴的区别在于，脱贫攻坚战略的政策周期具有紧迫性，而乡村振兴战略具有综合性和持久性。高强（2019）从政策着力点的角度指出脱贫攻坚和乡村振兴主要包含四方面差异，即优先任务与顶层设计、特定群体与普惠支持、微观施策和整体谋划、绝对贫困与相对贫困的差异。持"过渡性"观点的学者认为，二者内容共融（豆书龙、叶敬忠，2019）、目标统一（张青、郭雅媛，2020）。豆书龙、叶敬忠（2019）指出，一方面，通过借鉴脱贫攻坚工作中的产业扶贫经验、生态扶贫经验、人才工作经验、扶志扶智经验和组织工作经验，乡村振兴的各项工作可以稳步推进，另一方面，乡村振兴为脱贫攻坚提供了"配置型资源下移"和"权威型资源供给"的机会。张青、郭雅媛（2020）认为，脱贫攻坚和乡村振兴战略统一于"两个一百年"奋斗目标，旨在消除贫困、实现农业农村现代化和共同富裕。

5.1.2 巩固拓展脱贫攻坚成果同乡村振兴有效衔接内在逻辑的相关研究

实际工作表明，在推进巩固拓展脱贫攻坚成果同乡村振兴有效衔接的过程中，绝不能将二者割裂开来，要着重关注二者有效衔接的内在逻辑关系。学术界关于二者有效衔接内在逻辑的讨论主要分为理论逻辑、历史逻辑和政策逻辑三个方面。

第一，巩固拓展脱贫攻坚成果同乡村振兴有效衔接的理论逻辑。张青和郭雅媛（2020）认为，二者有效衔接是对马克思主义反贫困理论和毛泽东、邓小平反贫困思想的继承，并统一于中国特色社会主义共同富裕战略，其不仅向世界展示了中国具有可操作性的共同富裕战略，而且逐步形成了习近平新时代中国特色社会主义思想这一伟大理论。陈明星（2020）认为，当前我国只是消除了温饱型的绝对贫困问题，基于社会公共服务获得、发展机会等方面的相对贫困将成为全面建成小康社会后面临的主要问题，因此推进二者有效衔接是根据形势变化创新贫困治理理论的迫切需求。

第二，巩固拓展脱贫攻坚成果同乡村振兴有效衔接的历史逻辑。陈明星（2020）认为，当前处于"两个一百年"奋斗目标的交汇期，是全面建成小康社会的终点，也是迈向"第二个百年奋斗目标"的起点，推动二者有效衔接是促进新旧任务交接的历史必然，也是实现农业农村现代化的战略选择。姜正君（2020）认为，贫困是困扰我国的历史难题，脱贫致富是中国农民几千年来的梦想，脱贫攻坚和乡村振兴战略是中国共产党不忘初心、牢记使命，为民减贫事业奋斗的前后两环，所以推动二者有效衔接在历史逻辑方面具有前后连贯性。

第三，巩固拓展脱贫攻坚成果同乡村振兴有效衔接的政策逻辑。大多数学者认为二者有效衔接在政策对象、施策范围和顶层设计等方面都遵循着一定的政策逻辑。从政策对象来看，汪三贵、冯紫曦（2020）认为，脱贫攻坚同乡村振兴的有效衔接的政策对象是从解决绝对贫困问题转向解决相对贫困问题。从施策范围来看，张青、郭雅媛（2020）认为脱贫攻坚同乡村振兴有效衔接的施策范围是从脱贫攻坚时期实施特惠式扶贫转向乡村振兴时期实施普惠式扶贫。从顶层设计来看，汪三贵、冯紫曦（2020）认为脱贫攻坚同乡村振兴有效衔接的顶层设计是从点到面的转变，乡村振兴战略作为全面建成小康社会后"三农"工作的总方针，是一个长期、全面的复杂工程，而脱贫攻坚战略聚焦于农村贫困人口的"两不愁、三保障"，具有局部性和紧迫性。

5.1.3 巩固拓展脱贫攻坚成果同乡村振兴有效衔接实现路径的相关研究

廖彩荣等（2019）从战略协调的角度来分析巩固拓展脱贫攻坚成果同乡村振兴的有效衔接，认为应从思想协同、产业协同、人才协同、生态协同、文化协同、社会协同和组织协同七个方面来保障脱贫攻坚和乡村振兴协同推进。张青、郭雅媛（2019）认为应从政策延续、资源衔接和制度优化三个方面做好脱贫攻坚同乡村振兴的有效衔接。刘焕、秦鹏（2020）认为应该从思想衔接、规划引领衔接、政策保障衔接和工作落实衔接四个方面来推动脱贫攻坚同乡村振兴有效衔接。

综上所述，学术界对脱贫攻坚同乡村振兴有效衔接的研究仍处于探索阶段，且主要是针对二者有效衔接的内涵、内在逻辑和实现路径的理论分析，缺乏对脱贫攻坚同乡村振兴有效衔接的实证分析，更缺少对秦巴山区这一集中连片特困地区衔接现状效果的评价。本章在吸收已有研究的基础上，运用因子分析法和耦合协同模型测度秦巴山区75个县（区）脱贫攻坚同乡村振兴的耦合程度，基于研究结论提出"五大衔接"路径，进而实现巩固拓展脱贫攻坚成果、促进二者有效衔接。以期为秦巴山区推进巩固拓展脱贫攻坚成果同乡村振兴有效衔接提供建议。

5.2 实证研究

5.2.1 区域概况

秦巴山区是指汉水上游的秦岭和大巴山及其毗邻地区，国土面积约22.5万平方千米，地跨陕西、甘肃、四川、河南、重庆、湖北六省（市）。秦巴山区区域范围包括河南省10个县（区），湖北省7个县（区），重庆市5个县（区），四川省15个县（区），陕西省29个县（区），甘肃省9个县（区），共计75个县（区）。秦巴山区属于地质灾害频发区，洪涝、泥石流、山体滑坡等灾害易发频发。2008年汶川大地震58个重灾县（区）中有20个位于秦巴山区。据统计，2010年在现行标准下秦巴山区贫困人口有302.5万人，贫困发生率约为9.9%，较全国贫困发生率2.8%而言高出7.1个百分点[①]。片区内还存在不同程度的饮水、教育、交通、医疗卫生等问题。2011年中共中央、国务院印发的《中国农村扶贫开发纲要(2011—2020年)》将秦巴山区列为集中连片特殊困难地区之一。党的十八大以来，秦巴山区通过产业为本、造血脱贫，生态为要、全域开发，保障为基、预防返贫来奋力夺取脱贫攻坚的全面胜利。2020年11月12日，随着甘肃省的宕昌县、西和县、礼县摘帽，秦巴山区全域贫困县整体摘帽，秦巴山区脱贫攻坚取得了伟大胜利。然而，该地区仍存在乡村产业同质化、部分脱贫户返贫风险大、乡村空心化、乡村人居环境差和基层治理僵化等问题，在"两个一百年"奋斗目标的交汇期、巩固拓展脱贫攻坚成果和乡村振兴战略的叠加期，如何巩固拓展脱贫攻坚成果、实现同乡村振兴有效衔接将成为秦巴山区"十四五"期间的主要任务。

5.2.2 指标体系构建

本章以秦巴山区75个县（区）为研究对象，依据科学性、合理性、可操作性和数据可得性的原则，构建秦巴山区脱贫攻坚同乡村振兴耦合协

---

① 何得桂,姚桂梅,徐榕,等.中国脱贫攻坚调研报告——秦巴山区篇[M].北京:中国社会科学出版社,2020.

同综合评价体系。对于脱贫攻坚评价指标体系，本章依据《中国农村扶贫开发纲要（2011—2020年）》所拟定的扶贫总体目标"两不愁、三保障"来构建脱贫攻坚的评价指标体系，"两不愁"通过农村人均可支配收入来衡量，"三保障"通过人均财政教育支出、每万人拥有卫生技术人员数和人均财政住房保障支出三个二级指标来衡量。对于乡村振兴评价指标体系，本章依据党的十九大提出的乡村振兴战略"二十字"方针来构建乡村振兴的评价指标体系，其中产业兴旺采用城镇化率，第二、第三产业增加值占GDP比重、农林牧渔业增加值占GDP比重和人均财政收入四个二级指标来衡量；生态宜居采用每万人卫生院床位数、森林覆盖率、城乡基本养老保险覆盖率、人均公路通车里程和人均居民储蓄五个二级指标来衡量；乡风文明采用人均财政教育文娱支出、每万人拥有乡镇文化站和城乡社区支出占GDP比重三个二级指标来衡量；治理有效采用公共安全支出占GDP比重、人均GDP、社会保障和就业支出占GDP比重三个二级指标来衡量；生活富裕采用农村人均可支配收入和城乡收入比两个二级指标来衡量。综上所述，秦巴山区脱贫攻坚同乡村振兴耦合协同综合评价指标体系如表5-1所示。

表5-1　秦巴山区脱贫攻坚同乡村振兴耦合协同综合评价指标体系

系统	一级指标	二级指标	单位	指标性质
脱贫攻坚	"两不愁"	农村人均可支配收入	万元	正指标
	"三保障"	人均财政教育支出	万元	正指标
		每万人拥有卫生技术人员数	人	正指标
		人均财政住房保障支出	万元	正指标
乡村振兴	产业兴旺	农林牧渔业增加值占GDP比重/%		正指标
		第二、第三产业增加值占GDP比重/%		正指标
		人均财政收入	万元	正指标
		城镇化率/%		正指标
	生态宜居	每万人卫生院床位数	张	正指标
		森林覆盖率/%		正指标
		城乡基本养老保险覆盖率/%		正指标
		人均公路通车里程	公里	正指标
		人均居民储蓄	万元	正指标

续表

系统	一级指标	二级指标	单位	指标性质
乡村振兴	乡风文明	人均财政教育文娱支出	万元	正指标
		每万人拥有乡镇文化站	个	正指标
		城乡社区支出占 GDP 比重/%		正指标
	治理有效	公共安全支出占 GDP 比重/%		正指标
		社会保障和就业支出占 GDP 比重/%		正指标
	生活富裕	人均 GDP	万元	正指标
		农村人均可支配收入	万元	正指标
		城乡收入比	—	逆指标

5.2.3 数据来源

本章所使用的所有原始数据来源于 2020 年《中国县域统计年鉴》、各省（市）2020 年统计年鉴和各县（区）2019 年国民经济和社会发展统计公报。对于缺失的数据，采用相近年份数据线性插补或使用市级数据进行代替。

5.2.4 研究方法

根据上述构建的指标体系和相关原始数据，本章分三步来计算秦巴山区脱贫攻坚同乡村振兴耦合协同关系。

第一步，首先，本章采用倒数形式对评价指标体系中逆指标进行正向化处理，从而使所有指标对乡村振兴和脱贫攻坚水平的作用力同趋势。其次，由于本章构建的评价指标体系具有不同的单位和量级。所以，本章采用均值法对原始数据进行无量纲化处理。从而避免直接采用原始数据进行分析会有较大误差的问题。

第二步，计算脱贫攻坚和乡村振兴的综合水平指数，本章采用的方法是因子分析法。与熵值法和层次分析法相比，因子分析法将原始指标中的大部分信息凝聚在几个公因子中，从而消除原始指标间的多重共线性问题，起到降维的功能。

第三步，为了测度脱贫攻坚和乡村振兴之间的相互作用，本章采用耦合协调度模型，耦合协调度模型是基于物理学中的"容量耦合系数模型"来分析事物协调发展水平。具体计算公式如下：

$$C = \left(\frac{U_1 \times U_2}{(U_1 + U_2)^2}\right)^{\frac{1}{2}}$$

$$T = \alpha U_1 + \beta U_2$$

$$D = (C \times T)^{\frac{1}{2}}$$

其中，C 表示脱贫攻坚同乡村振兴的耦合度，U_1 和 U_2 分别表示脱贫攻坚和乡村振兴的综合水平指数。T 表示综合协调指数，本章将 α 和 β 分别设置为 1/2，也即脱贫攻坚和乡村振兴同等重要。D 表示耦合协调度。借鉴现有的研究，本章将耦合协调度划分为 10 个类型，如表 5-2 所示。

表 5-2 耦合协调度等级划分标准

区间	协调等级	耦合协同程度	区间	协调等级	耦合协同程度
(0.0, 0.1)	1	极度失调	[0.5, 0.6)	6	勉强协调
[0.1, 0.2)	2	严重失调	[0.6, 0.7)	7	初级协调
[0.2, 0.3)	3	中度失调	[0.7, 0.8)	8	中级协调
[0.3, 0.4)	4	轻度失调	[0.8, 0.9)	9	良好协调
[0.4, 0.5)	5	濒临失调	[0.9, 1.0)	10	优质协调

5.2.5 研究结果与分析

（1）脱贫攻坚和乡村振兴的综合水平指数测度与分析

首先，本章采用 KMO 和 Bartlett 球形度检验，来判断本章构建的脱贫攻坚和乡村振兴指标体系是否适合采用因子分析法进行评价，具体结果如表 5-3 和表 5-4 所示。

表 5-3 脱贫攻坚评价指标体系 KMO 和 Bartlett 球形度检验

KMO 值		0.616
Bartlett 球形度检验	近似卡方	23.770
	df	6
	p 值	0.001

表 5-4 乡村振兴评价指标体系 KMO 和 Bartlett 球形度检验

KMO 值		0.698
Bartlett 球形度检验	近似卡方	579.499
	df	120
	p 值	0.000

表 5-3 为脱贫攻坚评价指标体系 KMO 和 Bartlett 球形度检验。其中，KMO 值为 0.616，大于 0.6，p 值为 0.001，小于 0.05，拒绝原假设，表示脱贫攻坚评价指标体系中各指标具有较强的相关性，该评价指标体系适合进行因子分析。表 5-4 为乡村振兴评价指标体系 KMO 和 Bartlett 球形度检验，KMO 值为 0.698，大于 0.6，p 值为 0.000，小于 0.05，拒绝原假设，表示乡村振兴评价指标体系中各指标具有较强的相关性，该评价指标体系适合进行因子分析。

其次，对脱贫攻坚和乡村振兴的原始数据进行提取公因子和方差解释率分析，结果如表 5-5 和表 5-6 所示。根据上文构建的指标体系，本章将脱贫攻坚的公因子设置为 2，将乡村振兴的公因子设置为 5。脱贫攻坚的公因子 1 和 2 因子旋转后方差解释率分别为 34.664% 和 31.743%，旋转后累计方差解释率为 66.407%，故说明这两个公因子对脱贫攻坚系统的解释程度较强。乡村振兴的公因子 1~5 相应的因子旋转后的方差解释率分别为 19.495%、15.298%、14.746%、13.446% 和 9.592%，旋转后累计方差解释率为 72.577%，故说明这五个公因子对乡村振兴系统的解释程度很强。

表 5-5　脱贫攻坚旋转后方差解释率

因子编号	特征根			旋转后方差解释率		
	特征根	方差解释率/%	累计/%	特征根	方差解释率/%	累计/%
1	1.690	42.259	42.259	1.387	34.664	34.664
2	0.966	24.147	66.407	1.270	31.743	66.407

表 5-6　乡村振兴旋转后方差解释率

因子编号	特征根			旋转后方差解释率		
	特征根	方差解释率/%	累计/%	特征根	方差解释率/%	累计/%
1	3.819	23.870	23.870	3.119	19.495	19.495
2	2.932	18.328	42.198	2.448	15.298	34.793
3	2.505	15.653	57.851	2.359	14.746	49.539
4	1.356	8.478	66.329	2.151	13.446	62.985
5	1.000	6.248	72.577	1.535	9.592	72.577

再次，为分析上述公因子与原始数据指标之间的相互关系，采用方差

最大化正交旋转法来计算因子的载荷系数,因子载荷系数的绝对值大于0.4即表明该指标与公因子有对应关系。如果一项原始指标对应多个公因子,则需要根据本研究的自身情况进行判断。

表5-7 脱贫攻坚旋转后因子载荷和成分得分系数

名称	命名	因子载荷系数		成分得分	
		因子1 (F_1)	因子2 (F_2)	成分1 (F_1)	成分2 (F_2)
农村人均可支配收入	Z_1	-0.822	0.213	-0.686	0.361
每万人拥有卫生技术人员数	Z_2	0.584	0.539	0.226	0.330
人均财政教育文娱支出	Z_3	0.605	0.463	0.269	0.260
人均财政住房保障支出	Z_4	-0.073	0.849	-0.242	0.737

如表5-7所示,参考表5-1构建的原始指标体系,公因子F_1与农村人均可支配收入有对应关系,因此可将其命名为"两不愁"。公因子F_2与每万人拥有卫生技术人员数、人均财政教育文娱支出和人均财政住房保障支出有对应关系,因此可将其命名为"三保障"。根据表5-7所示的脱贫攻坚各公因子的成分得分,各公因子与原始指标之间关系的数理表达式为:

$$F_1 = -0.686 \times Z_1 + 0.226 \times Z_2 + 0.269 \times Z_3 - 0.242 \times Z_4$$

$$F_2 = 0.361 \times Z_1 + 0.330 \times Z_2 + 0.260 \times Z_3 + 0.737 \times Z_4$$

其中,F_1和F_2表示两个公因子得分,Z_1、Z_2、Z_3和Z_4表示均值化处理后的原始数据。

表5-8 乡村振兴旋转后因子载荷和成分得分系数

名称	命名	因子载荷系数					成分得分				
		P_1	P_2	P_3	P_4	P_5	P_1	P_2	P_3	P_4	P_5
农村人均可支配收入	X_1	-0.115	0.402	-0.209	0.743	0.025	0.029	0.099	-0.072	0.315	-0.063
人均GDP	X_2	0.297	0.847	0.187	0.066	0.085	0.108	0.406	-0.054	-0.09	-0.029
社会保障和就业支出占GDP比重	X_3	0.260	-0.773	-0.084	-0.372	-0.001	0.05	-0.329	0.068	-0.04	0.068
公共安全支出占GDP比重	X_4	0.520	-0.680	-0.161	-0.230	-0.134	0.163	-0.287	0.052	0.056	-0.06
城乡收入比	X_5	-0.07	0.156	0.06	0.775	-0.233	0.085	-0.084	0.137	0.466	-0.241

续表

名称	命名	因子载荷系数					成分得分				
		P_1	P_2	P_3	P_4	P_5	P_1	P_2	P_3	P_4	P_5
人均财政教育文娱支出	X_6	0.813	0.172	0.087	-0.140	-0.106	0.28	0.107	0.035	-0.004	-0.135
每万人拥有乡镇文化站	X_7	0.844	-0.162	-0.047	-0.194	-0.082	0.278	-0.039	0.026	0.016	-0.089
人均公路通车里程	X_8	0.851	-0.006	-0.057	-0.090	0.222	0.269	0.006	-0.003	0.016	0.102
城乡社区支出占GDP比重	X_9	0.682	-0.038	-0.138	0.267	0.164	0.251	-0.069	0.015	0.214	0.046
城乡基本养老保险覆盖率	X_{10}	0.035	0.107	0.274	-0.581	-0.441	-0.009	0.16	0.037	-0.289	-0.272
第二、第三产业增加值占GDP比重	X_{11}	0.117	0.304	0.698	-0.250	-0.160	0.06	0.088	0.27	-0.073	-0.140
农林牧渔业增加值占GDP比重	X_{12}	0.122	-0.159	-0.802	0.266	0.115	0.022	0.012	-0.337	0.064	0.083
城镇化率	X_{13}	-0.045	0.264	0.613	0.413	0.247	0.047	-0.091	0.327	0.274	0.099
人均财政收入	X_{14}	-0.109	-0.133	0.782	0.068	0.240	-0.002	-0.267	0.434	0.172	0.151
每万人卫生院床位数	X_{15}	0.014	0.048	0.07	-0.017	0.830	-0.054	-0.038	-0.003	-0.084	0.573
人均居民储蓄	X_{16}	0.262	0.456	0.120	-0.139	0.566	0.037	0.219	-0.061	-0.189	0.354

如表5-8所示，参考表5-1构建的原始指标体系，公因子P_1与人均财政教育文娱支出、城乡社区支出占GDP比重和每万人拥有乡镇文化站有对应关系，因此可将其命名为乡风文明。公因子P_2与人均GDP、社会保障和就业支出占GDP比重和公共安全支出占GDP比重有对应关系，因此可将其命名为治理有效。公因子P_3与第二、第三产业增加值占GDP比重，农林牧渔业增加值占GDP比重、城镇化率和人均财政收入有对应关系，因此可将其命名为产业兴旺。公因子P_4与农村人均可支配收入和城乡收入比有对应关系，因此可将其命名为生活富裕。公因子P_5与城乡基本养老保险覆盖率、每万人卫生院床位数和人均居民储蓄有对应关系，因此可将其命名为生态宜居。根据表5-8所示的乡村振兴各公因子的成分得分，各公因子与原始指标之间关系的数理表达式为：

$$P_1 = 0.029 \times X_1 + 0.108 \times X_2 + 0.05 \times X_3 + 0.163 \times X_4 + 0.085 \times X_5 + 0.28 \times X_6 + 0.278 \times X_7 + 0.269 \times X_8 + 0.251 \times X_9 - 0.009 \times X_{10} + 0.06 \times X_{11} + 0.022 \times X_{12} + 0.047 \times X_{13} - 0.002 \times X_{14} - 0.054 \times X_{15} + 0.037 \times X_{16}$$

$$P_2 = 0.099 \times X_1 + 0.406 \times X_2 - 0.329 \times X_3 - 0.287 \times X_4 - 0.084 \times X_5 + 0.107 \times X_6 - 0.039 \times X_7 + 0.006 \times X_8 - 0.069 \times X_9 + 0.160 \times X_{10} + 0.088 \times X_{11} + 0.012 \times X_{12} - 0.091 \times X_{13} - 0.267 \times X_{14} - 0.038 \times X_{15} + 0.219 \times X_{16}$$

$$P_3 = -0.072 \times X_1 - 0.054 \times X_2 + 0.068 \times X_3 + 0.052 \times X_4 + 0.137 \times X_5 + 0.035 \times X_6 + 0.026 \times X_7 - 0.003 \times X_8 + 0.015 \times X_9 + 0.037 \times X_{10} + 0.27 \times X_{11} - 0.337 \times X_{12} + 0.327 \times X_{13} + 0.434 \times X_{14} - 0.003 \times X_{15} - 0.061 \times X_{16}$$

$$P_4 = 0.315 \times X_1 - 0.09 \times X_2 - 0.04 \times X_3 + 0.056 \times X_4 + 0.466 \times X_5 - 0.004 \times X_6 + 0.016 \times X_7 + 0.016 \times X_8 + 0.214 \times X_9 - 0.289 \times X_{10} - 0.073 \times X_{11} + 0.064 \times X_{12} + 0.274 \times X_{13} + 0.172 \times X_{14} - 0.084 \times X_{15} - 0.189 \times X_{16}$$

$$P_5 = -0.063 \times X_1 - 0.029 \times X_2 + 0.068 \times X_3 - 0.06 \times X_4 - 0.241 \times X_5 - 0.135 \times X_6 - 0.089 \times X_7 + 0.102 \times X_8 + 0.046 \times X_9 - 0.272 \times X_{10} - 0.140 \times X_{11} + 0.083 \times X_{12} + 0.099 \times X_{13} + 0.151 \times X_{14} + 0.573 \times X_{15} + 0.354 \times X_{16}$$

其中，P_1、P_2、P_3、P_4 和 P_5 表示五个公因子得分，X_1、X_2、X_3、X_4、X_5、X_6、X_7、X_8、X_9、X_{10}、X_{11}、X_{12}、X_{13}、X_{14}、X_{15} 和 X_{16} 表示均值化处理后的原始数据。

最后，以各公因子旋转后方差解释率占累计方差解释率份额为该公因子的权重，构建下式来测算脱贫攻坚和乡村振兴的综合水平指数。

$$\text{脱贫攻坚综合水平指数} = \frac{(34.664 \times F_1 + 31.743 \times F_2)}{(34.664 + 31.743)}$$

乡村振兴综合水平指数 =

$$\frac{(19.495 \times P_1 + 15.298 \times P_2 + 14.746 \times P_3 + 13.446 \times P_4 + 9.592 \times P_5)}{(19.495 + 15.298 + 14.746 + 13.446 + 9.592)}$$

如图 5-1 所示，2019 年秦巴山区各县（区）脱贫攻坚综合水平指数

5 巩固拓展脱贫攻坚成果同乡村振兴的耦合协同关系

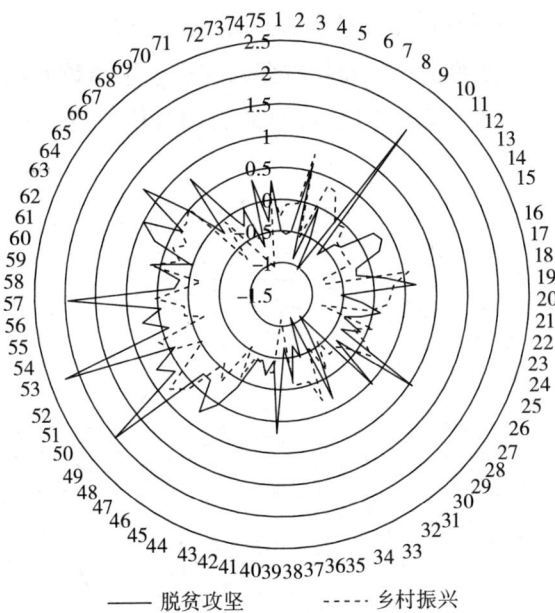

―――― 脱贫攻坚　　-----乡村振兴

图 5-1　脱贫攻坚和乡村振兴综合水平指数

注：图中 1~75 数字的含义，1——嵩县，2——汝阳县，3——洛宁县，4——栾川县，5——鲁山县，6——卢氏县，7——南召县，8——内乡县，9——镇平县，10——淅川县，11——郧阳区，12——郧西县，13——竹山县，14——竹溪县，15——房县，16——丹江口市，17——保康县，18——城口县，19——云阳县，20——奉节县，21——巫山县，22——巫溪县，23——北川县，24——平武县，25——昭化区，26——朝天区，27——旺苍县，28——青川县，29——剑阁县，30——苍溪县，31——仪陇县，32——宣汉县，33——万源市，34——巴州区，35——通江县，36——南江县，37——平昌县，38——周至县，39——太白县，40——南郑县，41——城固县，42——洋县，43——西乡县，44——勉县，45——宁强县，46——略阳县，47——镇巴县，48——留坝县，49——佛坪县，50——汉滨区，51——汉阴县，52——石泉县，53——宁陕县，54——紫阳县，55——岚皋县，56——平利县，57——镇坪县，58——旬阳县，59——白河县，60——商州区，61——洛南县，62——丹凤县，63——商南县，64——山阳县，65——镇安县，66——柞水县，67——武都区，68——成县，69——文县，70——宕昌县，71——康县，72——西和县，73——礼县，74——徽县，75——两当县。下同。

最小为 -1.107（因子分析结果为负数，代表低于平均水平），最高为 2.238。乡村振兴综合水平指数最小为 -1.06，最高为 0.7428。由图 5-1 可知，总体而言，秦巴山区绝大部分县（区）脱贫攻坚综合水平指数大于乡村振兴综合水平指数，目前秦巴山区整体仍处于乡村振兴滞后期。

(2) 脱贫攻坚同乡村振兴耦合协同关系测度与分析

将上述秦巴山区脱贫攻坚和乡村振兴综合水平指数使用耦合协调度模型，计算秦巴山区脱贫攻坚同乡村振兴的耦合协调度，具体计算结果如图5-2所示。

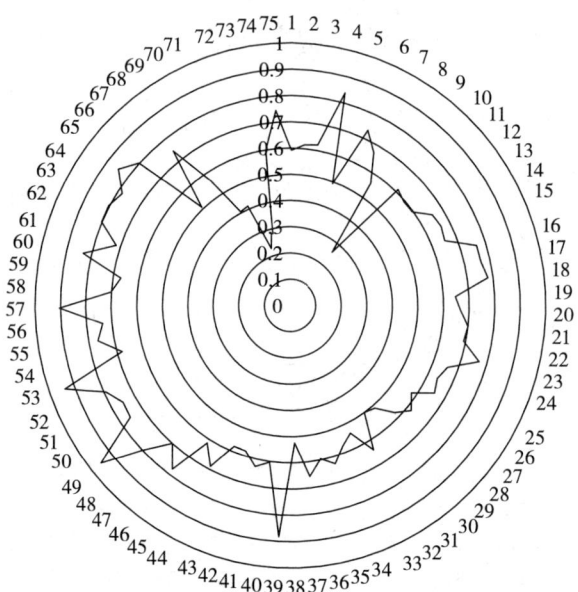

图5-2 脱贫攻坚同乡村振兴的耦合协调度

如图5-2所示，2019年秦巴山区脱贫攻坚同乡村振兴耦合协同度处于0.261~0.954之间，各县（区）脱贫攻坚同乡村振兴的耦合协调度存在较明显的差异。根据表5-2耦合协调度等级划分标准，2019年秦巴山区各县（区）脱贫攻坚同乡村振兴耦合协调程度如表5-9所示。

表5-9 2019年秦巴山区各县（区）脱贫攻坚同乡村振兴耦合协调程度

耦合协调度区间	耦合协同程度	县（区）
(0.0, 0.1)	极度失调	无
[0.1, 0.2)	严重失调	无
[0.2, 0.3)	中度失调	镇平县、西和县、礼县
[0.3, 0.4)	轻度失调	无
[0.4, 0.5)	濒临失调	鲁山县、宕昌县、康县
[0.5, 0.6)	勉强协调	嵩县、内乡县、郧阳区、郧西县、旺苍县、剑阁县、苍溪县、仪陇县、万源市、巴州区、南江县、周至县、洋县、西乡县、武都区、文县、徽县

续表

耦合协调度区间	耦合协同程度	县（区）
[0.6, 0.7)	初级协调	汝阳县、平武县、洛宁县、南召县、淅川县、竹山县、竹溪县、房县、云阳县、奉节县、巫溪县、昭化区、青川县、宣汉县、通江县、平昌县、南郑县、城固县、勉县、宁强县、朝天区、紫阳县、白河县
[0.7, 0.8)	中级协调	卢氏县、略阳县、丹江口市、保康县、镇巴县、城口县、巫山县、北川县、留坝县、石泉县、岚皋县、平利县、旬阳县、汉滨区、洛南县、山阳县、成县、两当县、汉阴县
[0.8, 0.9)	良好协调	商州区、栾川县、镇安县、丹凤县、太白县、柞水县、商南县
[0.9, 1.0)	优质协调	佛坪县、宁陕县、镇坪县

如表 5-9 所示，秦巴山区约 62% 的县（区）位于初级协调及以下，约 87% 的县（区）位于中级协调及以下。其中，镇平县、西和县、礼县处于中度失调状态，鲁山县、宕昌县、康县处于濒临失调状态，嵩县、内乡县、郧阳区等 17 个县（区）处于勉强协调状态，汝阳县、平武县、洛宁县等 23 个县（区）处于初级协调状态，卢氏县、略阳县、丹江口市等 19 个县（区）处于中级协调状态。综上所述，秦巴山区整体处于脱贫攻坚同乡村振兴有效衔接的初级阶段，其在推进二者有效衔接方面存在明显不足，二者耦合协调度平均值较低、衔接程度较弱。但是，秦巴山区推进二者有效衔接已具备一定的基础，未来整体实现巩固拓展脱贫攻坚成果同乡村振兴有效衔接的潜力较大，约 13.3% 的县（区）已达到良好协调和优质协调，其中佛坪县、宁陕县、镇坪县达到优质协调状态，商州区、栾川县、镇安县、丹凤县、太白县、柞水县、商南县达到良好协调状态，即将实现巩固拓展脱贫攻坚成果同乡村振兴的有效衔接，迈向乡村全面振兴。

将各县（区）脱贫攻坚同乡村振兴的耦合程度和其摘帽时间相结合，来分析各县（区）摘帽时间和耦合协调程度的关系，结果如表 5-10 所示。

表 5-10 秦巴山区各县（区）摘帽时间和二者耦合协调程度

摘帽时间	极度失调	严重失调	中度失调	轻度失调	濒临失调	勉强协调	初级协调	中级协调	良好协调	优质协调	合计
2018 年	0	0	0	0	0	3	5	3	2	2	15
2019 年	0	0	1	0	1	13	12	13	5	1	46

续表

摘帽时间	极度失调	严重失调	中度失调	轻度失调	濒临失调	勉强协调	初级协调	中级协调	良好协调	优质协调	合计
2020年	0	0	2	0	2	1	6	3	0	0	14
合计	0	0	3	0	3	17	23	19	7	3	75

如表5-10所示,秦巴山区2018年摘帽的县(区)中有26.67%处于脱贫攻坚同乡村振兴有效衔接的良好协调和优质协调阶段,2019年摘帽的县(区)中有13.04%处于二者有效衔接的良好协调和优质协调阶段,2020年摘帽的县(区)都没有达到良好协调和优质协调阶段。综上所述,摘帽时间越早的县(区)其平均耦合协调度越高。比如2018年摘帽的佛坪县和镇坪县已达到优质协调,而最后摘帽的宕昌县、西和县、礼县耦合协调程度不高,其中西和县和礼县仍处于中度失调状态。

将秦巴山区脱贫攻坚同乡村振兴的耦合协调程度分地区分析,结果如表5-11所示。

表5-11 2019年秦巴山区脱贫攻坚同乡村振兴耦合协调程度地区分布情况

省(市)	极度失调	严重失调	中度失调	轻度失调	濒临失调	勉强协调	初级协调	中级协调	良好协调	优质协调	合计
河南	0	0	1	0	1	2	4	1	1	0	10
湖北	0	0	0	0	0	2	3	2	0	0	7
重庆	0	0	0	0	0	0	3	2	0	0	5
四川	0	0	0	0	0	7	7	1	0	0	15
陕西	0	0	0	0	0	3	6	11	6	3	29
甘肃	0	0	2	0	2	3	0	2	0	0	9
合计	0	0	3	0	3	17	23	19	7	3	75

如表5-11所示,陕西秦巴山区各县(区)处于初级协调及以下仅占31%,处于中级协调及以下仅占69%,远低于秦巴山区平均水平。故陕西秦巴山区各县(区)脱贫攻坚同乡村振兴耦合协调程度较为良好。而四川秦巴山区各县(区)处于初级协调及以下高达93.3%,处于中级协调及以下高达100%,其各县(区)脱贫攻坚同乡村振兴耦合协调度较低。同时,河南秦巴山区各县(区)处于初级协调及以下达80%,处于中级协调及以下达90%。湖北秦巴山区各县(区)处于初级协调及以下达71.4%,处

于中级协调及以下达100%。重庆秦巴山区各县（区）处于初级协调及以下达60%，处于中级协调及以下达100%。甘肃秦巴山区各县（区）处于初级协调及以下达77.78%，处于中级协调及以下达100%。综上所述，秦巴山区脱贫攻坚同乡村振兴耦合协调程度地区差异明显，未来在推进二者有效衔接的工作中要着重关注衔接程度较弱的地区。

5.3 实现路径

本章基于上述研究结论，以产业、人才、文化、生态、组织为方向，提出"五大衔接"路径，推动秦巴山区加快实现巩固拓展脱贫攻坚成果、促进脱贫攻坚同乡村振兴有效衔接。

5.3.1 加快做强做大特色主导产业，实现从产业扶贫到产业振兴的有效衔接

脱贫攻坚期间产业扶贫政策覆盖了约98%的贫困人口，是我国实现"第一个百年"奋斗目标伟大胜利的直接驱动力。同时，"产业兴旺"也是乡村振兴战略实施的重点。在巩固拓展脱贫攻坚成果同乡村振兴有效衔接的关键时期，秦巴山区应从以下方面推动从产业扶贫到产业振兴的有效衔接：

一是塑造"一乡一业""一村一品"的产业格局，结合秦巴山区各地实际的地理环境、产业基础、历史文化和资源禀赋，因地制宜、扬长避短地开发中药材、木耳、魔芋、茶等特色产业。避免农村产业同质化，努力使秦巴山区各地打造出"人无我有""人有我特"的产业发展格局。

二是支持秦巴山区各县打造"龙头企业+合作社+农户"的发展模式。据统计，秦巴山区人均耕地面积仅有1.52亩，秦巴山区农业规模小、耕地细碎化等问题突出，严重限制了农业产品的市场竞争力，降低了农业生产效率，制约了现代农业模式的推广。因此，鼓励秦巴山区各县（区）打造"龙头企业+合作社+农户"的发展模式，该模式一头由龙头企业联结国内外大市场，一头由合作社联结农户，克服了以前小农经济风险高、规模小、产品影响力不够的缺点。龙头企业、合作社和农户三者结为命运共同体，将小农经济推向市场化现代农业。

三是推动秦巴山区乡村一、二、三产业融合发展。秦巴山区的主导产业大多为林木种植、矿产等初级资源型产业，产业同质化较高，且存在效

益较低、风险较大的问题。因此，鼓励秦巴山区各地通过产业链条延伸提升产品的附加值，积极培育乡村民宿、休闲旅游、农村电商、农村物流等第三产业，推动农村从单一产业向产业融合发展转变。

四是贯彻落实"要振兴，先建网"的新观念。通过发展"智慧农业"等乡村数字经济，改善长期以来秦巴山区农业不确定性、粗放性等缺点，提高农业生产效率。

五是全方位推进县域电商发展。秦巴山区物产资源丰富，但因地理条件恶劣，消息闭塞，使得木耳、中药材、茶叶等特色优质农产品较难转化为农民收入。随着数字经济的发展，推进县域电商平台的发展成为破解这一困境的有效方法。

六是完善乡村金融服务体系。目前，秦巴山区民间资本下乡存在"下不去""长不大"和"留不住"的问题。因此，秦巴山区应增强农村地区金融基础设施建设，完善农村地区信用评价指标体系的构建。同时，调动金融机构的积极性，加大其对农村地区信贷、保险等金融产品和服务的供给。

七是推进秦巴山区休闲农业和乡村旅游的发展。在守住"青山绿水"的基础上，助推秦巴山区休闲农业和乡村旅游升级转型，促进本地第三产业的发展，实现绿色发展的"弯道超车"，助推乡村全面振兴。

5.3.2 统筹"百姓富"和"生态好"，实现从生态补偿和绿色减贫到生态振兴的有效衔接

"生态宜居"是乡村振兴的关键，在巩固拓展脱贫攻坚成果同乡村振兴有效衔接的关键时期，秦巴山区应从以下方面推动从生态补偿和绿色减贫到生态振兴的有效衔接：

一是严格控制农村污染物排放。提高准入门槛，坚决制止高污染、高耗能的企业在农村设厂，同时加强对农村企业达标排放和排放总量的监管。

二是秦巴山区易地移民搬迁人口众多，易地移民搬迁在改善搬迁人口生活条件的同时缓解了迁出地的生态压力。首先，做好秦巴山区易地移民搬迁后迁出地生态恢复工作，根据迁出地实际情况对原占用土地进行综合整治，实施退耕还林、退耕还草。同时，做好迁入地生态环境建设和配套设施建设。

三是合理配置农业生产要素，提高农业生产要素的利用效率。加快实现农业化肥减量增效、农药减量控害，鼓励农村地区有机肥替代化肥，从而缓解农业生产过程中对环境造成的污染。

四是动态监测秦巴山区生态环境，通过借助卫星、无人机等技术，对秦巴山区森林、湖泊等自然资源进行动态监测。

五是继续推动农村地区开展"厕所革命""污水革命""垃圾革命"，切实改善当地农村的人居环境。

六是完善市场化、多元化的农村生态保护补偿机制，着力发展绿色金融，探索排污权、用能权、碳排放权等基于各类环境权益融资工具的使用。

七是结合秦巴山区的生态环境，因地制宜地推进林下养殖、林下中草药等产业，在增绿的同时兼顾农村居民的收入。

八是认真落实我国关于2030年前碳达峰、2060年前碳中和的重大部署，加大秦巴山区节能减排力度，全面提升秦巴山区生态环境质量。

5.3.3 加快人力资本建设，实现从人才扶贫到人才振兴的有效衔接

"功以才成，业由才广。"目前，秦巴山区乡村空心化、老龄化问题突出，难以为乡村振兴提供强大的建设队伍。因此，在巩固拓展脱贫攻坚成果同乡村振兴有效衔接的关键期，秦巴山区应从以下方面推动从人才扶贫到人才振兴的有效衔接：

一是建立健全人才引进机制。首先，通过建立长期激励机制稳定脱贫攻坚期间已有的帮扶人才队伍。其次，通过机关选派、公开选拔、驻村帮扶等方式吸引外部优秀人才扎根于农村基层。同时，营造完善的政策支持氛围来鼓励农村人才返乡发展特色产业。

二是培养一批爱农业、会经营的新型职业农民。结合农民居住分散的特点，采取"线上+线下"的培训方式，深入浅出、有针对性地进行技能培训，提高其农业技术水平和农业管理水平，从而解决"谁来种地""怎么种好地"的问题。

三是提升秦巴山区乡村教育水平。首先，鼓励农村地区发展中等职业教育，培养一批新型职业农民、农村致富带头人和农村电商人才，提高农民群体的文化素质和受教育年限，增强其职业竞争力。其次，在农村地区

落实好教育优惠政策,推动城乡义务教育均衡发展。

四是充分发挥秦巴山区茶叶、中药材、乡村旅游等传统、地方特色的行业优势,积极扩大行业规模,提高本地的就业容量,引导本地劳动力就近、就地就业。

五是努力缩小城乡差距,使吸纳的人才真正"留得住"。加大对秦巴山区农村公共基础设施和公共服务的投资倾斜力度,着力抓好秦巴山区交通、住房、饮水、教育、医疗等方面的建设,使农村居民享受和城市同等的公共产品和公共服务,从而在"引得来"的基础上"留得住"更多高素质人才。

5.3.4 激发内生动力,实现从扶志扶智和乡风建设到文化振兴的有效衔接

"乡风文明"是乡村振兴的保障,在巩固拓展脱贫攻坚成果同乡村振兴有效衔接的关键期,秦巴山区应从以下方面推动从扶志扶智和乡风建设到文化振兴的有效衔接:

一是培养农民的主体责任意识。正如习近平总书记所说:"摆脱贫困首要并不是摆脱物质的贫困,而是摆脱意识和思路的贫困。"[①] 各级政府亟须激发脱贫人口求上进的斗志,形成从"要我脱贫"向"我要脱贫"的主体责任意识的转变,以防止已脱贫群体由于内生动力不足而返贫。

二是发扬农村自身的价值。乡村是中华文明之根,中国文化之魂,中国人共同的故乡。首先,守住乡村的"魂",充分利用互联网、讲座、社区活动等方式宣传乡间蕴藏的礼乐孝道文化、耕读传家文化、乡土田园文化等优秀传统文化来促进文化的传承,守住乡土情结。其次,留住乡村的"形"。避免推进城镇化过程中"去农村化"的做法,保护好"暧暧远人村,依依墟里烟"富有传统意境的乡村风貌。同时,将产业发展和乡愁记忆融为一体,鼓励秦巴山区推出以"吃农家饭、干农家活、体验农家生活"为特色的旅游项目。让游客们在欣赏自然风光的同时,接受耕读传家文化、乡土田园文化等优秀乡间传统文化的熏陶与洗礼。

---

① 习近平. 在东西部扶贫协作座谈会上的讲话[N]. 人民日报,2016-07-20.

5.3.5 创新治理体系，实现从组织建设扶贫到组织振兴的有效衔接

"治理有效"是乡村振兴的基础，在巩固拓展脱贫攻坚成果同乡村振兴有效衔接的关键期，秦巴山区应从以下方面推动从组织建设扶贫到组织振兴的有效衔接：

一是要坚持党的领导，完善党组织机构，优化人员配置，建立内部监督机制，进一步加强基层党组织在社区治理中的号召力和引领力。

二是完善乡村党组织领导班子成员"两推一选"的制度，从致富能手、优秀现职村干部、优秀大学生村官中选择政治过硬、能力突出的作为村党支部书记，从而发挥好村党支部书记"领头雁"的功能。

三是增强秦巴山区法制工作的渗透力。首先，利用宣传栏、村委办公楼橱窗等开展常态化法治宣传工作。其次，利用县、乡两级党校，农民夜校等阵地，深入田间地头，开展"送法"工作。同时，创新农村法治宣传方式，如采用互联网＋法治宣传等方式，在农村营造良好的法治文化氛围。

四是完善村务公开制度，切实解决部分村干部"怕公开""不敢公开"等问题，保障农村村民的知情权。

五是继续落实党政一把手是第一负责人，"五级书记"抓乡村振兴的工作机制，加强基层政府组织的责任。

六是建立健全"村定镇管县统筹"的治理体系，使农村基层党组织可以因地制宜、扬长避短地开展工作，推动巩固拓展脱贫攻坚成果同乡村振兴的有效衔接。

6 区域性扶贫政策的增长与分配效应

6.1 问题提出

针对特定区域的发展政策（place-based policy）在各国经济实践中已很常见，也得到了学术界的广泛讨论。然而，无论在理论还是经验证据上，现有研究对政策效果和影响的认识仍存在争议（Glaeser E. L., Gottlier J. D., 2008; Busso M., Gregory J., Kline P., et al., 2013; Wang J., 2013; Kline P., Moretti E., 2014; Lu Y., Wang J., 2019）。区域性扶贫政策是区域性政策的一种重要类型。由于贫困人口分布的空间集聚和区域整体贫困问题的长期存在（刘彦随、周扬、刘继来，2016），中国实施了一系列区域性扶贫政策。从1982年起实施的"三西"扶贫，到1986年首次设立的国家级贫困县[1]，再到2011年提出的集中连片特困区，都是区域性扶贫政策的典型代表。这类政策通常以县作为基本瞄准单元，基于农民收入等指标划定重点扶持地区，在转移支付、信贷援助、发展项目等资金和政策资源上向所选地区倾斜（Liu C., Ma G., 2019），其目标在于帮助贫困地区加快发展，实现农民收入的更快提升，并缩小地区发展差距[2]。可见，经济增长、农民增收和缩小发展差距是此类政策最主要的目标。

那么，区域性扶贫政策的效果究竟如何，是否实现了预期的政策目标？尽管近年来涌现了一批评估国家级贫困县等政策效果的文献，然而，无论对政策的经济增长效应，还是农民增收效应，现有文献所提供的经验

---

[1] 2001年改称"国家扶贫开发工作重点县"。由于只是名称变化，既有文献普遍未对二者进行区分。

[2] 中共中央、国务院印发：中国农村扶贫开发纲要（2011—2020年）[EB/OL]. 中华人民共和国中央人民政府网, 2020-04-23, http://www.gov.cn/gongbao/content/2011/content_2020905.htm.

证据皆不尽相同。更重要的是，现有文献对于缩小发展差距这一政策目标关注不足，鲜有研究考察政策对贫困县之间发展差距的影响。以经济增长效应的评估为例，现有文献得出的是对贫困县整体层面的平均效应，可以回答贫困县相较于非贫困县是否获得更快的经济增长，但无法回答相对更落后的贫困县是否从政策中获益更多的问题。后一个问题的本质是政策效应在贫困县之间的分配问题。将该问题纳入政策效果评估之中，对于丰富有关区域性扶贫政策效果和影响的认识具有重要意义。

如果区域性扶贫政策对经济增长和农民增收产生了显著的促进作用，可将其称为政策的增长效应。进一步地，如果相对更落后的县从政策中获益更多，则可将其称为政策的分配效应。兼具增长和分配效应的扶贫政策，不仅有助于缩小贫困县与非贫困县之间的发展差距，而且对缩小贫困县之间的发展差距具有积极作用，也意味着深度贫困地区的发展状况得到了更好的改善。这与众多文献强调的包容性增长理念是一致的（Ravallion M., Chen S., 2016；黄志平，2018）。只有相对更贫困的群体和地区从政策中获益更多，政策才能彰显其扶贫的根本属性，也才有助于实现共同富裕目标。

基于此，本章借助设立集中连片特困区所提供的准自然实验，利用相关地区2006—2016年的县级面板数据，结合增长和分配效应双重视角，评估集中连片特困区政策对县域经济增长、农民收入和发展差距的影响。研究发现：第一，集中连片特困区政策显著促进了人均生产总值和农民人均纯收入的提升，兼具经济增长和农民增收效应，对后者的作用大于前者，但增长效应在政策实施3~4年后都有所衰减。第二，第一产业、第二产业和医疗资源数量在政策的增长效应中发挥了中介效应，第一产业在农民增收上发挥了更主要的中介效应，第二产业在经济增长上发挥了更主要的中介效应。第三，集中连片特困区政策具有良好的分配效应，表现为经济增长及农民收入水平相对更低的县从政策中获益更多。

总体而言，现有文献在区域性扶贫政策的增长效应上仍存在明显分歧，对其分配效应则缺乏关注和研究。因此，本章可能从以下两个方面对现有文献进行了补充：一是基于集中连片特困区这一新时代的区域性扶贫政策，更细致地评估其对经济增长和农民增收的影响及机制，为这一争议性议题提供了新的经验证据。二是指出考察区域性扶贫政策分配效应的重要意义，并首次将一个包容性增长的实证框架应用于评估区域性扶贫政策的分配效应，为相关研究提供了可供尝试的思路。由此，本章从增长和分配双重视角考察区域性扶贫政策的效果，有助于增进对该政策如何影响贫困地区发展的认识和理解，从而对贫困地区稳定脱贫、持续发展以及2020年后扶贫政策转型具有启示。

6.2 文献综述

现有关于中国区域性扶贫政策效果评估的文献大致分为以下几类：一是评估经济增长效应；二是评估农民增收效应；三是评估分配效应；四是评估财政收支效应。本章的研究与前三类文献相关。

一是关于区域性扶贫政策经济增长效应的文献。Rozelle等（1998）考察了1986年首批国家级贫困县政策对县域经济增长的影响，发现政策显著促进了农业部门产出增长，但对工业和国有经济部门没有显著作用。根据我们的调查，这是针对该问题最早的实证研究。近年来的文献在结论上存在分歧，一些文献发现政策对经济增长具有显著促进作用。但也有文献的研究并不支持这一结论，并分析了政策未能促进经济增长的原因。例如，郑家喜等（2016）认为贫困县政策对工业化等可以促进增长的因素产生了挤出效应。Liu等（2019）则指出政策在实施层面高度分权但又缺乏问责所导致的地方精英俘获，是政策未能产生经济增长效应的重要原因。

二是关于区域性扶贫政策农民增收效应的文献。一些研究表明政策促进了农民收入提升，至少在短期内作用十分显著。例如，Meng（2013）发现在1994—2000年，"八七扶贫计划"使贫困县农民收入增长了约38%，但政策并未展现持续影响，在实施三年后效果便衰退。另一部分文献则提供了不同的经验证据。例如，张彬斌（2013）发现2001年新一轮贫困县政策在整体平均意义上并未产生显著的农民增收效应，而在政策实施第八至九年才显示出微小的正向作用。至于农民增收效应不显著的原因，Park等（2010）、周敏慧等（2016）等都指出基层治理因素的重要影响，如精英俘获和贫困县扶贫资金使用不规范。

三是关于区域性扶贫政策分配效应的文献。本章认为，区域性扶贫政策的分配效应包括两个层面：一是政策对区域内部不同群体收入产生的异质性影响；二是政策对区域间，即接受政策的不同区域所产生的异质性影响。由此，对分配效应的评估，既能在群体层面回答谁从政策中获益、谁从政策中受损的问题，进而可回应文献提出的精英俘获问题，也能在区域层面回答哪些区域从政策中获益更多的问题，因而具有更重要的现实意义。然而，这类文献目前十分稀少。仅有的两篇文献只考察了政策对贫困县内部收入分配的影响，且结论相异。如王守坤（2018）发现相较于非贫困县，贫困县城乡收入差距更高；而徐舒等（2020）基于微观家庭数据的研究则表明贫困县政策显著降低了县内部不同人群之间的收入差距。根据我们对既有文献的检索，目前尚未有考察区域性扶贫政策在不同贫困地区（县）层面的分配效应的文献。

此外，现有文献多以国家级贫困县第一次（1994年）和第二次（2001年）名单调整作为政策评估的准自然实验①。第一次调整时间较早，前后时期不仅存在大量县级经济指标缺失问题，还发生了分税制、国企改革以及加入世贸组织等一系列或影响贫困县增长和农民收入的重大改革事项，给政策效果估计带来不利影响。第二以及第三次名单调整的特点是变动幅度很小，前者为33个县，后者为38个县②，其他县则延续了贫困县身份。这意味着绝大多数贫困县并非理想的处理组，因为它们在名单调整前便享受政策，这可能导致政策效果的估计偏差。然而，相关文献在实证分析中并未注意这一点。

总的来看，现有文献主要从经济增长和农民增收等方面研究了区域性扶贫政策的影响，为我们理解中国区域性扶贫政策的效果和不足提供了重要支撑。但是，第一，现有研究对政策经济增长和农民增收效应的评估仍存在明显分歧，且缺乏相应的机制分析，因此为这一问题提供新的经验证据和更细致的分析是有必要的。第二，现有文献大多将关注点置于政策的增长效应上，对分配效应的研究相对不足，尤其缺乏考察政策效果在不同县之间如何分配的研究。显然，将这两种效应结合起来分析有助于更全面地认识区域性扶贫政策的效果。基于现有研究贡献和可能的不足，本章利用集中连片特困区政策，从增长和分配效应两个角度，研究区域性扶贫政策对经济增长、农民增收和发展差距的影响，为这一问题提供新的经验证

---

① 国家级贫困县（或国家扶贫开发工作重点县）名单在确立之后经历了三次调整，具体请参见：国务院扶贫办发布的政策说明［EB/OL］. http://www.cpad.gov.cn/art/2013/3/1/art_50_10387.html.

② 西藏自治区作为一个整体享受政策待遇，不占用贫困县指标。

据和可能的边际贡献。

6.3 实证设计

相较于近两次变动不大的国家级贫困县名单调整，集中连片特困区政策为我们评估区域性扶贫政策提供了性质更优良的准自然实验。《中国农村扶贫开发纲要（2011—2020年）》提出将14个集中连片特困区作为21世纪第二个十年扶贫开发的主战场①。2012年6月，国务院扶贫办首次公布了入选集中连片特困区的680个县名单②，明确了政策瞄准对象。其中，162个县是首次享受国家区域性扶贫政策，其他518个县原本就是国家级贫困县。为了更好地识别政策效果，消除过去国家级贫困县身份的可能影响，本章限定只有首次享受国家区域性扶贫政策的集中连片特困区县才能进入处理组。

6.3.1 实证策略

本章同时考察区域性扶贫政策的增长效应和分配效应。

首先，基于上述政策特征，本章借助双重差分法识别集中连片特困区政策的增长效应，即对县域经济增长与农民增收的影响。区域性扶贫政策增长效应的模型设定如下：

$$Y_{it} = \beta_0 + \beta_1 Policy_{it} + \sum_j \beta_j \times Controls_{it} + \gamma_t + \mu_i + \varepsilon_{it} \quad (6-1)$$

其中，Y_{it}为被解释变量，包括县级实际人均生产总值与农民人均纯收入的对数值。下标i为县，t为年份。$Policy_{it}$代表集中连片特困区政策，$Policy_{it} = treat_i \times post_t$，若i被确立集中连片特困区县，且从未获得过国家级贫困县身份，则$treat_i = 1$；否则为0。若$t \geq 2012$，则$post_t = 1$，否则为0。系数β_1则为本章关注的重点，代表集中连片特困区政策对经济增长和农民收入水平的影响。$Controls_{it}$为其他控制变量，γ_t代表年份固定效应，μ_i代表县的固定效应，ε_{it}为误差项。

其次，为了考察区域性扶贫政策的分配效应，本章借鉴张勋等（2016）提出的包容性增长分析框架，在式（6-1）中引入Y_{it}的滞后项

---

① 关于中国扶贫政策演变和内容的文献资料已极为常见，故本章不再介绍相关政策的具体内容。
② 国务院扶贫办.关于公布全国连片特困地区县名单的说明[EB/OL].2012-06-14, http://www.cpad.gov.cn/art/2012/6/14/art_50_23717.html.

$Y_{i,t-1}$ 交互项 $Y_{i,t-1} \times Policy_{it}$，得到：

$$Y_{it} = \beta_0 + \beta_1 Policy_{it} + \beta_2 Y_{i,t-1} + \beta_3 Y_{i,t-1} \times Policy_{it} + \sum_j \beta_j \times Controls_{it} + u_{it} \quad (6-2)$$

其中，为方便起见，令 u_{it} 为双重固定效应和误差项之和。

当 $Policy_{it} = 1$ 时，则有：

$$E(Y_{it} \mid Policy_{it} = 1) = \beta_0 + \beta_1 + \beta_2 + \beta_3 Y_{i,t-1} + Controls_{it} \quad (6-3)$$

当 $Policy_{it} = 0$ 时，则有：

$$E(Y_{it} \mid Policy_{it} = 0) = \beta_0 + \beta_2 + Controls_{it} \quad (6-4)$$

式（6-4）减去式（6-3）便得到政策 $Policy_{it}$ 对结果变量 Y_{it} 的影响：

$$E_p = E(Y_{it} \mid Policy_{it} = 1) - E(Y_{it} \mid Policy_{it} = 0) = \beta_1 + \beta_3 Y_{i,t-1}$$

$$(6-5)$$

根据式（6-5），$Policy_{it}$ 对 Y_{it} 的影响包括两个部分：一是 β_1，代表其他条件不变的情况下 $Policy_{it}$ 对 Y_{it} 的影响；二是 $\beta_3 Y_{i,t-1}$，代表上一期结果变量 $Y_{i,t-1}$ 通过政策 $Policy_{it}$ 对当期结果变量的异质性影响，若 $\beta_3 > 0$，意味着上一期结果变量 $Y_{i,t-1}$ 越大的县从政策 $Policy_{it}$ 中获益越多；若 $\beta_3 < 0$，意味着上一期结果变量 $Y_{i,t-1}$ 越小的县从政策 $Policy_{it}$ 中获益越多。因此，β_3 实质上衡量了政策对结果变量 $Y_{i,t-1}$ 的分配效应。若 $\beta_3 = 0$ 时，意味着政策 $Policy_{it}$ 对结果变量 Y_{it} 的分配没有影响。此外，β_2 衡量了收敛效应。

因此，式（6-2）中的 β_3 衡量了集中连片特困区政策的分配效应。本章的预期是 $\beta_3 < 0$，即经济发展或农民收入水平相对更低的县从政策中获益更多，进而有助于缩小集中连片特困区内部的发展差距。由于式（6-2）的解释变量中包含被解释变量的滞后项及其与政策变量的交互项，本章在估计时采用 Blundell 等（1998）的系统矩估计（GMM）法。

6.3.2 数据来源与变量选取

本章选取2006—2016年的县级面板数据作为样本，数据主要源自相关年份的《中国区域经济统计年鉴》《中国县（市）社会经济统计年鉴》和EPS数据平台，但由于这两本年鉴和EPS数据平台中缺失一部分县在某些年份的数据，如四川、青海、新疆的县，本章从相关省市地方志办公室出版的年鉴（如《青海年鉴》《玉溪年鉴》）和政府年度统计公报中补充了前述缺失数据。借鉴已有文献的做法，本章对数据做了以下处理：一是考虑到市辖区和县在管理体制等方面存在根本不同，剔除市辖区。二是考虑到巨大的发展差距和东部沿海8个省份自2001年再无国家级贫困县，本章剔除了东部沿海8个省份所辖的县①。三是剔除了数据缺失严重的样本，如西藏自治区的县。四是借鉴马光荣等（2016）的做法，使用以2006年为基期的分省GDP平减指数对名义产出变量进行调整，以消除价格因素的影响。分省GDP平减指数通过《中国统计年鉴》公布的各省历年生产总值及其指数倒推计算得出。五是用线性插值法补充了少数变量在个别年份的缺失值。经过以上处理，本章最终使用的样本中包括781个县、8569个观察值，其中149个县为处理组县。

本章选取各县实际人均生产总值对数（lnpgdp）和农民人均纯收入对数（lnfninc）②作为被解释变量（唐跃恒、杨其静、李秋芸等，2020）。本章的核心解释变量是集中连片特困区政策，根据国务院扶贫办于2012年公布的集中连片特困区县名单，整理出政策变量。关于控制变量，在参考相关文献的基础上（张国建、佟孟华、李慧等，2019；郭峰、熊瑞祥，2017），本章用人口密度（popdensity，县总人口/行政面积）控制集聚和人均资源禀赋状况对经济增长的影响；用普通中学在校学生数与总人口之比（student）反映人力资本水平；用城乡居民储蓄余额与生产总值之比反映储蓄水平（save）；用第二产业与第一产业增加值的比值反映产业结构（structure）；用全社会固定资产投资与生产总值之比反映固定资产投资水平（invest）；用政府财政一般预算支出与生产总值之比反映地方政府对经济的干预程度（expend）；用地方财政一般预算收入与支出的比值衡量财政自主度（fisauto）。变量的描述性统计结果如表6-1所示。

表6-1 主要变量的基本统计特征

变量名		观察值	均值	最小值	最大值	处理组均值	控制组均值
lnpgdp	人均生产总值对数	8569	9.682	7.555	12.929	9.317	9.768

---

① 剔除的8个省份分别为：北京、上海、天津、山东、浙江、江苏、福建、广东。同样的做法见黄志平（2018）。

② 2013年将农村居民收入统计口径由农民人均纯收入调整为农民可支配收入。出于三方面原因考虑，本章对二者不做区分：第一，二者统计口径差异很小；第二，部分差异可通过年份虚拟变量消除；第三，再无其他可替代数据。同样的做法可见唐跃恒等（2020）。

续表

变量名		观察值	均值	最小值	最大值	处理组均值	控制组均值
lnfninc	农民人均纯收入对数	8569	8.743	6.944	10.322	8.428	8.816
popdensity	人口密度	8569	0.029	0.000	0.295	0.019	0.031
structure	产业结构	8569	3.707	0.084	119.939	2.615	3.963
invest	固定资产投资占比	8569	0.805	0.028	8.545	0.999	0.759
save	储蓄余额占比	8569	0.641	0.007	5.984	0.679	0.632
expend	财政支出占比	8569	0.245	0.028	3.739	0.442	0.199
fisauto	财政自主度	8569	0.291	0.007	2.238	0.179	0.318
student	人力资本	8569	0.051	0.004	0.270	0.052	0.051

注：人口密度最小值为0，是因为人口指标的单位为万人，数值较小，与行政区划面积的比值更小，保留小数点后3位时变为0。产业结构变量最大值超过100，为此我们核查了原始数据，发现并非统计误差，少数几个资源型县的实际情况确是如此。

数据来源：笔者根据Stata计算结果整理而得。

6.4 增长效应的实证分析

6.4.1 对经济增长和农民增收影响的基准回归结果

集中连片特困区政策的增长效应体现为对人均GDP和农民人均纯收入的影响。首先，我们分析政策对人均GDP的影响。表6-2第（1）列仅控制县级和年份固定效应，此时的核心解释变量估计系数不显著。控制了人口密度、人力资本水平、产业结构、固定资产投资水平和储蓄水平等变量后，第（2）列的核心解释变量估计系数显著为正。第（3）列则加入政府财政层面的两个控制变量，结果表明集中连片特困区政策显著促进了人均GDP增长。地方财政一般预算支出占GDP的比重（expend）显著降低了人均GDP增长，表明样本县政府的经济干预并不利于本地经济增长。其次，第（4）至第（6）列呈现了政策影响农民人均纯收入的估计结果，核心解释变量估计系数始终显著，数值保持在0.122左右，表明集中连片特困区政策使农民人均纯收入提升了约12.2%。总体而言，基准回归结果显示出集中连片特困区政策对县域经济和农民人均纯收入产生了增长效应，且对农民增收的作用远远大于对经济增长的作用，在一定程度上表明政策具有"益农性"特征。

表6-2 基准回归结果

	(1)	(2)	(3)	(4)	(5)	(6)
	lnpgdp	lnpgdp	lnpgdp	lnfninc	lnfninc	lnfninc
policy	0.027 (1.642)	0.039*** (2.974)	0.047*** (3.738)	0.123*** (9.566)	0.121*** (9.611)	0.122*** (9.732)
popdensity		-14.787*** (-7.947)	-14.767*** (-7.888)		-2.715*** (-3.159)	-2.702*** (-3.030)
student		0.038 (0.087)	0.363 (0.934)		0.292 (1.367)	0.292 (1.408)
structure		0.019*** (5.910)	0.017*** (5.794)		0.002 (1.600)	0.001 (1.153)
invest		-0.019* (-1.651)	-0.006 (-0.633)		0.014** (2.156)	0.012* (1.766)
save		-0.616*** (-11.440)	-0.561*** (-12.042)		-0.122*** (-9.204)	-0.120*** (-8.849)
expend			-0.155*** (-4.679)			0.018 (0.707)
fisauto			0.352*** (9.281)			0.104*** (4.650)
常数项	9.680*** (6913.180)	10.439*** (171.092)	10.318*** (170.428)	8.732*** (7870.704)	8.856*** (281.945)	8.823*** (272.141)
县级固定效应	YES	YES	YES	YES	YES	YES
年份固定效应	YES	YES	YES	YES	YES	YES
N	8569	8569	8569	8569	8569	8569
WithinR²	0.001	0.523	0.567	0.064	0.109	0.117

注：*、**和***分别表示在10％、5％和1％的置信水平上显著；模型使用县层面聚类的稳健标准误，括号内为t值。

6.4.2 稳健性检验

（1）平行趋势检验与动态效果分析

利用双重差分法的一个关键前提是平行趋势假设。为此，本章借助事件研究法检验平行趋势假设，此方法还能展现政策的动态影响。设置如下回归方程：

$$Y_{it} = \alpha_0 + \sum_{k \geqslant -5}^{k=4} \alpha_k Policyz + k_{it} + \sum_j \beta_j \times Controls_{it} + \gamma_t + \mu_i + \varepsilon_{it} \quad (6-6)$$

其中，$Policyz+k_{it}$ 代表某县被确立为集中连片特困区县这一"事件"，为虚拟变量。我们用 z 代表集中连片特困区名单公布的年份，即 2012 年。当 $t-z=k$ 时，$Policyz+k_{it}=1$，否则为 0。本章所使用的样本区间为 2006—2016 年，将 2006 年作为基准年份，因此 k 的取值范围为（-5，-4，-3，-2，-1，0，1，2，3，4）。图 6-1 和图 6-2 展示了对式（6-6）的估计结果。可见，无论被解释变量是人均 GDP 还是农民纯收入，在 z 年（2012 年）之前的年份，政策 $Policyz+k_{it}$ 的系数皆不显著异于 0，表明平行趋势假设成立；在 z 年及之后的年份，其系数显著为正，对各年人均 GDP 的提升作用在 5% 左右，对各年农民纯收入的正向作用呈现逐步提升态势，在确立政策的第 4 年达到 15% 左右。值得注意的是，政策带来的增长效应在实施后第三至四年便出现衰减趋势，这与 Meng（2013）的发现是一致的。

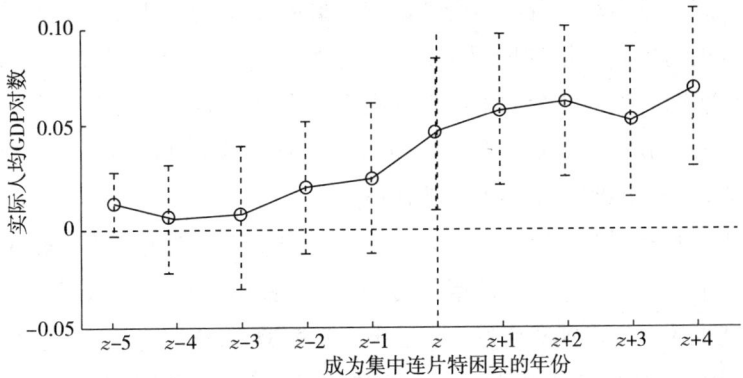

图 6-1 平行趋势和动态效应检验 I：被解释变量为实际人均 GDP

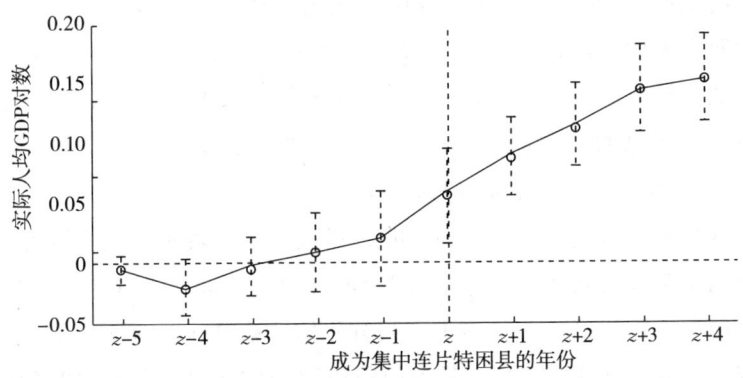

图 6-2 平行趋势和动态效应检验 II：被解释变量为农民人均纯收入

(2) 检验遗漏变量问题

遗漏变量会导致模型估计的内生性问题。一方面,无论是经济增长还是农民增收,均是受多种经济社会因素影响而致的复杂结果;另一方面,县级经济社会统计指标数量相对不足,构成变量选取的客观限制。因此,本章借鉴 Altongji 等(2005)的方法检验遗漏变量问题。该方法的基本思想是在回归模型中分别引入受约束控制变量(有限控制变量)和所有可观测变量,得到相应的核心解释变量的估计系数,将受约束控制变量下的核心解释变量估计系数记为 β^R,将引入所有可观测控制变量下的核心解释变量估计系数记为 β^F,构造一个变动系数以反映核心解释变量估计系数的变动:

$$\sigma = |\beta^F/(\beta^R - \beta^F)| \qquad (6-7)$$

其中,$(\beta^R - \beta^F)$ 越小,表明不同可观测变量下核心解释变量的估计系数较为稳定,进而意味着模型受遗漏变量影响越小;β^F 越大,则表明在引入所有可观测控制变量的情况下,核心解释变量的估计系数依然很显著,这从反面表明,遗漏变量的不利影响需十分强劲才能使核心解释变量的估计系数变得不显著。故变动系数 σ 值越大,说明模型对核心解释变量的估计受到遗漏变量问题影响的可能性越小。

本章据此分别对被解释变量人均实际生产总值和农民人均纯收入构造两个受约束模型和两个完整模型。第一个完整模型(m1)引入了各自基准回归模型中的所有可观测变量,第二个完整模型(m2)则只引入影响县域经济发展的结构性变量,具体是第二和第一产业增加值之比(structure)、全社会固定资产投资额与生产总值之比(invest)、城乡居民储蓄余额与生产总值的比值(save)、地方一般预算支出与生产总值的比值(expend)、地方财政自主度(fisauto)。第一个受约束模型(r1)只放入核心解释变量,不加入任何控制变量,第二个受约束模型(r2)则只引入城乡居民储蓄余额与生产总值的比值(save)、地方一般预算支出与生产总值的比值(expend)和地方财政自主度(fisauto)。

σ 值的大小是我们应重点关注的,其值大于 1 表明对核心解释变量的估计受到遗漏变量问题影响越小(Altonji J. G., Elder T. E. and Taber C. R., 2005)。表 6-3 汇报了根据四组方程估计系数计算的 σ 值的结果,可见所有 σ 值均大于 1。因此,基准回归模型的估计并未受到遗漏变量问题的明显干扰。

表6-3 遗漏变量问题的检验结果

受约束模型类型	完整模型类型	人均生产总值 σ (1)	农民人均纯收入 (2)
r1	m1	2.332	110.541
r1	m2	1.973	80.042
r2	m1	80.842	40.797
r2	m2	7.949	304.805

注：所有回归都控制了县级和年份固定效应，使用聚类到县级的稳健标准误。

(3) 处理反向因果问题

考虑到被解释变量与控制变量之间可能存在反向因果，本章将所有控制变量滞后一期再进行估计，以降低可能的内生性问题。估计结果如表6-4第（1）列和第（2）列所示，核心解释变量估计系数的符号和显著性与基准回归结果基本一致，说明基准回归结果是稳健的。

(4) 加入市与年份的交互固定效应

考虑到县域经济增长和农民收入可能会受到所属市的特征因素或事件冲击的影响，本章进一步加入市与年份的交互固定效应，以控制市层面随时间变化的特征或冲击的影响。表6-4第（3）列至第（4）列呈现了相应的估计结果，政策对人均GDP的影响方向和显著性水平与基准回归结果基本一致，对农民人均纯收入的提升作用仍是显著的，但系数值有明显降低，表明市级层面的因素对县域农民收入具有一定影响。

(5) 剔除少数民族县

由于处理组和控制组中都存在少数民族县，为了抽离针对少数民族县的政策对集中连片特困区政策效应的混杂影响，本章剔除了样本中的少数民族区县。表6-4第（5）列至第（6）列的结果显示，剔除少数民族县后，政策对人均GDP和农民收入的提升作用均略微减弱，说明基准回归结果中混杂了一部分少数民族政策的作用，但不影响总体结果的稳健性。

(6) 更改样本时期

由于基准回归所用的样本起始于2006年，此后爆发的全球金融危机等重大事件以及我国为应对冲击所实施的一系列刺激方案，在一定程度上深刻地影响了区域经济社会发展。出于稳健性考虑，仅保留2010—2016年的样本进行回归，以减轻这些冲击的影响。估计结果见于表6-4第（7）列至第（8）列，与基准回归结果基本一致，再次验证了结论的稳健性。

表6-4 稳健性检验结果

	(1)	(2)	(3)	(4)	(5)	(6)	(7)	(8)
	lnpgdp	lnfninc	lnpgdp	lnfninc	lnpgdp	lnfninc	lnpgdp	lnfninc
policy	0.055***	0.122***	0.054***	0.043**	0.036***	0.106***	0.053***	0.084***
	(3.986)	(9.779)	(3.864)	(2.260)	(3.250)	(8.779)	(3.549)	(4.830)
常数项	10.058***	8.801***	10.019***	8.706***	10.483***	8.991***	10.427***	8.900***
	(140.621)	(242.706)	(178.500)	(373.684)	(190.005)	(320.331)	(141.124)	(215.374)
控制变量	YES	YES	YES	YES	YES	YES	YES	YES
县级固定效应	YES	YES	YES	YES	YES	YES	YES	YES
年份固定效应	YES	YES	YES	YES	YES	YES	YES	YES
N	8569	8569	8030	8030	5453	5453	5863	5863
WithinR²	0.316	0.101	0.497	0.039	0.587	0.118	0.633	0.107

注：** 和 *** 分别表示在5%和1%的置信水平上显著；模型使用县级层面聚类的稳健标准误，括号内为t值。

6.4.3 机制分析

上文的实证分析表明集中连片特困区政策对处理组人均GDP和农民人均纯收入产生了显著的增长效应。一个进一步的问题是这种增长效应是通过何种机制发挥作用的？为此，本章尝试借助中介效应模型初步探讨集中连片特困区政策增长效应的作用机制（温忠麟、张雷、侯杰泰等，2004）。

具体而言，第一步，以集中连片特困区政策作为解释变量，以代表县域经济社会发展的相关特征变量作为被解释变量进行回归，即式（6-9），识别出政策对哪些变量具有显著影响。政策对其有显著影响的变量便是潜在的中介变量。第二步，考察政策是否通过影响潜在中介变量，间接提升人均GDP和农民人均纯收入水平，即式（6-10）。

$$Y_{it} = \sigma_0 + \sigma_1 Policy_{it} + \sum_j \sigma_j \times Controls_{it} + \gamma_t + \mu_i + \varepsilon_{it} \quad (6-8)$$

$$M_{it} = \omega_0 + \omega_1 Policy_{it} + \sum_j \omega_j \times Controls_{it} + \gamma_t + \mu_i + \varepsilon_{it} \quad (6-9)$$

$$Y_{it} = \rho_0 + \rho_1 Policy_{it} + \rho_2 M_{it} + \sum_j \rho_j \times Controls_{it} + \gamma_t + \mu_i + \varepsilon_{it}$$

(6-10)

其中，M 为中介变量，潜在的中介变量包括人均第一产业实际增加值（ln$primary$）、农业机械总动力（$agrimachine$）、人均第二产业实际增加值（ln$second$）、人均第三产业实际增加值（ln$tertiary$）、人均医疗机构床位数（$hosbedp$）和人均普通中学在校生数（$student$）。ρ_1 为集中连片特困区政策的直接效应，$\omega_1 \times \rho_2$ 为集中连片特困区政策通过中介变量 M 所发挥的间接效应。若回归结果中 ρ_1、ρ_2 均显著为正，$\rho_1 < \sigma_1$ 或 ρ_1 显著为正，ρ_2 显著为负，$\rho_1 > \sigma_1$，则说明 M 是部分中介变量；若 ρ_1 不显著，ρ_2 显著，则 M 为完全中介变量。

表6-5 集中连片特困区政策对潜在中介变量的影响

	(1)	(2)	(3)	(4)	(5)	(6)
	ln$primary$	$agrimachine$	ln$second$	ln$tertiary$	$hosbedp$	$student$
policy	0.046***	-0.567	0.098***	-0.017	1.460*	0.005***
	(2.812)	(-0.532)	(3.870)	(-1.280)	(1.891)	(4.938)
常数项	8.805***	52.768***	9.509***	8.849***	36.277***	0.071***
	(145.680)	(17.424)	(91.862)	(114.621)	(7.861)	(17.484)
N	8569	8569	8569	8569	8569	8569
WithinR^2	0.177	0.101	0.383	0.159	0.035	0.080

注：*和***分别表示在10%和1%的置信水平上显著；模型使用县级层面聚类的稳健标准误，括号内为t值；所有回归都控制了县级固定效应、年份固定效应及县级层面的控制变量。

表6-5展示了对式（6-9）的估计结果，政策对 ln$primary$、ln$second$、$hosbedp$、$student$ 具有显著正向作用。故将此四个变量加入式（6-10）进行估计，结果呈现于表6-6。表6-6中第（2）列、第（4）列、第（7）列和第（9）列对应的 ρ_1、ρ_2 均显著为正，且 $\rho_1 < \sigma_1$，说明 ln$primary$ 和 $hosbedp$ 为部分中介变量。第（3）列中对应的 ρ_1 不显著，ρ_2 显著为正，表明 ln$second$ 是人均GDP的完全中介变量。第（5）列和第（10）列的结果表明 $student$ 的中介效应不显著。

表6-6 政策影响经济增长和农民增收的中介效应检验

	(1)	(2)	(3)	(4)	(5)
	被解释变量：人均实际GDP（ln$pgdp$）				
policy	0.047***	0.029***	0.008	0.045***	0.047***
	(3.738)	(2.692)	(0.911)	(3.625)	(3.738)
ln$primary$		0.379***			
		(16.175)			
ln$second$			0.391***		
			(25.737)		
$hosbedp$				0.001***	
				(3.036)	
$student$					0.363
					(0.934)
	(6)	(7)	(8)	(9)	(10)
	被解释变量：农民人均纯收入（ln$fninc$）				
policy	0.122***	0.116***	0.114***	0.121***	0.122***
	(9.732)	(9.648)	(9.357)	(9.575)	(9.732)
ln$primary$		0.131***			
		(7.331)			
ln$second$			0.085***		
			(7.534)		
$hosbedp$				0.001**	
				(2.574)	
$student$					0.292
					(1.408)
N	8569	8569	8569	8569	8569

注：**和***分别表示在5%和1%的置信水平上显著；模型使用县级层面聚类的稳健标准误，括号内为t值；所有回归都加入了县级固定效应、年份固定效应及控制变量。

最后，本章通过构造Sobel统计量，对政策通过中介变量M所发挥的间接效应的系数$\omega_1 \times \rho_2$的显著性进行检验。Sobel统计量为$Z = \widehat{\omega_1 \rho_2} / s_{\omega_1 \rho_2}$，其中$s_{\omega_1 \rho_2} = \sqrt{\widehat{\omega_1}^2 s_{\rho_2}^2 + \widehat{\rho_2}^2 s_{\omega_1}^2}$，$s_{\omega_1}$和$s_{\rho_2}$分别为$\widehat{\omega_1}$和$\widehat{\rho_2}$的标准误。分别计算上述中介变量的Sobel统计量值Z，ln$primary$、ln$second$和$hosbedp$的Z

统计量均通过1%水平的显著性检验。以上分析表明，第一产业、第二产业以及医疗资源数量增长是集中连片特困区政策影响经济增长与农民增收的中介变量。值得注意的是，第二产业增加值在促进经济增长中发挥了相对更大的中介效应，第一产业增加值在促进农民增收中发挥了相对更大的中介效应。

6.5 分配效应的实证分析

上文已经验证了集中连片特困区政策的增长效应及其作用机制。那么，其增长效应对不同地区具有何种异质性影响，即其增长效应是如何在地区间分配的，特别是相对更落后的县是否从政策中获益更多，也即集中连片特困区政策是否促进了贫困地区内部县与县之间的包容性增长？这一问题对于全面评估和认识区域性扶贫政策具有重要意义，然而却鲜有政策评估文献考察。

为此，本章借鉴张勋等（2016）提出的分析包容性增长的实证框架，即式（6-2），检验集中连片特困区政策的分配效应。根据式（6-2）的特征，估计方法采用系统GMM法。GMM类型变量（$GMM-style$）为人均GDP或农民人均纯收入的滞后项及其与政策变量的交互项。人均GDP或农民人均纯收入滞后阶数的选择，依据模型是否满足自相关和过度识别假设。我们最关心的是 β_3 的符号，若 β_3 显著为负，则表明相对更落后的县从政策中获益更多，意味着政策的增长效应具有包容性。

表6-7 集中连片特困区政策的分配效应回归结果

	(1)	(2)
	ln$pgdp$	ln$fninc$
L.ln$pgdp$	0.759***	
	(13.954)	
L.ln$pgdp$ × $policy$	-0.089**	
	(-2.447)	
L.ln$fninc$		0.870***
		(11.693)
L.ln$fninc$ × $policy$		-0.072**
		(-2.476)

续表

	(1)	(2)
	ln*pgdp*	ln*fninc*
policy	0.883**	0.683***
	(2.579)	(2.657)
popdensity	−0.866***	−1.039
	(−4.048)	(−1.001)
student	0.304**	−1.154
	(1.994)	(−0.886)
structure	0.001	−0.007
	(0.887)	(−0.928)
invest	0.002	−0.110
	(0.027)	(−1.459)
save	−0.187***	−0.080
	(−5.199)	(−0.868)
expend	−0.022	0.195*
	(−0.321)	(1.727)
fisauto	0.726***	0.640**
	(5.067)	(2.113)
常数项	2.414***	2.584
	(4.584)	(1.639)
年份固定效应	YES	YES
AR（2）-P	0.936	0.417
Hansen-p	0.114	0.662
N	8569	8569

注：*、**和***分别表示在10%、5%和1%的置信水平上显著；模型使用县级层面聚类的稳健标准误，括号内为t值。

表6-7报告了对式（6-2）的回归结果。首先，政策对人均GDP和农民人均纯收入的系统GMM估计结果均通过了相应的自相关和过度识别检验，表明模型无明显设定偏误。其次，集中连片特困区政策与两个被解释变量滞后项的交互项（L. ln$pgdp$ × $policy$ 与 L. ln$fninc$ × $policy$）系数均显著为负，即 $\beta_3 < 0$，意味着经济发展水平和农民收入水平相对更低的县从集中连片特困区政策中获益更多，该政策具有改善特困区内部县与县之间

分配的效果，有助于缩小发展差距，对包容性增长具有积极作用。

6.6 研究结论

自1982年"三西"扶贫以来，区域性扶贫政策便是中国扶贫政策体系的重要组成部分。区域性扶贫政策是多种政策的集合，包含对群众生产生活条件、基础设施建设以及基本公共服务提供等多方面的扶持。促进地区经济增长、农民增收和缩小发展差距始终是其最主要的政策目标。从更全面的角度评估中国区域性扶贫政策，不仅对于理解中国扶贫政策绩效，而且对于丰富有关区域性政策效果的一般性认识具有重要意义。

集中连片特困区政策首次将162个县纳入国家区域性扶贫的瞄准对象，拓展了国家级贫困县政策延续几十年的范围，为我们识别区域性扶贫政策效果提供了宝贵机会。本章基于设立集中连片特困区的政策冲击，在评估其增长效应的同时，还考察其分配效应，后者则为区域性扶贫政策评估提供了一个新的视角。研究发现，在增长效应方面，集中连片特困区政策显著促进了人均GDP和农民人均纯收入提升，对后者的促进作用远大于前者，但增长效应在实施第三或第四年时出现了衰减态势；机制分析显示政策主要通过促进第一、第二产业发展发挥增长效应。在分配效应方面，经济增长和农民人均纯收入水平相对更低的县从政策中获益更多，显示出该政策的包容性增长性质，有助于缩小贫困地区内部发展差距。

本章的研究一方面回应了现有文献关于区域性扶贫政策效果的分歧，为政策在增长和分配方面的正向作用提供了新的经验证据。集中连片特困区政策之所以展现出一致性的正向作用，可能与新时代在前所未有地加大扶贫投入的同时，加强了对扶贫资金的监管和地方问责息息相关，后者在很大程度上减轻了资金的不合规使用和精英俘获等削弱政策效果的问题。另一方面对2020年后扶贫政策转型提供了一定启示。本章对政策增长效应的动态分析显示，政策作用在实施3~4年时便出现衰减，这意味着外部发展援助的效果大概率是短期的。这与政策重点长久以来向基础设施等生产性投资项目倾斜有一定关系。本章回归结果中，政府一般公共预算支出占GDP比重对经济增长的作用为负，更表明政府投资的低效或过度。根本来看，短期投资项目难以改变贫困地区在地理空间、资源禀赋和发展基础等长期不变因素上的劣势。而对人力资本的投资才是真正能改变贫困地区的长期因素。因此,"后脱贫时代"政策应加大对教育、医疗等影响人力资本形成的公共服务资源的投入,同时应更加注重增强政策的包容性增长作用。

巩固拓展脱贫攻坚成果
同乡村振兴有效衔接：
理论探索、政策分析与案例研究

第3篇
案例研究

7 脱贫地区推进乡村产业振兴的案例

7.1 陕西澄城"小樱桃"成就"大产业"

7.1.1 案例概况

陕西澄城"小樱桃"成就"大产业",是澄城立足资源优势、顺应市场导向、尊重群众选择形成的发展模式,通过品种化调优、技术化推广、设施化改造和品牌化打造,实现了本土樱桃产业的高质量发展,小樱桃成为群众致富增收、助力乡村振兴的大产业。澄城通过能人带动、因村制宜助推樱桃产业高质量发展,全县已发展优质大樱桃10万亩,2022年产值21.5亿元,实现樱桃产销两旺,培养了一批高级职业农民,切实提高了当地居民的收入水平,有力地促进了澄城实现巩固拓展脱贫攻坚成果同乡村振兴有效衔接。

7.1.2 形成背景

陕西省渭南市澄城县地处陕西省渭北高原东北部,陕西关中盆地东部,位于北纬35°的黄金地带,属暖温带半湿润季风气候,下有黄土土壤深厚、上有季风温差适中,年均气温12℃,降水量680毫米,无霜期长达204天,完全满足樱桃喜光、喜肥、喜温的特点。得天独厚的自然条件为澄城发展樱桃产业赋予了天然而坚实的基础①。起初,澄城曾是国家级贫困县,作为农业县,澄城县以苹果种植为主,但陕西苹果品牌众多,竞争激烈,产业经济效益不明显。因此,澄城县政府和果农四处寻找新产业,积极调整产业结构,通过打造陕西澄城樱桃新产区,实现"小樱桃"成就

---

① 澄城樱桃,不比车厘子香多了[EB/OL]. 搜狐网,2022-07-18,https://www.sohu.com/a/534757016_104675.

"大产业",带动当地果农脱贫致富。

产业发展是巩固拓展脱贫攻坚成果同乡村振兴有效衔接的关键,县域是实现有效衔接的主战场。樱桃产业效益好、有前景,是澄城实现脱贫攻坚和乡村振兴的"抓手产业"。陕西澄城发展樱桃产业有三方面优势:一是立足资源优势;二是顺应市场导向,通过能人带动,尊重群众选择;三是县级引导、扶持,打造县域品牌。

从资源禀赋来说,澄城地处渭北旱塬,北纬35°,境内南北狭长,地势北高南低,呈阶梯状分布,全县海拔高度362~1272米[①],耕作区域从海拔550米到900米。1121平方公里的县域按照自然资源禀赋被分成三块:县南、县中和县北。其中,县南海拔550~650米,水资源便利,温差相对小,农业发展特色水果,如桃、杏、李、核桃、冬枣等;县中海拔650~700米,水资源相对短缺,无大型水利设施,全年降雨量在540毫米左右,主要集中在秋季,种植作物主要是中药材和樱桃;县北属于沿山地带,海拔700~900米,灌溉条件不足,昼夜温差大,属于苹果优生区,种植作物以苹果为主。澄城人民精谋细划,依据自身优势,打造形成了"北部优质苹果、中部樱桃药材、南部多样水果、粮畜覆盖全县"的特色产业格局。

20世纪90年代,在苹果行情下滑、发展落入低谷、产业急需转换的特殊时期,庄头镇郭家庄村组织党员干部代表外出考察,发现樱桃产业具有广阔市场前景和较高经济价值,经咨询专家,多方论证,认为澄城光照充足、土层深厚、昼夜温差大,适宜樱桃栽植,效益可观,可带动群众增收致富。时任村支部书记的李忠贤,瞄准了樱桃产业"新大陆",栽植了10亩大樱桃,成为澄城樱桃"吃螃蟹"的第一人,同时带动村党员种植大樱桃20多亩,开启了澄城樱桃的甜蜜事业。李忠贤请教专家,钻研技术,大胆实践,2005年樱桃种植获得成功,樱桃售价20元/公斤,亩收入近2万元。超高的经济效益激发了郭家庄及周边群众发展樱桃的积极性,通过支部引领、干部带头、能人示范,郭家庄村樱桃面积从最初的30多亩,发展到现在的4000多亩,仅樱桃一项产值近亿元。澄城县立足资源优势和

---

① 袁艳花. 澄城概况[EB/OL]. 澄城县人民政府网,2022-04-19,http://www.chengcheng.gov.cn/ccdt/shms/shms1/60562.htm.

产业优势，通过科学规划、合理引导、精准服务，高起点、高标准、高水平地规划建设了一批现代农业园区。全县建设各类现代农业示范园区21个，其中省级6个、市级7个、县级8个，园区总规模达6.5万亩；市级以上农业产业化龙头企业20家；登记注册各类农民专业合作社903家，其中国家级示范社5家，省级示范社11家，市级示范社26家；省级家庭农场34家，市级家庭农场57家；职业农民2308人，其中高级108名、中级190名、初级2010名。

随着全县樱桃面积的不断扩大，县委、县政府提出打造"中国樱桃第一县"规划蓝图，出台樱桃产业发展多项扶持政策，全县樱桃面积迅速发展到10万亩。建成了国家级樱桃试验站，与张开春、蔡玉良等知名樱桃专家建立起长期合作关系。建设了渭北最大的樱桃交易市场，形成了"综合交易、果品仓储、预冷分级、冷链物流"的全环节服务。搭建澄城樱桃文化艺术节等宣传载体，吸引全国各地500多家客商前来采购樱桃，"澄城樱桃"成为一张"新名片"。近年来，澄城县委县政府聚力樱桃首位产业，围绕"中国樱桃第一县"发展目标，打好组合拳，创出新亮点，优品种、提品质、强品牌，狠抓标准化生产，澄城"小樱桃"成就"大产业"在此背景下展开。

7.1.3 主要做法

第一，品种化调优。产业是赛道，品种是起点，只有选择好品种，才能在产业结构调整中赢得先机。樱桃种植结构持续优化，品种优势集中凸显。通过近几年的发展，县南樱桃面积达到3.5万亩，县北樱桃面积达到6.5万亩。樱桃品种不断更新，齐早、福晨、蜜露等早熟新优品种占樱桃种植总面积的20%，俄八、美早、萨王等中熟新优品种占75%，科迪亚、拉宾斯、宾库等晚熟品种占到5%。早中晚熟比例为2∶7.5∶0.5，基本能满足不同时期市场需求。全县设施大棚樱桃面积发展到3500亩，占樱桃总种植面积的3.5%，樱桃"矮密早"技术引进并试种成功，实现了从2月至6月的150天连续供应，澄城县樱桃种植结构不断优化，产业布局趋于合理。

第二，技术化推广。澄城县政府与北京市农林科学院林业果树研究所合作建立了澄城国家级樱桃试验站，抢占樱桃技术新高地。全县共建成樱桃组培繁育苗木中心3个，年产优质脱毒苗木100万株，为品种持续优化奠定了坚实基础。同时，当地还制定了樱桃整形修剪技术规程等4项市级标准，示范推广樱桃优质丰产栽培等20余项标准化生产技术，农民种植技术标准化水平全面提升，樱桃商品率、优果率显著提高。澄城县通过开展樱桃标准化试点试验，制定渭北地区樱桃全产业链生产标准，助力澄城樱桃始终处于行业领跑地位。

第三，设施化改造。一是实施以设施化改造为重点的产业提升工程。澄城县通过奖补政策鼓励群众新建设施大棚，加大防雹网、防鸟网建设力度，实现有效抵御自然灾害和提高反季节大樱桃高端市场占有率的产业"双赢"目标。全县共发展设施大棚樱桃3500亩，建设防雹网、防鸟网2万亩，力争达到防灾设施"全覆盖"，全面增强对霜冻、冰雹、连阴雨等灾害的预防能力。与此同时，当地还依托华星樱桃产业园等企业，配齐水肥一体、园艺地布等基础设施，实现省力化管理、标准化生产，辐射带动规模樱桃产业园全面配套水、电、路、网等设施，推进果园生产管理机械化、自动化、智能化。二是实施以示范园创建为重点的基地建设工程。澄城县以老园改造、品种换优为抓手，加快更新市场口碑好、消费者青睐的新优品种步伐，创建一系列樱桃种植示范园，助推产业升级。示范推广KGB、高纺锤形等新树形，加快澄城樱桃省力化、机械化的高质高效发展步伐。依托澄城百万头生猪产业，推广"果—畜—沼—窖—草"生态循环模式，增加果园有机质，提高果品品质。探索标准化樱桃果园套种大豆模式，在培肥地力、促进果树生长的同时，实现"果园不减产，增收一料豆"。三是实施能力提升工程。为提升鲜果贮藏水平，当地引进"地头预冷、冷库分级、冷链运输"的樱桃预冷分级设备，实现10分钟内樱桃果心温度从28℃降到6℃以下，樱桃采后腐烂率降低20%以上，货架期延长一个月以上。此外，建成陕西首家集水冷分选、冷藏冷链、交易物流于一体的樱桃交易市场，为建立现代化冷链物流体系、智能分选线和大数据平台，完善市场功能配套，打造全国知名樱桃集散地打下坚实的基础。为拓展当地樱桃产业链，澄城县加强与西北农林科技大学和西北大学合作，现已申请樱桃产品加工专利2个，成功开发果脯、果汁、果酒、果酱、酵素以及樱桃核保健枕等樱桃系列产品。

第四，品牌化打造。澄城"小樱桃"成就"大产业"，助推澄城县脱贫攻坚同乡村振兴的有效衔接。脱贫攻坚时期，澄城县委、县政府举全县之力,决心探寻县域经济高质量发展的新路径,认为"牵牛"首先要牵住牛鼻子,大胆地提出了打造中国樱桃第一县的宏伟目标,通过举办樱桃年会等系列活动,打出澄城樱桃营销推广系列组合拳。澄城县成功举办2022中国樱桃年会、第三届中国(澄城)樱桃云营销季暨陕西水果网络特色季樱桃季活动、2022年澄城樱桃新闻发布会、产销对接洽谈会,县委县政府主要领导、分管领导现场代言推介。在企业品牌培育方面,自2021年起,澄城每年在全县范围内遴选20家企业建设高质高效示范园,选择规模较大、基础较好的3~5家企业,支持打响品牌。澄城县先后获得"中国优质樱桃生产基地""中国樱桃产业科技示范县""国家级特色农产品优势区""全国樱桃金樱奖"等荣誉称号,国字号荣誉不断增多。2021年澄城樱桃区域公用品牌价值4.76亿元,以品牌影响力吸引全国樱桃客商来澄采购。"澄城樱桃"已获得国家知识产权局地理标志证明商标,入选2021年度省级农业品牌,"樱格格""润府庄园""樱桃媚"等9个品牌获得国家绿色食品认证,20多家企业获批樱桃注册商标,为樱桃品牌溢价赋能。当前,澄城樱桃不仅进入了盒马生鲜、永辉超市、华润万家等高端商超,还走出国门,出口阿联酋迪拜地区,澄城县樱桃产业步入品牌销售新阶段。

7.1.4 评价与借鉴

依托资源优势,澄城县通过能人带动、县级引导,对樱桃产业进行品种化调优、技术化推广、设施化改造和品牌化打造,实现了樱桃果业的高质量发展,提高了当地居民的收入水平,成为澄城县实现巩固拓展脱贫攻坚成果同乡村振兴有效衔接的有力抓手。但是,澄城樱桃产业的发展依旧存在提升空间,主要体现在管理技术、设施化程度、加工处理能力、产业化程度和交易市场规范性五个方面。第一,管理技术有待提升。管理技术水平决定樱桃品质,只有不断提高管理技术,才能适应优质优价的市场导向。目前,全县樱桃管理技术水平不一,同一标准商品果售价差别较大,如露地、美早,2022年最高售价40~45元/斤,较普通售价20元/斤,高20元左右。第二,设施化程度不高。应对霜冻、冰雹、连阴雨等灾害性天气能力还不强,反季节优质樱桃设施化程度还需进一步提高。第三,加工处理能力不足。澄城樱桃目前已逐步占领长三角、珠三角等消费市场,中高端消费需求对采后预冷、分级包装、储藏保鲜、冷链运输等环节提出了更高的要求,也对澄城县樱桃后期加工能力提出了更高的要求。第四,产业化程度较低。生产、加工、销售各成体系,互不衔接,难以形成规模经营,发挥规模效益。第五,交易市场还需规范。郭家庄樱桃市场虽然初具规模,在渭北地区有一定影响力,但在市场准入、规范运营、具备全国性影响力上还需持续用力。

陕西澄城樱桃产业的高质量发展对具有同类资源禀赋的县域乡村振兴具有一定借鉴价值:一方面,可以学习借鉴澄城樱桃产业高质量发展的经验,发展樱桃产业要根据当地的实践条件,因县制宜;另一方面,进一步破解产业发展的问题和短板,提升县域果业发展水平。第一,实施以品种调优和示范园建设为重点的标准化优质基地建设工程,积极发展新优早中熟品种,加快推广市场口碑好、消费者青睐的特色品种,进一步提高产出率、优果率及亩效益。第二,实施以设施化改造为重点的特色果业提升工程。加快果业设施发展,提高设施占比,推动设施果业市场占有率进一步提升。加大果园防鸟网、防雹网、避雨棚建设力度,强化农业气象灾害监测预警预报,提升花期冻害、连阴雨等常发灾害应急处置能力,建立健全防灾减灾体系。第三,实施以加工处理为重点的配套设施建设工程。以果业主产镇为重点,优化提升果品贮藏能力,开展集中分拣、预冷、收购等服务,延长货架期,降低损耗,提升效益。以果品深加工为方向,培育壮大市场营销业,延伸产业链,推动三产融合,加快形成与一产规模相适应的全要素全链条服务业。第四,实施以市场建设为重点的全国知名果业集散地建设工程。坚持"线上线下"同步发力,集中建立现代化冷链物流体系、智能分选线和大数据平台,进一步完善现有市场功能配套,打造区域性果业交易中心,形成以"核心果业市场为龙头、布局合理"的市场格局。第五,实施以果业联盟为重点的品牌培育工程。完善标准体系,建立"政府主导注册、行业组织持有、统一授权使用"的区域公用品牌授权管理使用制度,组建果业联盟,实行"渠道共建、店面共享、体系共管",打造品牌营销网络,实现"产加销"有机衔接,形成品牌发展合力,规模效应逐步凸显。

7.2 陕西山阳"绿叶子"变成"红票子"

7.2.1 案例概况

山阳县隶属陕西省商洛市,坐落于秦岭东南侧,商洛市中南部。东邻丹凤县、商南县、西界镇安县、柞水县；北依流岭与商州区接壤；南抵郧岭与郧西县毗邻，总面积3535平方公里。其位于南水北调中线水源涵养区，是国家扶贫开发工作重点县、革命老区县。全县大部分地区属深山丘陵区，呈"八山一水一分田"的地貌特征，境内山高坡陡、灾害频发、基础薄弱。建档之初，全县曾有129个贫困村、3.07万户、10.69万贫困人口，属贫中之贫、困中之困。

山阳县地处全国茶区北缘，茶叶发展经历了近50年的历史，素有"中国茶乡"之美誉。其茶叶产区多在海拔600米以上的高山缓坡地带，昼夜温差大，水、热、光等自然条件良好，土壤多呈酸性，富含锌、硒等微量元素，非常适宜茶叶生长。

7.2.2 背景分析

为响应产业发展实现乡村振兴战略，前些年全县种植传统的"天竺翠峰"等茶叶品种，但其品质不高、产业基础薄弱且效益偏低。近年来，山阳县委、县政府在保护南水北调水源涵养区的基础上，坚持生态立县、产业强县理念，将山水优势变为脱贫优势、发展优势，因地制宜地发展茶叶产业。目前，全县茶园面积已达15.61万亩，其中可采摘面积9.26万亩，年产量达1250多吨，年产值可达3.88亿元。山阳县将茶叶作为脱贫攻坚和乡村振兴的主导产业来抓，围绕茶产业提质增效的目标，着力在品质提升、市场营销、主体培育、融合发展四个方面下功夫，推动茶叶产业由面积产量增长向质量效益提升转型，由企业主导生产向市场引导供给转型，由分散粗放经营向集约专业发展转型，由传统农业种植向关联产业融合转型。山阳县在精准定位绿色高质量发展后，把茶叶作为脱贫增收的"十大脱贫产业"之一，鼓励小企业壮大发展与组织合作，大力促进茶产业强基础、提质量、上水平。随着农业部出台《关于抓住机遇做强茶产业的意见》[①]、陕西省制定"十三五"茶产业发展规划后，山阳县紧跟潮流、抢抓机遇，及时制定出台了《山阳县关于实施农业特色产业"4+X"工程加快推进产业脱

[①] 农业部关于抓住机遇做强茶产业的意见[EB/OL]. 中华人民共和国农业农村部，2017-11-25, http://www.moa.gov.cn/nybgb/2016/shierqi/201711/t20171125_5919527.htm.

贫夯实乡村振兴基础的意见》①，为加快茶叶产业的发展步伐做出巨大努力。

7.2.3 做法与成效

回顾几十年的发展历程，山阳县群众曾经抱着"金饭碗"却仍然没饭吃的根本原因在于县域内对产业的重视程度低，如今对待作为农民群众增收与顺利实现脱贫引擎的茶叶产业，县内现有、规划在建与低产改造的茶园面积巨大、种类众多。县委、县政府把发展的抓手与目标锁定在由绿水青山的生态产业变为让群众增收的金山银山，让群众在高山峻岭中实现脱贫致富。

（1）户家塬镇提高农户积极性，推行"公司+村集体+基地+农户"的改茶归农模式

户家塬镇位于金钱河畔，镇域面积248.9平方公里。近年来，其坚持把发展中药材、茶叶、肉牛、猕猴桃、生态旅游五大产业作为主要抓手，发挥资源优势、培育经营主体、发展特色产业、健全联农带农机制，先后引进培育了数个龙头企业，结合乡村振兴示范镇村建设，全力打造金钱河流域产业示范带。

在产业选择上，户家塬镇聘请专家反复实地走访调研，结合自身资源优势与条件，在慎重考虑之下决定发展单亩效益高、抗风险能力强的茶叶产业。在茶叶种植推广之初，令群众担忧疑虑的问题层出不穷。比如：南茶北栽会不会引起茶叶本身的水土不服；茶叶种植区域采取何种方式划分；种植效益是否可以达到预期目标等。镇领导在全面收集村民问题的基础上，向相关专家积极请教、沟通交流后带着答案走村串户敲门宣传政策，和村民促膝相谈介绍企业与村镇的合作模式，现身说法为群众打消思想顾虑，使持观望态度的村民慢慢转变了思想观念。

在品种规划上，户家塬镇坚持因地制宜，发挥各村资源优势，在山地韦家垭、黄龙等村种植黄金冠，在平地户家塬社区、西沟等村种植金牡丹、安吉白、龙井。同时规划建设茶园观光带，高端茶种植、加工、茶文

---

① 郑黎波,李鹏. 点茶成金 荒山建起"绿色银行"——山阳县发展茶叶产业带贫增收调查[EB/OL]. 陕西法治网,2020-01-23,https：//www.baidu.com/link？url=k2c6QoagVrFOMvbOMQrGDrRqF9Hk0YvSP8XV2UGI9XYCWwtvIJjTqC-GwdRov4GWPXIUUlmDpw1qBiTBR-s2Cg7IAqiurwNDMW9i-Z7-2N7&wd=&eqid=f337ddf30005f01c0000000663b5a7ac.

化展示区，修建栈道、观景平台、观光茶楼，让更多的群众走上农旅融合致富之路。

在经营模式上，山阳县按照"公平、有偿、自愿"的原则，经村委会搭建农户与企业协商平台，农户通过土地经营权入股企业，实现农户资源变股权、农民变股民，实现控股经营，极大地提高了广大农户参与的积极性。针对联农带农机制不强的问题，户家塬镇采取"公司＋村集体＋基地＋农户"即"政府引导、农户和村集体参与、企业运营"的改茶归农模式，通过政府引导的产业项目资金支持，农户将土地入股到企业获得分红；村集体将股份经济合作社资金入股到企业，按比例获得分红；针对前三年无经济效益的问题，由企业兜底经营，农户通过就近参与茶苗栽植、除草、覆膜、浇水等方式务工增收。三年后，茶园进入丰产期，企业将基地管理权交还给农户，由农户采摘鲜叶，而企业建设茶叶加工厂并按市场价保底收购，并从鲜叶加工、包装、销售、品牌中获得收益。

经过山阳县政府在招商引资工作中的不懈努力，秦岭清雅茶园有限公司选择了户家塬镇这片土地，计划投入资金用于建设与提升改造域内茶园。2022年3月，金牡丹、黄金冠、安吉奶白三个福建武夷山无性系高端茶苗运抵山阳，一期5000亩茶园快马加鞭地完成高标准建园，二期项目也将在两年内完成。随着市场经济的持续繁荣，农村新兴产业和经营主体的不断壮大，让从事传统农业的村民开始审视现实、思考未来。过去大多数群众选择发展的传统林下经济收益不高，耕种投入与收获不成正比、入不敷出，使村民面对新机遇与挑战时的积极性不高。镇领导提出通过山地流转，企业能人大户经营，既能提高土地利用价值，又能不担任何风险获得收益，茶叶改良，风险转移，对于村民来说意味着旱涝保收，茶叶是一个补链、延链、强链的长效产业，企业能发展壮大，村民能得到丰厚的收益，经营主体引领、村民参与发展产业的作用得到无限放大。

与此同时，土地被企业流转后，村民不仅得到了真金白银，又得以在茶园务工顺利实现再就业并增加家庭收入，这样的企业落户与农户建立合作共赢的机制使农民工返乡回潮现象方兴未艾。土地劳力两不闲，双份收入有保障，户家塬镇通过"企业＋农户＋产业"的经营模式，将全镇13个村、4091户、10957人镶嵌在茶叶种植产业链上，2022年实现户均年增收8000元以上。

（2）法官镇侧重照顾贫困户，推行"合作社＋产业基地＋贫困户"的扶贫经营模式

集约发展茶叶产业，让单打独斗的群众与企业抱团取暖，形成"拳头效应"的山阳县法官镇黄家店村发展模式也值得一提。黄家店村村域面积9.7平方公里，有耕地2721亩、林地2.3万亩，辖10个村民小组718户2624人。全村以发展茶叶、养殖、粮食油料种植为主导产业。黄家店村目前已发展茶园1.4万亩，其中可采摘茶叶6500亩，人均种茶5亩以上，全村有经营主体15个，其中企业5家，合作社5个，家庭农场5个，现已建成茶叶清洁化生产线两条，形成绿茶和红茶两大系列产品，完成无公害茶叶产品认证10个，有机认证3个，注册茶叶商标10个，建成万亩有机茶园2个。"天竺翠峰""莲花翠茗""万福毛峰""福青山""延丰"等品牌先后荣获"陕西好茶榜""极具发展潜力品牌"等荣誉。金桥茶叶公司生产的茶叶已成功走出国门，远销哈萨克斯坦等国家，以茶为业、靠茶致富也已成为黄家店群众的共识。法官镇按照整流域产业示范带建设要求，围绕靳家河和两岔河流域，高标准规划促进面上产业有规模，精准帮扶促进户户有产业，结实链条促进经营主体与农户共同发展，基本实现了产业发展、主体壮大、群众增收的良好局面。目前，全镇茶叶面积发展到4.1万亩，促进1000多户茶农增收，户均增收2000元。

与此同时，已经走过30多个年头的苏陕协作项目在法官镇黄家店村发挥了作用，其体现在多方位支持该地茶园扩建、提升改造、科学管理。苏陕协作项目于2022年投资100万元，用于天竺云峰茶叶公司生产车间扩建、加工设备更新、茶园提升改造等；投资300万元为福青山茶叶基地新修4公里茶园产业路；投资150万元用于陕西纵盛源生态农业有限公司标准化茶叶加工厂建设和茶园观光路修建；投资150万元实施陕西瑞君生态农业开发有限公司茯茶产业加工车间建设及设备购置。并且，此项目在后续为茶产业提质增效持续发展、保证配备配套设施以及产业深加工一以贯之地注入资金支持，也为茶农增产增收提供保障。

据当地村民介绍，由于清明前茶鲜叶珍贵，从清明前开始采茶，清明后鲜叶价格一天一变，一般持续到5月中旬结束，若没有夏秋茶叶加工企业收购，春茶采完后，茶农收益也就画上了一年的句号。但由于苏陕协作资金扶持企业的发展，其开发了茯茶，一年可采摘三季，茶鲜叶产量成倍

数翻番，也使村民自身增收多了一倍。与户家塬镇不同的是，法官镇采取"合作社+产业基地+贫困户"即更为侧重照顾贫困户的扶贫经营模式，实施茶叶产业基地共建，贫困户优先入股，政府免费供种，企业免费培训，实行订单收购，农户不用任何投资，在零风险中流转土地得租金，茶园务工得酬金，入股分红得薪金，带动群众发展茶叶，间接受益200多户、800多人。贫困户通过土地流转、务工、入股分红、订单销售鲜叶等方式，户均收入1.2万元以上，群众从茶叶产业链中实现增收，村集体也在茶叶持续发展中受益。

（3）漫川关镇利用康养旅游资源，推行"支部+合作社+基地+农户"的农旅融合发展模式

将茶产业与旅游康养结合发展的漫川关镇发展模式也同样可圈可点。漫川关镇地处北纬33°，处于茶叶生长的黄金纬度带，其中的万福村山大沟深，地薄人稀，交通闭塞，曾经也是一个典型的穷村。在脱贫攻坚中，该村依据地域气候条件，在撂荒坡地和荒山大面积栽种茶树，目前共发展优质茶叶5000亩，新增2000亩。万福村以万福茶业有限公司、陕西福茗轩茶叶有限公司等村内8个企业（合作社）为纽带，采取"支部+合作社+基地+农户"模式，目前已累计带动农户431户，实现户均年增收6000元以上。据悉，在村集体经济发展过程中，村支部通过与县一级农业局沟通，为农户免费发放茶叶籽，联系企业（合作社）为农户提供种植技术培训，帮助农户进行科学种植，农户通过自主种植、自主采摘获得的茶叶，最终由村集体经济茶厂进行统一收购和销售。作为该地龙头公司的金桥茶叶有限公司探索出免费供种、免费培训、土地入股、资金入股、茶园托管五种模式和5年内打造5万亩有机茶园、提供农村剩余劳动力就业1万人、打造茶旅基地1个的"5511"带贫模式。漫川关镇坚持"以茶兴旅，以旅促茶"，以莲花社区黄花岭茶创小镇、汉华现代农业示范园、万福贺家岭高山茶叶示范园、纸房沟茶叶采摘体验园4大茶旅综合发展园区为抓手，聚力打造以茶叶种植、生产、观光、体验为核心，涵盖现代化农业、生态观光、休闲体验、健康养生、特色文化于一体的农旅茶园综合体，不断推进茶旅康养深度融合发展。

7.2.4 总结评价

以茶为业，是深度贫困地区脱贫攻坚发展绿色产业点睛之作。在山阳

县脱贫攻坚作战图中，打造全域以茶旅融合为特色抓手的旅游产业也逐渐成为极其重要的一环。该县抢抓西武高铁、山柞高速穿境机遇，借助融入西安半小时、武汉两小时经济圈交通优势，加快开发茶产品、打造茶景区、丰富茶体验、做优茶旅游，推动茶叶和文化、旅游等产业深度融合。更为重要的是，群众在茶叶产业链条各个环节获得收益。在政策扶持上，山阳县制定出台了《关于加快茶叶产业发展的实施意见》，每年安排1000万元专项资金，集中用于茶叶产业的基地建设、品牌宣传、科技创新、市场开拓、人才引进等工作。鼓励相关部门和茶企充分发挥各自优势，积极向上争取更多的资金和项目，为发展壮大茶叶产业提供"硬支撑"。县委、县政府还把茶叶产业发展工作纳入年度目标责任考核内容，实行目标责任制管理，要求各部门和茶企严格执行县委、县政府决策，明确工作任务、夯实工作责任，切实做到工作有人管、任务有落实。此外，县茶叶产业发展工作领导小组办公室还积极联合扶贫、督查等部门，定期开展监督检查，及时发现和定期解决茶叶产业发展工作中存在的困难和问题，对政策措施不到位、推动工作不力的要重点督办、加压推进，确保茶叶产业发展快速推进。在此基础上，山阳县还成立茶叶流通协会，组建优势互补、利益共存、风险共担的山茶产销联盟，通过推行"联盟+企业+核心基地+合作社+农户"的产业发展模式，聚合茶企联盟效应，实现群众增产增收。

通过近几年的发展，山阳县茶叶产业已逐步走向规模化、集约化，但是现阶段仍存在生产技术推广与企业实际生产未能有效衔接，标准化生产技术理论性强，部分环节缺乏可操作性或者与生产实际不适应，在基层推广难、落地实施难等问题。同时，茶叶企业也急需生产技术、企业管理、物流、网络信息等方面的专业人才，只有将先进的管理理念和生产技术引入企业落地生根，才能有利于标准化生产技术推广应用，满足茶叶企业高质量发展需求。在此基础上，政府部门也应进一步加强引导，出台茶叶发展支持政策，派驻技术人员、科技特派员，重视职业农民的培育。

更重要的是，实施品牌性建设对中国名茶的发展具有重要意义，科学合理的品牌战略规划能够显著提升茶叶产品的市场竞争力，获得更好的经济效益。好的品牌形象能够显著提升企业内部的凝聚力和向心力，能够在消费者群体中形成巨大的吸引力，加强消费者对茶产品的信赖与支持。随着人民物质文化生活水平的提升,人们的消费理念发生转变,为满足消费者需求,山阳县应加快推进茶叶品牌认证工作。目前全县虽注册茶叶商标数个,但市级以上龙头企业仅3家,立足自身利益的小茶厂、小作坊众多,品牌多且杂乱,生产加工标准不统一,严重影响了山阳县茶叶的声誉。市、县虽然进行过茶叶品牌整合,但由于在整合过程中过于重视区域公用品牌,削弱了企业品牌,加之宣传引导不到位,致使部分企业仍持抵触情绪。有的企业商标仍沿用过去传统茶厂的名字,以村、社区命名,在外地知晓率不高,不利于企业的长远发展。

7.3 陕西山阳"小木耳"发展为"大产业"

7.3.1 案例概况

山阳县地理条件差,曾经贫困面广,发展受限多,曾为国家扶贫开发重点县、深度贫困县,现在为国家乡村振兴重点帮扶县。高坝店镇位于山阳县东北部,地处鹘岭、鹃岭和流岭三山之间,曾属于深度贫困山区镇,全镇21个村(社区)中曾有7个贫困村,建档立卡贫困户2630户9374人,2020年高坝店镇顺利实现建档立卡贫困户9347人全部脱贫摘帽①。

山阳县高坝店镇从当地自然禀赋出发,因地制宜选好脱贫产业,通过发展绿色产业作为农民增收的主导产业,为山阳脱贫致富开创了新的道路。山阳食用菌产业的成功,不仅依靠当地优越的自然条件,更得益于当地政府因地制宜的规划设计、坚强有力的行政推动以及敢闯敢试的制度创新。在我国,有着优越的农业自然条件的县域经济体不在少数,但如何将自然优势转化为产业优势、实现快速发展,需要地方政府与地方企业通力合作,寻找有效的发展路径。

7.3.2 背景分析

巩固拓展脱贫攻坚成果、扎实推进乡村振兴、逐步实现共同富裕是2020年后我国乡村工作的中心任务。从乡村振兴的实践看,让乡村全面振兴,实现全民共富,重点和难点依然是刚刚完成脱贫摘帽但经济基础还很薄弱的地区。要促进这些地区的农民富裕,最根本的源泉应该是来自农业和农村内部。产业兴旺,则乡村经济兴旺。如果这些脱贫地区缺乏强有力

---

① 王荣金. 高坝店镇走出产业扶贫新路子[N]. 商洛日报,2019-05-20(002).

的产业支撑，或者产业发展凋敝，那么新时代的乡村振兴和共同富裕必将成为空中楼阁。"绿水青山就是金山银山"，习近平总书记这句朴实而又富含哲理的话，指引着越来越多拥有良好自然资源的村庄探索出一条经济与生态互融共生、实现脱贫致富的新路子。近年来，自然资源的多重功能与价值越来越被人们所注意，良好的生态环境一方面维持着自然生态系统的正常运转，另一方面吸引着对高品质农产品有需求的消费者们，良好自然资源的价值逐渐被人们所挖掘。

秦岭连接东西、和合南北，被誉为中华绿芯、世界物种基因库、中华地理自然标识。山阳县地处秦岭南麓，气候湿润，早在2500年前就有木耳采食史，为山阳县食用菌产业发展创造了"地利"环境。2020年4月20日，习近平总书记赴柞水县小岭镇金米村考察调研，了解当地木耳产业带动村民致富情况，夸奖他们把小木耳办成了大产业，给从事食用菌产业的农户带来了巨大鼓舞，为山阳食用菌产业发展创造了"天时"机遇。山阳县委、县政府审时度势，招商引进了陕西和丰阳光生物有限公司（以下称"和丰阳光"），在天时地利的情况下联合山阳当地从事食用菌的农户，促成发展食用菌产业的"人和"气脉。有了"天时、地利、人和"，山阳县发展食用菌产业可谓是正当其时。

和丰阳光园区的建成，使得高坝店镇拥有了年产6000万袋木耳菌袋自动化生产区、年产1200万袋海鲜菇工厂化生产区、年产1000吨食用菌产品深加工包装区"三大核心区"，配建科技研发、技术培训、试验示范、产品集散"四大融合基地"。和丰阳光所实行的企业合同供袋、订单收购、租赁经营、专家指导、统一管理、保险托底等经营模式，有效带动全县从事菌业发展经营主体67家，建成基地79个，标准化大棚3300个，发展食用菌8000万袋，实现综合产值15亿元。1万户脱贫户镶嵌在食用菌产业链上，户均增收1.2万元。目前，和丰阳光正投资建设第三期产业园，预计建成后可实现年收入7.8亿元，利润1.2亿元，提供就业岗位300多个，带动用工1000余人，人均增收3万元以上[①]。

---

① 小木耳大产业 陕西山阳举行和丰阳光食用菌产业园三期项目签约仪式 暨春耳丰收观摩活动[EB/OL].中国日报网,2022-05-25,https://shx.chinadaily.com.cn/a/202205/25/WS628d795fa3101c3ee7ad7008.html.

7.3.3 主要做法与成效

众多农户之所以能够依托山阳食用菌产业实现脱贫致富，除了利用当地得天独厚的自然条件外，也归功于和丰阳光所采取的一系列联农带农制度。和丰阳光主要通过以下途径实现农户脱贫、村民致富：

（1）利益联结机制实现多方共赢

农业要发展，产业要兴旺，没有产业的发展，乡村振兴就无法实现。建设绿色产业园是一条农民增收致富的必由之路。然而没有资金一切都是天方夜谭，政府要社会效益，企业要经济效益，农民要脱贫增收，为了实现这三者的有机结合，需要设计一套符合多方利益的机制来满足各方的需求。山阳和丰阳光通过构建多方利益共同体，使得各方都能得到相应的收益。不仅推进巩固脱贫攻坚与乡村振兴有效衔接，更让农业成为有奔头的产业，让农民成为有吸引力的职业，让农村成为安居乐业的美丽家园。

和丰阳光在经营期间通过摸索出一套"一引三带三包四收益"利益联结机制，为村民们带来了致富的希望，也为山阳实现巩固脱贫攻坚成果与乡村振兴有效衔接提供宝贵的经验。"一引三带三包四收益"利益联结机制中的"一引"是指公司党支部引领，"三带"是指龙头企业带、合作社带、能人大户带，"三包"是指企业包收购、包风险、包技术，"四收益"是指农户的土地流转收益、园区务工薪金收益、入股分红收益、自主经营收益。

"三带"主要在土地流转收益以及园区务工薪金收益方面为农户增收。在土地流转方面，和丰阳光食用菌产业园共流转土地220亩，涉及273户，每户年增收800元。辐射带动产业基地9个，共流转土地1267亩，涉及7镇9村1885户，每户增收530元。在园区务工收益方面，产业园吸收农户务工1076人，人均增收3万元以上，各产业基地共吸纳群众务工1130人，人均年增收1.2万元。"三包"有助于实现农户在自主经营收益以及入股分红方面的增收。在自主经营方面，通过"包技术"由专家传授香菇、木耳等作物的繁育技术，培养食用菌种植技术人员32人，全程指导食用菌发展，以实际行动实现人才振兴。培育能人大户186个，大力发展香菇、木耳等食用菌产业，真正实现乡村振兴。在入股分红收益方面，园区做到每年分红40余万元。通过县投公司，将农户自有的食用菌和金鸡等资产收益项目资金为村集体和脱贫户配股份，涉及6719户，每户年增收400元。各产业基地共吸纳农户入股资金263万元，年分红34.46万元，实现户均增收208元，吸收村集体入股资金365万元，年分红26.6万元。通过"三带三包"的利益联结机制，可使企业实现年收入7.8亿元，利润1.2亿元，提供就业岗位300多个，带动用工1000余人，并达到人均增收3万元以上。

通过这么一套利益联结机制，和丰阳光形成了"企业+园区+农户"的发展模式，以及"抓两头，带中间"的经营模式。使得企业可以将更多的资金用于前端的新品种新技术的开发，以及后端的统一收购农户手中的木耳等作物，并进行加工销售。由此，企业可以获得更多利润，农户也可以实现增收，为巩固拓展脱贫攻坚成果、推进乡村振兴奠定基础。

（2）科技赋能"双创"潮起潮涌

西部地区与东部地区产业发展的差异，某种程度上体现在科技力量的差距上。如何利用先进的科技赋能农产品，不断创新以保持企业新的利润增长点成为当前企业发展所必须解决的问题。

脱贫攻坚期间，山阳县大力实施创新驱动战略，主动融入"秦创原"创新驱动平台，积极探索"西安研发、山阳制造"。和丰阳光通过苏陕协作项目强化科技支撑，扶持企业做大做强，实行智能化管理，对园区基地菌菇大棚实施数字监测、远程指导，帮助和丰阳光制定行业标准[①]。在此期间，和丰阳光聘请中国科学院院士赵其国、苏州硒谷公司尹雪斌为首席专家，与西北农林科技大学、陕西省微生物研究所等合作，组建陕西珍馐食用菌研究所，开展食用菌品种和富硒木耳等关键技术研发，引进选育适合山阳栽培的黑木耳、元蘑、滑子菇等品种9个，开发食用菌系列产品23个。

（3）发展农村电商拓展销售渠道

农产品区域公用品牌建设是推动农业高质量发展、助力农业供给侧结构性改革、延长产业链、提升价值链、打造供应链的有效抓手，中央一号文件明确要求推进农产品区域公用品牌建设。作为巩固脱贫成果和实施乡村振兴战略的重要组成部分，和丰阳光通过打造农产品区域公用品牌不断提升产品形象，为企业增收、农民致富保驾护航。和丰阳光通过注册"丰

---

① 顾平. 苏陕协作，扩宽山阳产业"脱贫路"[N]. 南京日报，2020-07-07(002).

阳硒耳""好菇菇"等商标，着力打造"山阳木耳""山阳香菇""山阳天麻"等"源味山阳"农产品区域公用品牌，在不断提高产品质量的同时，也将山阳的美味菌菇送上全国人民的餐桌。

"电商在农副产品的推销方面大有可为"，这是习近平总书记2020年在商洛市柞水县小岭镇金米村考察时的讲话。习近平总书记的讲话既肯定了农村电商的成绩，又对农村电商的发展提出更高的要求。近年来，直播带货、电子商务等新业态逐渐向农村地区延伸，手机成为"新农具"，直播成为"新农活"，互联网打通了产销对接之路，促进农副产品顺畅地"走出去"，解决了许多土特产滞销的问题。新业态不仅为农村地区增收、脱贫、致富带来更多的机遇和动能，还促进了贫困地区农村人口的生活方式和生活态度发生积极转变。

近年来，山阳县通过直播带货形式抗疫助农，带动农特产品销售，助力脱贫攻坚和乡村振兴。通过大力培养本土网红人才，山阳县先后在京东、淘宝、快手、抖音等直播平台开通了"山阳电商""山阳特产馆""金县长爱山阳"等10余个官方账号，"丰阳熊哥""秦南七七"等100余个个人账户，构建直播联盟，打造网红山阳，通过短视频、直播等方式全渠道宣传推介山阳的优质农产品。累计发布产品和景区乡村视频8万多条，开展直播430余次，销售农产品1500余万元。

（4）山阳食用菌产业主要做法

一是因地制宜选择产业。习近平总书记指出，"发展产业是实现脱贫的根本之策。要因地制宜，把培育产业作为推动脱贫攻坚的根本出路"。发展扶贫产业不是建造空中楼阁，产业选择既要科学判断市场前景和发展潜力，又要结合当地实际和资源优势，更要考虑对贫困群众的带动作用。山阳县把发展产业作为推进脱贫攻坚和乡村振兴的基础性工程，立足县情实际和生态资源优势，坚持"因地制宜、长短结合、以短养长、多产联动"。山阳县和丰阳光的案例再一次证明，抓产业扶贫，必须抓住因地制宜这个核心。要发展符合当地生态环境、人文特色、历史文化、优势特长的产业，不能"人云亦云"地发展过多同质化、类似的产业，否则这样的产业不仅不能稳定长久地带动当地脱贫，反而会带来返贫的风险。只有立足区位优势，充分发挥资源禀赋优势，才能持续增加农民收入，增强产业扶贫的广泛性、带动性和持久性。

二是壮大新型经营主体。"火车跑得快，全靠车头带"，用关键少数带动大多数，能够凝聚形成政府、企业、社会组织、贫困群众发展产业的强大合力，达到"培育一人，拉动一片，带富一方"的裂变效应。正如山阳和丰阳光这样的龙头企业，通过发展农民专业合作社，培育能人大户，推广"公司＋合作社＋贫困户"模式，以龙头带基地，以基地连农户，抓住了产业扶贫的牛鼻子。企业负责技术和销售，合作社负责生产和加工，各司其职，分工协作，按下发展的"快进键"，跑出增收的"加速度"。实践证明，龙头企业、合作社、能人大户等新型经营主体，能有力推动贫困地区产业由小农户经营向规模化经营、由零散布局向连片布局、由简单种养向三产融合转变，是提升贫困群众参与市场竞争和抵御市场风险能力的重要牵引。

三是建立利益联结机制。产业扶贫的出发点和落脚点是贫困群众稳收增收，只有建立利益联结机制，切实把群众利益镶嵌在产业链条上，才能从根本上为贫困户增收提供制度保障。和丰阳光通过企业带、合作社带、能人大户带的"三带"；以及企业包收购、包风险、包技术的"三包"机制，实现农户的"四收益"。使得农户获得土地流转收益、园区务工薪金收益、入股分红收益、自主经营收益。合作带动、订单生产、股份合作、基地务工等模式，建立健全项目实施主体与贫困户的利益联结机制，使农民成为土地流转有租金、企业上班有薪金、入股分红有股金的"多金农民"，让改革红利更多惠及贫困群众，激发了脱贫攻坚的内生动力。通过利益联结机制，把千家万户的小生产和千变万化的大市场联结到一起，形成规模效应，促进产业聚集发展。实践证明，只有建立完善的利益联结机制，从根本上保障贫困群众利益，让贫困群众深度参与产业发展、切实分享产业红利，才能充分调动他们发展生产的积极性，最终实现产业发展、农民增收的双赢局面。

7.3.4 总结评价

山阳从深度贫困的县情出发，结合当地特有的资源禀赋，因地制宜选取食用菌产业作为其带动村民脱贫致富的支柱产业，实现了"小木耳"带动"大产业"。山阳和丰阳光通过因地制宜选择适合本地的产业、支持并壮大新型经济主体、建立能使各方受益的利益联结机制，使得山阳食用菌产业成为带领山阳群众脱贫致富，走向富裕生活的支柱产业。山阳县积极探索产业脱贫新路径,取得了显著成效,其实践做法为全国类似地区产业强县、产业富民、产业脱贫提供了经验借鉴,为巩固拓展脱贫攻坚成果、推进乡村振兴奠定了坚实的基础。

推进乡村振兴,关键在于产业发展。山阳县因地制宜选取食用菌产业作为当地巩固拓展脱贫攻坚同乡村振兴的支柱产业,真正走出来一条能够带领大家脱贫致富的新路。山阳和丰阳光的成功表明,农民要富裕、农村要发展,关键得靠产业振兴。只有根据当地的独特优势,建立真正适宜当地的产业以及相应的联农带农制度,才能真正实现乡村振兴、农民增收。

7.4 陕西山阳肉牛产业联合体促进农民增收

7.4.1 案例概况

习近平总书记在陕西考察时指出:"发展扶贫产业,重在群众受益,难在持续稳定。要延伸产业链条,提高抗风险能力,建立更加稳定的利益联结机制,确保贫困群众持续稳定增收。"[1] 商洛市山阳县自2018年以来,在县政府和龙头企业的合作下开始组建肉牛产业联合体,以"种养加一体、产销供融合"的发展思路培育完整产业链,践行"三产融合";创新"支部+公司(合作社)+基地+农户(贫困户)"的产业扶贫模式,党建引领"养殖+共享",增加农户可持续性收入,同步实现了农村特色产业的发展与农民可持续收入的提高[2]。

7.4.2 背景分析

山阳县地处秦岭南麓,位于暖温带和亚热带过渡地带,域内土地资源稀缺、"八山一水一分田",气候温和,通过了无公害农产品产地整体环境评估,其优良的生态环境为发展优质绿色畜产品提供了得天独厚的生态条件。同时,山阳县曾是国家扶贫开发重点县,贫困发生率曾高达22.27%,于2020年实现整县摘帽。2014年,在外地成功创业的山阳县人左自意先生返乡创业,成立了意发农牧公司。左自意先生是山阳县户家塬镇西沟村

---

[1] 顾仲阳,常钦,李心萍,等. 确保贫困群众持续稳定增收——习近平总书记陕西考察重要讲话引发热烈反响[N]. 人民日报,2020-04-25(001).

[2] 本案例的写作素材主要来自作者对当地企业负责人与地方官员的采访,同时参考了以下资料:程伟. 把上千户群众嵌入绿色产业链 陕西意发生态养殖产业园见闻[N]. 陕西日报,2020-08-10(006);党率航. 畜禽养殖赋能乡村振兴"新发展"[N]. 商洛日报,2021-12-17(001).

人，多年前担任过6年村干部，后来成立了工程队，带领百余名乡亲外出打工，成为农民企业家，积累了一定资本。2014年返乡探亲时，左自意先生发现家乡农业特色资源丰富，尤其是西沟、牛耳川街道两个村两条沟山清水秀的自然环境和得天独厚的养殖条件非常适宜建设肉牛养殖产业，而当地村民在当时还普遍存在着收入水平较低的问题，守着"绿水青山"而不知道如何将之转化为"金山银山"，全镇还未能探索出充分发挥本地生态资源优势打造现代绿色产业的路径。经考察论证，左自意先生决定返乡创业，于2014年成立陕西意发生态农牧发展有限公司。公司按照"种养加一体、产销融合"的发展思路，逐步建立起养殖核心产业园、粮改饲优质饲草加工区、良种繁育育肥区、屠宰加工区和养殖废弃物综合利用区的"一园四区"发展模式。

2018年，为推进乡村振兴，山阳县委县政府深入贯彻落实习近平总书记来陕考察重要指示精神和"扎实推进特色现代农业建设"的重要指示精神，把山阳县肉牛产业作为巩固脱贫成果、助推乡村振兴的现代绿色产业来抓。县政府在意发公司既有的园区和产业基础上，进一步建议其采取"支部+公司（合作社）+基地+农户（贫困户）"的产业扶贫模式和"龙头带动、基地示范、农户参与、品牌营销"的总体思路，通过"订单收购、肉牛托养、吸纳务工、集体经济分红、土地入股、示范带动"六大模式实现农户多渠道增收，打造"岭南牛肉"品牌，推动了肉牛产业"接二连三"发展。依托绿色循环养殖，辐射带动周边群众脱贫致富奔小康。

截至2022年年底，以意发农牧公司为核心的山阳县肉牛产业联合体已经形成了联合肉牛养殖企业（1家）、农民专业合作社（27家）、家庭农场（11家）和专业大户（130家）等多种经营主体，以陕西意发生态农牧有限公司为龙头，以分工协作为基础，以规模经营为依托，以利益联结为纽带的山阳县肉牛产业联合体。龙头企业已成长为陕南最大的集饲草种植、肉牛育肥、肉制品深加工、有机肥生产于一体，三产深度融合的全产业链农牧企业。同时，先后建成万头黄牛养殖场、万吨生物有机肥厂、肉牛屠宰厂和牛肉深加工厂，现年出栏肉牛5000多头，已带动全县630户农户参与肉牛托养，3000余户农户镶嵌在肉牛全产业链上，产值达到7.8亿元，上缴税收1.23亿元，户均年增收1.2万元；且已有200多户群众参与建成青储饲料基地900余亩,户均年增收5000元以上[①]。

7.4.3 主要做法

(1) 以"种养加一体、产销供融合"的发展思路培育完整产业链,践行"三产融合"

在过往的农村产业培育实践中,公认的突出的问题就是贫困地区容易出现产业种类单一、产业没有配套、产业附加值低等问题,因此以农业为基本依托、推进农村一二三产业融合发展,成为贫困地区产业培育的一个重要思路。通过在产地构建完整的产业链,吸引现代要素改造传统农业、实现农业现代化,将有利于农民分享三次产业带来的红利,促进产业链增值收益更多留在产地、留给农民。

山阳县组建肉牛产业联合体正体现了这种思路。基于当地独特的生态资源基础,山阳意发农牧公司依照"种养加一体、产销供融合"的思路,同西北农林科技大学动物科学学院深度合作,积极争取西北农林科技大学和山西畜牧总站的支持,从而引进先进生产技术,"一产为本,接二连三",延伸下游产业。

首先,以生态化思路进行肉牛养殖。以西门塔尔牛与黄牛两种肉牛养殖为中心,围绕肉牛养殖圈舍,建设饲料加工车间、青储饲料池和饲草库,并使用当地山泉水、玉米、小麦和杂粮喂养牛肉,既充分利用当地生态资源,又减少了投资成本,把优质生态资源转化为直接的经济价值。现已建成肉牛养殖圈舍63栋、13300平方米;饲料加工车间600平方米;青储饲料池8500立方米;饲草库2000立方米;共计流转土地5000亩,种植饲草同时引导当地农户种植优质饲草8000万亩,年产优质青储饲料2.3万吨。

其次,按照"粪污—沼气—有机肥—绿色种植"一体化的循环发展模式,延伸产业链。具体来讲,通过建设沼气站给企业和居民供电,建设粪污水管网和粪污处理池,利用沼渣、食用菌废弃菌袋和附近药厂药渣加工有机肥。现已建成1500立方米沼气站一座,年发电量160万度,20%企业自用,80%供给移民小区居民,让500余户农户用上清洁能源,为企业增加了收入。建成粪污水管网1000米,粪污处理池1000立方米,年生产有

[①] 数据由企业负责人提供。

机肥10万吨，有机肥销售收入逐年递增，外供铜川、延安、安康等地。

最后，发展肉牛下游产品，提升产业附加值。与西北农林科技大学开展校企合作，发挥秦岭黄牛肉特有的风味和全程"无添加"的独特优势，开发了五香牛肉、酱香牛肉、五香牛肉干、麻辣牛肉干、风干牛肉干等12类牛肉制品，通过了国家有机食品认证，创立秦岭腹地"岭南牛肉"品牌。园区建成牛肉屠宰车间300平方米，肉制品加工车间300平方米，冷链物流仓储库200平方米。在"促"和"销"上实现了线上"32平台"和线下门店销售的两条腿走路销售模式，年销售收入2000万元。园区先后被评为国家级牛肉示范场、省级就业扶贫基地、省级农业产业化龙头企业。

（2）创新"支部+公司（合作社）+基地+农户（贫困户）"的产业扶贫模式，党建引领"养殖+共享"，增加农户可持续性收入

2018年以来，山阳县肉牛产业联合体采取"村体联建"模式助力产业扶贫，以党建促扶贫、促振兴，探索出"订单收购、肉牛托养、吸纳务工、集体经济分红、土地入股、示范带动"六大模式实现农户多渠道增收，带动3000余户农户镶嵌在肉牛全产业链上；同时结合利用苏陕合作项目，依托党支部带动村集体经济高质量发展。

一是"订单收购"。推行"支部+饲料基地"模式，由公司与村社支部签订饲草种植订单收购协议，协调成立饲草种植专业合作社2个，建成青储饲料加工基地1个，在全社区带动1500余户农户种植饲草5000余亩，实现户均增收2000元以上。

二是"肉牛托养"。推行"支部+托养基地"模式，由公司提供牛幼崽、防疫和养殖技术培训、打通市场销售渠道，农户负责养殖，经济收入企业与农户三七分成保留回购。在全社区建成家庭农场3个，专业合作社11个，带动园区周边近30户农户托管代养肉牛近千头，户均增收1.2万元。

三是"吸纳务工"。推行"支部+劳务就业"模式，通过肉牛养殖、肉制品加工、有机肥加工和产品运输销售等各环节，依托园区的肉牛繁育育肥区、屠宰加工区、废弃物综合利用区和饲草加工区四大功能区，为临近村社的农户提供就业岗位200余个，签订固定工用工协议72份，实现年人均工资2.5万元以上。

四是"集体经济分红"。"村体联建"模式的肉牛产业共同体带动了临近村庄分别入股集体资金80万元和30万元，实现年增收4.65万元和2.25万元，开发了公益性岗位10个，户均年增收1200元。

五是"土地入股"。产业园区在建设基地和厂房的过程中，与临近的两个村社农户签订土地入股协议，共入股36户农户的302亩土地，带动农户实现土地入股收益33.2万元。

六是"示范带动"。以意发公司为龙头，通过技术帮扶、订单收购等方式，带动建设家庭农场11个、养殖基地5个、养殖专业合作社16个、种植加工专业合作社11个，入社农户1025户，户均增收1.2万元。

此外，在县政府的支持和协助下，产业联合体充分发挥苏陕扶贫协作资金作用，带动建档立卡贫困户增收。园区按照《苏陕扶贫协作项目资金管理办法》对园区进行了二期改扩建，新建标准化牛舍3000平方米，铺设排便管道500米，购置生产机械设备6台套，购进基础母牛500头，在生产规模的扩大和项目建设期通过劳务用工带动了150人，人均增收2000元，通过建设订单饲草基地带动贫困户年均增收700元，近两年园区为村集体分红20万元，使农户稳定增收。

7.4.4 经验与启示

山阳县的产业振兴案例为具有一定资源优势，但未能依托资源发展产业、提升收入的地区提供了值得借鉴的经验。具体来讲，首先是发挥企业与政府两方面的积极性；其次是兼顾企业、政府和农户多方面利益；最后是通过兴产业、强企业实现农户可持续的增收。

第一，"有效市场+有为政府"，政企协力兴产业、促增收。山阳县肉牛产业联合体发端于农民企业家，依靠企业家对当地禀赋优势的敏锐觉察和市场需求的精准把握得以规模扩大，又在地方政府的支持和引导下找准发展定位、争取外部支持和普惠当地群众。作为发挥有效市场的主体，意发公司的创始人出身农民，通过外出创业，激发了其企业家精神，依据其对市场基本面的了解和市场需求的判断，结合其对山阳县的自然生态资源的深度了解，初步建立起肉牛产业。而当地政府在中后期参与到肉牛产业联合体的构建中来，一方面坚持市场主导，另一方面对萌芽中的地方优势产业予以政策和资金等多方面支持，鼓励更多的农民参与到产业中来，搭建起产业振兴与农户利益联结机制的有效载体。

第二，兼顾企业、政府与农户利益，实现共赢发展。在构建肉牛产业联合体的过程中，市场导向企业的核心诉求是实现更大的盈利、扩大产业的规模；农户的主要目的是提高生计资本，获得可持续性的收入提升；政府的任务一方面是支持发展当地产业，另一方面是提升当地农户收入，将企业与农户两方面的诉求对接起来。三方的利益诉求要求产业必须在短期内能提升农户的收入，同时维持企业运转；长期内应使企业前景向好、利润增长，农户真正嵌入在产业链中发挥作用。在这一过程中，山阳县和当地村镇政府充当企业与农户的中介，通过基层党组织、村镇集体经济发展和土地流转等办法，稳固建立起了企业与农户的利益联结机制。

第三，"扶志+扶智"，可持续性提升农户收入。乡村产业振兴项目的可持续发展依赖于农户的内生动力和主观意愿的发挥，山阳县肉牛产业联合体通过将农户镶嵌在产业链上，建立起多层次利益联结机制。在地方政府的引导下，龙头企业针对性地解决了农户在进入产业中技术不足和资金有限的门槛问题，提供相关技术并低价提供牛幼崽，解决了启动资金的问题，激发了农户在后期可持续性增收的积极性。

7.5 陕西山阳法官镇农旅融合赋能乡村产业振兴

7.5.1 案例概况

法官镇因法官古庙而得名，隶属于陕西省商洛市山阳县，地处山阳县东南部，东接延坪镇，西、南邻漫川关镇，北与中村镇、高坝店镇、板岩镇接壤。全镇辖5个村1个社区，3811户15389人，总面积91平方公里。近年来，法官镇以"发展特色产业、开发乡村旅游、建设美丽新法官"为目标，继2017年被评为国家3A级旅游景区、市级重点镇后，2019年又被选定为省上跟踪指导考核市级重点镇。法官镇将利好政策作为发展的契机，大力开展基础设施建设，鼓励群众返乡创业，培育茶、核桃、九眼莲、乡村旅游等特色产业，加大招商引资力度，引进瑞君、天竺源、洹丰等多家农业科技企业在法官投资建设，为乡村振兴注入新的活力。

7.5.2 背景分析

为谋求发展，法官镇聚焦"镇区建设、产业发展、文化旅游"三大要素，聘请华中农业大学城乡规划设计院、商洛市设计院等专业团队依托法官特色资源，深入调研、科学论证，完成了《山阳县法官镇总体规划

(2018—2035)》》①、《法官建设提升性规划》（秦岭原乡·田园小镇）、《法官镇近期建设规划》等规划的编制，并经专家评审通过。规划的总体布局表明，法官镇将形成以镇区为中心，以两岔口村为支撑点，以黄漫路为发展轴，以中部乡村旅游发展区、东侧传统农业种植区和北部特色农业种植区三大片区为主体的"一心一点一带三区"发展格局。同时，采取中心带动、轴线拓展、因地制宜、梯次推进的建设策略，完成重点建设项目45个以上，总投资3亿元以上，最终将法官镇打造成"看得见山、望得见水、记得住乡愁"的诗意之地和雕刻秦岭千古时光新的"秦岭原乡"。从法官镇制定的近期发展规划中可以看出，法官镇将打造"以法官庙村为核心、姚湾社区及大寺庙村为辐射区"的新格局，并进行坡改梯、河道治理、土地整理、道路拓宽改造、民居院落改造提升、特色产业培育、传统文化挖掘、旅游配套设施等项目建设，值得一提的是，目前法官秦岭原乡农旅小镇建设顺利完成并获得社会各方的好评。法官镇的发展方向是结合特色小镇和旅游景区创建，坚持"城镇景区化、产业绿色化、田园景观化"的发展思路，突出"四态建设"，坚持构建传统形态、传承多元文态、打造宜居生态、丰富旅游业态"四态并举"的格局，建设游客服务中心、门户区、观赏区、文化体验区、小吃街区、娱乐休闲区、运动健身区等"一心六区"，同时加强组织机构建设，加快特色街区和高质量A级景区"两区建设"。重点关注特色产业、水体景观、绿化美化、梯田建设、民居改造、节点提升、服务配套等领域，建成梯田有机茶园、荷塘观光园、农事体验园、稻田农耕园五大特色园区，打造民俗文化体验区、特色民宿街区、月亮湾水上休闲区三大街区，引进瑞君生态农业有限公司、天竺园茶业有限公司、洹丰农业科技有限公司等新型企业，成立村级股份经济合作社、旅游开发有限公司等经营实体，其将全村农户紧密联合在一起，并镶嵌在全部产业链上。

7.5.3 做法与成效

纵观法官镇几十年的发展历程也并非一帆风顺，由于当地多山多水又耕地不足的先天自然条件，在最初决定发展带动群众致富的产业类型问题

---

① 山阳县人民政府.《山阳县法官镇总体规划2018—2035》草案公告[EB/OL]. 山阳县人民政府网,2019-05-15,http://www.shy.gov.cn/.

上就引起村民的热烈讨论。法官镇聘请专家实地走访并反复调研，结合自身资源优势与条件，在慎重考虑之下决定走绿色产业的路子，既能凸显其生态优势，又能精准规划、高效利用有限的土地资源。以下就法官镇与其中重点村落之一的法官庙村为例，展开阐述其产业振兴的具体做法与成效。

（1）产业是关键，一园带四业

农民增收，产业是关键。由于法官气候温暖湿润，土地肥沃，近年来，法官庙村已经形成以艾草、小龙虾、茶叶、生态养殖、药材种植等为主要依托产业，以"企业＋基地＋农户"为发展模式的经济发展格局，其聚焦"一园带四业"的规划布局，以丹山源农业科技产业园为核心，大力发展粮食和油料作物等短平快产业、高山有机茶传统产业和艾草特色产业，并在此基础上发挥联农带农作用，带动村民群众致富增收。在产业到户实施中，法官镇按照"项目到户、扶持到人"的原则，重点围绕"如何优化群众收入结构、提高经营收入占比"的问题，全面摸清了全镇劳动力底数、产业现状、市场主体、带动农户等情况，建立了有产业户、可发展产业户和无劳动能力户三类户台账，坚持一户一策，落实网格员包抓责任，促进有产业户持续做大、可发展产业户积极发展短平快产业、无劳动能力户通过经营主体带动，确保了所有农户在产业发展中实现增收的目标。对于愿意选择进入村企务工的群众来说，镇域内鼓励农户以适当价格流转闲置土地，以"收租＋务工"的模式双面增收。而对于农民来说，抵御市场风险能力不足是其产业发展速度缓慢的重要原因，法官镇提出的经营主体联农带农，极大地降低了农户风险，实现了多方共赢。

例如，陕西丹山源农业科技有限公司实行财产收益、生产收益、劳务收益和三产收益"四种模式"联农带农，依托产业园区，紧紧围绕"三变"改革，引导农户特别是无劳动能力脱贫户，通过土地流转、租赁等方式获得财产性收入，还通过农副产品深加工，进一步提高了农产品附加值，带动农民增加种植小麦、玉米、水稻等农作物来获得经营性收入；又如法官镇荷花园洪泰制衣厂投资150万元，购置制衣缝纫设备120套，年生产工服、校服等20万套，销售收入500余万，解决农村剩余劳动力120人；再如随着健康产业在法官镇蓬勃发展，艾草产业园区流转农户土地1000亩，带动45户农户通过土地流转得租金，户均增收1200元，还带动本村100人就近就地转移就业，人均年增收3000元以上。在不断鼓励农户利用闲置土地发展种植业的背景下，相关企业还与农户之间结成对子实行订单收购，使农户的土地亩均增收2000元。

(2) 支柱茶产业，壮大新主体

在山阳县重点支柱产业茶产业方面，法官镇持续推行企业、合作社、家庭农场"三大带动"，培育壮大新型经营主体，并于2022年新培育丹山源农业科技有限公司、秦岭鸿福茶文化公司2家，新建丹山源农业科技示范园、茶叶无性系繁殖基地、水稻油菜种植基地3个项目，续建瑞君生态、艾草2个园区。目前全镇共有茶相关企业17家、合作社33个、家庭农场27个、村集体合作组织6个，累计带动农户2100户5600人。法官庙村还通过举办采茶节、插秧节、捕捞节、秋收节等系列活动，邀请网红直播带货，实现线上线下年销售茶叶和农副产品500多万元。在几十年苏陕协作项目持续发展的背景下，法官镇利用苏陕协作相关资源，本年向南京新华书店、南京传媒集团等企业销售农副产品53万多元。

(3) 旧土地流转，新模式养殖

值得一提的是，法官庙村还通过流转土地，修建水渠、排洪渠等，打造了高品质的水田。从最开始种植莲藕，到2019年加入小龙虾进行套养，随之积极探索"荷虾共生"立体种养，打造独具特色的"荷花+小龙虾"生态综合种养基地。莲藕生长产生的微生物，可以作为龙虾饲料，龙虾粪便又是莲藕生长的天然肥料，这样便实现了一水两用、一田双收，是法官镇独具特色的新型绿色生态农业模式。截至2022年年底，"荷种国"牌清水小龙虾养殖面积达350亩，年总产量5万公斤，综合产值300多万元，带动50多名群众稳定就业。

(4) 稳粮食生产，增农户收入

为了通过粮食生产增加农户收入，法官镇大力推广"企业+合作社+基地+农户"的合作模式，及时组织农技人员指导农户利用现有土地种植大豆、玉米、油菜、芝麻等农作物。为减轻农户负担、提高农户种粮积极性，镇上统一为农户提供种子，由政府免费给大家发放防治小麦条锈病药物，并有技术员进行使用方法的指导，以便引导农户发展水稻、玉米、大豆、花生等"短平快"项目，最后由政府出面与企业签订收购协议，统一以市场价回收。同时，组织集镇餐饮企业、机关单位、项目工区、社区工厂与庭院经济经营户加强合作，建立食材供应点，由此形成了稳定的供应关系。2021年以来，法官镇联合县农技中心、鑫鼎种植农民专业合作社，通过举办小麦穗期"一喷三防"现场会等，进一步增强群众种粮的积极性。据统计，2021年冬季，全镇种植小麦5700多亩。目前，全镇春播大豆734亩，大豆玉米带状复合种植1000多亩。除此之外，法官镇还提出"长中短"结合的"321"产业发展格局，即新发展核桃2万亩、茶叶1万亩、中药材8000亩、香菇基地5000平方米，形成了户均核桃3亩、茶叶2亩、中药材1亩的新园区发展格局，这都为巩固拓展脱贫攻坚成果同乡村振兴有效衔接奠定了坚实基础。

（5）农旅文创融合，丰富旅游业态

法官镇依托秦岭原乡3A级景区优势，按照生态法官、宜居法官、和谐法官、富裕法官的目标，建成了集特色产业开发、休闲观光旅游、民俗文化体验为一体的农旅特色小镇。近年来，法官庙村聚焦农旅融合发展，深度挖掘乡村文化，打造独具特色的美丽乡村新名片。按照农旅特色小镇和构建文明家园要求，镇上专门组建了由2名科级领导和10名干部组成的城镇建设办公室，负责重点镇的建设和管理。分配景区讲解人员、保洁人员57名；新建垃圾池10个，配备垃圾桶、垃圾箱800个；落实"三包"责任，做到垃圾"日产日清"；坚持开展交通秩序、建筑施工、门头牌匾等专项治理，完善村规民约，评选道德模范和文明家庭60余个……这些活动的开展，为实现全镇特色旅游、全域旅游开辟了新的途径。在"莲藕+小龙虾"生态套养基地旁，法官庙村修建步道、凉亭、网红打卡雕塑等，打造油菜花种植区，使法官镇成为远近闻名的周末休闲好去处，让乡村文化和生态旅游擦出火花。同时，法官庙村深入挖掘草编、藤编、竹编、打草鞋、酿酒等传统手工艺，不断丰富旅游业态，进行农村院落改造后，利用闲置民房打造民俗区，把草编、竹编、藤编、酿酒等工艺进行集中展示，并和当地传统茶文化进行结合，推出了高山有机茶、红薯粉条、小磨香油、富硒水稻、九眼莲菜等一批旅游产品，培育手工作坊15家。通过打造餐厅、茶馆和网红打卡区，满足了游客参观、消费、餐饮、品茶需求，示范带动了周围群众发展茶产业、餐饮业、种养殖业，由此实现了增收的目标。法官镇从上到下为充分挖掘原乡文化资源，建设了草根文化游客体验项目集群，研发了原乡荷文化主题旅游商品，并通过引进专业艺术群体成立了法官圣度乡村艺术沙龙，通过组建演出队，创编《法官原腔》，打造出具有法官特色的原乡文化品牌。法官镇进一步按照4A级景区建设标准，建成了集游客服务、商品销售、咖啡休闲为一体的高标准游客服务中心，且现已投入运营。还成立法官农旅旅游开发有限公司，对企业、合作社以及农户实行统一管理，通过文化挖掘、产品开发展示，助推农旅文创产业深度融合，发展壮大集体经济，带动群众增收致富。

  为了提高知名度，吸引更多游客前来进行旅游体验，法官镇加大基础设施投入，完成过境高速路、黄漫路、法延路沿线民居墙面改造提升、绿化美化，重点打造瑞君生态观光园、丹山源产业观光园、高山茶叶观光园，开展镇区商铺立面改造、茶文化主题餐厅打造，加快建设生态停车场和山宿居、姚家院子民宿，全力推进法官镇经济社会发展。目前，法官镇已种植茶叶1万多亩，游客来到法官镇，可以品尝特色产品，观赏田园风光，也可在附近体验茶叶采摘、露营烧烤、亲子互动等体验活动。法官镇还借助月亮湾、荷塘、梯田的生态环境和跃进渠的红色资源，以"科技+"模式，依托美丽乡村、田园风光背景，聚焦农旅融合、文旅融合、三产融合小镇目标，构建娱乐休闲、体验实践、旅游观光一体化的美丽乡村新格局，多举措加速推进产业提质增效，立志把法官镇打造成大秦岭的封面。将茶叶打造成助力乡村振兴的"绿色宝藏"，倾力把法官镇打造成城镇、旅游、产业、生态、文化"五位一体"深度融合的旅游特色名镇。法官镇正是通过美丽乡村建设、秦岭原乡农旅小镇建设、市级重点镇建设，民居民俗风貌发生了翻天覆地的变化。同时，发展艾草产业，发挥资源禀赋，做好康养文章，也使法官庙村产业发展的深度和广度都得到了明显提升。全镇依托乡村旅游，对道路交通、重要景点进行改造提升，不断提升景区的吸引力。依托自身资源优势，大力发展茶、九眼莲等特色产业；不断招商引资，建立社区工厂，完善产业链、兴业态、建基地，营造良好经商环境，扶持电商，拓宽群众销售渠道，为全镇发展经济支撑群众脱贫致富奔小康奠定了良好的基础。

  利用旅游资源优势写好文旅融合文章的前提是资金投入。由苏陕协作项目组投入的资金将进一步用于支持产业发展、乡村建设，扶持龙头企业，创新运营模式，发展粮食种植。并在现有全镇"一村一品"茶产业的基础上扩大种植面积，提高科技含量，最终形成品牌效应。在此基础上，法官镇下一步的发展是要挖掘乡村旅游背后的乡村文明,在乡村旅游中凝练乡土特色、弘扬乡土文化、活化乡村记忆,提升旅游服务品质,不断壮大旅游业。同时要将旅游产品与农产品深加工相衔接,形成一个完整的乡村旅游产业链,从而推动三产融合进一步、可持续发展。

7.5.4 总结分析

乡村振兴需要有强大的组织力量作支撑,其中人才是重中之重。由于法官镇大多数年轻人外出学习或务工,人员外流严重,存在一定的"空心村"现象,以至于缺乏合适的拟培养人才;法官镇现存的专业人才及基层干部受学历、眼界、地域等方面限制,对于新生事物接受能力弱,创新性不足,缺乏市场意识,工作能力与社会发展要求不相适应,对于进一步推动法官镇各村高质量发展造成了一定局限。农村集体经济是我国社会主义公有制的重要组成部分,尽管法官镇在发展村集体经济方面取得了一定的成绩,但六个行政村对集体经济产业项目思考谋划得少,并且缺乏有针对性地发展集体经济的办法,集体经济发展状况并不均衡,部分村集体经济发展明显滞后,仍存在空壳组织的合作社。农村作坊生产的农产品或浅加工产品科技含量低,无品牌影响力,市场竞争差,且产品销售市场主要集中在法官镇内及周边乡镇,无法进入更大的市场与同品质产品竞争。在实施乡村振兴的过程中,法官镇投入了大量的人力、物力和财力,但这些资金来源较为单一,基本依靠苏陕协作等扶持资金和市县政府财政,对接市场和社会资本的能力不高,导致发展过程中社会资本占比较低。加之对国有融资平台利用不足,缺乏产业项目的融资渠道,自身的造血功能不足。一些新兴主体还处于起步发展阶段,规模和实力小、带动能力不足。

7.6 陕西澄城西夏村土地托管促进农业适度规模经营

7.6.1 案例概况

陕西省澄城县西夏村地处县城东7公里处,多年来,农业基础薄弱,农民收入增幅慢、增长难,加之邻近县城,大部分村民选择进城务工,放弃农业生产,产业短板愈加突出。脱贫攻坚时期,西夏村第一书记将红薯产业作为脱贫重点,与村干部率先流转土地种植红薯,带动村民积极种植,大力发展红薯产业。在种植玉米、红薯等粮食作物的过程中,存在土地撂荒、村民不愿流转土地等问题,为此,西夏村总结探索了"双社+农户"土地托管模式,即金丰公社联合村集体股份经济合作社,实施整村推进土地托管模式。西夏村土地托管是立足于金丰公社的耕、种、管、收、销的一体化服务,村民以土地入股的形式加入村股份经济合作社,由合作社统一将土地全程托管给金丰公社的模式。西夏村土地托管的实践,巩固和壮大了村集体经济,探索出农业土地适度规模经营的新路径,有力助推巩固脱贫攻坚成果同乡村振兴的有效衔接。

7.6.2 形成背景

西夏村地处澄城与合阳交界的沟坡地带,辖4个自然村,6个村民小组,477户,共1673人,总耕地面积为5800亩,粮食作物主要有玉米、小麦和红薯,产业以红薯、药材、花椒、绿化苗木为主[①]。其中,红薯经过加工做成的红薯粉条以柔韧、耐水、纯正、味香而远近闻名,但由于农户的技术水平不高以及品牌意识不强,红薯种植和粉条加工并没有形成强有力的红薯产业。同时,由于西夏村的农业基础设施条件差,农民广种薄收,收入增长相对缓慢。

改革开放后,随着家庭联产承包责任制在全国的推广,我国逐渐形成了"人均一亩三分,户均不过十亩"的农业小规模生产的经营格局。1987年,中共中央出台的《把农村改革引向深入》首次明确提出了在有条件的地方有计划地探索土地适度规模经营,土地开始突破家庭联产承包责任制出现流转。2013年中央农村工作会议指出,"把农民土地承包经营权分为承包权和经营权,实现承包权和经营权分置并行",初步确立了农地"三权分置"制度[②]。自此之后,中央政府通过实施土地确权、稳定土地承包关系等措施来推动土地流转和规模化经营。在"三权分置"的指导下,西夏村不断扩大土地流转规模,推进土地集约化经营,有效地带动了农村产业结构调整和农业产业化经营。在脱贫攻坚期间,西夏村第一书记将培育产业发展作为扶贫重点,通过组织群众外出考察、建设粉条加工厂等举措,为红薯产业发展壮大奠定基础。在澄城县畜牧局的支持下,第一书记与村干部共同流转土地35亩,建起了优质红薯示范田,带动其他村民发展

---

① 数据来源:2022年7月澄城西夏村实地调研情况。
② 中央农村工作会议核心论点[EB/OL]. 中华人民共和国农业农村部网,2013-12-25,http://www.moa.gov.cn/ztzl/nygzh2013/2013nian/201312/t20131225_3723651.htm.

红薯①。此后，红薯作为西夏村的核心产业，也是村集体经济的重要来源，为农民带来了极大的经济效益。

然而，近年来，在玉米、红薯等粮食作物种植的过程中，仍存在着诸多问题。一是农村"空心化"现象严重，造成土地资源浪费。由于西夏村邻近县城，大部分农村青壮年劳动力选择进城务工，农村人口非老即幼，劳动能力差，经营土地困难。随着城镇化进程不断加快，农村"空心化"问题日益加剧，大量土地闲置撂荒，造成土地资源极大浪费。当前，西夏村常住人口有777人，其中65岁以上占1/6，外出打工约占1/2，而进城务工人员通常是家庭的主要劳动力，这也就造成农户无暇顾及土地，导致土地撂荒②。二是土地零散不利于农机使用。西夏村的经营模式还是以家庭为单位的生产经营方式，而每户所分到的几亩或几分地，无法进行农业机械化作业，有的仍然采取的是人工作业，分散的种植模式导致农业生产效率低下。三是职业技能和科技水平不高。西夏村村民缺乏农业科技相关的知识培训，对新技术的吸收能力不够，往往都是参照老一辈的种植经验，缺乏技术支撑，导致生产率低下，村民收入薄弱。此外，在施农药的过程中，村民的防护措施不到位，用药不科学，也存在着安全隐患（王树柱、李其祥、张江河，2021）。四是西夏村农户土地流转意愿低。一方面，受传统思想局限，农户们认为土地流转意味着经营权的流失；另一方面，个别村干部对《中华人民共和国农村土地承包法》《农村土地承包经营权流转管理办法》理解不够透彻，土地流转政策宣传方面存在缺口。这都导致农户对流转政策的不熟悉，宁愿选择粗放经营，也不愿将土地流转。此外，澄城县对土地流转的资金扶持和激励奖补不足，在一定程度上制约着农户土地流转的积极性。五是存在土地流转行为不规范的问题。部分农户之间的土地流转大多是口头约定，少部分是合同协议，同时，合同内容对流转双方权利、义务以及违约责任的表述不具体，缺乏规范的合同约束，容易引起土地纠纷。此外，由于西夏村土地流转的管理人员能力不足，土地纠纷和矛盾无人调解或调解不到位的现象时有发生③。因此，"谁来种

---

① 澄城农业.粉条香飘醉寒冬 产业再绘彩虹图——澄城县西夏村红薯产业发展纪实[EB/OL].搜狐网,2018-12-20,https://www.sohu.com/a/283381826_802072.

② 资料来源:2022年7月澄城西夏村实地调研情况。

③ 资料来源:2022年7月调研时澄城县农业农村局的材料。

地"和"如何种好地"就成为西夏村农业现代化日益突出的问题。为了解决耕地撂荒问题，促进粮食增产和农户增收，澄城县根据村镇的产业短板，将西夏村作为试点村庄，采取"双社+农户"的土地托管服务模式，既能实现土地规模化、标准化经营，又能让当地农民增收，壮大村集体经济，为小农户与现代化农业发展的有机衔接提供可能。

7.6.3 主要做法

西夏村主要采取专业化、规模化和标准化的全程土地托管模式，为农业生产提供产前、产中和产后全链条服务，具体表现在以下三个方面：

第一，双社联合的服务模式。双社联合指的是金丰公社联合村集体股份经济合作社，二者互为依托，为土地托管模式做基础性准备，共同推进土地适度规模经营。这种服务模式搭建起了农户与托管经营主体之间的桥梁，对于农户参与托管有着至关重要的作用，畅通了农户与托管经营主体的沟通渠道。村股份经济合作社作为村集体经济组织，在不改变农户经营权、承包权和收益权的前提下，发挥着牵头统筹的作用，实现农业社会化服务。这一组织过程包括统一签订规范合同、集中农户土地以及与供给主体对接。首先，统一签订规范合同。引起农村土地承包纠纷的主要原因在于土地流转缺乏规范合同的约束，流转双方仅是口头协议，缺乏对违约者的约束，无法保障农户的权益。因此，由西夏村村股份经济合作社与金丰公社共同制定规范标准的合同，明确双方的权利义务、农业保险、违约责任等各方面的具体内容，既能避免因权责不清而发生纠纷，又能保障农户的合法权益（张忠明、钟鑫，2013）。其次，村集体经济组织在土地集中方面也发挥着优势。分散的土地种植为农户家庭带来了一系列外部性问题，例如增加了经营成本、降低了机械化作业效率、提高了农户的时间成本等。西夏村村股份经济合作社组织集中连片的农业用地，实现土地的集中管理以及规模化经营，有利于进行机械化作业，实现粮食作物增产增效。最后，与供给主体的对接。农业生产性服务的供给端，即供给种子、农药、肥料等生产资料的企业，组织化程度较高，并且拥有完善的销售渠道。而小规模、分散化经营的农户与其相比，小农户的组织化程度较低，在面临高昂的交易成本和市场价格信息的不对称时，没有充分的定价和议价的权力，处于相对弱势被动接受价格的地位。西夏村创新的双社联合模式提升了农业生产性服务需求端的谈判地位，使得小农户在与农资公司交易时易获得价格优势，降低交易成本。此外，作为需求端的主体，村集体经济组织在供需对接时还具有监管和制约的作用，从而避免因信息不对称引起的一系列问题（管珊，2022）。

第二，"6+1"的种植模式。金丰公社对所托管的土地集中管理、统一供应良种和化肥、统一病虫害防治、统一收割、统一销售托管服务，解决了农作物种收售和疏于管理的问题。首先，"1"是指西夏村懂农机、懂农业的一个村级小社长，是金丰公社的核心根基。小社长的职责是集中土地、协调和调动农机师、协调村社资源以及解决问题和争端。其次，"6"是指良种、良机、良药、良法、良技和良策。良种，即优良的品种，是增产的基础。在相同的地理和环境条件下，选择优良的品种，能够更好地抵御自然条件和病虫害，产量自然也会得到提高。金丰公社根据当地的土壤条件引进最适合西夏村种植、最优质高产的品种，提升玉米、红薯等粮食作物生产的整体品质。良机是农业机械化生产，实现了生产方式的转变。农业机械化是加快推进农业现代化的基础，但在土地分散经营的模式下，农户购买大型机械会出现长期闲置的情况，对于单个农户来说不经济。然而，通过土地托管，将分散的土地集中起来，为规模化、集约化的种植方式创造了条件，有利于进行农业机械化作业，极大地节省了人力，提高了生产效率[①]。金丰公社在政府补贴政策的支持下，针对玉米生产购置专用的机械，实现玉米生产的耕种收全链条机械化作业。良药是通过科学施药达到减量和保护环境的目的。农药的使用可以防治病、虫、草害，保证农作物地增产，然而，若农药使用过量或方法不当，导致农药利用率过低，不仅会对土壤造成污染，也会对粮食产量带来致命打击。因此，金丰公社使用环境友好型的杀虫剂、除草剂，有效遏制了农药的过度使用，实现以最小的农药使用量最大限度地防治病虫，有效减少化肥农药使用量30%，减少了环境污染，保障粮食安全。良法是指配方施肥、水肥一体、规范播种、适时晚收等配套丰产的栽培科学技术的应用，对提高产量有极大的作用。这一配套的管理方法打破了传统的种植理念，让田间管理更加有效，粮食生产也保质保量。良技是金丰公社根据西夏村的土壤条件，因地制宜，采用"3212"密植技术，以此达到粮食作物增产的效果。密植过程中最重要

---

① 王雁南,梁琨. 良种+良法+良机 助力农业优质高效[N]. 济宁日报,2021-06-22(004).

的一步就是选品种，品种要符合密植的要求。此外，不同于传统"稀植大棒"的理念，密植技术的种植方式是缩小株距、增加密度，从而有效提高玉米产量，增加农户收入。此外，金丰公社为农户提供现代化的种植设备与技术支持，不断推动设施设备自动化、智能化改造，例如自动化播种、无人机打药等先进的种植方式，降低种植成本，提质增效。良策，即政府给予补贴补助。在托管的过程中会存在一些群众认知度不高的环节，这就需要政府通过经济手段来给予财政支持。政府重点关注初始投入大、运行成本高、短期效益不明显的薄弱环节，从而推动农业生产托管服务。

第三，互利共赢的利益分配机制。土地托管各方的利益分配机制是土地托管稳健发展的关键。2019年中央一号文件指出落实扶持小农户和现代农业发展有机衔接的政策，完善"农户+合作社""农户+公司"利益联结机制[①]。西夏村村民以土地入股的形式加入村股份经济合作社，村股份经济合作社再将土地全部托管给金丰公社，并且其拥有直接监督权和管理权，使得土地资源变资产，农民变股东。秉承着"利益共享，风险共担"的原则，金丰公社与农户、村股份经济合作社建立紧密的利益联结机制，农户的收益方式采取"保底收益+分红"的形式。金丰公社以每亩土地每年收益550元作为农户土地经营权股份合作的保底收益，再将去除生产成本和保底收益后的利润按比例分红，其中纯收益的35%作为红利给农户，其余65%归金丰公社，使得金丰公社、村集体以及农户都有利可图。合理的利益分配将金丰公社、村集体和农户密切连接起来，实现多方共赢。

西夏村土地托管的模式为农户提供了从种到收再到售一系列农业生产服务，有效解决了农村劳动力不足而导致土地闲置的问题。同时，合作社将农户土地集中，改变了传统的种植方式，实现了农业规模化的生产，增加农户收入，保障小农户的切身利益。此外，在土地托管过程中，金丰公社将科学技术融入其中，提高了农业机械化和农业科技水平，实现增产增效，更进一步推进了小农户与现代农业发展的衔接。

7.6.4 总结评价

陕西澄城西夏村土地托管通过创新双社联合的服务模式，将分散的土

---

① 中央农办,农业农村部. 2019年中央一号文件[EB/OL]. 中华人民共和国农业农村部,2019-06-19,http://www.zcggs.moa.gov.cn/zczc/201906/t20190619_6317991.htm.

地集中连片，在不改变农户承包权和经营权的前提下，实现农业生产规模化，同时，合作社采取"6+1"的种植模式，利用现代农业科技知识、耕作技术和机械化技术，为农户提供农业现代化服务，有效解决了小农户耕作水平不高的问题，颠覆了小农经济传统的生产方式，解决了"谁来种地"和"如何种好地"的问题，推动小农户融入现代农业发展中。

我国是历史悠久、富有小农传统的农业大国，小农户的分散经营模式与以信息化、网络化、机械化和规模化为手段的现代农业要求难以匹配，适度规模经营是农业现代化的必然要求（谢文帅，2022）。西夏村土地托管通过专业化服务，将优良品种、先进技术等要素引入农业生产中，充分发挥了村集体经济组织的引领作用以及农业科学技术的支撑作用，实现了村集体经济增加和农民增收的双赢局面，开辟了一条土地流转之外实现土地适度规模经营的新路径，对于加快农业生产方式转变、推进乡村振兴战略实施有重大的现实意义。这也表明，土地托管模式符合我国"大国小农"的基本国情，是农业现代化发展的客观需要，也是小农户与现代农业发展有机衔接的核心，可以为巩固拓展脱贫攻坚成果、全面推进乡村振兴打下坚实基础。

7.7 陕西永寿寨里村探索多元产业发展路径

7.7.1 案例概况

寨里村位于陕西省永寿县县城以北2.5公里处，312国道、西平铁路临村而过，交通便利。寨里村总面积0.75平方公里，于2017年由东寨村和西寨村合并而成，现有6个村民小组，全村421户1730人，耕地面积3264亩，其中流转土地1800亩，农作物1400亩，经济作物50亩。近年来，寨里村在"以基础设施建设为切入点，产业结构调整为突破口"的发展思路下，围绕农业增效、农民增收、农村发展的目标，形成了"药果兴牧建大棚、四园联动促振兴"的产业发展机制，探索出了符合寨里村村情的新型农村集体经济模式，使得全村居民走上了脱贫致富的发展道路。

7.7.2 发展历程

寨里村脱贫致富的道路历程可以划分为两个大时期三个小阶段，同时，在每一阶段面临不同的发展任务，实施不同的方案措施。两个大时期是指以2017年寨里村退出贫困村行列作为划分节点，将寨里村脱贫致富的实现路径划分为脱贫之前和脱贫之后这两个大时期。脱贫之前，围绕党的十六届五中全会所提出的关于社会主义新农村建设的具体要求，寨里村在生产发展、生活宽裕、乡风文明、村容整洁、管理民主五个方面进行了探索和实践，形成了"增杂果、强畜牧、活三产、兴劳务"的产业发展思路，以期解决村民绝对贫困问题。脱贫之后，寨里村依据党的十九大提出的产业兴旺、生态宜居、乡风文明、治理有效、生活富裕的具体要求，形成了"药果兴牧建大棚、四园联动促振兴"的发展机制，通过土地流转、建立合作社等方式形成规模化的种植结构，并融入观光旅游等元素增加农产品的销售量，以提高村民的收入。

其中，根据产业结构的调整和发展机制的完善，又可以进一步划分为三个小阶段，分别是基础设施建设阶段、适配产业探索阶段和产业融合发展阶段。

（1）易地扶贫搬迁，基础设施建设阶段

寨里村是典型的资源匮乏型村庄，产业结构单一，零散化的土地经营方式使得农村经济发展易受自然灾害影响，导致村民生活水平低下。2010年，为响应上级政府的"三告别"工程，寨里村的村干部们通过走访，对居住在土窑洞、危漏房的村民和"独居户"耐心劝说，依托土窑洞搬迁及西平铁路拆迁资金扶持群众进行搬迁，共搬迁贫困群众118户，并配套建设新村水、电、路等基础设施建设，硬化新村街道4.4公里，衬砌U型渠4.5公里，建设双瓮漏斗式厕所140座，新建村委会、文化室、卫生室、文化活动广场各一处，完成了电网改造、新村一期绿化工程，实现了自来水入户，对已建成新居的农户门前进行彩砖硬化，搬迁群众的生产生活条件得到极大改善。这一阶段也是该村脱贫攻坚的前期准备时期，农村公共基础设施是促进农村发展和保障农民生活的重要基础，是产业兴旺的"先行资本"，良好的农村基础设施能促进农村与城市之间要素的双向流动，是农村新业态、新产业形成的基本条件（曾福生、蔡保忠，2018；张亦弛、代瑞熙，2018）。寨里村在完成基础设施建设的目标后，利用现有的自然资源和财产资源，先后进行核桃、苹果、大棚蔬菜、特种养殖、木材加工等产业的建设和探索，并对原有的产业结构进行调整和优化，农户们也受到了由县农业局牵头的种植技术培养，提高了产业发展的内生动力。

(2) 美丽乡村建设，适配产业探索阶段

2014年，陕西省开展全省农村扶贫开发建档立卡工作，同年6月，永寿县寨里村被评定为贫困村，精确了扶贫对象，明晰了扶贫措施和扶贫机制。在产业方面，寨里村打破传统种植模式，依托优越的地理、自然环境，借助扶贫项目，大力发展设施农业，先后建成种植蘑菇、西红柿的设施大棚35栋，并成立了永寿汇丰农业合作社，打造永寿食用菌基地品牌。在发展种植食用菌的同时，聘请蔬菜专家指导种植西红柿，对蔬菜进行科学化管理，整合已有的苹果林、核桃林，转变零散化的经营方式，建设具有规模效应的果林示范园区；基于市场需求的考察和成本收益的考量，为规避市场风险转变养殖思路，舍弃养殖狗的发展路径，利用现有的养殖小区和养殖大棚，在寨里村探索出了灰灰兔和生猪养殖的两条新路径。2014年7月，寨里村引进陕西辉胜新兴农业科技有限公司，流转土地1000亩，种植芍药、连翘、板蓝、丹参等中药材10余种，带动群众220户，为该村后续着力打造集农副产品的种植、畜牧业养殖、中草药材的加工及农业观光相关配套设施为一体的生态农业产业奠定了良好的基础。这一阶段，初步形成了以中药材种植为中心的产业发展机制，并对产业结构进行了进一步调整，对种植种类和养殖范围进行了细化，筛选出适宜本村发展的产业，解决了部分农户稳定就业和持续增收的问题。

(3) 巩固拓展脱贫攻坚成果，产业融合发展阶段

在打赢脱贫攻坚战之后，大多脱贫地区面临着产业内生动力不足等问题，产业融合发展是农村地区实现乡村振兴的必由之路。2017年寨里村正式退出贫困村行列，依托村情，全力打造"百草寨里"，促进农旅融合发展，在产业方面实现了现代农业发展由"单一"向"多元"的转变，进一步明晰了产业发展思路，具有寨里特色的四大支柱产业初具规模，形成了以大棚果蔬采摘园、灰灰兔体验园、苹果示范园、中药材养生园四大产业园区为主体的"药果兴牧建大棚、四园联动促振兴"的产业机制，并初步探索了农旅融合的发展模式。2017年6月，寨里村引进陕西灰灰兔公社牧业有限公司，流转土地60亩，建成兔舍两栋，灰灰兔存栏5000只，带动群众106户。2019年12月，寨里村引进陕西和丰源种养农民专业合作社，流转土地110亩，高标准建设双矮自根砧苹果示范园，带动群众36户。2020年9月，寨里村投资200多万元，占地60亩，建成温室大棚10座，

发展羊角蜜、黄瓜等果蔬采摘，带动群众41户。2021年创建为市级乡村振兴示范村，实现人均可支配收入18500元，高于陕西省农村居民人均可支配收入14745元。2022年，寨里村举办了永寿县第十九届槐花节开幕式，以申报3A级旅游景区、实现"园区与景区共存、游客与农民同乐"为目标，在村内打造以农业产业为基础、以农耕体验为核心、以生态康养为拓展的农旅融合乡村振兴示范村。这一阶段亦是寨里村巩固拓展脱贫攻坚成果的阶段，对农旅融合的发展模式的进一步发展和新型村集体经济的进一步探索，逐步形成以中药材园为主的科普观光区、一分田及灰灰兔为主的农耕体验区、大棚及苹果园为主的采摘休闲区、中心广场及景观涝池为主的娱乐游玩区、寨里大集及电商分拣中心为主的商贸物流区、特色农家乐及民宿为主的服务康养区，为寨里村尽早实现乡村振兴和全体村民持续增收奠定了基础。

7.7.3 主要做法

产业扶贫是促进贫困户增收致富的一项根本性和长远性举措（陈天祥、魏国华，2021），而"脱贫摘帽"后，产业的可持续发展必将成为检验脱贫工作效果的重要标尺（王国庆、李梦玲、刘初旭，2020）。农村三次产业的融合效果不是简单的加总，而应以特色农业为依托不断向第二、第三产业进行延伸，通过产业融合实现"1×2×3"的乘法效应（程承坪、谢雪珂，2016）。农旅融合是在乡村振兴背景下所提出的实现农民持续增收的有效途径之一。寨里村在中药材和果树种植方面具有丰富的资源，具备大规模种植的条件，将旅游业与农业相融合，在中药材专业种植加工、健康中医药养生度假、农业休闲旅游等方面进行产业延伸，探索出了一条农旅融合的发展之路，其具体表现为资源融合、功能融合和市场融合。

资源融合是指通过开发性的创新，对某一产业的内容或形式进行提质和转型，形成一种新的资源丰富其他产业的内涵。农旅资源融合的关键是将农业场所、农业生产过程、农业劳动力以及农业文化等物质和非物质资源与旅游产业环节相互渗透（李眉洁、王兴骥，2022）。一方面，寨里村以"回归田园劳作，感知乡愁记忆"作为文化感召，建立寨里一分田生态体验小菜园，以承租小菜园的方式将游客变为"菜园主"，在农产品的生长周期内种植出具有个性标签的农产品；2021年9月投资115万元建立了8座单拱单膜日光大棚用于打造观光采摘园，对绿宝甜瓜、乳瓜、草莓等进行"混搭"种植以延长采摘时间,并不断开发出相关衍生品;2022年建成百草园科普观光园,种植黄芪、柴胡、芍药等百种中药材,园区兼具科普和观光的性质,在示范种植的同时宣传和弘扬了中医药的传统文化。另一方面,随着农旅融合不断深入,返乡的农业劳动力与下乡的城市精英逐渐形成职业农民,从而带动原有农业劳动力素质的提升。

功能融合是指不同产业之间的某一环节因具有的相似功能而融合在一起,使旅游的某项功能得以凸显和深化,同时又创新了该融入产业功能发挥的途径,并获得更好的功能效益(麻学锋、张世兵、龙茂兴,2010)。对于农旅融合而言,休闲度假、养生旅游成为游客的首要选择,是市场的主流需求,而这一需求与中草药产业的康养功能相贴合,因而养生休闲的供需匹配成为农旅产业的融合点。寨里村将科技、人文和生态要素融入农业生产当中,结合永寿县打造休闲旅游目的地的总体目标,在陕西省科技厅和咸阳市科技局的帮扶下,形成了"支部+公司+合作社+农户"模式,由中药材种植企业——陕西省辉胜新兴农业科技发展有限公司通过土地流转的形式,与农户合作种植收购,并开发出中药材体验项目,同时辐射带动了咸阳市永寿县周边永平、甘井、监军、御驾宫、御驾宫示范园5个镇区,吸纳周边群众务工400人次,解决长期就业岗位20人、季节性农民工160人,最终形成养生农旅模式的产业聚集。功能融合需要政府部门发挥主体作用,利用自身优势,通过品牌创建和媒体宣传推介,促进农旅融合深入发展,为农业与旅游业牵线搭桥,促进农业与旅游业部门相互融合,使得旅游业部门先进知识经验溢出到农业部门,从而促进农业生产效率的提升,进而带动农民持续增收(胡平波、钟漪萍,2019)。

市场融合是指由于不同产业间存在相似的市场需求或受众群体,通过相互利用彼此的市场作为拓宽市场渠道、提高产业竞争力的一种方式。在农旅市场融合模式中,由于旅游业具有较强的传播性,通过网络媒介能广泛展示当地的民俗文化、饮食习惯和特色活动等,成为吸引游客的平台。一方面,寨里村编演了寨里情景剧《五月槐花为你开》,利用旅游平台吸引大量游客前来观光;另一方面,寨里村注册了"寨里1958"品牌,依托交易平台进行农产品的推广,并在村中建设电商分拣中心以提高分拣效率。

7.7.4 总结与评价

由于农业与自然相结合,要素回报率相对较低,寨里村面临农业发展的共性问题——要素的流失。市场的客观规律使得外出务工人员增加和资本外投,劳动力的聚集、土地的荒芜诱发了"贫困文化"的蔓延,农村中出现"等靠要""听天由命""随遇而安"等现象,农业功能亟待拓展、农业发展方式亟须创新。在此背景下,寨里村对闲置的宅基地进行流转和规模化经营,并进行了农旅融合模式的探索。通过中药材产业的打造与开发,结合中医养生健康旅游与休闲农业,吸纳当地劳动力,实现农业与旅游业的融合共生,缓解当地"三农"问题,实现产业兴旺、生态宜居、乡风文明、治理有效、生活富裕的乡村振兴目标。

寨里村2014年年初步形成打造中药材种植园的思路之后,2017—2020年,相继完成了灰灰兔养殖园、苹果示范园、果蔬大棚采摘园的建设,最终形成了以药促农、以果兴农、以牧带农、以棚富农的多元产业发展机制。其中,果蔬大棚采摘园采取"支部+公司+合作社+农户"的运营模式,村集体占资金建设股70%,合作社占技术管理股30%,让合作社亲自参股经营,使其真正成为经营者,极大地调动了合作社的积极性,为村集体经济健康有序发展奠定了扎实基础。在发展四大园区的基础上,融入旅游文化元素,借助近郊与毗邻景点的区位优势,推动农旅融合发展,增强了农村集体经济发展的韧性和可持续性。通过资源融合、功能融合、市场融合三条路径使得农民在农旅模式下共享发展红利。

但随着乡村旅游的深度发展,乡村旅游已不再只是自发的农家乐阶段或粗放的采摘园阶段,业态规模化、产品个性化、服务品质化、功能多样化是未来乡村农旅融合发展的方向(李志飞,2021)。寨里村在未来还应专注于产品的创新开发以及品牌建设,继续挖掘整合农业、文化、生态等相关资源。

7.8 陕西石泉明星村"小蚕桑"发展"大产业"

7.8.1 案例概况

陕西省石泉县池河镇明星村是远近闻名的养蚕大村,兴桑养蚕一直是当地村民增收致富的重要经济来源。近几年,明星村贯彻落实"绿水青山就是金山银山"的发展理念,发挥本地蚕桑自然资源优势和"鎏金铜蚕"

文化优势，通过"三种加法"发展模式赋能乡村振兴，推动一二三产业融合发展，加快蚕桑产业和文化旅游融合发展的步伐，逐渐形成"党建引领、产业支撑、业态融合、旅游兴村"的新发展思路。2020年，明星村抓住旅游村建设的契机，将蚕桑产业和乡村旅游进一步融合，规划旅游服务开发区，建成"沧海桑田·乡村明星"景区。通过旅游景区实现了农业转型升级，农村繁荣发展，农民收入也得以提高。截至2021年年底，全村人均增收3000元以上，人均纯收入达到20478元，并先后获得了"第二批全国乡村治理示范村""2021年中国美丽休闲乡村"的称号①。

7.8.2 背景分析

明星村位于石泉县池河镇以西2公里，全村总面积11.6平方公里，辖26个村民小组，现有人口共1075户3488人。现在的新明星村是由原来的明星、大阳和草庙三个村合并和发展起来的。在未合并之前，分割的三个村落地域位置相连，产业发展链条短，资源禀赋优势并未被充分体现，也无法形成规模化、效率高且收益高的产业发展模式，导致村落经济发展落后，村民生活水平低下。合并之后，新的明星村通过整合全村资源，统一规划产业发展，统一开发资源资产，培育形成了兴桑养蚕、养猪养鸡、乡村旅游三大支柱产业，尤其促进了"蚕桑+文旅"特色双产业的融合发展。

明星村拥有丰厚的生态资源和悠久的人文史迹，并且随着时间的推移两者相互交融。在生态资源方面，村庄地处秦巴山区，全村有5000多亩的传统桑园，有着万亩桑园、绿水青山这一良好的生态资源优势，是远近闻名的养蚕大村，也是西北第一蚕桑大村。在人文资源方面，明星村是秦巴

---

① 本案例主要参考以下网页:吴云霞. 做大生态"绿银行"捧起致富"金饭碗"——陕西石泉让古老的蚕桑产业焕发新生机[EB/OL]. 国家乡村振兴局网，2022-09-02，http://www.nrra.gov.cn/art/2022/9/2/art_4317_196492.html；刘丹. 池河镇:"党建+"奏响乡村振兴"新乐章"[EB/OL]. 石泉县人民政府网站，2011-10-08，https://www.shiquan.gov.cn/Content-2472031.html；秦巴山区石泉县:明星村成了旅游明星[EB/OL]. 石泉县人民政府网站，2021-12-27，https://www.shiquan.gov.cn/Content-2346206.html；康:石泉县明星村"三种加法"赋能农旅融合 助力乡村发展促振兴[EB/OL]. 陕西省农业农村厅网站，2021-08-16，http://nynct.shaanxi.gov.cn/www/sxdtl142/20220816/9802563.html；全省推进"三变"改革发展新型农村集体经济现场会来石泉观摩[EB/OL]. 石泉县人民政府网站，2021-11-17，https://www.shiquan.gov.cn/Content-2329631.html；许兵. 安康市石泉县延链补链强链推动蚕桑产业高质量发展[EB/OL]. 网易新闻网，2022-10-11，https://shanxi.news.163.com/22/1011/18/HJDV2F74041999R3.html；石泉养蚕简史[EB/OL]. 石泉县人民政府网，2022-04-09，https://www.shiquan.gov.cn/Content-2399614.html.

腹地的传统村落之一，拥有悠久的蚕桑养殖历史，远在西周时期（公元前771年）就有了兴桑养蚕的记载，文化内涵丰富。特别是，作为当地重要人文资源的蚕桑文化，鎏金铜蚕便是在这里出土，同时见证了古丝绸之路的历史。

在此背景下，明星村因地制宜，借助依据自身资源优势，将资源优势转化为产业优势，大力发展蚕桑产业，用旅游业承载其独特的文化，实现文旅融合发展。

7.8.3 做法及成效

明星村着重从蚕桑产业链入手，深入挖掘本村发展资源，将生态和文化作为发展的两大内涵，形成"党建引领、产业支撑、业态融合、旅游兴村"的融合发展乡村振兴之路。

（1）探索"党建+"模式，发展特色产业

明星村坚持把"党建+"作为助推乡村振兴的有效途径，积极构建"党建+"模式，深入贯彻新发展理念，为开创乡村振兴新局面提供坚强保证和有力支撑。

长期以来，虽然明星村的每家每户都建有桑园，但大都未形成规模化经营，再加上劳动力大量输出，导致桑园被限制，造成资源未能发挥出其应有的经济效应。因此，明星村党支部开始坚持按照"支部+合作社+公司"发展模式，坚持以生态优先、绿色发展为主线，以此来推动产业高质量发展。一是依据"以党建为引领、助推产业发展"的工作思路，积极探索出了一种"猪—沼—桑、猪—沼—果、桑—园—鸡"的生态循环发展模式，为发展乡村旅游产业奠定坚实基础。二是坚持选人用人为导向，不断优化干部领导班子结构。针对本村农户养蚕技术良莠不齐、家庭养蚕费时费力等难题，村党支部专门成立了蚕桑合作社党支部，牵头修建小蚕共育室，组织实行小蚕集中供养，通过养蚕技术较好的党员对养蚕农户进行一对一培训的方式来节省劳动力、推广养蚕技术，同时邀请专家进行现场指导，做好特色培训，提升农户养蚕的技能水平，发挥党员干部在种植养蚕、技术升级中的示范引领作用，补齐农户理论水平、实践技能的短板，实现养蚕质量和数量的双重提升。三是在石泉县2020年正式成为全国全域旅游示范区、县委和县政府全面推进全域旅游发展的大背景下，由村党支部牵头，明星村迅速成立了由集体经济控股的陕西明星沧海桑田旅游文化公司，借助万亩桑海这一自然景观，利用金蚕文化和农耕文化的人文资源优势，按国家 AAAA 级标准建设"沧海桑田·乡村明星"景区。

明星村积极推动党建与蚕桑产业、乡村旅游等深度融合，坚持典型示范、以点带面，打造产业富民、产业富村的发展格局。截至目前，明星村全村已有养蚕大户 281 户，建设高效密植桑园 6000 多亩，新建改良密植桑园 1000 多亩，全年养蚕 6000 多张。还发展了桑园养鸡、桑园套种，亩桑产值达 2 万元。现有桑园养鸡示范点 30 多处，年养鸡 20 万只；发展万头猪场 3 个，千头猪场 22 个，村民人均纯收入多年来一直在全县名列前茅。郁郁葱葱的桑园在美化生态环境的同时也给当地群众带来了可观收入。2020 年，蚕桑、畜牧产业年产值突破 2 亿元。"醉美桑海博览园"景区年接待游客 100 万人，给当地带来 3000 万元的经济收入。

（2）推行"三变"改革，实现收入双增长

农村的"三变"改革是指资源变资产、资金变股金、农民变股东，改革的重点是"变"，在激活市场、激活主体、激活要素的过程中壮大农村集体经济，从而增加农民的财产性收入，"三变"改革归根结底就是要促进农民增收。明星村通过"三变"改革，极大地促进了农业适度规模经营，增强了农村集体经济实力，拓宽了农民增收致富渠道，促进了农业增效、农民增收、农村繁荣，充分显示了这项改革探索的强大创造力和生命力。

一是在撤并三个村之后，明星村迅速成立党总支，盘活闲置公共资产、土地、农民房屋和公共设施设备等资源，对这些资源进行统一开发和集中流转，由集体经济控股的旅游公司进行统一管理、统一筹建。根据房屋的面积大小和新旧程度，公司每年支付业主 0.3 万到 1 万元不等的租金；核心区的 2300 亩连片桑园和闲置土地交由公司发展种植业（蔬菜、果桑等）或建设万亩桑海。全村现已盘活村集体闲置房产 3 处、农户闲置房屋 27 户，闲置土地资源改建为游客接待中心、旅游商品展销中心、研学宾馆和精品民宿等，配套建设了桑栖旅游环线、生态停车场、旅游公厕等服务设施，使分散的资源集中形成规模效应，闲资源变成活资产，实现了"资源变资产"。二是按照"集体经济牵头、引导全民参与"的思路，通过整合项目资金、引入集体资源、盘活闲置资产等多种运营模式，加大各类资金的整合力度，引导和动员景区周边的农户自愿将资金、土地、房屋等入股到经营主体，使之成为股权投资人，投资农户共同参与分红。明星村党支部将 680 万元整合资金和 170 万元农民入股注入村集体股份经济合作社，公司营业收益的 51% 需提交村集体经济，村集体按股权享受"6% 固定分红 + 经营利润"，农民则按股份比例分享收益，变"一次性"投入为"持续性"增收，在提高资金使用率的同时形成农民稳定增收的长效机制，农民的增收方式由原本单一的种养业收入向生产经营性收入、财产性收入和工资性收入等多方面拓展，让农户成为产业链、资金链、供应链、价值链的参与者和受益人，实现了"资金变股金""农民变股东"。通过"三变"改革，明星村集体收入每年得以稳定在 40 万元以上，打破了"空壳村"的僵局。2021 年，明星村村集体经济收入达到 138 万元，人均年收入则突破 2 万元，实现了集体经济收入和村民人均收入双重增长。

（3）唱响蚕桑文化，加快三产深度融合步伐

推进农村一、二、三产业融合发展不仅是实现城乡一体化发展的重要途径，还是提升农民增收的重要手段和推动农村地区可持续发展的客观要求，是加快中国农业现代化发展的重要组成部分。明星村以农旅融合、文旅融合、生态循环发展为导向，加快推进以蚕桑产业为主导的各产业之间的交叉融合，立足于本村实际，纵深推进具有当地特色农业产业链延伸性融合，促进形成了三产融合利益共同体。

依据"文化引领、融合发展"的思路，明星村不断深挖以蚕桑文化、农耕文化和丝路文化为内涵的金蚕文化，持续开发利用兴桑养蚕的悠久历史和文化内涵丰富的"鎏金铜蚕"所具有的人文价值，使"鎏金铜蚕"焕发出新的生机活力。

一是坚持科学规划。明星村严格按照高起点规划、高标准建设、高效益推进的原则，结合《中国金蚕小镇总体建设规划》编制了《醉美桑海博览园建设规划》，对公共基础设施建设提升、万亩桑海景区美化、旅游服务配套设施建设和旅游商标品牌设计等都进行科学具体的规划，着力把明星村从一个传统的农业村打造成为宜游、宜业、宜居的旅游示范村。

二是以蚕桑为主导产业，实施全业态培育和开发。首先，第一产业延长产业链，种植品种从单一的桑叶养蚕向蚕桑、蛋白桑、观赏桑等 2000 个品种多元化发展；利用兴桑基础，建设桑果采摘园、优质高效桑园、蛋白桑体验园、古桑观赏园等多品种桑园区，桑园总面积达到 5000 亩。其次，第二产业补长产业链，明星村围绕倾力打造的蚕桑副产品，开发出了桑叶

茶、桑叶饼、桑葚酒、桑叶粉条、桑叶面条等富硒食品以及蚕丝衣被、"鎏金铜蚕"文创产品、土法豆品、乡村炒货等特色旅游产品，同时依据"三联"机制，联动周边顺风香李、柏安黑猪、良田大米等特色农产品共同开发旅游商品。最后，第三产业强化产业链，将蚕桑文化与生态旅游紧密结合，对蚕桑文化底蕴进行深度挖掘。开发特色餐饮、亲子农场、桑海垂钓、年俗文化休闲康养旅游等娱乐项目，建成观景平台、山地摩托车赛道等旅游景点；新建蚕桑科普馆及研学基地，开展养蚕示范教学、桑园体验采摘、蚕茧手工制品、手工抽丝剥茧、丝绸印染等体验项目，为旅游产业注入新的动能；将土坯瓦房进行统一改造，开办个性化民俗客房，建设集精品民俗、"天空之镜"、"空中漂流"滑道、智能化蚕室于一体的"沧海桑田"旅游景区。现已完善运营 20 户农家乐，建成西北最大的桑品种博览园，招商引进 5000 万元开发 200 亩"樱花园"，投入 8000 万元开发占地 500 亩的"桑空"游乐项目，不断丰富农旅融合新业态。目前，明星村的旅游业已带动 1600 余人融入产业链，带动乡村景区及周边 50 余家民宿、餐饮及 2000 多名农户增收，就地吸纳解决群众务工 200 人，其中仅贫困户直接参与达 80 多人，带动明星村 50% 的农户实现致富增收。

三是实施乡村美化行动，完善公共基础、旅游服务设施。为满足不同游客的需求，明星村利用兴桑基础，倾力打造门户服务区、桑果采摘区、桑林植栽区、蚕桑科普区、桑间游乐区五大板块；配套建设了星级旅游公厕、桑海休闲步道、生态停车场、智慧旅游系统、景区内环景观环线等公共基础设施；与此同时，明星村积极开展村庄维护和美化工作，加大对污水排放、垃圾治理、乱贴广告等集中整治力度，跟进道路绿化美化净化，显著改善了村庄生态环境，实现了村庄绿化美化。

7.8.4 总结与评价

明星村始终坚持绿色生态发展的理念，在着力打造以蚕桑产业为基础、以金蚕文化为特色、以万亩桑海为背景的农旅融合示范村的过程中，重视党建引领的示范作用，积极推行农村"三变"改革，注重把自身的自然资源与人文资源相互结合，形成具有地方特色的乡村旅游体系，实现了蚕桑产业与文旅产业特色双产业快速、有效地融合发展，走出了一条属于自己的特色发展之路，也走出了一条"绿水青山就是金山银山"的新路子，从而在乡村振兴的道路上越走越好。

明星村发展建设取得的成果实践探索,也为我国其他各地在产业振兴方面提供了经验借鉴。第一,实现乡村振兴,党建引领是重要保障。要充分依托当地党支部带动作用推进产业振兴,利用当地独特的自然资源与环境,规划设计出独具特色的旅游产品,并对当地农业资源进行科学合理的规划与引导。第二,发展壮大乡村产业,适合是前提。必须因地制宜结合本地的特产和资源、推动优势特色主导产业发展,一、二、三产业的深度融合发展只有在符合自身的地域特点的条件下才能实现长富久安、稳定持续地提升农民收入。第三,群众是实现乡村振兴的主体。我国脱贫攻坚与乡村振兴的根本是解决群众的收入问题,要充分调动农民群众参与的积极性,发挥农民在乡村振兴中的主体作用,让农民群众共享乡村经济发展的效益成果。第四,注重经济发展与环境保护协同共进。自然资源是经济可持续发展的原动力,只有良好的环境质量才更有利于社会经济结构的调整和发展,要坚决守住生态环境底线,立足本地生态优势和资源优势,坚持协同推进经济高质量发展和生态环境高水平保护。

7.9 青海玛多打好生态产业发展组合拳

7.9.1 案例概况

果洛藏族自治州玛多县地处青海省南部,位于国家三江源国家级自然保护区的核心腹地,是万里黄河流经的第一县,曾一度凭借水草丰美、湖泊密布的自然禀赋优势成为全国牧业首富县,全县不足6000人,却拥有近70万牲畜。但由于长期过度放牧所导致的草原退化和气候恶化使得玛多县跌入"资源诅咒"的陷阱之中,一度衰落为全国最贫困的县区之一,居民生活贫困与生态环境治理之间的矛盾渐显。近年来,玛多县以藏羊产业为主,发挥藏羊肉、毛、种的优势,兼顾牦牛产业,打造藏羊良种繁育示范区,通过构筑以发展生态畜牧业为主的长效机制,实现了生态保护和经济发展的平衡,于2019年完成了脱贫摘帽的任务,解决了绝对贫困的问题,实现农牧民人均可支配收入7465元,高于退出标准190元[①]。2015—2021年相继入选青海省农村牧区精神文明建设先进县、紧密型县域医共体建设

---

① 玛多县按期完成脱贫攻坚目标任务[EB/OL]. 果洛州藏族自治州人民政府网,2019-03-01,http://www.guoluo.gov.cn/html/106/309025.html.

试点县、国家数字乡村试点地区、国家乡村振兴重点帮扶县和屋顶分布式光伏开发试点县。

7.9.2 形成背景

玛多县依托"玛多藏羊"优势资源,围绕打造绿色有机农畜产品输出地,深化农牧业供给侧结构性改革,在生态畜牧业的带动下,玛多县的经济实现了可持续发展,农牧民的生活水平得到了明显的改善,全县GDP由2011年的1.421亿元增加到2021年的3.617亿元,农村居民人均可支配收入从2011年的2839.87元增长到2021年的10266元。

在脱贫攻坚时期,玛多县生态畜牧业的发展主要是依托政府的财政补贴进行农畜产品的开发和优化,并通过政府、企业、合作社、电商、养殖基地、牧民等主体的共同参与形成的发展机制,以带动农牧民的持续增收、实现草畜平衡为目标,探索出一条兼顾经济效益和生态效益的实践道路。在生态扶贫的前期,政府对合作社及企业给予一定的政策倾向;在牧区实行草原生态保护补助奖励政策,根据草场的功能特质,将玛多草原划分为禁牧区和草畜平衡区,并依据面积、户数、人口、总资金量等因素提供财政补贴;在三江源国家公园范围内设立公益岗位,采取一户一岗制,吸纳"过剩的牧民"成为"山水草林湖"的生态管护员。在生态扶贫的投入阶段,政府利用东西部对口支援这一平台,整合相关资源,利用帮扶资金完善围栏、暖棚、饲草基地等草原基础建设。

从生态成效来看,自玛多县实施生态畜牧业以来,环境恶化的现象得到了初步遏制,生态环境的改善使得黄河源头水源涵养能力不断提升,2000—2020年玛多县水体、湿地面积和草地综合植被盖度逐年增加,扎陵湖、鄂陵湖湖泊面积较2015年分别增大74.6平方公里和117.4平方公里,湖泊数量由原来的4077个增加到5849个,湿地面积增加104平方公里,野生动物种群由17目29科79种增加到21目46科106种,年平均产草量187公斤/亩,草地综合植被盖度为56.3%[①]。

从减贫成效来看,牧民的生活水平得到了进一步改善,政策性收入占牧民人均可支配收入的比例不断增加,成为牧民群众主要收入来源,2019

---

① 《中国这十年》黄河源头整体生态功能从"基本稳定"转向"轻微变好"[EB/OL]. 中国新闻网,2022-10-13,http://www.chinanews.com.cn/gn/2022/10-13/9872328.shtml.

年如期完成了 11 个贫困村 1721 户 5075 名贫困人口实现稳定脱贫的目标任务。然而玛多县经济基础薄弱、产业结构单一，且地处限制或禁止开发区域，虽然有《草原生态保护补助奖励政策》等政策的支持，但难以建立长效的生态补偿体系，亦无法激发产业发展的内生动力。因此，玛多县在不断完善生态畜牧业机制、创新村集体经济发展模式的基础上，利用光照时间长的优势发展光伏产业。2016 年，国家电网公司投资 9282 万元，在格尔木市易地建设定点扶贫玛多县 10 兆瓦光伏电站，所得收益全部用于玛多县贫困人口脱贫，电站为玛多县 1144 户贫困户年均每户增收 3300 元以上，形成了"直接精准到村、收益长期稳定、村民获得感强、可以复制推广"的电力扶贫典型模式，被国家列为精准扶贫十大工程之一①。在巩固拓展脱贫攻坚成果与乡村振兴衔接阶段，玛多县进一步形成了"光伏产业+生态畜牧业+就业"的新模式。

7.9.3 主要做法

在巩固拓展脱贫攻坚成果与乡村振兴衔接阶段，玛多县主要依托光伏产业和生态畜牧业两大产业，以上一阶段所形成的产业基础和资金积累为条件，以提高牧民的技术能力、增强牧民就业能力和拓宽牧民增收渠道为抓手，通过生态振兴带动乡村的绿色发展。玛多县最终探索出了一条以生态畜牧业为核心的"光伏产业+生态畜牧业+就业"模式，其主要做法体现在如下三个方面：

（1）光伏发电赋能乡村振兴

2018 年 10 月，国家电网公司投资 3200 万元建成玛多县 4.4 兆瓦村级光伏扶贫电站，光伏项目的建设惠及玛多县 11 个贫困村 621 户贫困户 1774 名贫困人口，发电所产生的收益 60% 用于发展村集体经济，40% 用于开发公益性岗位，使得户均每年稳定增收达 7000 元以上，可持续扶持达 20 年以上，为 11 个贫困村村集体经济收入提供有力保障，使玛多县顺利打赢脱贫攻坚战成为可能②。至此，光伏产业作为玛多县又一大产业支柱，与格尔木市易地建成的发电站共同形成玛多县域内外的两大板块，

---

① 光伏扶贫——牧民的"阳光存折"[EB/OL]．中国民族宗教网，2019-12-16，http://www.mzb.com.cn/html/report/191231650-1.htm.
② 我国海拔最高的村级光伏扶贫电站在三江源并网发电[EB/OL]．中华人民共和国中央人民政府网，2018-10-13，http://www.gov.cn/xinwen/2018/10/13/content_5330215.htm.

成为玛多县巩固拓展脱贫成果的"绿色银行",为进一步推动乡村振兴提供保障。

2022年玛多县以打造"牧光互补"样板为目标,着手羊棚的提升改造项目。"花石峡镇200兆瓦牧光互补复合型光伏发电"项目和"分布式光伏整县推进"项目的建设,充分发掘和利用了本地的资源优势,标志着玛多县的绿色发展进入新的阶段。在壮大村集体经济方面,玛多县为鼓励更多主体参与光伏产业,将土地集中流转,按照合作社村集体经济效益资金入股的方式,量化入股光伏产业项目,拓宽村集体经济的收入,使更多的牧民共享发展的成果。在改善民生方面,光伏产业的全面推进,使玛多县村落的道路、网络覆盖等基础性资源得到完善和加强;依靠光伏发电技术形成了"光伏+蓄热式电暖气+蓄电池"的惠民模式,保障牧民"取电用电"便捷性和安全性的同时,减少了烧散煤和牛粪的牧户数量。清洁采暖、环保节能的取暖方式也减少了碳排放量,为我国早日实现"碳达峰"做出有益贡献。

(2)畜牧产业转型升级

脱贫攻坚时期,玛多县的畜牧养殖业已初具规模,在东西部协作战略的帮扶下形成了抵御自然风险的能力。进入新发展阶段,玛多县在生产、交换和分配环节进行了积极探索和完善,同时鼓励产品研发和创新,使得"玛多藏羊"在2021年成功入选青海省科技厅重大科技项目,增强了产品的竞争优势。

在生产环节,玛多县利用上海援建政策和资金对畜牧业的产业链进行延长。2013年"玛多藏羊"已然获得农业部颁发的农产品地理标志,但藏羊养殖并未形成完整的产业链条,2017年至2019年上海市的扶贫资产的持续投入和基础设施建设的不断完善,成为玛多县生态畜牧业迅速壮大的"强心剂",帮助牧民抵御了自然灾害。随后,上海帮扶队在30个村生态畜牧业专业合作社相继建成藏羊繁育基地,投资建设以制作酸奶、酥油等奶制品为主的奶站,打造出一条生态畜牧业循环产业链,企业和合作社在加速草原畜牧业从粗放经营向精细管理转变中,不断优化畜牧业产品的品质,增加产品附加值,使得"玛多藏羊"品牌在2020年成功入选上海市对口帮扶地区"百县百品"名录。全县共建成合作社产业发展藏羊养殖基地20处、牦牛养殖基地6处、饲草基地2处、奶站2个;草地生态畜牧业试点社

4处。共投入各类资金8518万元，实施生态畜牧业建设项目10大项[①]。

在交换环节，玛多县采用"互联网+"的模式，搭建电商平台以拓宽农产品的销售渠道，形成了县、乡、村三级电商框架，在2019年被确定为电子商务进农村综合示范县，2020年入选国家数字乡村试点地区。2021年，玛多县电子商务公共服务中心建成并投入运营，以政府、企业、合作社、农牧民为服务对象，以扩大品牌效应、提高产品的知名度为目的，利用线上、线下相结合的推介平台，提高了"玛多藏羊"等农畜产品的知名度和美誉度。电子商务公共服务中心的作用具体表现在以下方面：一是实现本地工艺品、农畜产品、土特产品、文化历史、人文地理等多方面的展示、传播、推广，更好地为当地牧民做好电商服务。二是为全县企业电子商务发展提供设计包装、人才培训、营销策划、创业孵化、服务外包、宣传推广、咨询服务等一系列的系统性、综合性服务。三是为政府提供决策支撑服务，三级电商框架对玛多县电商物流、销售、站点营销等情况进行了全面数据监测，为特色产品上下行、目标受众、产品销售情况等建立了统计数据库，为推动政府制定相关配套政策提供依据。

在分配环节，玛多县积极探索激励相容的发展机制，不断进行合作社股份制改造，探索出了"党支部+合作社+牧户"的运营模式和多元的分红模式。在发展藏系牛羊特色养殖业方面，以各村党支部为核心，将帮扶资金投入"养殖合作社"项目中，以村集体经济入股分红的形式，实现村集体和牧民群众"双收益"。2019年，上海对口援建队伍在玛多县建成资产收益大楼并投入使用，增加了牧民的财产性收益，建成大楼后通过商户出租的形式取得资金，最终将资金返还给牧民，此后又逐步探索出扶贫商贸城、黄河源大酒店、富民宾馆等分红模式。除此之外，对脱贫户和边缘户的扶贫小额贷款和新型经营主体发展生产贷款，给予财政贴息支持，带动脱贫户和边缘户增加收入。

（3）职业技能提升促进就业增收

村民是生态非正式制度的执行者，是生态产品的生产者，是生态环境保护的行动者，只有将农牧民培育为真正的生态公民，激发与唤醒村民的生态意识，矫正村民的生态行为，才能使其成为乡村生态振兴的主体承担

[①] 王玉娟.产业进阶跃升:好山好水发"羊"财[N].青海日报,2022-12-08(008).

者（王山林，2022）。近年来，玛多县逐步完善全民生态保护机制，从培育全民生态意识的角度出发，在三江源国家公园范围内设立公益岗的基础上，广泛吸纳"过剩牧民"，通过培训使牧民逐步由草原消费者转变为生态管护者，将原有的生态管护补助由 1400 元提高至 1800 元，将生态管护员的数量扩大至 3142 名。

实施"以培训带动创业、以创业带动就业"的工作模式。2021 年，玛多县开展"雨露计划"短期技能培训，在全县脱贫户劳动力中，通过对具有培训意愿的贫困劳动力开展短期技能培训，使其掌握一技之长，进而实现贫困劳动力稳定就业、稳定增收，激发内生动力。对全县 4 个乡镇 30 个村脱贫户家庭中的青壮年劳动力（年龄在 18～45 周岁），开设酒店服务、叉车司机、农家乐、电焊工等专业技能培训提升脱贫户的就业能力，利用村集体经济和光伏扶贫效益资金设立公益性岗位 285 个。

充分依托上海对口就业服务站的工作平台，继续加强与上海企业的协作沟通力度，拓宽了玛多县劳动力的劳务输出和就业渠道，通过输出劳动力实现增收致富。在政策方面，通过出台《玛多劳动力转移就业奖励办法（试行）》，加大全县高校毕业生及农牧民转移就业力度，为赴上海转移就业满一年的高校毕业生兑现稳岗奖金，进一步激发广大牧民群众及高校毕业生转移就业的积极性与主动性。

7.9.4 评价与借鉴

玛多县利用"光伏产业 + 生态畜牧业 + 就业"的发展模式，实现了脱贫地区"输血模式"向"造血模式"的转换，产业提档升级促进了牧民收入的持续增长。玛多县受气候环境和地理位置的限制，缺乏对供应商、企业和人才的吸引力，过去只能单一依靠牧业进行发展，而光伏产业的引入，使得其产业结构多元化，破解了资金短缺的瓶颈，促进了生态畜牧业的发展壮大。以解决就业问题作为导向，使得以发展畜牧业为主的玛多县形成了新的业态和产业形式，并利用公益岗位、技术培训以及就业转移等方式拓宽牧民的收入渠道，激发了脱贫人口的内生发展动力。玛多县兼顾生态效益和经济效益的发展经验是：第一，以民生发展为核心，探索出了"光伏 + 蓄热式电暖气 + 蓄电池""牧光互补"等模式，并从激发全民的生态保护意识出发，建立了全面生态保护机制，解决了减贫与生态之间的矛盾，促进了牧民收入结构的多元化；第二，充分发掘本土的资源优势，依靠"玛多藏羊"的品牌效应扩大产业规模和延长产业链；第三，结合电商平台，形成县、乡、村三级的电商框架，推动农畜产品的销售和推广。

生态宜居是乡村振兴的关键，良好的生态环境是农村最大优势和宝贵财富[①]，而处于限制开发区域和禁止开发区域的地区如何实现产业兴旺和农牧民的生活富裕是一大现实难题。从长期发展的角度，新能源变革必定是时代进步的大势所趋，光伏发电等新能源产业必然有广阔的市场前景。将生态农牧业与光伏产业相结合所形成的"牧光互补""光伏大棚"等产业模式对促进生态振兴具有深远的意义。玛多县"光伏产业+生态畜牧业+就业"的发展模式，对相似资源禀赋的地区推动乡村振兴具有重要的参考价值。

7.10 四川稻城依托生态旅游实现可持续发展

7.10.1 案例概况

四川稻城独特的地貌结构孕育了壮美的自然景观，但由于缺技术、缺劳力、缺土地、缺资金等原因，当地的贫困情况比较严峻，县里曾有1/5的人口处于贫困线以下，是"三区三州"深度贫困县。近年来稻城县通过"坚持生态保护，夯实生态旅游基础"落实"旅游+"模式，丰富旅游产业类型、实施生态惠民新模式，调动人民群众的积极性，于2019年摘掉了贫困县的帽子。这一系列措施既保护了生态环境，又增加了人民群众的收入，提升了人民的生活水平，走出了一条"生态旅游"可持续发展的路子[②]。

[①] 中共中央 国务院关于实施乡村振兴战略的意见[EB/OL]. 中华人民共和国中央人民政府网，2018-02-04，http://www.gov.cn/zhengce/2018-02/04/content_5263807.htm.

[②] 本案例主要参考以下网页、报刊：兰珍. 生态立州 甘孜擦亮"绿"底色[N]. 四川日报，2022-06-28(008)；兰珍. 甘孜探索多样化"生态+"模式[N]. 四川日报，2021-12-29(009)；杨琦. 甘孜今年争创1个国家"绿水青山就是金山银山"实践创新基地[N]. 四川经济日报，2021-08-03(1)；曾关和. 以全域旅游带动全面发展[N]. 人民日报，2016-11-07(007)；四川稻城亚丁景区管理局. 志比山高 敢为人先 雪域高原上的厕所革命[N]. 中国旅游报，2019-01-01(A03)；稻城县人口数据[EB/OL]. 红黑人口库网，2022-11-16，https://www.hongheiku.com/xianjirank/scrkpm/6703.html；稻城县2021年国民经济和社会发展统计公报[EB/OL]. 稻城县人民政府网，2022-08-08，http://www.daocheng.gov.cn/dcxrmzf/c105243/202208/9c5fef33209f447aa630d6a3ab061629.shtml；稻城概况[EB/OL]. 稻城县人民政府网，2022-08-08，http://www.daocheng.gov.cn/dcxrmzf/c102540/ypwz.shtml；樊玉良. 发展全域旅游助推乡村振兴[EB/OL]. 康巴传媒微网，2019-12-31，http://www.kbcmw.com/3g/show.asp?m=1&d=57488；稻城县聚焦"生态宜居"提升人居环境助力乡村振兴[EB/OL]. 甘孜藏族自治州人民政府网，2022-01-04，http://www.gzz.gov.cn/gzzrmzf/c100045/202201/fa23bef5acf84101b0bed373e11a69.shtml；稻城县念好"生态经"，让草原湿地变金山银山[EB/OL]. 稻城县人民政府网，2022-04-02，http://www.daocheng.gov.cn/dcxrmzf/c102438/202207/b64cbf8a5ec043679880d1f105d84561.shtml.

7.10.2 背景分析

稻城县位于中国四川省西南边缘，甘孜州南部，地处青藏高原东南部，横断山脉东侧。其所在地海拔 3750 米，为甘孜州第四高城，属大陆性季风高原型气候，垂直分布成三种气候带，即高山寒带、山地寒温带、山地暖温带。稻城地势北高南低，境内垂直高差超过 4000 米，立体气候明显，独特的地貌结构孕育了壮美的自然景观，是"川滇藏"大香格里拉旅游区的核心区。北部海子山自然保护区，因分布有 1145 个大小湖泊而得名，是青藏高原最大的古冰体遗迹，以"稻城古冰帽"著称于世。南部亚丁风景区，以"三座神山"闻名世界，被誉为"香格里拉之魂""中国浅表地热之都""天文爱好者的家园"。

稻城县幅员面积 7323 平方公里，全县辖 11 乡 3 镇 121 个行政村和 3 个社区居委会。2014 年识别贫困村 55 个、贫困户 1268 户、贫困人口 5614 人，贫困发生率为 20.25%，属"三区三州"深度贫困县。2021 年，稻城县的人口为 3.3 万人，其中 96% 为藏族，城镇化率为 23.54%，农村人口占总人口的 76.46%。稻城的贫困情况曾经比较严峻，由于稻城县位于横断山脉东侧，地处四川的边缘地区，基础设施建设比较落后，交通极为不便，地理区位制约了其经济发展。稻城的经济以农业、畜牧业为主，对自然环境破坏小。正是由于这不利的地理区位使得该地区绝大多数生态资源得到了很好的保护，为之后变"绿水青山"为"金山银山"留下了好底子。在此背景下，稻城县凭借其独特的自然资源优势，多年来对生态环境进行保护和合理开发，为之后的发展打下了坚实基础。2019 年，稻城县正式脱贫摘帽，退出贫困县序列。稻城县先后荣获第三批"绿水青山就是金山银山"实践创新基地、国家卫生县城、中国最美县城第六名、省级文明城市等多项荣誉或称号，入选四川省首批十大"天府旅游名县"之列。2021 年稻城县地区生产总值 14.04 亿元，全年人均地区生产总值 42820 元。

7.10.3 做法与成效

稻城县通过"坚持生态保护，夯实生态旅游基础""落实'旅游+'模式，丰富旅游产业类型""实施生态惠民新模式，提升人民群众的积极性"三大举措成功脱贫，实现了生态效益和经济效益的共赢。

第一，坚持生态保护，夯实生态旅游基础。稻城县坚持打好水、气、土污染防治"三大战役"，制定《稻城县农村人居环境整治三年行动方案》，落实节能减排责任制，实现"三高一低"零入驻。稻城县持续实施天保、退耕还林、退牧还草"三大工程"，实施草原禁牧补助，增加重点公益林管护及集体和个人商品林停伐补助，严格落实河长制，启动傍河河道保护岸线划定，生态环境保护成效显著。近年来，稻城县环境空气质量优良天数比例均达100%，2018年逐月环境空气质量全部位居四川省前10位，城市集中式饮用水源地水质达标率100%，全部达到或优于Ⅲ类区的标准，森林覆盖率47.8%，林草覆盖率79.4%，生态环境质量状况指数比2017年提高2.3%。同时，稻城县创新生态修复模式，注重全景式打造、全社会参与、全产业发展、全方位服务、全区域管理，持续推进"山植树、路种花、河变湖"工程，在海拔3800米的傍河流域植被修复困难地段成功培育了8万亩青杨防护林，恢复了金珠镇周边植被，建成金珠省级湿地公园，绿化亚丁景区节点300亩，绿化机场至香格里拉公路沿线道路103公里，提高了当地生态环境的质量，增强了生态产品的供给能力。此外，稻城县还创新出高寒厕所新模式，改善水环境质量。坚持"以商建厕、以商养厕、以商管厕"的理念，建立"建管养用"链条服务模式，采用先进的泡沫封堵微生物降解环保节能技术，做到真正的无污染、无排放，确保厕所在零下数十度的环境中也可以正常使用，解决了高原地区无公共厕所的传统难题。目前稻城县已建固定厕所18座，单体移动厕所26个，蹲位370个，实现旅游厕所从数量到质量的全面提升。除公共厕所改造外，稻城县还实施农户卫生厕所"五改三建"项目、生活污水治理项目，积极推进村庄清洁行动，以"清洁村庄助力乡村振兴"为主题，着力抓好"三清一改一提升"，建立健全村庄保洁员聘用管理、职责任务、监督考核等长效管理机制按照"集中居住集中处理，分散居住分散处理"的原则，全面推进农村生活污水处理工程。截至2022年1月，已完成农户卫生厕所改造5213户，覆盖率达100%，新建、改造无害化卫生厕所542户，普及率提高10.5%，聘用农村保洁员495名，实现行政村保洁员全覆盖，完成23个行政村污水处理设备安装、调试。亚丁景区获得了中国旅游景区协会授予的"中国旅游景区'厕所革命'培训基地"、厕所革命"全国示范点"的荣誉称号，《稻城亚丁推进厕所革命行动宣言》得到中国旅游景区协会的全球发布。

第二，落实"旅游+"模式，丰富旅游产业类型。一是发展"旅游+

体育",打造国际山地旅游目的地,稻城连续五年举办龙腾亚丁天空跑国际性赛事,吸引全球上千名顶尖选手参赛,国际美誉度进一步提升;全力打造"户外天堂"山地旅游品牌,错位培育观光避暑、民俗体验、山地旅游、休闲康养等多元业态,走出一条体旅融合发展之路。二是发展"旅游+科技",稻城县投资20亿元建设高海拔宇宙观测站、子午工程二期圆环阵太阳风射电成像望远镜项目、军民融合1.8米光学红外望远镜、FY-4A卫星对月观测系统基地等重量级科学项目,建设全省首个天文公园、天文小镇,着力打造世界级天文旅游目的地。三是发展"旅游+文化",深度挖掘亚丁文化内涵,建成亚丁大剧院、亚丁非遗主题社区、全民健身中心、亚丁博物馆、文化馆、电影院,打造多业态集聚的亚丁天街,开展民俗表演、美食乐享和特色商品展售等;成功打造大型文化歌舞剧《亚丁三怙主》和《圣洁甘孜·亚丁情》,开发"稻城印象"本土特色文化旅游品牌,推出"亚丁文创"系列特色产品,打造大型歌舞剧《藏地密码》;逐步完善公共文化基础设施,不断丰富广大群众和游客的文化生活,让旅游更有"文化味"。四是发展"旅游+农牧",打造高原乡村旅游示范地,依托绿色食品资源,开发"稻城印象"系列特色农产品和"稻城味道"系列特色餐饮品种。通过生态旅游业的发展,稻城县从2010年甘孜州18个县中的经济落后县变为经济发展第二方阵,游客接待量从2014年的50万人次增加到2018年的415万人次,年均递增50%以上,旅游综合收入从2014年的3.5亿元增加到2018年的41亿元,年均递增70%以上。旅游业发展对稻城GDP的贡献超过50%,旅游收入对稻城县农牧民的增收贡献超过60%,旅游税收占稻城税收总收入的70%以上。

第三,实施生态惠民新模式,提升人民群众的积极性。2010年以来,稻城县委、县政府充分利用亚丁良好的自然生态旅游资源,围绕"保护促旅游、旅游促发展、发展促保护"的思路,以全域旅游统筹经济社会发展,以旅游服务、旅游消费为主的第三产业更加繁荣,旅游市场和城镇、农村商贸网点更加健全,传统商贸不断提升,金融、物流等现代服务业得到较好发展。首先,稻城县通过建立利益联结机制,坚持"股权量化、按股分红、收益保底"的原则,创新财政资金投入方式,运用市场化手段,将贫困村产业扶持基金量化到贫困户,投入到亚丁景区旅游发展公司。其次,稻城县还对现行的亚丁景区开发农牧民利益补偿分配机制进行改革,让贫困人口在绿色生态旅游发展中获益。按照每张门票1元钱的标准提取设立生态旅游扶贫基金。最后，通过设置公益岗位，提供多种生态补贴，实现生态惠民。稻城县出台《稻城亚丁旅游门票分红制度》，用门票收入为亚丁保护区内4个乡镇的农牧民进行分红，累计发放补贴资金5325万元，受益农牧民群众超过9000人。通过采用房屋租赁，盘活农村现有资产，推进农旅融合，使稻城县仁村50%以上的农牧民获得了就业岗位，70%的农村居民房屋实现资本化运作，2018年实现人均纯收入3.5万余元。稻城县的生态惠民新模式为藏区精准脱贫提供了可操作、可复制的样本和典范，成为在青藏高原地区较早实现脱贫摘帽的国家级深度贫困县，其中稻城县麻格同村成功入围"世界旅游联盟旅游减贫案例"。

通过以上举措，2019年3月，经省级脱贫攻坚成效考核第三方考核评估，稻城县贫困"发生率、错退率、漏评率"均为0，群众认可度达99.79%。同年4月，经四川省人民政府批准成功退出贫困县序列，实现了较高质量县"摘帽"。旅游基础设施建设取得进一步成就，亚丁机场扩航至成都、西安、泸州、重庆、杭州、昆明、康定7条航线，实施旅游产业发展项目22个，完成投资2.08亿元，自筹资金完成风貌改造、绿化工程、标示系统等配套建设，旅游产业发展基础进一步夯实。旅游服务能力逐步提升，建成星级宾馆、文化主题酒店和特色民居达到247家，接待床位达25873张、停车位7130个；开发推广特色餐饮，组建运业公司3家，加快旅游特色商品开发并投放市场；红草地、黑海等景区加快建设，亚丁引领、多点多极支撑的全域旅游发展格局逐步形成。稻城县在旅游扶贫实施过程中，创建了乡村旅游示范村项目，分别是所冲二村示范村、吉乙一村示范村；打造桑堆镇和香格里拉镇特色乡镇及叶儿红村、吉乙一村、拉木格村、桑堆村、仁村、亚丁村、仲堆村精品村寨，在旅游示范村中又创建民宿达标户3户，在全县创建民居示范户19户。旅游从业人员增至4000余人，占全县农业人口的近15%，就近就业成为贫困群众增收致富的一条重要途径。截至2019年年底，旅游业对稻城GDP贡献率超过52%、对农村居民人均可支配收入贡献率超过64%、对税收贡献率超过73%。全县贫困人口围绕旅游直接和间接年人均收入超过6100元，占总收入的64%；稻城群众围绕旅游直接和间接人均增收超过10000元，占总收入的70%以上。稻城旅游业，已成为全县老百姓生产生活的唯一"金饭碗"。稻城县通过在"旅游+"上不断扩展，旅游产业链上"挖效益"，实施"旅游+创业就业"，增加贫困群众收入，实施"旅游+特色产业"，增强辐射带动作用，实施"旅游+机制创新"，共享经济发展成果。

在未来，围绕生态振兴，稻城县要突出"三项措施"：一要突出绿色发展。切实履行国家主体生态功能区的责任，科学谋划国土空间、生产生活方式、价值取向等方面的"绿色化"实施路径，全力节能减排，探索推广生态循环农牧业发展模式，做大做强生态经济，凝聚全县上下"生态好则旅游兴、旅游强则群众富"的共识共为。二要突出恢复治理。坚定落实山水林田湖草系统治理要求，巩固环保督察和自查问题整改成效，巩固"三大工程"和草原生态奖补成果，全面开展生态环境综合治理，全力打好"大气、水、土壤"污染防治"三大战役"，坚定守住"生态红线、永久基本农田、城镇开发边界"三条控制线，深入推进"厕所、垃圾、污水"治理，全面实施扶贫解困、产业提升、旧村改造、环境整治、文化传承"五大行动"，进一步优化城乡环境。三要突出长效监管。实行最严格的生态环境保护制度，加强环境监管队伍建设，加大环境监察执法力度，强化环境保护责任追究，确保环境违法行为得到及时查处、突出环境问题得到稳妥解决、环境秩序得到有力维护，切实形成"党政统一领导、部门分工负责、全社会共同参与"的管理体制。

7.10.4 总结评价

稻城县通过"坚持生态保护，夯实生态旅游基础""落实'旅游+'模式，丰富旅游产业类型""实施生态惠民新模式，提升人民群众的积极性"三项主要措施，充分利用其生态旅游资源，不仅保护了生态环境，守护了"绿水青山"，同时稻城人民还得到了"金山银山"。全县农牧民人均可支配收入从2014年的7555元提高到2018年的11877元，累计增长达57%，贫困人口人均纯收入从识别时的1782.42元增加到2018年的9527元，增长434%，超过脱贫标准164.6%，全县及55个贫困村的贫困发生率均降至零，成功脱贫摘帽。

稻城县通过实践再次证明了习近平总书记的论断——"绿水青山就是金山银山"，这为其他相似地区发展提供了可操作、可复制的样本和典范。稻城县以发展生态旅游助力乡村振兴的模式，适用于具有一定生态旅游资源基础的地区。这一类型的地区可依托当地的生态资源优势，加强生态资源的保护和挖掘，推动发展生态旅游业，催生环境友好的新产业新模式，促进生态优势转化为发展优势，提高发展整体效益，从而实现旅游产业与生态环境保护共赢发展。待旅游产业发展取得一定成效，做大、做强、做精区域特色品牌，进一步通过"旅游+"拓宽产业链；同时做好利润分配，引导人民群众参与到旅游"链条"中，激发人民群众的积极性，在旅游服务中、在提供旅游产品中增收，以生态旅游带动乡村发展，更好地实现乡村振兴和高质量发展。

7.11 贵州丹寨借助万达文化小镇促进产业振兴

7.11.1 案例概况

丹寨县位于贵州省东部，黔东南苗族侗族自治州西部，国土面积940平方公里，下辖6个乡镇，1个街道。丹寨县是多民族聚居之地，以少数民族人口居多，占总人口大约89.33%。丹寨县原先贫困人口比例高，超过80%的贫困人口分布于6个乡镇边缘的大山深处，使得丹寨脱贫的任务十分艰巨。2014年，万达集团在丹寨修建文化小镇，作为集"吃、住、行、游、购、娱"六位一体的文化小镇旅游产业，丹寨万达文化小镇有效解决了广大贫困户的就业问题，有效提高了广大贫困农户的收入水平。经过三年的努力，万达文化小镇帮助80%以上的贫困人口实现了收入增长，摆脱了贫困。当前，巩固拓展脱贫攻坚成果同乡村振兴有效衔接成为丹寨县的重点任务。作为丹寨县最大的帮扶产业，万达文化小镇继续发挥其重要作用。

产业发展方面，万达集团利用少数民族特有的特色民族文化发展优势，根据文化产业消费发展方向，打造了一批独具特色的少数民族文化产业，形成"文化+产业"相融合的发展模式。在发展文化小镇产业的基础上，万达集团开始在丹寨地区打造职业技术学院。教育作为解决贫困农户有效获取收入的方法，良好的教育资源能够有效帮助农户适应社会发展的新变化，通过掌握必要的技能与方法帮助自己有能力获取足够的收入。通过将产业升级与教育发展相融合，农户不仅有效学习了新的技能与方法，而且掌握了如何将所学知识与产业发展相结合，进而有效提升自己的收入水平。

7.11.2 形成背景

(1) 民族文化底蕴丰厚

丹寨县作为贵州黔东南地区少数民族聚居地之一,在多年发展过程中保留了许多不同少数民族留下的多样化的民族文化资源。丹寨在历史上曾是多支苗族迁徙队伍的居留地,也是全国唯一完整保留着祭祀蚩尤的"祭尤节"的地方。在丹寨,民族风情浓郁,民俗节日众多,民族文化底蕴丰厚,拥有苗族锦鸡、锦鸡舞、古法造纸等8项国家级、22项省级、34项州级非物质文化遗产,有17个国家级传统村落、15个中国少数民族特色村寨,被誉为苗族文化的活态博物馆①。多种传统特色的苗族风俗文化,使得丹寨极具发展具有传统特色的少数民族特色村寨旅游的优势。

(2) 气候独特,自然资源丰富

丹寨县位于贵州省东南部,黔东南苗族侗族自治州西部地区,东与雷山县接壤,南靠三都水族自治县,西与都匀市、麻江县交界,北抵凯里市。丹寨县地处长江、珠江流域的清水江、都柳江水系上游分水岭,海拔在600~1700米之间,森林覆盖率达70.68%,属亚热带季风性湿润气候,夏季平均气温22.8℃,冬无严寒,夏无酷暑,自然气候得天独厚。良好的气候条件使得丹寨成为理想的旅游、度假、休闲、养生之地。在丹寨县内,共有15种矿产资源。得天独厚的自然环境、丰富多样的自然资源、舒适宜人的温度、寂静优美的森林使得丹寨县具备独特的自然风光优势。在多部门的协调配合之下,丹寨县逐步开发了一批独特的自然风光,在2012年获得"全国休闲农业和乡村旅游示范模范县"荣誉称号。

(3) 就业前景广阔

对于广阔农村地区而言,有效提升全体农村居民的收入水平是农村摆脱贫困的根本途径。丹寨是多样化少数民族的聚居之地。不同少数民族拥有不同的文化习俗和生活习惯,在发展过程中也创造了独具本民族特色的美食、服饰、歌舞文化等。对于许多少数民族居民而言,他们主要通过制作传统服饰、纺纱、销售少数民族特色美食、进行传统少数民族歌舞演出等方式来获取收入。然而,由于丹寨县位于黔东南苗族侗族自治州的大山深处,地理位置相对偏僻,同时在早期发展过程中丹寨县并未开发出独具

---

① 丹寨[EB/OL]. 丹寨县人民政府网,2022-05-13,https://www.qdndz.gov.cn/zjdz/dzgk/.html.

少数民族特色的村寨旅游景点,进而导致了丹寨县有效旅游需求的严重不足。许多依靠传统少数民族文化为生的少数民族居民持续处于贫困状态之中,急需通过整合优质的少数民族特色村寨旅游资源,打造具有特色的传统少数民族文化村寨小镇,进而提高少数民族居民的收入。根据中国旅游研究院《万达丹寨扶贫研究报告》测算,如果一年有100万游客来丹寨旅游,人均消费500元,仅此一项丹寨一年就能新增5亿元的收入。该报告还显示,若小镇运营后可提供2000个就业岗位,还可增加4000个为旅游小镇配套的就业岗位。据旅游投资与创造就业之间关系等计算方式,一个丹寨万达旅游小镇,可间接带动丹寨1万人就业,从根本上解决少数民族农民的生计问题。

(4) 交通区位优势明显

良好的交通区位、便捷的交通体系是推动不同地区人员流动的重要因素。因此,在开发景区过程中不仅要有效考虑景区资源、要素的富集程度,还要考虑景区道路交通设施的便捷程度。良好的道路交通会有效促进人员的流动。近些年来,随着连接贵广高铁、沪昆高铁和厦蓉高速、沪昆高速的凯阳高速的通车,丹寨县有效与贵阳以及其他贵州地级市建立了良好的联系。丹寨县距省会贵阳市110公里,距凯里市50公里、都匀市40公里,深度融入"凯里半小时经济圈"和"贵阳1小时经济圈"。[①] 此外,丹寨县面向珠三角,背靠大西南,随着便捷交通工具体系的建成,是贵阳、重庆等地通往"珠三角"及东南沿海的"桥头堡",成为贵州省南下通道经济带和承接泛珠三角产业转移的"前沿基地"。

7.11.3 主要做法

(1) 整合旅游资源,打造旅游小镇

旅游作为综合性极强的产业,集人们"吃、住、行、游、购、娱"六大需求以及探索传统文化于一体。一个良好的旅游产业链不仅能满足人们多方面的需求,而且能够展现不同区域的特色民族风情和文化。最初,万达集团选择在贵州黔东南苗族侗族自治州丹寨县修建文化小镇的目的在于通过整合丹寨独具特色的民族风俗旅游资源,同时有效利用丹寨县独特的自然风光景观,推动丹寨县整体旅游业从无到有的发展,进而推动丹寨县

---

① 丹寨[EB/OL]. 丹寨县人民政府网,2022 – 05 – 13,https://www.qdndz.gov.cn/zjdz/.html.

整体经济水平的提升,从根本上改变丹寨县贫穷落后的面貌。丹寨万达文化小镇是万达产业集团的精准扶贫的核心产业项目,占地400亩,建筑面积5万平方米,整体小镇采用苗寨、侗寨传统少数民族建筑风格,引入少数民族国家级传统非物质文化遗产项目,以及传统少数民族美食、民间手工艺项目、苗医苗药等传统少数民族特色内容,并且配套建设万达锦华度假酒店、万达客栈、万达宝贝王、万达影城等基础设施。万达文化小镇于2016年5月开始建设,2017年3月正式营业,仅用两年时间,就成为贵州游客量排名靠前的单个景区,被评为国家4A级景区。

自万达小镇开业以来,累计接待人流量1100多万人次,带动丹寨旅游综合收入55.2亿元。更重要的是,小镇还解决了1388个就业岗位,其中贫困户781名,并直接带动4704名、间接带动12810名丹寨贫困群众增收[①]。2017年正值全面打赢脱贫攻坚战的关键之年,万达小镇的开门营业不仅有效解决了众多少数民族贫困群众"就业难""生计难"等问题,带领众多丹寨贫困群众发家致富,更有效带动了丹寨的经济发展,使得丹寨成为国家第一批正式脱贫的县域之一。

在万达文化小镇经营建设过程中,万达集团发现,文化产业扶贫项目也要经历战略调整升级以及逐步深化定位和完善改进的过程,如今的众多少数民族村庄已经全部实现脱贫,正朝着实现乡村全面振兴的方向前进。为了进一步推动巩固脱贫攻坚成果同乡村振兴的有效衔接,丹寨万达文化小镇做出了一系列重大战略调整,优化了旅游资源,提升了产业发展水平:

第一,优化经营方式,提升动态监管水平。在丹寨万达小镇,周周有活动,月月有主题,常年不断举办祭尤节、万人长桌宴等丰富多彩的落地活动。在线上平台,小镇还与携程等6家主流在线平台达成战略合作,通过开展丰富多彩的线上活动,把小镇打造成网红小镇、打卡胜地;万达集团与抖音合作,开展丹寨拍杜鹃花海的抖音挑战赛,3天总播放量达到1.4亿次,使龙泉山一跃成为全国知名的杜鹃花景点,吸引了越来越多游客来丹寨文化小镇游玩,实现了小镇游客量的增长,进一步提升了小镇的消费水平,同时也展现了丹寨独具特色的少数民族风情文化和自然风光,不仅

---

① 韦倩,贾智.万达帮扶丹寨:打造社会扶贫新模式[J].当代贵州,2019(28):46-47.

有效巩固了来之不易的脱贫攻坚成果,更加夯实了实现乡村全面振兴的经济基础。

第二,共享管理体制。万达集团利用自己独特的经营管理体系优势,开创了独特的小镇经营管理模式。小镇通过运用万达集团自主研发的国内最为先进的智慧小镇管理系统,针对贫困户经营的商铺、店铺等建立贫困数据监测库,及时监测各贫困户的收入数据、主要消费品类、消费来源等,针对一些经营能力相对较弱的处于再次返回贫困边缘的群体,进行有策略性的经营管理方式方法指导,确保他们获取足够的收入,避免再次陷入贫困。针对一些经营效益相对较好的农户,通过鼓励他们进行新行业创业以及开发更加多元化的文创产品,同时配套政府创业资金补贴,进而推动这些农户能够适应消费形势以及需求改变的新形势,保证自己在新形势下能够获取更加可观的收入,为实现乡村全面振兴奠定良好的经济基础。

(2)打造职业学院

扶贫先扶志,治贫先治愚。对于许多农民来说,他们无法获取足够收入的原因在于他们缺乏必要的技能、知识与方法训练。现代化社会所需要的往往是具备多样化知识技能的高素质劳动力,而教育是提高广大农村劳动力水平的根本途径。良好的教育不仅能有效提高广大劳动者自身的道德文化修养,而且能够传授必要的知识和技能,进而提高劳动者的劳动能力。

随着市场结构以及消费主体、结构的不断变化,劳动力市场的结构发生了重大变化。对此,为了进一步有效提升广大农民的技能水平,万达集团耗资3亿元在丹寨县建设万达职业技术学院。万达职业技术学院总建筑面积约5万平方米,配套国内一流职业技术学院设施,可同时容纳学生2000名。2017年9月29日,万达职业技术学院正式开学,初期开设护理、会计、旅游管理3个专业,共录取学生404人。

考虑到来职业技术学院学习的主要群体,是已经实现脱贫但处于再次返贫边缘的相对贫困农户以及他们的子女,贫困发生率相对较高,对此学校建立了完善的帮扶政策以及助学资金支持政策体系。针对处于返贫边缘的具有良好劳动能力的用户,学院通过开设多样化技术培训课程、创业课程,进而确保这些农户能够及时了解最新的劳动力需求方向,掌握这些岗位所必须具备的相关知识经验以及技能,进而增大这些农户在劳动力市场找寻新的工作的可能性，从而保障他们的收入来源。

针对这些相对贫困农户的子女，学院通过校园助学津贴、国家助学金、国家励志奖学金、校园创新创业岗位等方式，降低相对贫困农户子女的家庭经济负担，确保不发生学生因贫困而辍学的现象。为了拓宽贵州万达职业技术学院毕业学生的就业渠道，万达集团承诺每年从学院毕业生中择优录取50%进入万达工作，同时，万达集团还在丹寨万达小镇搭建实践训练平台，帮助学生提高实践能力和就业竞争力，保证学生的就业率。

"职教一个，就业一人，致富一家"的职业教育发展理念，将从根本上斩断贫困代际传递，避免相对贫困群体再次陷入贫困，有力地促进丹寨及周边地区经济社会的发展，真正实现巩固脱贫攻坚成果同乡村振兴的有效衔接。这也是万达丹寨教育发展模式的一个显著特点，把教育作为"脱贫"和"富民"的有效衔接产业来抓，智力衔接、就业扶贫双管齐下，变单纯的"授鱼"扶贫为"授渔"扶贫。

(3) 设立专项资金扶持政策体系

为实现巩固拓展脱贫攻坚成果同乡村振兴有效衔接，万达集团在丹寨县设立了万达专项资金补贴支持体系，针对不同类型的人群给予不同类型的扶贫资金。针对鳏寡孤独以及重度残废等丧失劳动能力的特殊困难人口，为了有效巩固来之不易的脱贫攻坚成果，推动全体居民共同奔向小康，万达集团按照每年2000元/人的生活资金标准进行兜底性救助，确保这些缺乏劳动能力的特殊困难人群能够获取一定数量的收入维持基本生活，避免再次陷入贫困。针对因自然灾害等其他因素受困的人群，万达集团按照每人每年1100元进行阶段性帮扶，帮助这些人群度过经济相对困难时期，确保家庭稳定的收入来源。针对具有良好劳动能力、较强经营管理能力的农户，万达集团每年通过开展生产技能竞赛，并对表现突出的农户按照每人每年1100元的标准进行生产奖励性补助，有效激发了广大人民群众的劳动热情，带动了当地经济发展。

7.11.4 评价与借鉴

丹寨小镇通过采用"产业+教育+政策"三位一体发展模式，不仅有效巩固了来之不易的脱贫攻坚成果，带动了丹寨全域整体经济发展水平的提升，更为实现乡村的全面振兴奠定了良好的基础。

在最初发展产业实现脱贫的过程中，许多对口帮扶产业并未有效利用丹寨多样化少数民族特色这一优势，反而一直通过发展农业、传统农业加工业、服务业进行脱贫尝试，并未取得良好的脱贫效果。正值脱贫攻坚关键时期，万达作为全国著名的娱乐文化城设计集团来到丹寨县，通过引进多样化少数民族非物质文化遗产，并且有效配套娱乐城的相关基础设施，在丹寨县建成了具有少数民族特色的万达文化娱乐小镇，迅速提高了丹寨小镇的旅游知名度，同时促进了丹寨小镇的经济发展。之后，为了进一步有效利用丹寨小镇的旅游知名度优势，万达集团进一步优化并且升级了万达文化小镇的经营模式，进一步激发了游客对万达文化小镇民族特色旅游的热情，使得万达文化小镇的旅游收入水平进一步提高。除去万达特色文化小镇以外，为了适应现代劳动力需求结构的改变，万达集团在丹寨县开设了万达职业技术学院，通过传授就业技能以及解决广大脱贫农户及其后代子女的就业以及教育问题，并且配套相关政策扶持体系，确保所有脱贫农户不仅不会返贫，还能通过有效方法走向富裕。

此外，良好的政策扶持体系也发挥了重要作用。在发展产业的基础之上，万达集团针对发展能力相对较弱的农户进一步优化了资金政策扶持体系，开设了专项资金扶持，进而有效帮助农户摆脱发展过程中出现的产业发展不强、缺钱接受教育等问题。

7.12 贵州岑巩促进农文旅融合发展

7.12.1 案例概况

贵州省岑巩县坚持"生产—景观—村庄"的发展模式，将"产、景、村"实实在在地结合起来，开展"特色田园乡村·乡村振兴集成示范点"建设工作，通过将文化资源融入乡村基础设施建设以及发展生态农业、生态畜牧业，打造了集田园文化、田园生产、田园居所于一体的特色田园乡村，使乡村既乡风文明，又生态宜居。而特色田园乡村的建设进一步推动了产业发展中的农文旅融合，从而破解了将"美丽资源"转变为"美丽经济"的难题，实现了经济效益和生态效益的双丰收。

7.12.2 形成背景

岑巩县地处黔东南州东北角、贵州省东部，国土面积1486.5平方公里。2014年，岑巩县5.99万余人生活贫困，全县大多数贫困区未通硬化路、自来水，多数村没有产业覆盖，垃圾收运处置、路灯等设施缺乏。基础设施建设不足、人居环境落后是制约岑巩县经济发展的重要因素。脱贫攻坚时期，为了破解困局，岑巩县深入开展市容市貌专项整治行动，将农村生活垃圾治理作为推进乡村生态宜居的重要抓手，全面建立起了"村收集、镇转运、县处理"无害化收集处理模式，成功创建了"国家卫生县城"①。同时，完成乡镇供水、生活污水处理工程和县城第一污水处理厂扩容提标改造，建成县城第二污水处理厂。完成新改建农村户用卫生厕所8070户，行政村卫生厕所实现全覆盖②。县域基础设施和人居环境得到有效改善。

岑巩县坚持稳中求进工作总基调，守好发展和生态两条底线，聚力打好"三大攻坚战"，扎实做好"六稳"工作、落实"六保"任务，抢抓机遇开拓奋进，全县经济持续增长、民生持续改善、环境更加优越、社会和谐稳定。截至2020年，地区生产总值由2015年的36.56亿元增长至60亿元，年均增长8.6%；人均GDP由22779元增长至36650元，年均增长11.1%。在县域经济从量到质得到极大提升的同时，岑巩县坚持生态优先、绿色发展，累计完成营造林8.8万亩，中幼林抚育3.2万亩，落实退耕还林0.51万亩，公益林保护45.21万亩，森林覆盖率达62.28%，生态环境质量大幅改善②。

在基础设施、生态建设等工作持续推进的基础上，2021年，岑巩县建设省级"特色田园乡村·乡村振兴集成示范点"2个，总投资3397万元，规划实施项目54个；州级示范点3个，总投资3146.3万元，规划实施项目44个③。示范点工作紧扣"打造特色产业、特色生态、特色文化，塑造田园风光、田园建筑、田园生活，建设美丽乡村、宜居乡村、活力乡村，展现产业兴、生态美、乡风好、治理优、百姓富的贵州特色田园乡村现实模样，形成一批可借鉴、可推广、多样化的乡村振兴成果，为全省乡村振

---

① 贵州岑巩:治理农村生活垃圾,建设美丽宜居乡村[EB/OL].贵州文明网,2021-12-06,http://gz.wenming.cn/wenmingchuangjian/wenminchunzhen/202112/t20211206_6258211.shtml.

② 岑巩县政府工作报告(2021年12月14日在岑巩县第十七届人民代表大会第一次会议上)[EB/OL].岑巩县人民政府网,2021-12-17, http://www.qdncg.gov.cn/ztzl/zfgzbg/202204/t20220407_73264498.html.

③ 注溪镇党政办.岑巩县人民政府-岑巩:特色田园乡村绘就宜居宜业"新画卷"[EB/OL].岑巩县人民政府网,2022-06-29, http://www.qdncg.gov.cn/xwzx/xzdt/202206/t20220629_75327208.html.

兴开新局提供有益探索，为西部地区乡村振兴做出引领示范"的目标，加强对"特色""田园""乡村"和"集成""示范"的理解，建设宜居宜业和美乡村①。如何把生态资源转化为生态经济，既生态宜居又产业兴旺，也是打造美丽特色田园乡村的核心内容之一。

乡村振兴，既要塑形，也要铸魂。基于脱贫攻坚时期在基础设施建设方面的成就，岑巩县为实现乡村生态振兴打下了良好的基础。那么，如何利用好美丽资源，将资源优势转化为发展优势，是绘就田园乡村新画卷、实现生态农文旅融合发展的关键，也成为巩固拓展脱贫攻坚成果同乡村振兴有效衔接时期岑巩县面临的一个新的课题。

7.12.3 主要做法

"产、景、村"融合是乡村振兴战略背景下新型农村发展的主要路径，"产、景、村"就是将乡村的产业发展、景色打造、乡村建设相互融合进行发展，不仅可以改善村庄人居环境、生态环境，也有利于农业、旅游产业的生态化，同时逐步完善农村的基础设施，使农村的空间分布更加科学合理，从各个方面达到高质量发展的要求②。

在"产、景、村"发展理念的指引下，岑巩县以特色田园乡村·乡村振兴集成示范点建设为契机，找准村庄定位，做精、做实、做细村庄规划，根据本地基础设施、公共服务等建设，立足绿色生态特色，深度融合现代农业、文化资源等要素，坚持绿色发展、农文旅结合，推动田园乡村建设工作有序开展，着力打造"生态优、村庄美、产业特、农民富、集体强、乡风好"的特色田园乡村，为乡村振兴注入新动能。

(1) 文化资源融入田园乡村建设

岑巩历史文化悠久，其古名思州，始名于唐，置府于明，迄今已有 1400 多年的历史。思州古城坐落于该县思旸镇龙江河与小河两水混合处，境内居住着汉族、苗族、侗族、仡佬族、土家族等 18 个民族。思州是中原进入滇黔的锁咽之地，是中原政治、经济、军事及其文化对大西南的渗透

---

① 关于印发贵州省特色田园乡村·乡村振兴集成示范试点建设第一批试点村名单的通知[EB/OL]. 贵州省人民政府网, 2021 - 07 - 27, https://www.guizhou.gov.cn/zwgk/zdlygk/shsyjzdms/tpgj_5870403/shfp/202110/t20211011_70837661.html.

② 石迎, 陶定凡, 梁志伟, 等. 乡村振兴战略背景下"产、景、村"融合发展研究——以万峰林为例[J]. 智慧农业导刊, 2022(16):52 - 55.

和影响的必由途径之一,由此为今天的岑巩县留下了历史悠久的土司文化和衙院文化。岑巩县有传承数千年的思州石砚、思州傩戏傩技、思州战鼓等文化遗产,是思州石砚文化艺术之乡①。

针对特色田园乡村振兴集成示范点建设,岑巩县在充分挖掘思州文化、土司文化、思州战鼓文化、少数民族特色文化以及农耕文化资源的基础上,大力实施乡村"增绿扮美"工程。按照政府主导、村民主体、群众参与原则,充分利用村寨具有传统手艺的木匠、石匠、泥水匠等工匠资源,采取以工代赈的方式,积极发动示范点村寨群众参与特色田园建设,着力强化古庄园遗址、牌坊、古石门、文化墙、转角楼等土司文化文物修缮保护,并在房屋修建、庭院打造、文化戏台、群众娱乐中心等公共设施设计建设过程中融入图案、故事等土司文化元素,加强文化传承保护,塑造良好的农耕文明、乡村文明,形成体现乡土、乡愁、乡情的特色文化,着重突出乡土文化与特色田园乡村融合,在实现农民就业增收的同时,使村容村貌大为改观②。

(2) 发展循环生态种养,建设绿色田园

岑巩县坚持生态优先和绿色养殖,充分利用自然资源和土地优势,将其转变为绿色农业、景观农业、休闲农业和生态畜牧业,建设绿色田园乡村,推动"产、景、村"融合发展。

岑巩县大力发展绿色农业。岑巩县天马镇依托林地和坝区优势,立足于打造"油茶小镇",充分利用低产林改造,大力推进油茶种植,着力推进万亩油茶示范村打造,充分利用油茶林空地,以短养长,在油茶基地套种黄精、太子参等中药材,壮大绿色产业集群。同时,全面推广化肥减量提质与病虫害绿色防控技术,改善土壤条件、提升土壤地力,降低农药使用量,达到绿化防控的目的,推动绿色农业提档升级③。凭借"国家级杂交水稻制种基地县核心区"金字招牌的优势,岑巩县改变传统的农业生产模式,积极推行绿色生态的"稻+鱼""稻+蛙"等生态种养,推进优质

---

① 《中国发展观察》贵州岑巩:立体式推进乡村振兴,千年古城迎变局[EB/OL].岑巩县人民政府网,2021-10-15,http://www.qdncg.gov.cn/xwzx/bmdt/202110/t20211015_70898118.html.

② 岑巩县:"四+"模式推进乡村振兴集成示范试点建设[EB/OL].贵州省人民政府网站,2022-08-22,http://xczx.guizhou.gov.cn/xwzx/dfdt/202208/t20220822_76165182.html.

③ 天马镇党政办.天马镇:做好"加减乘除",加快发展绿色产业[EB/OL].岑巩县人民政府网,2022-07-13,http://www.qdncg.gov.cn/xwzx/xzdt/202207/t20220714_75546423.html.

稻产业发展，提高粮食综合生产能力，使产业绿色多元发展。"稻+鱼+蛙"间作，过程中不需农药化肥，鱼以蚊虫、杂草以及牛蛙的饲料残渣和粪便为食，稻以鱼粪为肥，在提升稻谷品质、降低生产成本的同时，稻花鱼、牛蛙也价格可观、供不应求。"稻+N"的种养模式生产周期短、资金回收率快，农户实现了"一田多用、一水多用、一季多收"的目标，同时减少了农业面源污染，形成了绿色循环生态农业①。

岑巩县大力发展景观农业、休闲农业。2021年底，岑巩县共投入490万元资金种植油菜花7.35万亩、绿肥6.01万亩。油菜花具备观赏价值和食用价值，并且秸秆还田具有增肥作用，每亩油菜花可减少施化肥20%~25%以上，农药减施25%~30%以上，有效提高了粮食产量②。"春采茶、夏赏荷、秋采莲、冬耕种"，岑巩县下寨村积极实施"生态引领、旅游富民、产业创收"战略，200余户群众参与发展了种养殖，打造了360亩荷花基地、350亩高山云雾茶、120亩红豆杉苗圃、100亩核桃等。"种下美景，鼓起腰包"，景观农业、休闲农业蓬勃兴起③。

岑巩县大力发展生态畜牧业。通过全面实施"五化"建设，龙田镇申安湖羊养殖基地已形成集饲草种植、饲料加工、种羊培育、有机肥生产、生物制品研发、自繁自育、销售为一体的生态高效循环产业模式，实现"产、加、销，育、繁、推"一体化运作。该项目通过湖羊和羊胎素的销售，在取得良好经济效益的同时，通过自动化粪便收集设施以及年产5万吨的有机肥加工车间，将湖羊的粪便高温发酵腐熟处理为优质、高效、安全的有机肥，科学地解决了畜禽粪污污染问题，构建起了"闭环式"现代化生态循环养殖产业链，为全县的农村生态环境综合治理以及畜牧业高质量发展插上了"绿色翅膀"。④

---

① 客楼镇党政办.岑巩：探索"稻+鱼+蛙"共生新模式，一田多用促增收[EB/OL].岑巩县人民政府网，2022-07-18，http://www.qdncg.gov.cn/xwzx/xzdt/202207/t20220718_75568921.html.
② 万再祥，代政贤.贵州岑巩："美丽经济"助推乡村振兴[EB/OL].央广网，2022-03-19，http://gz.cnr.cn/dishizhibo/20220319/t20220319_525770617.shtml.
③ 卢娜.贵州岑巩：基础设施"补短板"，生态产业促振兴[EB/OL].黔东南州生态环境局，2021-12-22，http://sthj.qdn.gov.cn/xwzx_0/hjyw_5818102/202112/t20211222_72093871.html.
④ 周燕，陈昆.贵州岑巩：生态循环种养，"羊"起乡村振兴大旗[EB/OL].新华网，2022-05-20，http://gz.news.cn/2022-05/20/c_1128664372.htm.

（3）特色田园乡村助推农文旅融合发展

在挖掘乡村特色传统文化、大力发展绿色循环农业的同时，岑巩县将特色田园乡村建设与乡村旅游产业相结合，以农村文化、农业生产、农民生活为旅游资源，推动农文旅的融合发展，助力打造生态文化旅游品牌，实现区域资源有机整合，推动岑巩县实现生态振兴。

岑巩县基于乡村现有农业景观及其他基础设施，发展休闲采摘、河滨骑行、稻田捉鱼、民宿度假及河池观光等休闲娱乐活动。如马家寨景区凭借荷花景观已打造成为以民族特色餐饮、荷花休闲娱乐、生态民居民俗、探秘研学为主的国家3A级旅游景区。2022年7月，岑巩县开展"荷你相约·探秘马家寨·畅游龙鳌河"旅游活动，吸引了县城及周边县市数万名游客前来观看[1]；下寨村依托红豆杉聚生群落优势，以"康养莲香、多彩下寨"为引领，大力发展生态康养旅游业，丰富了乡村旅游业态，深入推动"产业兴村、旅游旺村"发展；岑巩县的"稻+菜"轮作模式塑造出了"夏季田园花海、秋季满目金黄"的美景，岑巩县油菜花在2022年再次被推选为"贵州十大最美油菜花农事景观"，每年2月中下旬至3月，6万余亩油菜花竞相开放，形成一道天然的沿江农业景观带，吸引各地游客观赏。

岑巩县致力于"以文为媒，以文会友"，依托饱含乡土文化的村容村貌举办文旅活动，吸引游客。岑巩稻文化体验园坐落于岑巩县周坪村，景区抢抓省级特色田园乡村·乡村振兴集成示范点机遇，依托悠久的杂交水稻制种产业文化，发挥"国家级杂交水稻种子生产基地县"的优势，充分发挥农家书院、稻文化体验园、文化活动广场等公共文化设施的作用，借助杂交水稻制种产业、水稻文化科普、"看禾选种"及稻雕展示等与水稻相关的内容发展稻文化旅游[2]。同时依托思州傩戏傩技、思州战鼓表演、六月六娃娃场等非物质文化遗产，广泛开展"战鼓文化交流赛""六月六娃娃场"等活动，突出浓郁地方特色，进而增强游客体验、延长游客停留时间、增加旅游消费。2021年9月，岑巩县举行第四个农民丰收节暨思州

---

[1] 周燕.岑巩："荷"你相约共花开，全域旅游开新局[EB/OL].新华网，2022-08-01，http://gz.news.cn/2022-08/01/c_1128881521.htm.

[2] 王光莉.岑巩：农文旅融合发展，打造乡村旅游"桥头堡"[EB/OL].天眼新闻网，2022-05-31，https://baijiahao.baidu.com/s?id=1734310711646151709.

战鼓文化活动,活动通过思州战鼓比赛、文艺汇演及一系列文体活动,在宣传、推广思州战鼓文化的同时,取得了良好的经济效益、社会效益和生态效益。

7.12.4 主要成效

第一,生态农文旅巩固脱贫成效。岑巩县立足杂稻制种、烤烟、精品水果和桑蚕等"6+1"产业,培育了省级龙头企业4家、州级龙头企业25家、农民专业合作社396家、国家级示范社1个。申安湖羊养殖基地现每年可实现6万只优质湖羊出栏,所产有机肥可满足基地2000亩牧草、400亩茶园、200亩果园的生产需求,项目全部投产后,可实现年营业收入12.74亿元,净利润2.56亿元,创造税收5000万元,辐射带动农户5000户,实现户均年增收6800元,就地转移劳动力640个[①]。此外,岑巩县统筹"稻+N""烟+N"接茬轮作,形成"1+N"生态产业发展格局,累计完成农林牧渔业总产值88.56亿元,年均增长6.1%[②]。岑巩县生态旅游产业蓬勃发展,岑巩县旅游市场主体培育不断加强。岑巩县客楼镇下寨村成功申报为岑巩县"美丽乡村建设重点村和乡村旅游示范村"及"乙级旅游村寨",岑巩县龙田镇代店村、思阳镇盘街村和磨寨村、大有镇腊恰畈村创建成为贵州省标准级乡村旅游村寨。另外,岑巩县水尾镇隘门山庄等3家客栈成为贵州省标准级乡村旅游客栈。2021年,岑巩县共接待旅游总人次396.19万人次,同比增长218.2%;全年实现旅游总收入35.12亿元,同比增长241.6%。[②]

第二,特色田园乡村助推乡村振兴。岑巩县聚力生态文明,乡村环境出现大改观,筑牢了生态环保的"岑巩家园"。截至2021年底,岑巩县84个行政村30户以上自然村寨生活垃圾治理覆盖率100%,城乡生活垃圾无害化处理率达65%以上。县城环境空气质量优良天数比例达96%以上,达到国家环境空气质量二级标准,单位GDP能耗年均下降3%。岑巩县聚力夯实基础,城乡面貌发生巨大变化,城市魅力得到彰显,打造了亮丽宜居

---

① 县融媒体中心."羊羊得意"奔小康——岑巩县年产40万只湖羊项目带富一方百姓[EB/OL].岑巩县人民政府网,2021-05-31,http://www.qdncg.gov.cn/xwzx/bmdt/202105/t20210531_68331385.html.

② 岑巩县2021年国民经济和社会发展统计公报[EB/OL].岑巩县人民政府网,2022-05-09,http://www.qdncg.gov.cn/zwgk/xxgkml/jcgk/tjxx/202205/t20220509_73898249.html.

的"岑巩名片"。思旸盘街村被评为全国文明村镇，注溪镇、注溪周坪村和客楼下寨村分别被认定为贵州省"十百千"乡村振兴示范镇和示范村，思旸镇岑丰村被司法部、民政部表彰为全国民主法治示范村。独具当地魅力的田园乡村正推动岑巩县实现乡村振兴。

7.12.5 评价与借鉴

"产、景、村"一体化发展模式的思路在于：通过结合区域的人文景观、生态环境、农村产业，挖掘乡村潜在的经济价值，进而建设出彰显当地特色的田园乡村，而特色田园乡村的建设可以使全部资源得到最大化的利用，反过来也可以促进村容村貌的完善以及乡村产业生态化的发展。"产、景、村"发展理论为亟须从农业生产型农村向集农业生态保护、休闲旅游、文化内涵于一体的多功能农村转型的地区提供了思路，有利于推动乡村的绿色发展，进而实现乡村生态振兴。

岑巩县以"产、景、村"的发展理念为指引，以特色田园乡村·乡村振兴集成示范点为契机，将保护文化遗产、村落风貌、地域特色、生态景观等理念融入田园乡村的规划建设之中，在使公共设施中融合乡土、乡愁、乡情的文化内涵的同时，发展了油茶、"稻＋N"、云雾茶、湖羊等绿色农业、景观农业、休闲农业以及生态养殖业，将"生态美"和"百姓富"有机结合起来。同时凭借具有乡村文化内涵和生态肌理的特色田园乡村，岑巩县进一步探索出了农文旅融合发展的新局面，有力带动了当地经济的发展。岑巩县的试点工作为西部地区乃至全国乡村振兴提供了可借鉴、可推广的经验。

7.13 贵州黔东南白岩村依托特色产业强村富民

7.13.1 案例概况

贵州黔东南白岩村凭借当地的自然风光、富有特色的民宿设计以及传统文化，以"梯田＋民宿"农文旅为发展基础，加之各种社会资源的注入，催生一批提升民宿产品品质、扩大产业链等方面的民宿产业新模式，进而成为黔东南苗族侗族自治州的农文旅产业融合发展模板。白岩村民宿旅游项目以打造精品民宿产业作为切入点，开创了"政府＋社会＋合作社＋贫困户"发展模式，按照精准扶贫、精准施策方略，有效利用白岩村处于雷公山景区优势，结合民族文化和生态环境资源，大力推进"乡村旅游+"产业扶贫,大力发展乡村旅游,带动农民增收创收,实现在民宿经济的引领下,将乡村振兴春风吹进深山。

7.13.2 形成背景

白岩,苗名"怎留",田土宽阔之意,其坐拥层层苍翠梯田,被誉为"层层梯田托起的苗寨"。但现实是全村百姓一度"守着金疙瘩过着苦日子",600多户的村庄占有耕地面积只有400余亩,人均耕地不到1亩。2014年,白岩村建档立卡贫困户占比高达37%,是雷山县脱贫攻坚的重点村庄之一。同时,随着雷凯高速的开通营运,原来作为通向西江千户苗寨主要中转站的白岩村客流量急剧下降,加之受限于旅游设施和资源开发,且缺乏专业的运营管理,相继出现李子、杨梅、稻田鱼等特产滞销,农家乐经营惨淡等萧条不景气现象,使得当地的经济发展雪上加霜,为扭转这一局面,白岩村亟须培育新动能。

白岩村需要产业支撑,机遇也选择了白岩村。2013年中国三星联合中国扶贫基金会推出了"三星分享村庄"项目,该项目探索全新的"乡村旅游产业+"模式,致力于搭建村庄和外部联结的公共发展平台,重估乡村价值,引入市场机制,激活乡村潜能,激发村民内生动力,创造以村为本的发展机会。该项目是针对乡村特性、致贫原因等为贫困村庄量身打造专属帮扶政策,不仅提供产业规划和基础设施的支持,还加大资金投入力度,此项目一经发布,白岩村领导小组立即准备相关申报材料,同时邀请专业团队进村拍摄梯田风光。最终,白岩村凭借其云海梯田风貌、完好的苗寨老建筑以及传统苗族文化,从大量申报村庄中脱颖而出,成为"百美村宿"之一。"三星分享村庄"项目于2019年入选国务院扶贫办联合中国社科院共同发布的《中国企业精准扶贫50佳案例》[①]。截至目前,项目总投入达1亿元,13处"分享村庄"全部以骄人的成绩实现了脱贫摘帽。

"百美村宿·牧云涧"便是"三星分享村庄"项目落地白岩村的标志性成果,总投资累计达到2000万元,建成了一家集休闲度假、亲子出游、户外乡村体验于一体的综合型民宿,民宿依山而建、傍水而居。在项目开展初期,相关负责人将苗族古老的干栏式吊脚楼做流转改建,在保留建筑

---

① 张均斌.《中国企业精准扶贫50佳案例(2018)》发布:国有企业是社会扶贫主力[EB/OL]. 中青在线网,2019-03-31,http://shareapp.cyol.com/cmsfile/News/201903/31/web201854.html.

原有风貌基础上进行修缮留住乡愁，让每一栋有故事的老屋焕发新生，让每一间有乡愁的陈设独一无二。"牧云涧"民宿第一期改造2栋民宿（共计16间客房21个床位），2019年6月投入运营后，村集体经济合作社获得纯利润8.6万元；第二期改造和新建8栋民宿（共计13间客房28个床位）。2019年6月1日至2020年12月31日，一期、二期项目营业额合计77万余元，合作社获得分红资金10.45万元，带动当地50余人就业，有11名白岩本地村民在民宿就业，人均月工资不低于2500元[①]。该项目引入专业运营团队，在白岩培养成熟且可持续的民宿产业，并帮助白岩村成立雷山县白岩村梯田部落旅游专业合作社，经营取得的收益按运营协议由全村村民共享。2020年，白岩村被贵州省委统战部、贵州省民族宗教事务委员会、贵州省文化和旅游厅命名为第五批"贵州省少数民族特色村寨"。

7.13.3 主要做法

"三星分享村庄"项目的成功申报只是白岩村实现乡村振兴的第一步，要彻底脱贫、防止返贫，不仅需要资金扶持，还要引入先进的旅游景区管理理念，以便充分活用本地的自然生态资源，形成具有"白岩"特色的农文旅连带产业模式。对此，"白岩"模式的具体做法如下：

一是发展"茶麻菇稻"特色产业。白岩村因其受到自然条件的制约，使得以农业和服务业为主的二元发展结构具有一定的局限性，但白岩村体量小，发展农作物深加工等第二产业并不现实。为此，白岩村将发展视角放在"茶麻菇稻"农文旅融合现代农业产业园，以苗族稻作文化和米酒文化为主题，着重展示西江千户苗寨独具特色的"高山流水"敬酒文化和"十二道拦门酒"迎客文化。基于此，白岩村可凭借特色村寨景观和民宿产业成为园区游客休息和消费的支点，补充稻作和米酒文化产业园区的消费业态，打造集"休闲、旅游、观光、康养、体验"为一体的现代农业产业园。

二是深化民宿产业融合机制，创新乡村旅游发展新业态。不能将乡村旅游开发理解为一种纯粹的乡村资源开发，而要将它与区域内其他旅游景点和旅游资源的开发结合起来，借助已有旅游景点的吸引力，形成优势互

---

① 陈亚丹，姚宁．民宿旅游引领白岩乡村振兴路［EB/OL］．黔东南新闻网，2021-09-28，http://www.qdnrbs.cn/whly/2021-09/28/126_169433.html．

补、资源共享、共同发展的格局。乡村民宿是融合农村一二三产业发展的切入点，是整合乡村资源的黏合剂，需以"民宿+"为抓手，开展多元业态经营，全面延伸产业链、拓展价值链，全面助力"民宿+"的三产融合模式，激活乡村的"造血功能"。具体来看，白岩村接续计划发展包括"民宿+共享农业""民宿+渔牧业""民宿+农副产品加工"等新业态，依托共享农庄、共享牧场、共享渔场开展稻田摸鱼、果蔬采摘、农产品精深加工体验、垂钓等活动；"民宿+手工制造""民宿+非遗体验""民宿+文创"等新业态，开发展示并销售民族服饰、非遗手工制品、织绣染等产品；"民宿+演艺"等新业态，结合乡村生活故事，编排戏剧、实景剧场、话剧、脱口秀等文化演艺；"民宿+电商物流"等新业态，搭建农产品销售平台，打造乡村数字生活新服务。

三是积极引进相关专业人才。在乡村旅游开发中，农民具有不可忽视的作用。要把乡村旅游做活、做大、做好，就要加强对农民的培训，激发他们办旅游的积极性，并提高他们办旅游的能力。加大乡村旅游人才培训力度，努力开拓乡村旅游的本土特色，增加旅游收益，使广大农民真正受益。白岩村从广东引入专业的民宿运营团队，从房间设计到管家服务，由团队对村民针对民宿运营的相关技能进行全方位管理与培训，充分发挥乡村文化和旅游带头人作用，为白岩村民宿产业培养所需人才，加大人才返乡创业扶持力度。除此之外，通过联合蚂蚁公益基金会共同推动"数字木兰"民宿管家培训项目，在白岩村依托百美村庄项目建立培训基地，提升乡村旅游服务的整体质量，助力更多乡村女性在家门口就业增收。在此基础上，仍需加强对于外来高技术经验人才的引进，通过引入具有运营和创新能力的乡村旅游人才，形成以产聚才、以才兴产的良性互动，同时加强乡村民宿信息化和数字化建设，提升乡村民宿软实力，打造能体现当地独特人文特色的高质量服务，走规范化、特色化、品牌化和规模化的道路，最终实现乡村旅游业的可持续发展，为白岩村乡村旅游赋能。

四是开展苗寨文化体验活动。发展乡村旅游在做好生态旅游的前提下，深化以乡土文化为核心的文化建设内涵，不仅有利于有效整合乡村的旅游资源，而且对于改变乡村旅游产品档次不高、结构雷同的状况具有一定的推动作用。因此，白岩村将文化旅游发展的重心放在乡村旅游产品项目的开发与设计上，针对乡村民俗、民族风情和乡土文化做文章，使乡村旅游产品具有较高的文化品位和艺术格调。具体做法是以村内传统的苗寨建筑作为民宿产业载体，坚持"修旧如旧"原则，重新规划内部空间和功能区域，营造宜人居住环境。乡村民宿的文化表达，不仅体现在建筑设计上，也体现在饮食、节庆、文化活动和体验项目中，在此基础上，通过设置更多的乡土文化体验项目，以民宿产业为中心，助推餐饮、民俗手信、特色农产等产业发展，为游客提供多样化的文化体验活动，如雷公山内溯溪徒步、传统苗寨舞蹈表演、手工制作苗族饰物、梯田抓鱼等。

五是专业化的运营指导。白岩村运营方式从发展乡村旅游产业角度切入，为乡村导入市场化的产业运营体系，为可持续乡村发展提供示范样本。运营模式上，为确保村民尤其是贫困村民从民宿旅游产业受益，白岩村成立了全民旅游专业合作社，以"项目+合作社+农户"形式，把村庄分散的资源整合起来，让农户因参与民宿运营而实现整体收入渠道的多元化；在运营方法上，引入全国优秀的民宿运营团队，针对白岩村旅游资源特点，进行科学设计、规划和运营；在营销模式上，加大宣传营销力度。白岩村民宿旅游的宣传最初由"回味乡愁"出发，以此为依托创造一个主题情景，从中设计环境、营造气氛、吸引游客的注意力，使他们产生强烈印象，继而开展系列营销活动。

六是坚持村党支部的领导。"火车跑得快，全靠车头带。"白岩村村民有一定的发展乡村旅游"农家乐"的从业经验。鉴于此，村党支部坚持党建引领、助推乡村旅游，通过一系列的政策引导、技术扶持等方式，调动村民发展民宿旅游的积极性，以民宿建设为推手，全力推进乡村旅游建设。全村坚持"金山银山就是绿水青山"的理念，狠抓基层党建，推行"党建+旅游"工作模式，充分发挥支部引领和党员带头作用，帮助制定从业服务标准，保护村内生态环境，改善村庄卫生条件，提升村民生活品位，大力发展乡村旅游，努力增加农民收入，有效助推乡村全面振兴。

7.13.4 问题分析

一是文化渗透、资源整合、基础设施不完善。在资源整合上，乡村民宿并没有与乡村旅游进行全面的融合，甚至部分乡村还存在乡村民宿与乡村旅游相互割裂、各自为政的问题，导致乡村旅游特色无法渗透到民宿服务的不同环节和过程中，制约了民宿经济的增长。在基础设施建设上，白岩村的民宿大多建立在以生态保护优先的乡村庭院中，缺乏相应的基础设施作为保障,如道路、通信、医疗等,由于公共基础设施具有公共性,仅靠民宿个体无法改善现有局面,很大程度上阻碍了白岩村农文旅发展。

二是缺乏整合性、长远性、科学性的产业融合。乡村民宿的发展需要相关产业的融合与消费产业链的打造,但民宿业与文化业难以形成相互交流与相互沟通的纽带,导致乡村产业融合的格局无法形成。而在消费产业链的构建中,必须依托产业融合所带来的优势,实现休闲、娱乐、文创等消费产业链的架构,让农村不同的产业得到充分的融合与互动。但由于农村产业链融合的滞后或匮乏,导致消费产业链还难以形成,农村旅游经济的增速相对缓慢。

三是建设模式趋同化,缺乏个性化特征。白岩村民宿产业的迅猛发展,使非客观性、非理性资源开发现象屡见不鲜,而产品趋同化与服务标准化也在悄然间蔓延。而一旦出现网红单品,仿造、抄袭等现象也会接踵而来。尽管建筑构造形式与装饰装修风格易于模仿,但文化内涵是无法复制的。也许缺乏定位与特色的民宿产品能够引起短期的流行效应,但其势必会因为无法满足民宿的个性化需求,最终被主流市场抛弃。

四是房屋及土地权属复杂,管理困难。大多数的民宿为租约式,面临着租金成本高、转让费高以及房主涨价或者收回等风险,同时产权问题还影响着宅基地出租房的改建手续与合法经营的证照办理等,造成经营困难大,民宿老板对于投资力度有顾虑,使得发展后劲缺乏,也难以形成规模化的发展。

五是农文旅定位不清晰且融合程度较低[①]。从农文旅未来发展的定位来看,白岩村未能充分贯彻农业、文化、旅游融合发展的战略方针,对融合发展的认知不到位,在定位农文旅融合发展方向上,思想未能跟上改革的步伐,导致方向定位不准确。从融合发展的元素构成来看,很大程度上缺乏对于文化以及农业产业的要素融入。目前白岩村乡村旅游产业的发展,更多是以现代化和城市元素的添加为主,但这种发展模式与游客对产业发展的需求不符,过多现代化和城市元素的融入,会让乡村旅游产业失去独有的旅游产业生态化优势,不利于其特色产业的长期可持续发展。

---

① 何靖. 以农文旅深度融合推动贵州乡村振兴和产业发展[J]. 耕作与栽培,2022(4):152-154.

7.13.5 评价与借鉴

"白岩"模式从庭院经济的角度切入,通过示范户奖补改造将整个村域进行综合提升,最终实现以点带面带动区域发展;通过建立"三级联动、五户联助"的网格化管理体系,充分调动了村民参与的积极性,提升农户参与的便捷性,实现村庄的可持续发展;通过建立村民集体经济合作社,构建整体对外合作的平台,解决规模与效率的问题。白岩村依托村两委和合作社进行民主协商,构建以合作社为载体,实现成员共享、利益联结的收益分配机制,实施积分管理,开展乡村文明建设,最终将村庄打造成一个产业强、生态美、文化兴、机制活、百姓富的乡村振兴综合示范村。"梯田+民宿"的农文旅模式不仅盘活了白岩村的自然资源,带动了当地经济发展,对于后续其他地区大力发展乡村旅游具有一定的借鉴意义。

8 脱贫地区推进乡村组织振兴和人才振兴的案例

8.1 陕西商南推动乡村人才振兴

8.1.1 案例概况

2020年2月,陕西省商洛市商南县在经陕西省人民政府批复同意正式退出贫困县序列后,更加重视人才对巩固脱贫攻坚成果同乡村振兴有效衔接的作用。商南县先后多次召开会议,研究制定了人才促进乡村振兴,支持人才发展、人才管理的相关意见措施,为乡村人才振兴提供政策保障,同时开展人才振兴相关活动,为能人更好发挥才能搭建平台。通过一系列人才振兴举措,商南人才回流较为明显,通过人才带动促进了产业发展,增加了村民收入,有效发挥了人才干事的外溢效应,形成了人才"引、育、用、留"的良性循环,逐步形成了振兴本土化、人才方向化、做法可借鉴的"商南模式"。

8.1.2 形成背景

(1) 现实背景

商南县,别名"鹿城",位于陕西省东南部,隶属于商洛市,地处秦岭东段南麓,大巴山北坡,属长江流域汉江水系丹江中游地区,行政区划属于中国西北,地理区划属于中国南方。商南县辖9镇1办126个村(社区),面积2307平方公里,全县原有贫困村69个,其中深度贫困村21个,建档立卡贫困人口17337户57037人,是秦巴山区片区县,也是全省11个深度贫困县之一。

早在2016年,商南县就成立了科教、宣传、青年社工等6个人才服务团,分别在教育、新闻传播、社会工作等方面展开人才培训培优。2020年2月,商南县顺利实现脱贫摘帽。2021年,商南县被确定为国家乡村振兴重点帮扶县。2022年4月，三个服务团确定为优秀人才服务团。同月，商南入选义务教育优质均衡先行创建县（市、区、旗）名单，为后续乡村人才振兴工作打下良好基础。

（2）政策背景

近年来，商南针对人才工作研究制定了一系列措施文件，为人才振兴提供顶层设计，为实现乡村人才振兴助力。在实施过程中，返乡人才尽职尽责，为乡村振兴做出了应有贡献。

长期以来，商南县把人才作为第一资源，重视人才工作。脱贫后，商南进一步实施"人才强县"战略，从人才的引进、培育、管理、挽留进行全过程考虑，而出于实施初探索的原因，商南的人才总量仍达不到预期规模，引进人才的激励机制还有待健全，商南育人的环境还需要进一步改善。

8.1.3 主要做法

（1）政企合作促进人才振兴

虎之翼科技有限公司的创始人刘珺，2013年在家乡政策的吸引下回乡创业。"十四五"期间，虎之翼科技有限公司提出"凤凰100计划"，具体内容为引进100名优秀高层次杰出人才，这与商南引进人才的需求不谋而合。在政策和政府的支持下，虎之翼公司成为人才示范、青年见习、科技创新"三基地"，促进全县人才振兴。

刘军是商南涧场村党支部书记，时任清油河镇镇长向他介绍了商南"借袋还菇"等产业发展政策，在基础设施、流转土地方面都有政策倾斜，结合广东商南商会对商南县回乡创业优惠政策的大力宣传，刘军在2016年回乡创业。在政策支持下，"领头雁"刘军让村子里的生产活了、产业旺了、村民富了。此外，在刘军回乡创业的影响下，涧场村一批在外创业人士纷纷回到家乡发展。在广州创业的党红旗回乡养起了蝎子，第一年就养了2万多只。在外创业人士张艺回乡种植了11万袋香菇，同时担任村党支部组织委员，与刘军搭班带领村民致富。商南脱贫期间以及脱贫后，建集体经济企业，引进公司、建产业基地，都取得了良好效果。

（2）创新完善人才激励机制，助推企业发展提质增效

2020年10月，商南启动第二届优秀人才服务团及成员评选表彰工作。

被表彰的服务团及成员涉及领域十分广泛，包含了社工、科教、工业、资源、环境、农业、林业、水利、卫健、文化旅游十个方面。其中，优秀人才服务团评选依据被称为"十有一挂钩"，而优秀成员评选依据被称为"六好一倾斜"，综合来看，依据中的两个"一"都与"复工复产"和"疫情防控"相关，可见商南紧跟发展形势，考虑问题全面，将人才发展和激励与实际情况相结合，有助于推动回乡发展的乡党更好服务于乡村振兴工作。

2022年2月商南出台了《激励乡党回乡投资十二条措施》，激励在外的商南乡党回乡投资兴业、发展事业。其中，从企业发展的跟踪服务、开辟绿色通道，到对乡党提供物质和精神福利，都看得出商南对人才发展的投入力度之大，激励措施之全面。

（3）三年间的"引、育、用、留"政策

商南在2020—2022年三年间都按照"四字政策——引、育、用、留"的思路对人才振兴工作进行了相关部署与落实。

第一，关于"引"的政策。2020年，研究制定了《县级引进高层次人才实施细则》等15个工作细则，配套出台教育培训、管理使用、考核奖惩等制度办法，健全完善人才住房、医保、就学、经费、专利归属等优惠政策，设立人才引进专项资金300万元，改进基层公务员招录和事业单位人员招聘方式等。2021年，通过政策文件、设立编制招引人才，借助市场化方式以才引才：制定出台《支持人才企业发展的十条措施》《关于推进乡村人才振兴的实施意见》，设立人才专项事业编制，依托工业园区、规模企业、工程项目等，采取兼职、短期聘用、项目合作、技术顾问、星期天工程师等方式，柔性引进专家人才。2022年，全面加强党对人才工作的领导，成立干部人才"组团式"帮扶工作领导小组，制定了《商南县高层次和急需紧缺及高端人才引进管理办法》，人才引进专项资金由2020年的300万元提升至500万元，探索建立高层次人才津补贴制度，不惜重金招引一批高层次和急需紧缺人才。深入实施"商山英才"计划，深挖各方资源，吸引乡党返乡。

第二，关于"育"的政策。2020年，开展各类培训班，与西安交大、长安大学等高校开展人才项目合作。2021年，把培训班聚焦于领导干部、行政人员上，提升人才综合素质：突出中央会议精神、乡村振兴等主题，举办领导干部学习贯彻会议精神专题培训研讨班、新一届村（社区）党支部书记和主任示范培训班等主体班次。2022年，通过前期工作及其成果，整合资源力量，开始打造示范点，让村与村之间的发展"有联系"，同时以优促优：通过"书记课堂、党性课堂、网络学堂"培训，培育"产业振兴头雁"，选树29个示范村和30名"头雁"典型，表彰奖励6名回乡创业优秀企业家，各级媒体发表先进典型材料25篇，营造比学赶超、创先争优良好氛围。

第三，关于"用"的政策。2020年，将人才用起来体现在让人才聚焦发挥所长，包括增设人才服务团、领创办经济合作组织等，以及让人才发挥所能以服务各自领域，包括支农支医支教活动、选聘"名誉村主任"等。2021年，深入开展"百名专家进百企"活动，争取科研项目资金500余万元，大力推进人才服务团"组团式"服务企业，组织10支人才服务团深入企业和产业项目一线，通过专题培训、现场指导等方式，开展送技术、送服务等帮扶活动298场次。2022年，商南将"千名人才创新创业"作为首要政治任务，实施"千名头雁领飞"工程，结合"我为群众办实事"实践活动，组织村级党组织书记领办产业，联系在外人才投资，围绕"食用菌、茶叶、养殖和猕猴桃"四大产业，以人才大力推动村级产业发展，进一步提升自身"造血"功能。

第四，关于"留"的政策。2020年，优化"留才"环境，通过"各谋其事"的方式激励人才留下来：对于专家学者，激励其申报专利；对于文人作家，引领其创作优秀作品；建立县级领导联系包抓人才工作示范点等制度，县级领导结对联系优秀人才，对优秀人才、优秀服务团及其成员进行表彰。2021年，健全完善县级领导联系包抓人才示范点和人才专员制度，通过结对联系、慰问看望、推优入项、宣传报道等方式留住人才。2022年，通过专项工作、文旅享受、评选表彰等方式，继续强化人才激励保障机制：制定《科技特派团管理服务办法》，将科技特派团成员纳为商南旅游景区VIP会员，开展优秀人才服务团及成员评选表彰工作。健全县级领导联系包抓人才示范点和人才专员制度，进一步明确组织县级领导"一对一"联系服务人才。

（4）做法述评

2021年的商南，在2020年脱贫后实施各项衔接和振兴工作的基础上，既有对以往工作的延续与继承，也有对现有工作的改进与创新，为2022年人才振兴工作的开展搭好了"桥"。以下简述2021年把前后两年联系贯穿的逻辑过程。

2021年商南制定下发《推进乡村人才振兴的实施意见》（以下简称《意见》），这是在2020年脱贫后，结合先前经验和实际出台的一部实施意见，《意见》从拓展引才方式、培养培育力度、激励评价措施、完善保障机制等方面，对人才振兴工作给予明确的方向。

拓展引才方式方面，2020年多关注于如何引进高层次、有技能的人才，2021年就已经把前期收集到的"资源"进行整合，采取多种方式、有条理地引进人才，其中包括校企合作以产业集群催生人才聚焦、实施招考计划、基层人才招引项目、建立"振兴专员"队伍、增加职业教育投入等；在国家政策的大背景下，2022年，更关注于党对人才振兴工作的全面领导，以此更加重视人才的作用。这是一步步推进、循序渐进的过程。

培养培育力度方面，2020年以传统的培训班的方式培养各类人才，与高校开展项目对接合作，2021年，就培训班整体质量进行深入提升，以及开始对外交流、向外争取人才，引领专家人才深入基层一线开展点对点组团式精准帮扶，2022年更侧重一个反馈的过程，选树示范村和优秀典型，加大力度宣传报道，为进一步工作烘托良好氛围。

激励评价措施方面，2020年更多在吸引人才和留住人才"一头一尾"突出激励作用，2021年分类推进人才评价机制改革，在用人才的过程中加大资金倾斜和人文关怀，2022年更多在培育人才和留住人才"后续过程"中突出激励作用。

8.1.4 发展成效

（1）人才队伍逐年壮大

2020年，吸引的各类人才主要集中在行政和教育方面，2021年吸引人才的类别进一步明确，2022年吸引147名商南籍人才回乡服务商南发展，同时整合资源，建立了人才数据库。

（2）以人才振兴带动产业发展

商南在脱贫后，通过"党支部+村级劳务合作组织+能人大户+贫困劳动力"就业扶贫模式，商南转移贫困劳动力就业超过2.5万人，带动了一大批贫困群众实现了稳定就业、致富脱贫，2021年荣获省脱贫攻坚组织创新奖。在政策的支持下，一批乡村"头雁"让商南县青山镇木耳种植基地快速发展，建成了集袋料加工、菌类生产、技术培训、观光体验、仓储物流、经营销售为一体的农旅融合产业园，预计年产值达 3000 万元，让木耳产业带动群众快速走上乡村振兴的"快车道"。

2021 年 8 月 27 日，商南被确定为国家乡村振兴重点帮扶县。同年 10 月 27 日，商南县荣获"2021 年度茶业百强县"称号。2022 年，商南利用"组团式"帮扶专家人才，通过"一对一""一对多"的方式，推动茶园面积达 30 万亩、食用菌种植规模 1.5 亿袋以上；组织 10 支人才服务团深入企业和产业项目一线，通过专题培训、现场指导等方式，开展送技术、送服务等帮扶活动 200 余场次。

以人才促产业，产业振兴反哺人才发展。2022 年 3 月，政府领导和科技工作人员、"三区人才"对村民开展农业科技培训活动，并捐赠农业设备，提升村民栽培技能，以科技手段为农业发展赋能，推动了巩固拓展脱贫攻坚成果，有助于乡村振兴的有效衔接。

截至 2022 年 5 月，商南县通过激发乡村"头雁"示范带动效应，已培育试马镇马泉山观光茶园、湘河镇地坪村冷水鱼、十里坪镇宽坪村优质天麻基地等多个脱贫巩固提升项目，争取专项资金 17659 万元，带动 3 万余名群众就近就业，实现了"头雁带动、产业发展、群众增收"的目标。

（3）以人才促进教育文化发展

以人才促文化，文化的发展繁荣催生文化领域相关人才。2020 年 9 月，商南文化馆举行"三区人才"形体培训开班仪式，其间有专业培训老师对"三区"人才进行形体舞蹈培训，学员的培训过程既是感受形体舞蹈文化的过程，也是学习技能、提升业务技能水平的过程，通过扶志扶智助推乡村振兴，促进文化领域人才振兴。

成立于 2016 年的科教人才服务团，以"骨干带动"和"全员提升"两大战略为抓手，采取线上与线下、集中与分散相结合的形式，2021 年培训教师 1.28 万人次，开展"送教下乡""送培到校""名师大篷车"等活动 100 余场次，近 2 万名师生从活动中受益。同时，强化名优教师培养，累计培育市级拔尖人才 3 名、特级教师 7 名、正高级教师 8 名，培养省市县级教学名师、学科带头人、教学能手 346 名，先后荣获国家义务教育发展基本均衡县、省级教育强县等市级以上荣誉 80 余项。2022 年 4 月，入选义务教育优质均衡先行创建县（市、区、旗）名单。

8.1.5 总结与评价

"商南模式"以助力乡党回乡发展创业为切入口，从人才的引进、培育、留用等方面全方位开展人才振兴的相关工作。2020 年搭振兴框架，夯实"引才"基础，让人才愿意来、引得进，汇聚"育才"合力，让人才提素质、长才干，树牢"用才"导向，让人才竭其才、尽其力；2021 年聚焦"用"字，让人才生态优起来，2022 年聚能于"典型培育"，打好乡情牌、友情牌。2020 年脱贫后的近三年里，商南对人才振兴工作有一个显著的从基础到强化的过程，全方位的人才振兴工作，既对脱贫攻坚成果进行了巩固，也将乡村振兴放在经济社会发展的重要位置，是巩固脱贫攻坚成果同乡村振兴有效衔接的典型实践，值得参考与借鉴。

8.2 陕西山阳发展"归雁经济"

8.2.1 案例概况

乡村振兴靠的是产业，而产业要兴旺、要发展，首先依靠的是人才。各类人才返乡创业、建设家乡，能够带动项目回乡、技术回乡、资金回流，助力家乡的乡村振兴事业以及高质量发展。然而，返乡创业对于走出家门的每一个人来说，何尝不是一种新的挑战。帮助这些人才顺利返乡创业，往往能够带动当地居民脱贫致富，推动当地经济发展。

曾经山阳县许多人"孔雀东南飞"，离开农村到东南沿海城市打拼，希望挣到更多的钱。如今，他们中的一部分人回到家乡，整合各种资源发展产业，形成了"归雁经济"。近年来，山阳县通过政府推动、产业带动、主体能动、平台互动"四轮驱动"，吸引外出创业人士返乡创业。实现了人才回归、企业回乡、资金回流，为山阳脱贫攻坚贡献了一份属于人才振兴的力量。当前，山阳县涌现出以张陆锋、左自意为代表的返乡创业人数达 1100 多人，这些返乡人才创办企业 421 家，其中规模以上企业 12 家、社区工厂 34 家、就业扶贫基地 118 家。通过人才返乡带动 2 万多名群众增收、1.2 万多名贫困人口就地就近就业①。

---

① 筑巢引凤栖,归雁衔枝来——能人返乡 带富一方[EB/OL]. 山阳县人民政府网,2021 - 01 - 18,http://www.shy.gov.cn/gk/fdzdgknr/zdly/fpjz/6665.htm.

8.2.2 背景分析

山阳县地处秦岭南麓，位于暖温带和亚热带过渡地带，域内土地资源稀缺、"八山一水一分田"，气候温和，通过了无公害农产品产地整体环境评估，优良的生态环境为生产优质绿色农产品提供了得天独厚的生态条件。山阳曾是国家扶贫开发重点县，贫困发生率曾高达22.27%，于2020年实现整县摘帽。

实施乡村振兴战略，必须破解人才瓶颈制约，强化人才智力支撑。目前，广大乡村面临着"高层次人才引不进，本地人才往外流"的双重困境。在促进脱贫攻坚与乡村振兴的有效衔接中，要以人才支撑为抓手，为推动乡村长远发展，需在吸引人才返乡、改善乡村创新创业环境、做优民生服务方面花力气、用心思。可以说，返乡人才已经成为脱贫攻坚、乡村振兴的一支重要力量。在这种情况下，吸引外出人才回流，成为破解乡村人才短缺的现实选择。

改革开放以来，特别是20世纪末和21世纪初叶，山阳县人民上西安、下河南、赴新疆、闯深圳，搞建筑、开矿山、摘棉花、做经商，外出创业的山阳"十万劳务大军"奔赴全国各地，山阳也曾因劳务输出名闻四方，劳务输出也为山阳人解决温饱立下了汗马功劳。厚德勤奋的山阳人在外打拼养家的同时，积累了财富、拓宽了视野、增长了知识，掌握了企业管理经验，为了支持家乡的脱贫攻坚与乡村振兴事业，一大批已有建树的企业家纷纷返乡创业，带动一方。

进入21世纪，特别是脱贫攻坚以来，山阳县在大力开展招商引资发展经济的同时，针对外出创业成功的人才积极制定相应政策吸引人才返回家乡、助力脱贫攻坚。在山阳县委、县政府出台鼓励返乡创业40多项扶持、优惠政策的号召下，回乡创业的大军直奔脱贫攻坚和乡村振兴主战场，带领更多的家乡父老致富奔小康。在外创业成功企业家、致富能人大户返乡创办了一批工业园区、产业基地和社区工厂（帮扶车间），带动脱贫户就近就地就业。山阳县先后被授予西部地区农民创业促进工程试点县、全省创业促就业工作先进县、省级农民工回乡创业示范县等称号。

8.2.3 做法与成效

随着大批成功人士返乡创业工作的推进，那些回归人士怀揣反哺之心报效家乡，支援地方发展助力脱贫攻坚蔚然成风。

(1)"一头牛"带动乡亲致富

左自意是山阳县户家塬镇西沟村人，1982年他带领村上200多名年轻人离开故土创业，在外拼搏30年，外面日新月异的变化让他们开阔了眼界，手里有了一些积蓄。跟外面的变化比起来，自己的家乡却发展缓慢，很多乡亲生活还不富裕，有的还很贫困。"利用自己积累的财富回乡创业，带领乡亲们共同致富"，这个念头在左自意脑海中多次出现。2014年，他毅然返乡投资3500万元在山阳县户家塬镇投资创办了陕西意发生态农牧发展有限公司。

意发生态农牧发展有限公司在创建之时，就把带领乡亲共同致富作为重要目标，招聘的员工除了技术人员外，其余员工基本都是本地人，而且优先录用贫困户。公司采取"公司+基地+合作社+农户+贫困户"的经营模式，依托绿色循环养殖，辐射带动周边群众脱贫致富奔小康。公司在商业经营上也向农户们倾斜，实行土地流转入股分红；牛羊交给贫困户托养，效益按公司、农户3:7进行分红，公司保底价回收，市场价超过保底价随行就市；扶持孵化专业合作社，发展养殖产业，公司下设13个养殖、种植加工专业合作社，与农户签订饲草种植合同，保底价格收购，使农户原来每亩地收入不到500元增加到现在保底1200元。公司把带领乡亲共同致富作为重要目标，优先安置贫困劳动力就业；公司还与11个村的贫困户签订饲草种植协议，仅此一项预计可增收330多万元。

2018年，山阳县将肉牛产业作为脱贫攻坚、乡村振兴的重要产业。县政府在意发公司既有的园区和产业基础上，进一步建议其采取"支部+公司（合作社）+基地+农户（贫困户）"的产业扶贫模式和"龙头带动、基地示范、农户参与、品牌营销"的总体思路，通过"订单收购、肉牛托养、吸纳务工、集体经济分红、土地入股、示范带动"六大模式实现农户多渠道增收，打造"岭南牛肉"品牌，推动了肉牛产业"接二连三"发展。依托绿色循环养殖，辐射带动周边群众脱贫致富奔小康。

(2)"一个园区"带动千户就业

李新朝在外出闯荡多年，积累下人生"第一桶金"后返乡创业，创办陕西德润康科技发展有限公司、德润康中医药扶贫开发产业园。2018年，德润康中医药产业园立足山阳丰富的中药材资源，采取"一企联八村带千户"模式，着力打造带贫益贫大健康产业集群，不仅带动发展了当地中药材种植，还带动了当地就业和其他配套产业的发展，让当地民众得到了实实在在的好处。公司占地 137 亩，总投资 5.16 亿元，建设中药提取车间、保健品车间等标准化厂房 18 栋，项目建成达产达效后，年可实现产值 10 亿元，新增就业岗位 300 多个，带动户家塬镇 19 个村（社区）建成规范化药源基地 1.2 万亩，1300 多户农户通过种植中药材稳定增收。园区采用"公司＋基地＋农户（脱贫户）"的减贫带贫模式，优先考虑贫困户参与园区建设，增加务工收入。目前已为脱贫户提供就业岗位 120 多个，年人均增收 4.2 万元以上。通过支部结对子，带动牛耳川社区、西沟村、娘娘庙、关上村等村农户发展红柳生态种植，辐射带动农户 1000 户，其中贫困户 145 户①。

（3）"一瓶水"成为家乡致富水

祝逢才是山阳县漫川关镇板庙村人，因家庭条件不好，19 岁的祝逢才放弃学业，跟着邻居一起走出故乡，经过 20 年的打拼，在西安从事建材生意的他小有成就。2015 年，漫川关镇政府招商引资找到他，正好与他回乡创业的想法不谋而合。经过深思熟虑后，祝逢才调查发现，家乡良好的生态水资源完全可以成为村民致富的"致富水"。利用当地富含锶等有益元素的山泉水源的优势，祝逢才在家乡成立了陕西天竺饮品有限公司，做起了水的生意。不仅让更多人喝到高品质的纯天然山泉水，而且将自然"活水"变为了"致富水"。

陕西天竺饮品有限公司是山阳县"十三五"脱贫攻坚精准扶贫产业项目，同时也是陕南移民搬迁后续产业项目。祝逢才充分发挥头雁引领作用，依托企业优势，积极发挥能人带动效应、企业辐射带动作用和党员示范带动作用，引导贫困户参与"三变"改革，得到更多实惠。一方面发动贫困户利用储备金贷款入股，获取稳定收益；另一方面为无发展能力的贫困户提供就业岗位，解决了附近 35 户 37 人的就业问题，年人均增收 2 万余元，真正发挥了"致富一方、照亮一片"的作用；又使当地丰富的山泉水资源得以开发利用，具有较好的经济效益和社会效益。

2021 年，通过不断扩大投资，天竺饮品投资建设了第二期项目投产运营，公司聘请的员工均是该村村民，累计开发工作岗位 125 个，带动本村

---

① 王婕妤. 商洛：用绿色书写高质量发展新篇章[N]. 陕西日报，2022-08-02(002).

及附近困难群众189人。公司通过"三变"模式带动297户，户均年分红1200~1700元，带动就业61人，其中脱贫劳动力49人，人均年收入3.5万余元①。

(4) "一碗面"带动家乡经济

喻琰2010年从厦门大学毕业后在厦门一家品牌咨询公司上班，经过3年的努力拼搏成功跻身管理层。2012年，她回乡在中村集镇上看到卖挂面的摊点买者寥寥无几，乡亲们寒风叫卖的一幕，让她萌生了回家创业，带动大伙致富的念头。在考察创业项目时，喻琰看到一款装在桐木盒子里的日本手工面，二斤多一点，标价1680元。她仔细看了这款面，和家乡的手工挂面颇为相似。"得资源者得天下"，喻琰认定自己的资源就是家乡的手工挂面。2013年，她联合数位股东筹资在家乡中村成立商洛市赢正食品有限责任公司，建立标准化挂面生产工厂，打造手工空心挂面品牌，并获得国家食品安全QS认证。2014年，她又成立裕延手工挂面专业合作社和裕延槐花制品专业合作社，2015年9月推出"格格笑了"电商品牌，在互联网各平台展开销售。目前，其旗下有7家子公司，有员工及合作社员343人，其中三成都是贫困群众。2016年以来，她发起"发现山阳好网货百村行"活动，与18个镇办120户贫困家庭签订手工挂面、核桃、鸡蛋、蜂蜜、中药材、食用菌、茶叶等收购协议。当前，她正致力于现代农业产业园建设，优化提升当地网销农产品供应链，将带动1000多名群众致富②。

(5) "薄木板"衍生"厚财富"

山阳板岩镇的党宝林在外创业多年后，于2017年返乡创业，在庙台村移民小区建成青林木业社区工厂，并在石庄子村建成高端民俗和艺术写生基地。吸纳周边群众200余人就近就业。通过采取入股分红模式，2021年带动周边的庙台社区、青梁寨村、石庄子村分别实现集体经济增收10万元、5万元和3万元，青林木板加工厂也成为全县效益最好、带动就业最多的社区工厂。目前企业在职员工300多人，其中50%以上的员工来自当地的贫困家庭。为巩固拓展脱贫攻坚成果、推进乡村振兴奠定了基础。

8.2.4 经验总结

这些返乡创业人士为山阳顺利脱贫摘帽做出了重要贡献，也为乡村振

---

① 苏晓菊. 犀牛峰下的"致富泉"[N]. 商洛日报,2022-07-07(001).
② 赵有良,贾书章,王涛. 从娇气女娃到挂面王[N]. 商洛日报,2016-11-19(003).

兴奠定了坚实基础。正是因为有了这些"归雁"人才的不懈努力，带动项目回迁、资金回流、技术回乡、智力回哺，助力山阳县域经济高质量发展。在脱贫攻坚时期，他们从原本生活的城市返回乡村，设立工厂带领乡亲们脱贫致富，解决了百姓们困扰多年的贫困问题。在巩固拓展脱贫攻坚成果与乡村振兴有效衔接时期，他们又不断扩大企业规模，寻找新的利润增长点，带领乡亲们不断增收。山阳能够吸引这么一大批人才返乡建设家乡，原因有以下几点：

第一，搭建外引内联平台。健全联络机制，成立乡友联谊会，负责整合乡友资源、总揽乡友工作。在传统节日期间，乡友联谊会邀请在外成功人士回乡考察座谈，让在外人士感受家乡变化、体验乡情、增进友情。打造信息化展示样板，通过展示平台展示辖区产业结构、消费扶贫及组织振兴、产业振兴、人才振兴等特色亮点。为人才团队交流、培训等提供场所，接待和返乡创业政策解答，为辖区党员、人才和企业提供一站式综合服务，回流返乡创业人才。

第二，利用"苏陕协作"搭建资金平台。从返乡人才的情况看，不少返乡人才由于自身积累不够，创业启动资金不足，而融资又十分困难，创业计划受资金阻碍难以实施。有的人才回乡后对当地实际和市场需求不能准确把握，投资盲目性大，管理经验不足。有的人才孤军奋战，缺少团队支撑，创业举步维艰。山阳县充分利用"苏陕协作"平台优势，可以帮助优质的企业获得一定的资金支持，度过艰难的初创时期。

第三，建立产研攻关平台。在外人才返乡，除了资金问题，摆在眼前的便是技术问题，山阳县通过主动牵线搭桥为返乡人才联系到高校以及科研院所等。联合高校、科研院所建设实训基地，灵活采取候鸟服务、联合研发、聘请兼职等方式，引进高层次和高技能人才，利用技术合作方式，吸引人才团队，打通企业发展技术瓶颈。支持和鼓励在外"名人"在山阳建立工作室、工作站和联络点，采取"1+N"师带徒方式，组建科研和创作团队，开展科研和创作。

第四，创新帮带销售平台。在解决了企业的资金技术需求后，山阳县又主动发展电子商务，为当地好产品打好销路。通过与各大电商平台合作，建立电商服务站、电商 App、线上动态推送镇村特色农产品信息，对本土企业家、能人"点对点"线下销售，拓宽产品销售渠道。

第五，搭建服务平台。不断提高服务能力，为返乡创业的人才提供优质服务，在生活上为其排忧解难。建立"归雁"项目服务机制，实行项目审批"一站式"，做到投运服务"一对一"。积极推进社会保险参保扩面，引导企业为返乡人员办理参加社会保险手续，保障返乡人员合法权益。

8.2.5 评价与启示

山阳县在脱贫攻坚期间通过主动对接，为人才返乡创业奠定良好的基础条件。通过优化创业环境、强化创业服务等举措，张陆锋、鲁保存、左自意、毛加兴、李新朝、祝逢才、喻琰、彭鹏、党宝林、南榜柱等一大批东南飞的"孔雀"回归故乡创业，成了家乡脱贫攻坚、乡村振兴的生力军。

对于创业创新，中央有政策，部门、地方有措施，群众有行动，作为创业创新主战场之一的农村，创业创新正在成为农村经济发展的新动能。从山阳的案例可以看出，很多从家乡"走出去"创业成功的人士很难放下心中那一抹乡愁，只要有合适的项目和政府的有力支持，他们回乡创业、带领乡亲们脱贫致富的意愿就会很强烈。在政府相关政策的支持下，曾经"孔雀东南飞"的山阳呈现人才返乡创业高潮，返乡人才整合各种资源发展产业，形成"归雁经济"，带活当地经济，为巩固拓展脱贫攻坚成果同乡村振兴有效衔接提供经验。

8.3 陕西澄城吉安城村党建统领乡村治理

8.3.1 案例概况

吉安城村"党建统领+干群共建"模式是指陕西省澄城县吉安城村以党建统领为核心，创新党员"奉献积分管理"制度、"干群共建"村庄事务治理制度，灵活运用村规民约和网格化管理，全面推进村级组织建设的模式。陕西吉安城村以党建统领为核心，由村党支部团结党员和群众，通过创新党员管理制度、干群交流制度，完善村规民约、灵活运用网格化管理，共同推进村级党组织标准化建设，推进自治、法治、德治融合发展，构建起共建、共治、共享的乡村治理新格局，为基层党组织建设增添新动能。

8.3.2 形成背景

吉安城村隶属于陕西省渭南市澄城县冯原镇，位于冯原镇政府往南2

公里处，村域广阔，东西3.1公里，南北2.3公里，中部低凹，两边高凸。全村共9个自然村，辖12个村民小组、650户2760人，总耕地面积6500亩，主导产业以苹果、花椒为主。吉安城村地处渭北旱塬，十年九旱，田间灌溉成为一大难题。在2017年以前，村庄基础设施落后，村民收入水平低，全村有贫困户116户445人，是澄城县最知名的贫困村之一。

2017年以前吉安城村基层组织能力弱，缺少有能力的干部，村民对村庄事务的参与度不高，使得村级基层组织带领村民脱贫致富的效果不佳。具体而言，吉安城村村级基层组织建设存在以下问题：

其一，基层党组织弱。一方面，由于农村工作繁忙复杂，且吉安城村经济基础较差，工作环境差、待遇低，年轻人都不愿担任村干部。导致村级党员队伍老化，村级组织后继乏人，缺少村干部人才储备，村中能人也多选择发展经济，忽视对村集体事务的参与。另一方面，由于村干部的文化水平有限，缺乏相关科学技术知识、管理知识和法律知识，对各项方针政策的理解不够深入，导致村干部在开展工作时缺乏实效性和针对性，多采用"干部说了算，群众埋头干"的领导方式，影响了农村基层党组织整体作用的发挥。

其二，村民集体意识弱。农民与集体的联系弱化，村规民约的约束力也逐渐下降。村民多关心与自身发展相关的事务，对村中集体事务的参与度大大下降，例如张贴在公告栏中的通知事项多被忽略。同时，村民与基层干部的沟通不足、无法有效沟通等问题挫伤了农民参与集体事务的积极性，未能发挥出村民在村庄治理中的作用。

其三，管理约束手段滞后。传统模式下管理和约束村中事务的方法比较单一，多采用简单粗暴、行政命令等方式进行干预。但是随着社会的进步，农民思想已经从僵化、保守的状态中逐渐开始转化，公民意识、法治观念不断增强。这种传统的管理约束手段就造成了干群关系的紧张，甚至会引发村民与村干部之间的冲突与矛盾。村干部没有充分发挥出思想政治工作的效力，缺乏多样化处理村中事务的意识。

近年来，吉安城村坚持以党建统领为核心，全面推进村级党组织标准化建设，健全村民自治制度，壮大村集体经济，积极构建起共建、共治、共享的乡村治理新格局。吉安城村选优配强村"两委"班子，严格执行"三会一课"、主题党日等制度，对党员干部的教育从严管理，成功创建省级标准化示范村；通过村规民约、家训家规、树立典型、表彰先进、文化活动，充分发挥村党总支攻坚堡垒和党员先锋模范作用，增强基层治理软实力。坚持依法治理，探索组建由基干民兵和退伍军人组成的村级联防巡查队伍，建立矛盾协调化解机制，实行网格化精细管理，织密织牢平安建设管理网，打通服务群众"最后一公里"。

在一系列措施付诸实践后，吉安城村形成了高效的基层党组织、有效的干群沟通模式，充分发挥村党组织攻坚堡垒和党员先锋模范作用，有效提升村民对村集体事务的参与度。在村党总支的带领下，吉安城村村民收入有较大的提高，生活水平得到了显著改善，于2017年实现全村脱贫，全村共发展百亩连片苹果示范园6个、省级示范园1个，苹果种植面积从1500亩增加到4600亩，有500头以上养殖场一个，50头以上规模养殖户14户[①]。共铺设通村油路5.4公里，整修村巷11条，安装路灯21盏，新建了村部，修缮了学校，建立了农民扶贫互助资金协会，实施易地扶贫搬迁21户。村域经济社会持续健康稳步发展，村民收入有较大的提高，生活水平得到了明显改善，全村农民人均纯收入从2015年的7000元增长至2021年的11500元。2017年吉安城村成功脱贫，2019年吉安城村被列入第五批中国传统村落名录，2021年吉安城村被国家农业农村部认定为第二批全国乡村治理示范村，成功地走出了一条具有特色的基层组织振兴之路。

8.3.3 主要做法

（1）实行党员"奉献积分管理"制度，提高党员队伍素质

为提高党员队伍素质，增强党员干部对理论知识的认识和理解，吉安城村针对党员实行"奉献积分管理"制度，将党组织及群众对党员的评价转化为量化考核，以此提升党员干部的责任感和荣誉感。党员"奉献积分管理"制度主要分为三部分：

首先，明确赋分项目。村党支部结合群众路线、村级工作和新时期党员应当履行的义务，将党员日常行为细化为组织生活、扶贫帮困、传授技术、示范带头、政策宣讲、维护稳定、文明创建、志愿服务、义务劳动和

---

① 吉安城村聚"三气"脱贫走上致富路［EB/OL］. 渭南网，2018 – 09 – 28，https://mp.weixin.qq.com/s/fB8eQ – kx2KoI4r6pXrIULA.

特事嘉奖10项，按照百分制考核的原则，每项赋予10分分值，实时打分，季度评议，年终汇总。最后根据得分情况评先树优，予以奖惩。

其次，严格工作程序。党员奉献积分管理工作程序分为五个环节，分别为年初发卡、日常登记、半年核准、积分公示和年终奖惩。第一环节为年初发卡，村党支部在确定全年工作思路后，将年度工作任务融入积分事项中，在年初第一次全体党员大会上，逐人签名认领党员奉献计分卡。第二环节为日常登记，由党员个人对照奉献积分卡上的事项，由本人对日常工作生活中的事项进行记录，并于每月党小组会议上提出分值确认等级。经党小组认定的事项上报支部，进行集中登记备案。第三环节为半年核准，在年中时将支部存档积分卡发还党员本人，由本人对积分事项进行核对，并签字确认。第四环节为积分公示，在年终考核时，由村党支部将党员个人年度奉献积分得分情况进行为期七天的张榜公示。最后环节是年终奖惩，支部对年度奉献积分前十名的党员进行表彰，对积分名次后三位的党员，由党支部书记对其进行帮扶谈话。

最后，建立完善的保障机制。为了确保党员"奉献积分管理"的规范运行，村党支部还建立了"三项制度"，分别为支委包联制度、半年交流制度和台账管理制度。支委包联制度是指由三名委员包联吉安城村9个党小组，指导党小组按时召开党员会议，督促党小组及时核定党员奉献积分登记情况。半年交流制度是指在半年工作促进会上，各党小组长交流工作中的技巧、方法、心得体会，为今后工作提供经验教训。台账管理制度是指为保证积分管理制度执行过程中的标准统一，党支部安排专人负责收集整理资料，建立工作台账，清单式管理，为党支部统筹决策时提供完备翔实的档案资料。

（2）创新"干群共建"模式，凝聚乡村振兴合力

原来村上一些重大事项的制定和推行，大多由村委干部参与决策后，以张贴公告的形式告知村民。这一模式产生了两大弊端：一方面，忽视了农民在村庄治理中的主体地位。村民对于村庄事务的参与大多是被动接受的方式，公告内容也容易遭忽视，农民当家作主的意识往往停留在观念和言论层次上，农民主体地位出现淡化的倾向。另一方面，滋长了村民消极"等靠要"心理。村级治理行政化导致村庄公共性消失，使得国家为农民提供的服务越多，农民越不愿意为公共事务出工出力，反而产生"等靠

要"心理和"搭便车"行为。为着重凸显群众在参与村庄事务中的主体地位,增强农民关心集体公共事务的主体责任意识和政治参与热情,提升村民对村务工作的参与感,吉安城村开创了"干群共建"的村庄事务治理模式。该模式的具体实施过程分为三个阶段:协商前、协商中和协商后[①]。协商前阶段包含议题的筛选、调研和确定,由村干部结合近期村中事务发展现状,初步拟定讨论议题,并组织村民参与讨论。协商中阶段包含会议讨论,由村书记与村民们直接接触,面对面举行讨论会,向村民们解读相关政策以及村中重大事项发展进程等,村民们当面提出意见和建议。协商后阶段包含协议方案的制定和落实反馈两个步骤,村干部结合讨论情况,制定解决问题或工作部署的方案,并就方案落实情况进行跟踪反馈。"干群共建"模式实施后,村民们"急难愁盼"事项得到及时处置和解决,越来越多的村民主动参与政治生活,关心国家大事、了解政治制度、关注政策变化。吉安城村的"干群共建"模式不仅提升了村民对村务工作的参与感,保障了村民的知情权、参与权与监督权,解决了一批群众"急难愁盼"问题,同时也架起了村民与干部沟通的"桥梁",进一步密切党群干群关系,凝聚起党群同心谋振兴的强大合力。

(3) 完善村规民约,促进乡风文明建设

村规民约是德治和法治的结合,是村庄内生秩序的重要表现形式。曾经的吉安城村由于村民文化水平不高,村规民约失去了以往强大的约束能力,表现出日渐式微的态势,形式化、趋同化及空泛化成为村规民约发挥其应有功能应予解决的共性问题。为了让村规民约发挥其应有的功效,更好地推进农村基层建设,提高村民的自治能力和水平,吉安城村广泛征集民意,凝聚群众智慧,对村规民约进行再修改。吉安城村现行的村规民约是由村党总支部引导、群众参与的方式制定,其内容是受群众普遍认可的,并采取群众喜闻乐见的方式进行广泛宣传教育,从而在全村范围内形成崇德向善、文明和谐的良好风尚。现行的村规民约共包含七部分,涉及社会治安、消防安全、村风民俗、环境卫生、土地管理、公益事业和邻里

---

① 《奋进新征程 建功新时代》澄城:党建聚合力 乡村更振兴[EB/OL]. 渭南新闻网,2022-06-12,https://mp.weixin.qq.com/s/hq_KL_oWqDYSz-EIrhf3Kw.

关系①。在公益事业一项中特别指出：村内兴办公共（公益）事业建设所需筹资筹劳，实行"一事一议"制度，由村民代表会议讨论通过。经"一事一议"决定兴办的公共（公益）事业建设及相关筹资筹劳事宜，必须人人参加，户户参与，不参与投工者，按当地工价折资兑现。这一措施有助于增强村庄凝聚力，促进干群沟通，为吉安城村的基层党组织发挥作用提供了良好的环境。此外，吉安城村连续10年召开精神文明表彰大会，开展家规家训进户活动，对涌现各类先进典型和金榜题名的大学生都给予表彰，带领全镇形成了"立家规、晒家训、比家风"的浓厚氛围②。一方面，吉安城村以"孝""敬""爱""勤""俭""和"为主题，绘制文化墙，弘扬孝老爱亲、团结邻里、勤俭持家等中华民族传统美德。结合传统道德文化和家族遗训，按不同姓氏家族立本族家规，并将所立家规入户上墙，将优秀家风植根家族，凝聚家族积极健康正能量，在全镇形成了晒家规、比家风的浓厚氛围。另一方面，吉安城村借靠"两学一做"学习教育及美丽乡村创建成果，及时更换党建长廊展板和宣传牌，充分发挥党员干部模范带头作用，提升党员干部的党性修养，引导村干部文明接待群众。

（4）创新活动载体，巧用网格化管理

吉安城村创新"党建+互联网"模式，不断强化党员干部学习教育，增强党员干部履职尽责的素质、能力和水平。以远程教育、微信公众号、党员微信群为载体，以支部为单元，通过党员夜校、学习讨论、专题培训等形式，组织党员干部学党章、学准则条例、学习总书记讲话、学脱贫攻坚政策，党员党性意识、责任意识和宗旨意识不断得到增强。此外，吉安城村还巧用网格化管理组建由基干民兵和退伍军人组成的村级联防巡查队伍，建立矛盾协调化解机制，实行网格化精细管理，打通服务群众的"最后一公里"。吉安城村的网格化管理主要运用于防返贫的动态监测、疫情防控和禁毒网格化管理等方面。在防返贫动态监测中，每一个网格员有明确的监测对象和范围，有周周入户、户户见人的工作要求，全面做好防返贫致贫监测具体工作，杜绝困难群众体外循环。在疫情防控中，由网格员

---

① 冯原镇:吉安城村村规民约[EB/OL]．搜狐网,2022-03-26,https://www.sohu.com/a/532929121_121123689.

② 澄城县吉安城村文明乡风润民心 幸福日子有奔头[N]．渭南日报,2022-08-16(003).

开展全面走访排查，向群众宣传防疫知识，提高村民对疫情防控的认识。同时，还了解群众诉求，做好防返贫动态监测和困难群众兜底保障，从源头上杜绝因疫情返贫致贫的情况出现，进而持续提升人民群众的幸福感和满意度。

8.3.4 评价与借鉴

吉安城村"党建统领＋干群共建"模式通过创新党员"奉献积分管理"制度、"干群共建"的村集体事务处理制度，培育了一批高素质基层党员干部，极大地调动了村民参与村集体事务的积极性。同时，通过对村规民约的完善、对网格化管理的灵活运用，促进了德治、法治、自治的融合发展，推动了村内事务决策的民主化，提高了乡村治理的智能化、专业化水平。

农村基层党组织是党在农村全部工作的基础，是推进乡村振兴战略的核心力量和重要抓手。当前部分农村基层党组织还存在着组织建构不够优化、文化基础不够优质等困境，制约着农村基层党组织整体功能和作用的发挥。吉安城村"党建统领＋干群共建"模式始终坚持农村基层党组织在农村社会治理中的领导核心地位，运用各种方式引导村民自治组织等各类主体在乡村治理中发挥各自的功能和作用，有利于优化基层组织构建体系，提升乡村社会治理能力。从这个意义上说，陕西澄城县吉安城村"党建统领＋干群共建"模式，对于全国尤其是西部地区类似地方推进村级基层组织振兴具有很强的借鉴意义。

8.4 陕西澄城樊家川村能人带动产业发展

8.4.1 案例概况

陕西省澄城县樊家川村地处偏僻，由于地形地势极易受涝灾，因此农业生产与农民生活水平一直以来都较为低下。面对村庄产业发展的困境，樊建武书记毅然返乡，作为家乡发展的"领头雁"，通过党建组织引领，酥梨、甜瓜等多元化产业组合，市场化平台搭建，产业融合发展，建成了有着"洛水千年润樊川，皇家梨园迎天下"之称的龙首万亩农业公园。樊家川村正是通过产业园，与农户建立起了紧密的利益联结机制，极大地带动了农民的生产积极性。该村也逐步形成了集产业发展、乡村旅游、休闲采摘于一体的现代农业产业链，"党建＋产业园＋合作社＋农户"这一产业发展模式也使得全村人民真正实现了脱贫致富。①

8.4.2 背景分析

贫困是一种与人类社会发展进程相伴相生的现象。面对贫困这一现实难题，中国政府一直致力于缓解和消除贫困，积极探索中国特色的减贫道路。党的十八大以来，以习近平同志为核心的党中央把脱贫攻坚作为实现第一个百年奋斗目标的重点任务，做出了一系列重大部署和安排，并取得了显著的脱贫成效。到2020年，全国832个贫困县全部摘帽，近1亿农村贫困人口实现脱贫，绝对贫困已经消除。在这一过程中，中国乡村各地通过实践探索出了多样的扶贫模式，其中樊家川村在党支部书记樊建武的带领下，依托村庄的自然资源，独特性地创立了"党建+产业园+合作社+农户"模式，实现了樊家川由"米粮川"向"花果山""美景区""观光园"的华丽转变。

樊家川村位于澄城县交道镇西南方向，距县城17公里。全村耕地6800亩，包括9个村民小组，6个自然村，总人口1894人。村里572户村民，90%靠土地生活，以农业种植为主，但农业发展、农民收入并不如意。首先，樊家川村位于洛河下游，水流无法流入田地，且气候多干旱少雨，2009年以前以种植小麦、玉米等传统作物为主。其次，该村位于关中平原边缘，是一个川道村，地处偏僻，因此樊家川村交通极其不便利，群众生活比较困难。最后，村内基础设施落后，一方面农田水利和灌溉设施匮乏，机耕道、灌溉渠道也未修建，另一方面村内部分道路还未硬化，给

---

① 本案例研究主要参考以下政府网站、网页、报纸：黄承伟. 新时代十年伟大变革的最生动实践——兼论脱贫攻坚的里程碑意义[J]. 南京农业大学学报(社会科学版)，2022(6)：1-11；任瑞. 澄城樊家川：偏僻小山村变成"花果山"[N]. 三秦都市报，2021-04-15(A10)；澄城：樊建武不忘初心带领乡亲脱贫奔小康[EB/OL]. 渭南市乡村振兴局网，2021-08-31，http://fpb.weinan.gov.cn/xwzx/jcdt/1432604044811083778.html；牛纲. 奋斗百年路 启航新征程丨走进澄城县樊家川村[N]. 渭南日报，2021-04-16(004-005)；张艳萍. 交道镇：线上线下齐发力 基层党建上台阶[EB/OL]. 澄城县政府，2022-05-18，http://www.chengcheng.gov.cn/ccdt/tbdt/jdt/81223.htm；张艳萍. 喜报：澄城县交道镇樊家川村荣获全省村级党组织标准化建设示范村[EB/OL]. 澄城县政府，2020-07-01，http://www.chengcheng.gov.cn/ccdt/tbdt/jdt/69239.htm；孙鹏. 龙首坝上的"米粮川"与"花果园"[N]. 陕西日报，2022-06-29(007)；张华，孙华林. 扶贫故事｜澄城县樊家川村樊建武：放弃大生意回村当支书[EB/OL]. 华山网，2019-08-05，https://baijiahao.baidu.com/s?id=1640987175776785527；寇艳. 澄城县交道镇：人居环境再提升 旅游环线增底色[EB/OL]. 澄城县政府，2022-03-24，http://www.chengcheng.gov.cn/ccdt/tbdt/jdt/79597.htm；李睿洁. 美丽樊家川 打造花果山[EB/OL]. 澄城县政府，2019-04-18，http://www.chengcheng.gov.cn/ccdt/shms/shms1/59979.htm.

村民的生产生活带来了极大的困难。自然条件的限制以及基础设施的匮乏使得当地农民生活、农业生产都不尽如人意。因此，村中多数年轻人选择外出务工，部分更是选择举家外出，导致樊家川村人口老龄化、村庄空心化、贫困化等问题日益严重。2015年，樊家川村被确定为贫困村，全村贫困户164户570人，是全县贫困户最多的行政村。面对村庄发展的困境，外出创业的樊建武毅然返回家乡，成为樊建川村的"领头雁"，投身到家乡扶贫事业当中，秉持因地制宜的原则，充分发掘并合理运用当地自然资源、人文历史资源，带领全村人民脱贫致富。2018年樊家川村实现了全村脱贫摘帽，为中国其他乡村进一步实现脱贫攻坚与乡村振兴提供了宝贵的经验。

8.4.3 做法与成效

（1）做法

樊家川村通过党建组织引领、产业发展、市场搭建、农旅融合，实现了传统耕作向现代农业的转型。

第一，党建组织引领。"因为穷，走出家乡；因为穷，回到家乡"，正是这一家乡情怀以及对扶贫工作的高度投入使得樊建武书记一直坚守在村庄发展工作的第一线，樊建武书记卖掉自己的汽贸公司作为村庄发展的启动资金，成为带领群众拓宽致富路的"领头雁"。为加强樊家川村基层党组织建设，该村以规范化、制度化、组织化为要求，积极推进"党建+"模式，开展"我是党员我先行"活动，一名党员建一个示范大棚，加强党员在村民当中的示范带动作用。同时，充分利用"互联网+党建"云平台，建立樊家川村党员网上学习交流群，鼓励年轻党员深度融入，切实增强基层党组织的凝聚力。此外，樊家川村号召外出务工青壮年回乡参与村上的红白喜事，通过微信群为村庄事业献言献策，以增强村民的参与积极性，鼓励外出务工劳动力回乡返乡。在樊建武书记的带领下，樊家川村建立了一支有组织、有纪律、为村民谋实事的领导班子，充分发挥了农村基层党组织在乡村振兴战略中的引领作用。

第二，产业发展先行。振兴乡村，首先要发展产业。樊建武书记带领村中能人多次前往山东、杨凌等地进行实地调研和考察，挑选出真正适合樊家川村自然生态条件（喜水、喜光、喜湿、川道）的产品种类，并由村中能人带头发展酥梨产业，改变了以往单一、传统的种植结构，实现了主导产业由杏到酥梨的转变。在此基础上，樊家川村发展冬枣、花椒、桃等多个品种，实现多元化的产业组合，有效降低了天灾、市场波动所造成的风险。在面临产业发展中的土地要素制约时，樊家川村积极流转群众土地，在全村中普遍推广设施大棚，通过扶贫产业园将流转改建后的大棚还给农民。在面临技术要素的制约时，樊家川村与西北农林科技大学对接达成合作，建立育种基地，解决新品种的引进、研发问题，并积极培训土专家人才，以促进村庄产业发展。

第三，市场搭建为继。为了解决农产品的销售难题，樊家川村一方面与华元等多家电商合作，把樊家川村的酥梨、杏、桃等农产品通过电子商务销售出去，取得了明显的经济效益。另一方面积极投资建设冷库、果筐包装厂，果品蔬菜交易市场得以建成，这也为群众和客商储藏酥梨、杏、桃、黄花菜等各类农产品提供了条件，得以错峰销售，有效抵御了市场价格风险。樊家川村在销售农产品的同时极其注重品牌建设，积极培养经纪人、代理人，依靠产品品质，通过华元易购等电商平台、农产品推介会不断提高品牌知名度，将定价权掌握在自己手中。此外，为更好地解决产业发展的问题，樊家川村还成立了村集体经济联合社、农民专业合作社和互助资金协会，将各个合作社中的集体资产剥离出来，全部以入股形式加入联合社总社，将问题分包出去，有效推动了樊家川村的农业现代化发展。

第四，农旅结合为续。樊家川村位于世界灌溉工程遗产——龙首渠引洛古灌区，不仅具有特色的农业景观，还拥有着丰富的历史人文资源。该村依托龙首坝及水库核心景观，结合林地、田园，打造集民俗美食、观影演艺、休闲度假、亲子娱乐等功能为一体的乡村旅游综合体。为配合村庄乡村旅游业发展，樊家川村对水、电、路、网等基础设施进行了重新规划建设，并通过划分"责任田"实行网格化管理、落实群众"门前三包"责任制，对生产生活垃圾进行全面清理，对乱搭乱建、乱堆乱放进行彻底整治，大大改善了村容村貌，农村人居环境得到有效治理。樊家川村逐渐形成了以"龙首现代农业产业园+龙首灞文化景区"为主的现代农业与休闲农业相结合的产业发展模式，为村民增收致富创造了条件。

（2）成效

2011年樊建武书记返乡后，就全身心地投入家乡产业发展当中，坚持规划先行，以龙首现代农业产业园为基，进一步开发龙首灞文化景区。经过多年发展，樊家川村的产业发展日趋成熟，村民的生活条件、收入水平得到极大改善。在村党支部的带领下，樊家川村先后发展酥梨3500余亩，金寿杏、雪里红桃、高石脆瓜等特色水果设施大棚700余亩，万亩农业公园初具雏形。并且该村还注册了"龙首灞"牌商标，其中"龙首灞牌水晶贡梨"通过了国家质量管理体系认证和有机认证，获得了省级名牌产品，樊家川村的特色农产品也远销越南、缅甸等国家。2018年樊家川全村实现脱贫摘帽，2020年人均纯收入达到11938元，建成了以优质的酥梨、设施果蔬生态旅游、现代农业为主的示范观光农业园区。樊家川村先后被评为"旅游示范村""百县万村综合文化服务中心示范村"等，龙首现代农业园区被认定为第四批省级现代农业园区。

8.4.4 总结评价

澄城县樊家川村在党建组织引领与村中能人的带动下，坚持因地制宜的原则，采取土地、劳务、资金"三入股"形式将村民牢牢连接在村庄产业利益链上，充分调动了群众参与村庄事业发展的积极性，从简单的"输血"转变为"造血"扶贫模式。与此同时，樊家川村通过市场搭建解决销售难题，并充分挖掘历史人文资源发展乡村旅游业，进一步优化村庄产业结构，切实提高了农民收益，从而真正实现了脱贫致富。

樊家川村的脱贫历程与脱贫模式也为国内其他乡村发展提供了经验借鉴。一是人才是关键，人力资本越发成为现代农业发展的关键因素，传统农业的转型也对农业劳动力提出了新的要求。二是充分调动群众积极性，乡村要发展离不开村民每个人的努力，只有将村民的利益同村庄整体的利益紧密联结，才能更好地推动村庄发展。三是产业发展为先，扶贫不能单单局限于政策扶持、财政补贴等"输血"式扶贫模式，而是要注重乡村"造血"功能的构建，从而为乡村发展提供持续动力。

与此同时，樊家川村的产业发展模式也存在一些问题与挑战。一是村里经营主体以种养大户、小农户为主，龙头企业较少；并且其销售模式仍然以传统的批发线下销售为主，并未充分利用电商、直播等线上销售平台。二是樊家川村的农旅融合发展遇到了瓶颈，人流并未成功转变为消费流，从而无法为村庄带来实质性收益。三是调研过程中不难发现，樊家川村甚至是中国乡村整体发展都面临着"人"的难题。尽管樊家川村能人带动的产业发展模式取得了显著的成就，但我们不免开始担忧后续是否还有

"能人"、"能人"从哪里来？这一能人带动的产业发展模式是否具有可持续性？现阶段，巩固拓展脱贫攻坚成果、缓解相对贫困问题、促进乡村振兴发展将成为未来乡村发展的核心任务，"人"这一问题也将是乡村能否实现振兴的关键。因此，在巩固拓展脱贫攻坚成果、推进乡村振兴时，必须注重人力资本的作用，吸引更多较高素质的人才返乡入乡，从而带动乡村产业发展，保证乡村发展的持续动能。

8.5 甘肃康县发展壮大劳务经济

8.5.1 案例概况

2020年底，随着我国脱贫攻坚任务的全面完成，广大脱贫地区开启了乡村振兴的新征程，对于甘肃省康县来说，由于较为薄弱的经济基础，乡村振兴任务依然艰巨。就业是最大的民生，促进农村群众就业，是巩固拓展脱贫攻坚成果的重要内容，也是推动乡村振兴的现实要求。近年来，康县把发展劳务经济作为助推全县经济高质量发展和农民持续增收的重要举措来抓。在脱贫攻坚时期，康县主要依托"中国建筑集团有限公司"对口帮扶的外部力量，深化劳务协作，发展劳务产业。为实现脱贫攻坚到乡村振兴的发展衔接，康县充分统筹利用内外部资源，盘活县域劳务经济发展的内生动力，"外部输出、内部拓岗"两条腿走路，并利用美丽乡村建设成果和乡村旅游发展效能大力支持农民工返乡创业，为巩固拓展脱贫攻坚成果同乡村振兴有效衔接不断寻求适宜康县发展的新路径、新机制。

8.5.2 背景分析

"劳务经济"是劳动者出卖劳务而获得报酬的生产方式和经济现象（黄任燕，2005）。在中国，劳务经济也常常被认为是"农村劳务经济"，多指农村劳动力利用自身体力和智力以及有限资金，在家庭以外就业或从事非农产业的经济活动（黄任燕，2005）。劳务经济具有"输出劳动力，引回生产力；输出打工者，引回创业者"的特征（孙远太，2009），劳动者返乡创业成为劳务经济发展的高级阶段。"劳务经济"这一发展模式从20世纪80年代兴起，经过几十年的发展，逐步走向繁荣，农民务工的选择也趋向于多元化。发展劳务经济，是破解康县乡村振兴难题的金钥匙。

康县地处秦巴山区中南部，位于陕甘川三省交界地带，全县21个乡镇、350个行政村、1642个自然村，5.2万户农村人口80%以上分散居住在2967

平方公里的高半山、峡谷河道及林缘地区，是第一批国列贫困县和58个片区特困县之一①。据统计，在全县42.64万亩耕地中，旱地为42.8万亩，占99.86%，坡度较大而不适合农作物种植的耕地占全县耕地的48.69%，全县山区面积大，耕地面积少②。由于自然、历史、社会等各方面原因，康县工业起步较晚，城镇化水平低，城乡二元结构突出，经济发展相对落后，对农村劳动力吸收有限，加之劳动力增长较快，因此农村劳动力一直供大于求，富余严重。劳动力大量剩余一方面加大了人口及环境压力，另一方面造成康县经济发展缓慢，农民增收困难，贫困现象严重，阻碍着脱贫致富的步伐。据统计，2015年康县劳动年龄人口数量为14.02万人，其中乡村12.46万人，城镇1.56万人③。农村存在的大量劳动力为劳务经济发展提供了良好基础。"十三五"时期，康县将促进农村劳动力的就业作为首要任务，同社会力量进行劳务协作，极大地拓展了就业空间，促进贫困群众增收。2020年2月，康县实现了脱贫摘帽。

8.5.3 主要做法

脱贫攻坚阶段，康县主要依托外源动力实现劳务经济的发展，其可持续性在乡村振兴阶段受到了巨大的挑战，而脱贫地区的乡村振兴，关键在于内源动力的激发和外源动力的推动。在这一过程中，内源动力及外源动力由基层政府、上级政府、帮扶企业、外部群众、脱贫农民等主体相互作用、相互协调而形成。其中内源动力指自发力量，如内部资源的激活利用、基层政府自我建设、脱贫农民的自我发展等；外源动力是指外部介入的力量，如帮扶企业、上级政府及外部群众的帮助。本案例对主要做法的研究，将从以下三个方面进行：第一，关注脱贫攻坚过程中利用"劳务协作"奠定劳务经济发展基础的帮扶过程与帮扶重点，探讨外部力量推动贫困地区经济发展的实践做法；第二，关注由脱贫攻坚转向乡村振兴的过程中的发展路径，着重于康县如何盘活内需，通过内部力量的激活为劳务经济发展提供空间；第三，关注脱贫攻坚与乡村振兴衔接过程中内源动力与

---

① 久久为功磨一剑 贫困山乡绽新颜——美丽乡村建设"康县探索"的调查与启示[EB/OL]. 国家乡村振兴局网站,2021-08-21, http://www.nrra.gov.cn/art/2021/8/21/art_4317_191359.html.

② 康县第三次全国国土调查主要数据公报[EB/OL]. 康县人民政府网站,2022-09-23, http://www.gskx.gov.cn/staticPage/1920500/content/0913101439011.html.

③ 2015年康县国民经济和社会发展统计公报[EB/OL]. 康县人民政府网站,2022-04-28, http://www.gskx.gov.cn/Template/childdt?newsid=355932.

外源动力相结合的动态过程,借力美丽乡村建设和乡村旅游发展,为壮大劳务经济、实现乡村振兴提供有力保障。

(1) 深化劳务协作,外源动力建构劳务扶贫模式

康县与中国建筑集团有限公司(后简称"中建集团")开展中央单位重点扶贫,形成内外部合作。中建集团立足康县实际,发挥行业带动优势,在康县打造了66个建筑劳务输出示范村,培养一批劳务带头人,输转康县富余劳动力就业,并提供安全教育、技能培训、工资保障等就业服务,为康县群众稳定就业提供坚实保障[①]。这一内外部合作过程创新发展了劳务扶贫新模式,培育出的"燕河建筑工"劳务品牌,多次被中央、省、市级各类媒体报道。

第一,优化培训网络,掌握劳务技能培养产业工人。中建集团充分发挥央企技能培训的优势,利用项目工种齐全、专业人员水平高等特点,开展多种类型"理论+实践"培训,为康县注入人才和技能动力。培训网络分为两大部分,第一部分由实操培训和农民工夜校构成,通过钢筋工、木工、混凝土工、砌筑工、抹灰工、架子工培训和文化知识输入,把没有知识和技能的农民逐步培养为掌握一定技能、具备一些文化素养的农民工。第二部分为中建集团联合康县县委党校开办的"中建康县农民工党校暨农民工技能培训学校"以及岗前应知应会培训。提供"培训、取证、就业"一站式就业服务,帮助康县农民工针对性培养职业技能,逐步走上技能脱贫的道路。为进一步提高务工人员综合素质,助力人才振兴,按照中建一局"技能扶贫"方案,每一名康县务工人员在工地上要严格接受一系列安全、质量、维权、防疫等应知应会岗前培训,对无技能的人员会开展专业上岗培训,使其熟练掌握专业技能并获得专业资格认证,最终将其培养成合格的产业工人。两部分相互补充,形成"农民—农民工—产业工人"的培养路径。

第二,培育劳务品牌,建设示范基地创新输转模式。中建集团和康县政府联合打造"燕河建筑工"劳务品牌,年均向外输转建筑劳务近3万

---

① 甘肃举行深化东西部协作和中央单位定点帮扶,助推巩固拓展脱贫成果上台阶、乡村振兴开新局新闻发布会[EB/OL].中华人民共和国国务院新闻办公室网站,2022-09-22,http://www.scio.gov.cn/xwfbh/gssxwfbh/xwfbh/gansu/Document/1730899/1730899.htm.

人,持有建筑技能证书者达1.6万人①。形成"建筑劳务示范村",目前已经发展两批66个,在各村形成"建筑劳务带头人+建筑劳务信息员"工作小组,分别负责与中建集团进行对接和信息统计工作。在此基础上,一局、三局陆续与康县签订了多份建筑劳务框架协议,吸纳县内两家劳务公司承包建筑劳务,有组织输转多个建筑劳务班组务工就业,初步形成了符合康县农村劳动力结构的"劳务公司+劳务示范村+劳务带头人+贫困劳动力"的劳务扶贫模式,逐步将康县培育成"劳务输出基地""劳务输出品牌县"。

第三,发挥中介作用,搭建服务平台增强输转能力。一是建设劳务信息平台。中建集团充分发挥大数据在劳务供给与需求方面的匹配作用,同时借助各劳务示范村信息员的桥梁作用,提高农民工和企业之间的岗位匹配效率。二是加强互动交流,进村入户招工。中建集团多次在康县组织招工活动,县劳务办负责人、劳务专干、建筑劳务示范村负责人形成工作团队积极前往各地进行业务对接,与此同时深入乡镇、村社和务工人员进行深入交流,解决务工人员后顾之忧。三是关心细致入微,安心就业脱贫。中建集团不断改善务工环境,以优化食宿条件、提供免费体检、按时发放工资、定期结对沟通、组织现场慰问等形式为务工人员及时解决困难,保证务工人员安心上岗。

(2)盘活内需拓岗,内源动力实现就地增收

在脱贫攻坚期间,外部帮扶力量通过编织培训网络、吸纳农民工就业、培育劳务品牌、健全服务平台等多种形式带动了康县劳务经济发展,帮助康县众多贫困群众实现稳定脱贫。康县迈入巩固拓展脱贫攻坚成果与乡村振兴衔接时期,县域的发展不再单纯依靠外部力量的帮扶,而是进行内部力量的资源整合,通过发展特色种植合作社、统筹乡村公益性岗位、创办就业扶贫车间(帮扶工厂)、提升居民自我发展能力等举措拓宽农村劳动力可持续生计来源,为发展劳务经济提供空间,推动劳务经济发展模式向内生式发展方向转变。

第一,盘活土地资源,发展特色种植合作社,增加村民收入。曾经缺

---

① 康县:劳务扶贫 让困难群众走向小康[EB/OL]. 中国甘肃网,2020-11-06,http://gansu.gscn.com.cn/system/2020/11/06/012488801.shtml.

资金、少技术和单打独斗的种植模式一直是制约产业规模化发展的关键原因。康县立足当地气候及土地资源优势，发展林下种植，升级种植技术，积极扶持以特色种植为主的专业合作社，创造了种植、分拣、加工、装卸、销售等岗位，村民们既可以通过货币、土地等方式入股合作社，也可以通过出租土地、参与劳动获得相应报酬，提升农民主体性地位，激发了内部发展活力，并且实现了村民就地就近就业。

第二，积极对接项目，鼓励吸纳本地务工人员就业。组织各部门（单位）深入全县各在建工程项目，积极与施工单位对接，积极引导、鼓励和支持施工单位尽最大可能吸纳本地务工人员就业。在农村中小型基础设施建设领域，广泛组织吸纳农村劳动力参与工程建设及后期管护。统筹用好乡村公益性岗位，形成空缺岗位优先安置脱贫人口的机制，发挥县域内重大项目和重点企业吸纳就业作用，鼓励项目单位开发一批技术门槛低的岗位，广泛吸纳本地劳动力参与工程建设管护。

第三，强化培训服务，关注居民的自我发展能力建设。积极组织参加甘肃省脱贫攻坚农村实用人才实训培训班和全省贫困地区农村实用人才项目培训班，选派15名农村实用人才、致富带头人、电商从业者到天水师范学院参加技能培训。依托"春潮行动""职业技能提升行动"等品牌活动，举办农村实用技能培训55期，共计培训农村实用人才3352人，培养出一批"土专家""田秀才"①。提升了居民从业技能水平，激活自发展能力，帮助其获得稳定就业机会。

第四，发展就业帮扶车间，推动转型乡村就业工厂。康县在脱贫攻坚时期因村制宜发展"扶贫车间"，如迷坝乡结合地域特色应用"扶贫车间"模式，采用"支部+合作社+贫困户+电商"的致富带动模式，实行"统一菌种供应、统一原料利用、统一技术服务、统一订单收购、统一加工销售、统一品牌打造"②，有效激发了贫困人口内生动力，成功实现脱贫后，康县在原先"扶贫车间"的基础上，实现从"扶贫车间"到"乡村就业工厂"的转型工作，设定有效激励机制，对乡村就业工厂（帮扶车间）每年就地就近吸纳本县脱贫劳动力稳定就业6个月以上的，按3000元/人标

---

① 康县：打造人才助力乡村振兴"新引擎"［EB/OL］．陇南党建网，2021－08－03，http://www.gslndj.gov.cn/rdzx/1863.html.

② 黄娅琦．康县："小车间"助推"大扶贫"［N］．陇南日报，2018－11－12(002)．

准给予奖补。乡村就业工厂为脱贫人口提供更多的就业岗位，成为巩固拓展脱贫攻坚成果同乡村振兴衔接的"助力器"，有效解决了农村富余劳动力、返乡农民工、脱贫人口就近就业难和增收致富难的问题。

（3）借力美丽乡村建设，内外融合助推劳务经济向高级阶段发展

康县拥有特殊的山地格局和天然丰富的物产馈赠，然而山水阻隔造成的交通不便和信息闭塞制约着康县的经济发展，面对如何将良好的生态环境优势转化为经济效益这一难题，康县激活内源动力，进行顶层规划设计，推进全域美丽乡村建设。康县成功举办两届"'一带一路'美丽乡村国际论坛"，获得了建立永久会址的重要机遇，成为美丽乡村建设的甘肃样板[1]。美丽乡村、康养旅游引起了上级政府关注，也吸引了众多旅游者、企业和投资人青睐，同时也大大增强了基层政府和当地居民的建设动力，内源动力和外源动力进行了良性互动，为农民工返乡就业创业，当地群众就地就近获取劳务收入创造了更大空间，形成了"美丽乡村建设—发展乡村旅游—带动劳务经济"这一内外合力助推劳务经济发展的新路径。康县的主要特色做法如下：

第一，集中内部力量建设美丽乡村，发展乡村旅游。在调动内部积极性上，康县从示范点创建抓起，经过不断培育宣传、推广典型，带动各乡镇、村社和群众主动跟进，将美丽乡村建设列为一号工程，每年组织一次大规模观摩评比活动，现场点评、打分评比，并将评比结果纳入年终考核，在各乡镇之间形成比学赶超、你追我赶的浓厚竞争氛围，充分激发各乡镇的干劲。在资源整合方面，一是将全县涉农资金进行整合，最大程度控制成本，严格审批项目工程和建设标准，提高资金使用效益；二是各部门协作配合，各个单位负责帮建，县级领导"联乡抓村"，保障建设进度和建设质量。在建设过程中，注重保护建筑，保存风貌，保全文化，形成了美丽乡村独特的自然性、原生态、错落美。美丽乡村建设为吸引农民工返乡创业提供了前提和基础。

第二，吸引外部力量，助推美丽产业发展。康县美丽乡村建设的成果受到了外界的关注，"一带一路"美丽乡村论坛在康县举办两届，成功在

---

[1] 美丽乡村建设"康县模式"的启示[EB/OL]. 康县人民政府网, 2021-10-09, http://www.gskx.gov.cn/zwzx/zwyw/11156200.html.

国内国际对康县美丽产业进行了推介,依托美丽乡村建设的显著成效,着力打造美丽乡村感受型、生态农庄体验型、特色农业观光型、环保工业展示型、景区休闲养生型五大乡村旅游品牌,推动全县乡村旅游蓬勃发展①,实现美丽乡村建设向乡村旅游的转化,全面推进乡村旅游快速发展,已建成了以花桥村、凤凰谷、大水沟、何家庄、桂花庄等为代表的一批旅游村。通过实施"十村百户千床"乡村旅游示范工程,大力发展农家乐和农家客栈,全面提升了全县乡村旅游接待能力和服务水平。吸引大量游客、企业、投资人通过消费、管理和资金支持,为乡村旅游发展解决了资金需求、人才需求和市场需求。乡村旅游美丽产业发展为农民工返乡拓宽了就业创业赛道。

第三,搭建创新创业平台,感召农民工返乡创业就业。一是抓职业技能培训,培养创业能力。积极为外出务工的成功人士搭建回乡创业平台,开展免费创业培训,结合参加培训的人员类型和学历等方面开设不同班次,选择适合创业者能够实际运用的授课内容,并对创业者从项目筛选、成本核算、生产经营、销售管理等环节给予帮助指导,努力提升创业者的经营理念和创业本领。把农民工回乡创业和大学生创业纳入重点扶持对象,提供小额担保贷款,加大资金扶持力度,鼓励他们拓展规模扩大就业。二是抓营商环境优化,提升创业水平。康县通过搭建招商平台,创新园区引领、项目引领、政策引领的招商方法,营造优越营商创业环境,推动农民工、退役军人、大学生等群体返乡创业,发展了一批带贫企业、扶贫车间、合作社等群体产业,为全县经济发展培育了新动能。三是抓税收金融保障,解决创业困扰。康县国税局实施驻村干部宣传辅导、自主设计编制"双创"系列宣传册、纳税人学堂授课、用好各类新媒体平台进行政策宣传。开辟办税"绿色通道",推进电子税务局,实现"全程网上办",有效落实"最多跑一次清单",真正实现让纳税人享受多走"网路",少走"马路"的便捷服务②。

康县乡村旅游借助美丽乡村建设和生态优势蓬勃发展。据统计,康县

---

① 久久为功磨一剑 贫困山乡绽新颜——美丽乡村建设"康县探索"的调查与启示[EB/OL]. 国家乡村振兴局网站,2021-08-21, http://www.nrra.gov.cn/art/2021/8/21/art_4317_191359.html.
② 国税开辟"绿色通道""山货大王"创业步入快车道[EB/OL]. 中国甘肃网,2018-05-17, http://gansu.gscn.com.cn/system/2018/05/17/011952428.shtml.

共发展农家乐和农家客栈317户、乡村宾馆12家,培育乡村旅游经营户、带头人、讲解员2000多人,吸引6000多名长期在外务工人员返乡创业,带动2468户贫困群众依托乡村旅游实现脱贫,9.7万人通过参与乡村旅游实现增收①。

8.5.4 经验启示

康县在发展壮大劳务经济过程中,有效利用了外源力量和内源力量。脱贫攻坚时期,国家通过多种帮扶手段实现了贫困地区全面脱贫,而乡村振兴时期应该进一步实现长久发展,只有激活地区内部发展动力,才能进一步实现乡村全面振兴的目标。康县的成功,给我们的最大启示就是,只要找对方法、走对路子,后发地区同样能够在乡村振兴事业中取得突破性进展、实现创造性发展。为更好实现劳务经济发展,推动脱贫群众增收,康县探索为我们提供了如下经验及启示:一是巩固外部力量,增强劳务输出。在实现脱贫之后的较长一段时间中,外源动力依旧发挥着重要作用,巩固加强同社会力量的协作,发展定向劳务输出,是实现劳务收入增长十分有效的途径。二是强化技能培训,创建特色劳务品牌。人力资本底蕴是农村经济增长的动力和源泉,劳务经济的发展也需要有较高素质的劳动力队伍,劳务品牌建设有利于扩大劳务经济的规模和影响力。三是盘活内需,拓展就业渠道。就地就近就业是在疫情背景下实现劳务经济发展的优先选择。四是发展乡村特色产业,引导回乡创业。各地应该立足自身资源禀赋实际情况,重点谋划制定产业发展规划,发挥特色产业的带动作用,引导在外人员返乡创业就业。

8.6 贵州正安推动农民工返乡创业

8.6.1 案例概况

在我国巩固脱贫攻坚成果与乡村振兴战略有效衔接的重要历史时期,实现两大战略有效衔接具有关系全局的重大意义,返乡创业农民工是达成这一任务的关键助力主体。贵州省正安县地处黔北大山深处,十年前,其一产薄弱,二产贫弱,三产低弱,是一个工业底子薄、自然条件差、经济

---

① 康县:在绿水青山中实现乡村振兴[EB/OL]. 中华人民共和国农业农村部网站,2021-09-01,http://www.moa.gov.cn/xw/qg/202109/t20210901_6375396.htm.

发展内生动力不足的重点贫困县。近年来，正安县委、县政府积极落实党中央、国务院支持农民工等人员返乡入乡创业政策和贵州省委、省政府"雁归兴黔"的决策部署，不断促进"人回乡、钱回流、企回迁"①，以农民工返乡创业为抓手，发展壮大吉他产业，经历了能人贤才招引阶段、政府组织帮扶阶段、大众创业带动阶段，使正安成为世界最大的吉他制造基地，依托人才引进、培养的方式探索巩固拓展脱贫攻坚成果同乡村振兴有效衔接的正安答卷。正安县现已圆满完成农民工创业国家级试点工作，相关经验由国家发改委在全国范围内进行推广，被评为国家级农民工返乡就业创业示范县，并于2021年被列为全国乡村振兴重点帮扶县。

8.6.2 背景分析

正安县位于贵州东北部，处于黔渝之间的交汇地带，是川渝南下和云贵北上的要塞，是渝南、黔北经济文化的重要交汇区域，素有"黔北门户"之称。然而，遵义市正安县"八山一水一分田"的特殊地貌，造就了山多地少、耕地资源相对缺乏的现状。20世纪80年代，正安县总人口48万，耕地总面积35万多亩，人均0.8亩地。② 农业多以梯田式、碎片式发展为主，种植非常零散，无法依靠传统农业带动产业经济发展。特殊的地理环境和地质条件也导致公路、铁路修建十分困难，交通落后制约着正安工业发展，加深了闭塞和穷困程度。

1987年，正安县开始有组织地向经济发达地区输送劳动力，选送300名女工南下广东番禺进行务工，是贵州规模化组织劳务输出的新起点。此后的20余年中，正安县劳务输出规模迅速扩张，一路增长至20万人，占全县人口近1/3，占农村劳动力总数超过75%。劳务经济成为正安的支柱产业之一，极大地提高了贫困山区的农民收入，正安县被评为全国劳务输出示范县。大规模劳务输出对正安县社会经济发展产生了影响，从积极方面看，使得县域经济产业结构合理化、农业生产经营形式规模化、城镇化率提高加快、社会主义新农村建设质量提升等；从消极方面看，也带来了传统文化习俗受冲击、本地用工短缺、留守老人儿童生活困难、部分耕地

---

① 夏杰长，王曰影，杨昊雯. 返乡入乡政策助力乡村振兴[N]. 中国经济时报,2022–10–12(3).
② 贵州正安：一个国家级贫困县的奋斗故事[EB/OL]. 搜狐网, 2018–12–26, https://www.sohu.com/a/284596148_114731.

闲置等诸多问题，劳务输出模式面临新的变革。在正安大规模的劳务输出过程中，农民工在各个行业中掌握技术，扩大视野，学习管理，把握市场，积累了一定资金和技术资本，逐步孵化了返乡创业的巨大资源，是全面打赢脱贫攻坚战、实现乡村全面振兴的重要力量。正安县调研发现，6万余名在外务工人员从事吉他制造行业，不少人甚至成为技术骨干和管理人才，成为返乡创业的潜在对象。

近年来，正安县依托当地在外从事吉他行业的丰富人才资源，大力探索从"劳务输出"转变到"雁归兴正"的新路径，积极推进招商引资，"引凤还巢"承接东部转移产业。通过主打"乡情牌"激发农民工返乡创业愿望，主要领导亲自上门汇集吉他制造技术人才的返乡创业意向，引导和鼓励其回乡创业，搭建助推平台解决返乡创业发展问题，全力发展吉他产业园区，制定一系列激励、扶持政策，给返乡人员提供支持和帮助。经过10年发展，正安县从贫困县一举成为全球重要的吉他生产基地，成为"中国吉他制造之乡"。正安县在全省16个深度贫困县中率先实现脱贫，快速发展的吉他产业有效提振了县域经济。吸引大批外出务工人员回流创业，助力正安巩固拓展脱贫攻坚成果同乡村振兴有效衔接，逐渐走上人才振兴、产业振兴之路。

8.6.3 主要做法

（1）能人贤才招引阶段——激发贤才创业意愿，感召优秀农民工返乡创业建设家乡

第一，从劳务输出品牌入手，确定人才招引方向。一是成立农民工返乡创业组织机构。正安县委县政府联合人社部等部门对全县的农民工返乡创业形势进行了分析，发现小微企业是农民工返乡创业的主要形式，针对这一情况，成立了以县人民政府副县长为组长、政府办和监管部负责人为副组长、相关业务部门为成员的微企领导小组，专项领导和推动正安县支持农民工返乡创业试点工作。二是分析正安人力资源要素实际情况。正安县以其近30年来积累的劳务输出品牌为基础，经分析调研发现，正安县66万人，就有20多万人在外务工，其中在广州吉他制造行业务工的正安籍人员有5.4万人[①]。三是敏锐抓机遇确定引才方向。在招商引资过程中

---

① 黄霞,杨伦丽.正安:从"劳务输出"到"雁归兴正"[N].贵州日报,2021-04-08(002).

抢抓外出务工人员从事吉他制造业的机遇和优势，进一步明确"从劳务输出品牌入手，引回沿海地区从事吉他行业的老板和务工人员回乡创业"的人才招引方向①。

第二，充分发挥情感纽带和社会网络作用进行返乡创业对象培育。在招才引智中主打"乡情牌"。一是"走出去"，对在外务工的农民工进行倾情关怀。在广州、上海等地成立招商分局，掌握农民工转移的情况，建立人才信息库，做好联系工作，召开座谈会，及时与在外务工人员进行电话沟通、了解并解决其实际困难，紧扣农民工思乡情结，增强创业动力。二是"请回来"，实地到园区、企业感受正安新变化。推介家乡良好的投资环境和创业政策，增强他们对家乡的归属感和认同感，鼓励农民工返乡创业。三是借助"亲情、乡情、友情"的情感纽带，组成帮扶队，关爱留守儿童和老人、加强关心慰问，帮助缺少劳动力的家庭春播秋收，解决实际困难，让农民工安心在外发展。四是依托地域文化品牌"春晖文化"进行影响动员，凭借其"弘扬中华文明，反哺故土亲人"的宗旨进行大力宣传，把外出农民工的思乡爱家情怀，转化为返乡创业的实际行动。五是充分发挥"血缘、地缘、业缘"的社会网络作用，大力宣传返乡创业典型，鼓励表彰创业示范明星，依托在外务工人力聚集优势，广泛动员在外亲友回乡创业，实现对农民工的情感感召，强化文化认同，实现对返乡创业对象的培育。

第三，不断改善创业环境，强化创业意愿。一是建成创业设施。依托自身资源，整合发展返乡创业园区，搭建工业发展平台，大力改善投资环境，提供标准厂房，对厂房、库房、办公、宿舍、食堂等基础设施进行高标准规划建设，加快推进产业园区"七通一平"标准化建设②。二是完善创业环境。不断完善仓储物流、电商结算、规划博览、演艺展示、绿色环保、文化创意、商务办公、饮食起居、游乐娱购等配套功能设施设备③。三是营造创业氛围。营造"敬商、亲商、安商、富商"的营商氛围，为创办企业的返乡人员提供优质服务，同时加强舆论宣传，形成优化营商环境的强大合力。

---

① 龙海波,黄纯. 以工促农,聚力脱贫[N]. 中国经济时报,2017-09-11(005).
② 高刚. 一把吉他连世界[J]. 思想政治工作研究,2021(1):35-36.
③ 龙海波,黄纯. 以工促农,聚力脱贫[N]. 中国经济时报,2017-09-11(005).

(2) 政府组织帮扶阶段——搭建四大助推平台，完善农民工返乡创业落地服务载体

第一，搭建产业发展平台，增强农民工返乡创业项目落地能力。一是完善产业布局。结合县域经济发展实际，在安场镇规划创建瑞新工业园区，形成了"以吉他制造为主的文化产业园、以特色农副产品加工为主的绿色有机食品产业园、以大数据为主的电子信息产业园"的产业布局，为农民工返乡创业提供了较好的平台。二是进行返乡创业示范点建设。各乡镇结合自身实际，围绕特色产业规划创建1个以上农民工返乡创业示范园，重点建设和支持创办小微实体企业新型综合性重点产业园和孵化园。

第二，搭建政策保障平台，解决农民工返乡创业项目后顾之忧。一是出台配套政策。制定并实施了《正安县开展"返乡农民工创业就业大行动"实施意见》《正安县小额贷款贴息实施办法》《正安县扶持微型企业发展的通知》《关于加强人才队伍建设加速"正安崛起"的意见》等系列促进创业就业文件，组织相关部门制定并完善系列政策，为农民工返乡创业提供政策保障。二是强化财政扶持。进行信贷支持，采取信用贷款与抵押贷款组合、整贷整还等方式，放宽贷款额度和还贷期限；利用土地流转经营权、商品林权等抵押担保方式，为返乡创业农民工提供贷款保障[①]。三是优化组织管理。针对乡镇一级身在一线，对农民工返乡创业情况掌握更加准确的特点，县政府按照属地责任原则，要求乡镇政府机关一把手承担起支持农民工返乡创业工作的主体责任，形成了县乡支持农民工返乡创业的工作体系，同时推行园区企业县级领导，做到措施到人、服务到人、责任到人。四是统筹安排创业场地。针对初期创业者面临的场地、资金等瓶颈，着力打造农民工返乡创业园。为吉他企业提供的标准厂房，改变传统吉他厂"高房租、粉尘大、拥挤不堪"的面貌，实行前3年租金免费，之后两年租金减半的优惠政策，5年之后收取标准租金，当租金可抵扣厂房建设成本时，园区可将厂房的产权过户给企业[②]。

第三，搭建创业服务平台，提升农民工返乡创业项目落实效率。一是正安县不断强化服务机制，构建了"县、乡、村"三级服务网络，围绕

[①②] 吉他声声唤雁归——正安县蹚出返乡创业发展新路子[EB/OL]. 人民网, 2020 - 12 - 21, http://gz.people.com.cn/n2/2020/1221/c194827 - 34484792.html.

"台账管理规范化、服务流程便捷化、服务方式标准化"的要求,强化窗口人员业务培训,推行首问责任制、一次性告知制、限时办结制,切实提升服务水平。二是不断强化指导机制,成立返乡农民工创业就业指导工作办公室和"创业指导专家服务团",建立创业指导中心,形成创业项目库,为农民工返乡创业就业提供项目信息、就业指导、政策咨询等服务,及时帮助解决农民工返乡创业就业过程中遇到的实际困难和问题。三是结合大数据技术完善创业服务,充分运用大数据、云平台等现代技术手段,建立和完善返乡农民工创业就业信息数据库,及时为返乡农民工提供政策咨询、信息统计、创业引导等服务。

第四,搭建宣传交流平台,深化农民工返乡创业项目发展融合。制定针对性宣传措施,依靠各类媒体,通过定点宣传、悬挂条幅和刊播 LED 标语、政务服务官网等方式营造浓厚宣传氛围,积极为农民工返乡创业就业营造良好的舆论氛围,激发农民工返乡创业的热情。举行"中国创翼"创业创新大赛贵州赛区遵义正安"乡村振兴齐参与·大众创业你我他"选拔赛等多场比赛,向优秀创业农民工授予荣誉,对先进典型进行宣传,发挥示范带动效应,鼓励返乡农民工创业。

(3)大众创业带动阶段——健全创业助推机制,推动农民工返乡创业项目做大做强

第一,健全人才保障机制,构建人才系统,提升创业能力。正安引导农民工返乡创业从"人才招引+人才服务"转变为"强化引进、深化培养、优化服务"的多层次人才系统构建,通过加强培训实现农民工人力资本质量的深入开发,人才培养覆盖吉他制造、吉他文化、吉他旅游全方位,为吉他产业发展,创新创业创造源头活水。一是开展人才培养工程。制定农民工人力资本提升战略,在开展"凤还巢"计划的基础上,创办"新时代青年农民学校"("新青校"),培育农民"导师";扎实开展"双培养"工程,为乡村振兴夯实人才基础,培养一批能人、领军人才,通过示范带动引领,让更多的能人志士返乡创业,促进乡村振兴;落实东西部协作人才帮扶,通过"引进来"和"走出去"的方式,不断加大人才队伍培养力度,走出了一条人才引领产业,产业集聚人才的高质量发展之路。二是健全培训辅导机制。充分利用"阳光工程""雨露计划"等培训载体,加大返乡农民工创业就业培训力度,提高受训人员综合素质和创业能力。

定期邀请新青校导师对各类人才进行分类培训，确保人才素质更加专业。三是借助校企合作，深化人才培养。充分利用园区企业等丰厚资源开展培训活动，在正安职校开设全国第一个吉他制造专业，从2019年起，每年培养吉他制造技术人才158人[①]。

第二，健全税收优惠机制，服务税收政策，切实纾困解难。一是开展万人助万企服务大行动，以"便民办税春风行动"为抓手，重点宣传组合式税费支持政策，走进企业，问计问需，切实帮助企业解决生产经营过程中存在的"痛点、堵点、难点"问题，助企业高质量发展。二是上好三堂税收课。上好税收开学课，新企业税费基础一课通；上好税收复习课，组合式税费政策重点学；上好税收家访课，上门问需强化税费辅导，把税收政策落实到企业，为返乡创业的农民工纾困解难，切实做到"雁归兴贵、雁归兴正"[②]。

第三，健全资源整合机制，完善产业集群，强化产业支撑。一是加大自主品牌研发力度，推进产业转型升级。从人才培养入手，全力推动吉他产业从以代工为主向自主品牌为主转型升级，推进吉他制造及"吉他+"标准化体系建设，提升"正安吉他"品牌的竞争力和市场占有率。二是完善产业链集群，推进产业融合发展。吉他配件、吉他销售、吉他培训、吉他包装、吉他物流等企业配套完整，基本形成一个功能完善、配套齐全、高端绿色的国际化生态吉他产业园区。[③] 与此同时，不断延长、丰富吉他产业链，以吉他制造为主向"吉他制造+吉他文化+吉他旅游"深度融合发展的方向转型，这一转型过程把单一的吉他制作产业发展成为吉他文化产业，提高创新能力，延长产业链条，为农民工返乡创业提供了更为丰富的机会和平台。

第四，健全电商运营机制，用好电商经济，全面振兴产业。一是积极拓展电商营销方式，引进一大批返乡创业者发展电子商务，创新"实体+电商"模式，通过组建电子商务运营团队，运用互联网思维，实现吉他产

---

① 正安县：奋楫争先振兴乡村[EB/OL]. 中国贵州网，2022 – 06 – 23，http://guizhou.china.com.cn/2022 – 06/23/content_42013068.htm.

② 正安税务：上好三堂税收课 服务返乡农民工创业[EB/OL]. 贵州省税务局网站，2022 – 08 – 29，https://guizhou.chinatax.gov.cn/sjpd/zys/gzdt_59681/202208/t20220825_76248522.html.

③ 遵义市正安县以小吉他弹响产业大和弦[EB/OL]. 贵州省发展改革委员会网站，2022 – 09 – 02，http://fgw.guizhou.gov.cn/fggz/sxdt/202209/t20220902_76342024.html.

品产量、销量双提升。通过产业振兴集聚人才,吸引更多在外务工农民工返乡创业。二是持续推进同网信企业、人工智能等先进技术公司的合作,借助贵州省大数据行业领先的发展态势,打造属于吉他产业的新发展平台,对商品的生产、流通与销售过程进行升级改造,进而重塑业态结构与生态圈,为返乡创业农民工提供新出路。

8.6.4 经验启示

近年来,贵州省正安县以促进返乡创业为抓手,发展壮大吉他产业,全面推进乡村振兴,成为全国吉他生产第一县,帮助上万人解决了就业问题。提炼和总结正安县在返乡创业助力乡村振兴探索实践中的好经验、好做法,对其他地区的发展有重要的借鉴和启示意义。

正安县"无中生有",主动谋划建设全新产业集群,在招商引资中主打资源牌、乡情牌,不断发掘和依托人才这一资源主动谋划建设全新产业集群;"有中生优",全力帮扶、服务、支持企业发展,制定一系列激励、扶持措施给返乡人员提供支持和帮助;"优中做强",全面推进吉他产业转型升级,不断拓宽完善产业链集群,激发内生动力和潜能,促进吉他制造产业转型升级,造就人才引领产业、产业聚集人才的新趋势。

在脱贫地区乡村振兴的实践中,创业资源挖掘不够、农村基础条件滞后、全方位服务较为缺乏、品牌核心竞争力不足等问题仍然制约着返乡创业助力乡村振兴的持续发展过程。可进一步在以下方面做更多工作:一是持续完善返乡农民工创业政策体系,结合本地实际不断改进,完善政策框架,出台有针对性的政策文件,将单独针对农民工返乡创业的政策进行区分。二是着力完善返乡创业农民工社会保障,向该群体提供社会保险、医疗卫生和教育等方面的扶持,免除返乡创业农民工的后顾之忧。三是建立健全监测网络,形成在外农民工电子化档案,各村、居委会设立专门服务站,定期结对进行宣传,并根据创办企业的不同特点做好接洽工作。

9 脱贫地区推进乡村文化振兴的案例

9.1 陕西镇巴文化振兴赋能乡村旅游

9.1.1 案例概况

陕西省汉中市镇巴县有着丰厚的精神文化底蕴,以先天的优势在文化工作方面做出了许多成效。脱贫攻坚时期,镇巴提出了"文化强县"战略,通过文化旅游、民俗饮食、基地建设等方式探索出以文化促振兴的"镇巴解法";脱贫后,镇巴依托深厚的文化积淀,开展了一系列文化惠民活动,不仅对内拓展镇巴文化的价值内涵,而且对外扩大镇巴文化的影响力和感染力。在广泛意义上,镇巴的文化振兴既存在于乡村振兴战略之中,又贯穿于经济社会发展的方方面面。镇巴正在以其独特的优势,充分挖掘各种资源,着力打造以"红军之乡、民歌之乡、苗民之乡"文化为内核的镇巴文化,大力实施核心价值凝聚、公共文化服务、文化精品塑造、文化传承保护四大工程[①],向乡村文化兴盛之路迈进。

9.1.2 背景分析

(1) 现实背景

镇巴县,因位于陕西省南端的大巴山腹地而得名,素有"陕西南大门"之称。镇巴属于汉中市辖县,是秦巴山集中连片特困地区的核心县、川陕革命老区县,曾是国家扶贫开发工作重点县和陕西省深度贫困县,陕西省11个深度贫困县之一。

镇巴有着厚重的历史文化底蕴,拥有的非物质文化遗产更是数不胜

---

① 唐伟,刘青. 镇巴:坚持"文旅融合"打造"文化强县"[N]. 文化艺术报,2019-10-16(A04).

数,其中"镇巴民歌、镇巴宣纸、苗乡刺绣"等荣获广泛赞誉,被誉为"红军之乡、民歌之乡、苗民之乡"。2009年镇巴被文化部授予"全国文化先进县"。2015年1月16日,镇巴县被文化部命名为"中国民间文化艺术之乡"。2021年8月,被确定为国家乡村振兴重点帮扶县。同年11月5日,被评为2021—2023年度"陕西省民间文化艺术之乡",并成功创建"省级文明县城"。

2015年年底,全县有贫困村129个,建档立卡贫困人口19572户54411人,贫困发生率为24.11%。"十三五"期间,举全县之力,向深度贫困发起挑战。2019年,镇巴提出了"深入实施文旅融合发展战略,推进创建全域旅游示范县,打造精品景区、做美精品线路、创作精品文艺,加快生态旅游与镇巴文化的深度融合"。"十三五"期间,全县累计实现20462户57240名群众脱贫,129个贫困村出列,整县脱贫摘帽,先后荣获全国和全省脱贫攻坚"组织创新奖""全国健康先进县""全国优秀家庭医生团队"等殊荣,2021年镇巴县委被表彰为"全国脱贫攻坚先进集体"[①]。2021年3月29日,县旅游业发展领导小组召开会议,组织评审《镇巴县黎坝镇乡村振兴规划(2020—2025)》,其中提到,从树立文化品牌入手,打造川陕红色文化研学基地、陕西省乡村振兴主题教育基地、陕南桃园旅居目的地等文化品牌,为镇巴文旅融合发展指明了方向。

(2)政策背景

"十三五"时期,西部大开发规划、秦巴山片区扶贫攻坚规划、川陕革命老区振兴规划等也将镇巴纳入其中,提供资金扶持以及政策倾斜,同时,省际合作、领导干部到县开展挂职或驻村扶贫、社会公益组织积极参与等助力镇巴发展。脱贫前,镇巴就针对传统文化的传承发展做出了细致方案,规划"十四五"时期文化工作的具体任务和要求。脱贫后,镇巴以文旅融合发展、精神文明建设与创新为重点,聚焦乡风文明,激发文化振兴活力。

---

① 刘智,陈凯. 镇巴:巩固脱贫成果,聚力乡村振兴[EB/OL]. 镇巴县人民法院网,2021-06-17,https://www.thepaper.cn/newsDetail_forward_13188420.

9.1.3 做法与成效

(1) 做法

第一,丰富镇巴精神内涵,注重道德建设与宣传。镇巴注重文化教育引导,将精神文明建设放在重要位置。2018 年前后,镇巴就以农村精神文明建设推动乡村振兴,建立"镇巴好人基金"和好人嘉许制度,通过搜集整理优秀家规家训、制作家风家训牌、打造家风家训馆、设立乡风文明街和文化墙等方式,以及漫画、诗歌、文艺节目等形式广为宣传与教育。2019 年,镇巴创新"宣讲+文艺"方式,坚持扶贫同扶智、扶志相结合,在创作一系列文艺作品的同时,激发群众鼓足干劲脱贫的信心决心。

2020 年,在县镇开展道德讲堂活动,在学校举行诵读活动,并成立红军文化专题研究小组、文明实践所,进一步利用好文化资源。2021 年,镇巴以"三乡文化"为主轴,将文化元素融入美丽乡村建设开展村容户貌整治行动,建立乡贤文化促进会、"十星级文明户"、"信用乡村"制度体系,以激励机制涵养乡风民风,同时深入挖掘乡土文化,通过建设村史馆、民俗馆、群众艺术馆、川陕革命烈士纪念馆等,编写乡土教材和地方文学刊物,创编有地域特色的文艺节目,拍摄放映红色题材电影,举办文化艺术节等方式,让群众感悟乡情文化。在镇村,有独唱、演讲、舞蹈、戏曲等各种形式的文化惠民文艺演出,还有志愿服务等公益事业,通过理论宣讲、评议交流等形式,开展公民思想道德规范等宣传教育活动,关爱农村留守儿童、留守老人和留守妇女,加强道德建设。

第二,以旅游为依托,弘扬镇巴文化。2018 年,镇巴着力优化全域旅游发展环境,打造特色旅游名片,做优专线旅游,推动乡村旅游振兴发展。2019 年,镇巴深入实施文旅融合发展战略,推进创建全域旅游示范县,打造精品景区、做美精品线路、创作精品文艺,加快生态旅游与镇巴文化的深度融合[①]。2020 年,镇巴以文化旅游活动周为重点扩大文旅影响力[②]。同年,文化旅游聚焦到镇,例如镇巴兴隆镇编制以"茶文化旅游"为主题的总体规划,按照标准打造 4A 级茶文化旅游景区,通过结合本地

---

① 聚焦高质量 全力稳增长 奋力开创"五个镇巴"建设新篇章[EB/OL]. 汉中市人民政府研究室,2019-09-30,http://yjs.hanzhong.gov.cn/hzzfyjswz/hzjj201904/201909/t20190930_607804.shtml.

② 镇巴发布. 2020 年镇巴县文化旅游活动周精彩回顾[EB/OL]. 搜狐网,2021-02-03,https://www.sohu.com/a/448535584_120207555.

旅游资源和地域特色，建设文化展示馆，提升旅游景区环境的"内在美"，创建独具特色的旅游文化品牌。

2022年，镇巴持续推进文旅融合发展，拓展红军之乡、苗民之乡、民歌之乡"三乡文化"内涵，依托非遗文化和传统手工艺，进行文化展演活动，在促进人文交流的同时，也提升了当地群众对文化遗产的认同。同时，在文旅融合发展过程中，推广宣传饮食文化也是助力文化振兴的有效途径。饮食文化的传承与创新通过与高校课题组合作，探索菜系菜品，以"镇巴土菜"为名的饮食体系，既有文化内涵，传承发扬了镇巴饮食文化，又以此打响饮食品牌，推动乡村振兴。

第三，以"院坝"为纽带，听民为民兴文化。最开始只是作为基础设施建设的院坝，后来从院坝小组、院坝座谈、院坝说事议事，逐渐到院坝会、"文化院坝"，形成了以院坝会为形式之一的"民主会""宣传会"。镇巴各镇村利用院坝会听取民意，商讨民事，加之政策宣讲、知识普及、教育引导等，使院坝成为联系群众、服务群众的纽带，形成独特的文化振兴新方式。

院坝会上，干部与村民群众围坐一起学政策、唠家常、谈变化、提建议、议前景，干部以通俗易懂的语言、结合镇村发展实际，宣传环境保护、资源利用的相关知识，对国家各项惠农政策进行解读，了解群众生产生活情况，并帮助解决面临的问题和困难。在干部与村民的交流中，既是干部了解基层、服务基层的生动体现，又是村民解疑解惑、受教育的过程。院坝会的开展将会让村民树立文化自信，增强村民对村、对镇、对社会的认同感，以此更好地推动乡村的文化振兴工作。

（2）成效

在文化传承方面，镇巴通过发展旅游产业，在产业发展中融合文化元素，让游客在旅游过程中体验镇巴文化的魅力。一方面，让镇巴文化"走出去"，让更多的人了解镇巴文化的历史渊源；另一方面，加强了镇巴文化的传承与创新力度，传统手艺人通过现代化手段有了自己的一技之长，在勤劳致富的同时，更加注重对本土文化的认同，以及对乡土文化的保护与传承。

在道德建设方面，针对全县涌现出的各类模范典型，通过评选发布好人好事，并把好人好事创编成各类文艺作品。2019年，通过创新创作文化艺术作品，先后进行脱贫主题演出12场，组织32支"文艺特种兵"小分队深入全县20个镇（办）181个村（社区），在田间地头宣讲演出300余场次，观众达3.2万余人次。创新开展以"传家风家训、树公德美德、守诚实诚信、做好人好事"为内容的"传树守做"主题教育实践活动，挖掘提炼传世家规家训100余条，订立完善村规乡约160余例，打造家风家训馆16个、乡风文明街54条、文化墙1.6万平方米，设置善行义举榜、文化墙8000平方米，开展"讲述身边好人故事""我的扶（脱）贫故事"比赛活动，并印发脱贫攻坚宣传画册2.2万余份，制作脱贫攻坚宣传展板32面，设立大型公益广告牌48面，通过身边人教育身边人，用身边事感染身边人，不断引导广大群众向上向善①。2021年，继续开展"传树守做"主题教育实践活动，挖掘、总结、提炼传世家规家训300余条，评选"脱贫之星""最美家庭""十星级文明户"等先进典型1500余名。"传树守做"经验做法成功入选《陕西省扶贫扶志工作案例》，被评为"汉中市十大改革创新案例"②。

"月月喜相逢"群众性文化活动有效拉近了领导干部和群众的关系，形成良好干群氛围。镇巴民歌登上央视、世博会等大型舞台，3首镇巴民歌被选为全国义务教育教科书内容③。截至2021年年末，镇巴县有影院3个，公共图书馆1个，文化馆1个，文化站20个，博物馆1个；图书总藏量7.2万册；广播及电视发射台1座，拥有发射机5部，电视人口覆盖率98.52%，广播人口覆盖率96.5%；开展公共文化惠民演出160场、"月月喜相逢"演出5场。

2022年，创新开展"传树守做"新民风主题教育实践活动，打造家风家训馆16个，涌现出家风典型示范户500余户，打造乡风文明街80条，涌现出"陕西好人""汉中市最美系列人物"等县级以上典型80余名，引领全县上下形成了崇德向上、见贤思齐的新风尚。大力实施"文化强县"战略，连续16年开展"月月喜相逢"群众性文艺演出活动，打造出"秦巴山水间""风从巴山来""茶乡歌声飞"《守护》等精品力作，并获多项

---

① 黄娟，李昇，彭汉冰. 决胜深度贫困的"镇巴解法"[N]. 汉中日报，2019-12-13.
② 黄娟，李昇. 镇巴县委跻身全国脱贫攻坚先进集体[N]. 汉中日报，2021-02-27(001).
③ 赵勇健同志先进事迹材料[EB/OL]. 北京长城网，2021-09-29，https://www.bjcc.gov.cn/article/600131493.html.

大奖;《镇巴民歌曲谱卷》即将出版,镇巴民歌被列入国家级非物质文化遗产名录,镇巴渔鼓、镇巴唢呐、苗乡刺绣、镇巴宣纸等本土文化瑰宝被列入省级非物质文化遗产名录。先后获评"陕西省民间文化艺术(民歌)之乡""全国文化先进县"等殊荣[①]。

镇巴近年来充分发挥国家级文化先进县优势,深入挖掘地质科普文化、竹文化、苗文化、红军文化、民歌文化、三国文化、茶文化等文化资源,充分展现"三乡"文化独特魅力,不断提升区域知名度。川陕红色交通线黎坝纪念馆正式开馆,建设国家级非遗——陕南镇巴民歌传承示范基地,镇巴宣纸传统造纸技艺被列为省级非遗项目,原创大型陕南音乐舞蹈剧《风从巴山来》在第八届陕西省艺术节中获得"文华剧目奖""音乐奖"和"舞美奖"三个奖项,以红军文化为题材的数字电影《风雨天池寺》在汉中首映,县文化馆干部写作的《班城散记》和《风从巴山来》分别由光明日报出版社和陕西人民出版社出版。

新形式的院坝会,以"拉家常"的方式,听民声、聚民智、谋发展、解民难、促振兴,问计于民,问需于民,拉近了干群距离,提高了群众满意度,有力畅通了群众"向上反映"的渠道,提高了解决问题的效率,推动了"多元共治"的基层社会治理机制发展。"文化院坝",聚焦文化宣传、党员教育、体育健身、文明创建、美德传承,满足群众精神文化需求,丰富群众业余文化生活,成为推动乡村振兴有效衔接工作特别是乡村文化振兴工作的有力举措。

9.1.4 总结与评价

镇巴模式下的文化振兴,既有各类文化的传承与创新,推进现代公共文化服务体系建设,又能提升群众的文化素质水平,并通过教育达到以文化人、以文育人的目的。镇巴的文化振兴工作在"十三五"时期已取得较为显著的成效,在开展工作的过程中,也不断地摸索镇巴本身存在的深层次文化优势,这一时期的道德精神文化建设较多,开展了一系列文艺活动,比如展演、歌舞会、戏曲等;同时着力营造学习文化、传承文化的氛

---

① 汉中发布. 获得多项国家级荣誉! 镇巴这十年非凡[EB/OL]. 汉中日报,2022 - 10 - 06,https://mp. weixin. qq. com/s?__biz = MzIzMzE1OTc1OQ = = &mid = 2649398446&idx = 3&sn = fbfd7355f8416467424ce2923d7fce&chksm = f097d18ec7e05898c0e0003817aeecfdbd6a489ecf380907f68e4aa91b2e62d2fd68789359e3&scene = 27.

围，比如评选好人好事、设立文化墙、宣讲评议等。通过开展一系列道德精神文化建设活动，取得了斐然的成绩。在"十三五"到"十四五"的过渡衔接时期，镇巴逐步重视旅游和文化的融合发展，其中特别注重非物质文化遗产的保护、传承和创新，在旅游旺季通过各种形式向游客展示镇巴文化的魅力，形成了从对县内文化价值的提升，到对外文化价值拓展的过程。

在道德精神文化建设中，院坝会的"功能"逐渐完善，贯穿于文艺展示活动和文旅融合发展的全过程。文艺演出让农村群众在寓教于乐中受到了教育，为人民群众提供了文化艺术享受和强大的精神动力[1]。在道德精神文化建设时期，院坝会的作用只是进行一些民主讨论，随着文旅融合发展对文化振兴工作的作用逐渐扩大，通过院坝会解决的问题也日趋丰富多元。院坝会既成为主体间的纽带，又成为道德精神文化建设与文旅融合发展之间的纽带，是一个良性循环的过程。

在未来发展的过程中，镇巴也应注重"非遗文化"的原生态作用，扩大非遗影响力，为非遗保护提供人才支撑和经费保障，要多措并举推进非遗保护传承和创新发展，为促进文旅融合高质量发展提供强大的动力支撑[2]。

9.2 贵州赫章殡葬改革促进乡风文明

9.2.1 案例概况

丧葬制度是乡村民俗的基本内容之一，也是乡风文明的基本载体。受地理位置和传统丧葬文化的影响，赫章县的殡葬习俗一直存在两个问题：一是坟地占地广，占用过多的土地资源造成人地矛盾；二是治丧时间长、花费大，给群众造成沉重的负担。为此，赫章县分阶段推行农村殡葬改革。在体制方面，通过构建组织结构，加强政府内部动员能力，重塑乡村治理权威。在制度方面，一方面，通过制定相关条例规定以及村规民约对丧葬习俗活动予以明文规定；另一方面，完善基础设施，为殡葬制度提供

---

[1] 李孝辉. 天汉大舞台 2021 年文化惠民演出走进镇巴县平安镇[EB/OL]. 陕西农村网，2021-11-29，https://www.sxncb.com/2021-11/29/content_9325300.html.

[2] 镇巴文化馆. 镇巴：非遗展演进景区 传承文化显活力[EB/OL]. 陕西省非物质文化遗产网，2022-05-05，https://sxfycc.com/portal/article/index/id/1960.html.

公共服务保障。在激励方面，依靠宣传教育转变思想，通过惠民政策因势利导。这些举措有效遏制了散埋乱葬、建"活人墓"、土葬大坟等现象，实现县域所有村居公益性公墓全覆盖，所有农村亡故人员火化后骨灰统一、规范、集中安葬，有力推动当地土地资源节约、环境综合整治、乡风文明的提升。

9.2.2 背景分析

赫章县位于贵州省西北部，隶属于贵州省毕节市。境内被多座大山分割，山高坡陡、峰峦重叠、沟壑纵横，耕地面积相对狭小。全县的总面积有3250平方公里，下辖5个街道25个乡镇481个行政村居，总人口达89.23万人[①]。赫章曾是贵州省16个深度贫困县之一，也是贵州省2020年脱贫摘帽的最后9个深度贫困县之一。2020年底，该县287个贫困村全部脱贫出列，21万建档立卡贫困人口全部脱贫，顺利实现脱贫摘帽[②]。

在打赢脱贫攻坚战后，我国"三农"工作的重点转到了乡村振兴。实现乡村振兴既要求巩固拓展脱贫攻坚成果，也要求与乡村振兴进行有效衔接。从内涵上看，乡村振兴不仅仅包括经济物质层面，还包含了乡风文明的建设。农村丧葬制度是农村习俗的基本内容，也是乡风文明的重要载体。为了节约耕地面积、破除迷信思想，我国早在20世纪80年代就开始推行农村火葬制度。赫章县实行火葬也有多年，但火葬制度并没有达到预期效果。火葬与土葬的区别仅仅是对遗体进行了火化，坟地的规划、祭奠的仪式并没有因火化而简化。

赫章县传统的殡葬制度存在两个严重的问题：一是坟地建设引起的人地矛盾。赫章县的地形以山地为主，山高坡陡、耕地面积占比低。同时，赫章县总人口达89.23万，农村人口占比大。因此，人均可利用的土地面积较小。受传统习俗影响，当地存在修建"活人墓"的习俗，即人在活着时就为自己修建坟墓，而且坟地多是土葬大坟，坟地的硬化面积平均有20平方米。一方面是人均可利用的土地面积狭小，另一方面是坟地占地广，这导致了土地资源的严重短缺，甚至出现了死人与活人抢地的现象。随处

---

① 赫章简介[EB/OL].赫章县人民政府网,2023-01-05,https://www.gzhezhang.gov.cn/gyhz/mlhz/ljhz/hzjj/。

② 赫章县脱贫攻坚工作推进情况[EB/OL].赫章县人民政府网,2023-01-05,https://www.gzhezhang.bov.cn//zwgk/zfxxgkzl/fdzdgknr/zdmsxx/fpgz/202010/t20201027_64593444.html。

可见的坟地更是造成了赫章县"山上是坟，山下是城"的真实景象。二是治丧时间长、花费大，给群众带来了沉重的负担。修建的各种"活人墓""豪华墓"等墓地花费巨大，比如一座"活人墓"就要花费三万至几十万元不等，这只是墓地本身的花费，还不包括治丧时的其他支出。在赫章县的部分乡镇，传统的治丧仪式繁杂、治丧时间长，有的治丧时间长达一个月，其间各种花费对当地群众来说也是一笔很大的负担。

赫章县传统的殡葬制度不仅激起人地矛盾，破坏当地生态文明的建设，而且殡葬仪式显现的攀比之风也影响乡风文明的建设。同时，殡葬制度对群众本身也已经是一个沉重的负担。在这种背景下，殡葬改革呼之欲出。赫章县在2016年底开始筹划推行殡葬改革，将其与乡村振兴和生态文明建设目标紧密结合。

9.2.3 主要做法

古往今来，死亡都是永恒的话题。丧俗是我国民俗文化的基本内容之一，寄托着宗族传承、仁爱孝道等精神内涵。它在乡村地区是一种不成文的习俗规定，是乡村社会的普遍共识，亦是一种非正式制度。任何一项制度在其发展演化的过程中都可能发生错误的演化，从而偏离其价值初衷。这是因为制度变迁中存在报酬递增和自强化机制，如果制度变迁进入某一路径，惯性力量会让这一选择不断自我强化，从而产生路径依赖[1]。受路径依赖的影响，现存制度特别是非正式制度很难在内部进行快速而有效的变革。移风易俗的制度变迁更依赖于政府权威的外部驱动，即使是内部驱动也依赖于外部驱动的激活和引导[2]。因此，移风易俗事实上是政府进行社会动员、实现社会整合、降低社会运转成本、优化社会秩序的一个过程。针对现存殡葬制度的弊端，赫章县在2016年开始了以政府为主导的殡葬制度改革，具体做法主要体现在以下几个方面：

（1）加强政府内部动员，重塑乡村治理权威

我国农村在古代有"皇权不下县"的传统，政府在乡村的影响力较低。加强政府内部动员，重塑在乡村地区的治理权威是顺利推行殡葬改革

---

[1] [美]道格拉斯·C.诺思. 制度、制度变迁与经济绩效[M]. 杭行，译. 上海：格致出版社，2014.

[2] 郝海波. 制度变迁视角下的移风易俗和乡村社会秩序重塑——以河南省N县农村高额彩礼治理为中心的考察[J]. 治理研究，2021(2).

的前提条件。赫章县首先建立"党委领导、政府负责、民政牵头、部门协作、社会参与"的机制,明确县级、乡镇和村社三级主体责任。将组织结构的横向一体化和纵向扁平化相结合,整合组织内部的治理力量。

在县级层面,成立县委殡葬改革工作领导小组,实行县委书记为第一组长、县长为组长的双组长制。根据"条块结合、以块为主"的原则,为各个部门制定治理权责和工作事项的两个清单,理清各自的权责范围,如民政局是殡葬改革工作的主管部门,国土资源部门和规划部门负责对殡葬用地的审批和监管,县人社部门负责丧葬的各种抚恤、补助的发放等。

在乡镇层面,参照县级做法成立殡葬工作改革办公室。党政主要领导负总责、分管领导及股室站所负责工作的具体落实,构建责任清晰、各负其责、合力攻坚的责任体系。建立落实联合联动机制,乡镇具体承担辖区内农村公益性公墓规划建设、政策法律法规执行及火化、规范治丧、整治乱埋乱葬等殡葬管理责任。针对干部人员,建立"科级领导包村、股级干部包组、普通干部包户"的机制,明确乡镇干部责任。

在村社层面,成立殡葬改革工作组。健全村级公益性墓地管理制度和墓位档案登记制度,明确专人负责维护墓区秩序、开展墓区绿化、修缮坟墓及基础设施,确保墓区优美、肃穆和坟墓穴位实施完好、干净整洁。发挥村社基层自治组织作用,创新"党建+积分"模式,搭建殡葬管理网络信息平台,通过建立村规民约等方式,对丧事简办事宜做出具体规定,规范群众丧事大操大办等行为,推进殡葬改革变"事后管理"为"事前引导"。

在各级之间采取走访调研和责任报告机制。县级领导根据各乡镇殡葬改革工作实际情况,定期或不定期联系乡镇进行走访、调研,及时将发现的问题反馈乡镇,责令乡镇限期整改。同时,要求各乡镇对殡葬改革工作密切关注,对发现的问题及时上报,相关部门合力化解殡葬改革工作面临的危机。

针对所有公职人员,赫章县不仅要求他们履行好自己在殡葬改革工作中的责任,还要求他们发挥带头作用,积极遵循殡葬新制度,并在丧事活动、遗体处理等六方面,制定了党员和国家工作人员带头推动殡葬改革措施21条。其中,明确公职人员带头实行遗体火化、带头实行生态安葬、带头实行节俭治丧、带头文明低碳祭扫、带头治理乱埋乱葬、带头倡导殡葬改革等"六个带头"作用。此外，要求领导干部"两报告一承诺"，引导其主动推行移风易俗。

(2) 加强制度供给，夯实制度基础

制度供给是制度的生产，制度供给的有效性关系到制度变迁的最终结果。按制度供给的主体来分，可以分为强制性制度供给和诱导性制度供给。由于政府强制性和公共性的特性，其往往是强制性供给的主体。推行殡葬改革后，赫章县按照"城乡有别、分类指导、分步实施、整体推进"的原则，制定《赫章县殡葬管理实施细则》《农村公益性公墓建设指导意见》等相关文件，形成了一套完整的殡葬体系。从死亡信息报送、治丧管理、火化后的骨灰管理，到公墓建设安葬管理，坟墓搬迁和老坟翻修管理，殡葬惠民实施，殡葬用品市场有序规范化运行都有据可依。

具体来说，就是推行集中治丧、遗体火化、生态殡葬"三位一体"的殡葬改革。一是集中治丧。在人员死亡后村社及时向乡镇、殡葬管理局层层上报死亡信息，由殡葬管理局安排殡仪馆与家属对接治丧事项。所有治丧和悼念活动必须在殡仪馆或者政府指定地点进行，不得随意占道治丧、妨碍公共秩序。二是遗体火化。全县范围内人员死亡后，遗体必须实行火化。外来人员死亡后，遗体也就地火化，禁止任何单位和个人私自偷运遗体。同时，打击违规土葬和转移外县土葬行为。三是生态安葬。火化后的骨灰全部安葬公墓或寄存，对于骨灰安葬农村公益性公墓的，由乡镇安排人员进行监管。通过拍摄骨灰盒下葬照片和安葬后的坟墓照片来监督安葬过程，确保墓地建设符合标准。

除了政府强制性制度供给，赫章县还注重引导民间诱导性制度供给，以"自治、法治、德治"为底线，发挥基层自治组织的作用。赫章县成立村级红白喜事理事会，将移风易俗、殡葬改革相关政策要求写入村规民约，规范红白喜事简办标准，提高村规民约的实用性、约束性、指导性和可操作性，引导群众自我教育、自我管理、自我约束，让村规民约成为乡村群众办理红白喜事的共同准则，营造乡风文明全民参与的氛围。

新制度发挥作用离不开制度的物质基础，殡葬改革中的墓地是丧葬的主要设施。赫章县政府筹划资金2305万元，通过"以奖代补"的方式按照1村5万元标准补助建设农村公益性公墓。民政局一月一次对农村公益性公墓建设进行督查指导。农村各村采取一村一建或多村联建相结合的方式，由全体村民会议或村居民代表会议讨论决定。通过社会捐赠一点、群众自筹一点、政府补助一点的"三个一"模式，筹集资金建成农村公益性公墓 196 个，实现农村公益性公墓建设全覆盖。各公墓建设严格按照相关规定制定的标准施工，控制墓穴占地为 1 平方米、墓穴中心间距为 1.5 米、平台进深为 2.5 米、绿化面积不低于 50%。所有农村公益性公墓由全体村居民会议或村居民代表会议制定管理制度，由村居民委员会负责管理，明确专人负责，维护墓区秩序，对墓区进行绿化，对坟墓及设施进行维护、修缮，保持墓区优美、肃穆和坟墓穴位设施完好、整洁。

明确禁止农村公益性公墓从事或变相从事经营性活动，全县公墓外严禁新建坟墓；全县辖区范围内禁止修建"活人墓"。禁止在农村公益性墓地内修建家族墓、大墓和豪华墓；禁止在农村公益性公墓安葬遗体；禁止转让墓地穴位；禁止骨灰装棺安葬。在生态安葬方面，推行不占或少占土地、少消耗资源、少使用不易降解材料的节地生态安葬方式，引导村民自治组织利用荒山瘠地规划建设村级公益性公墓。提倡使用小型、微型卧碑，最大限度降低墓穴硬化面积，鼓励在公共墓地内开展植树造林。在推进基础设施建设中，坚持少砍树、不推山、少硬化，全面推广林地和墓地复合利用，做到节地生态、安全环保，确保林木覆盖率达 50% 以上。倡导和推行骨灰抛撒、树葬、草坪葬等安葬方式，控制占地安葬比例。

（3）通过激励机制保证制度的效用

制度供给的最终效果还需要考虑激励相容问题，确保个体利益与集体利益是一致的。为了促使群众主动接受殡葬新制度，一方面靠思想宣传教育，让群众主动改变传统的丧葬观念；另一方面靠惠民政策，通过在丧葬过程中提供的补贴、优惠等措施来进行利益诱导。

在宣传教育上，赫章县把殡葬改革宣传扩展到田间地头、村前寨后，让改革政策家喻户晓。在宣传手段上，一方面利用宣传车、宣传条幅、宣传小册子等传统方式宣传殡葬改革；另一方面通过广播、电视、微信等现代媒体平台多形式宣传殡葬新制度。在少数民族区域，通过苗学会、彝学会、白学会人员深入少数民族聚居的村寨开展政策宣讲。各种渠道共计发放宣传册 30 余万册，悬挂宣传标语 2000 余条，出动宣传车 200 余次，张贴通告 10 万余张。

在惠民政策方面，赫章县将惠民殡葬经费和公益性公墓建设补助经费纳入财政预算。第一，建立基本公共服务减免制度。主要在遗体接运、遗体平板炉火化、遗体冷藏三天、骨灰寄存一年等服务上进行惠民减免。农村公益性公墓墓穴费为0～1680元不等，平均墓穴费800元，墓穴费用于土地征收、公墓建设维护及管理等。第二，建立殡葬救助保障机制。对低保户、重点优抚对象、二女结扎户、独生子女户、二级以上残疾人等困难群众在减免以上服务的基础上提供价值400元的骨灰盒。特困供养、公安机关确认的无名遗体、无籍贯流浪乞讨人员等特殊困难群众在免除以上费用的基础上免费提供简易墓位。第三，建立节地生态安葬和不保留骨灰的奖励制度。比如，自愿选择将骨灰进行树葬、草坪葬、深埋不留坟头的，在免除殡葬基本服务费的基础上，每例再一次性奖励500元；自愿选择将骨灰进行河葬的，在免除殡葬基本服务费的基础上，每例再一次性奖励1000元。

9.2.4 总结与评价

伴随着中国传统社会向现代社会转型，乡村传统礼治秩序受到了极大的挑战，乡村秩序的重建成为当下的社会治理难题。赫章县传统落后的殡葬制度就是乡村秩序失范的一个缩影。中国在当下已经实现了全面脱贫，乡村振兴成为乡村地区在摆脱绝对贫困后的下一个目标。推行移风易俗、树立文明乡风既是乡村治理的重要内容，也是乡村振兴的重要推动力量和软件基础。赫章县从体制构建、制度供给和激励机制方面推行殡葬改革，这是对农村公益性公墓的一次有益探索。赫章县推行的农村殡葬改革，一方面缓解了传统丧葬习俗对生态环境的破坏，减轻了群众在治丧活动的负担，另一方面推动移风易俗，树立了文明乡风。

丧葬制度是农村的非正式制度，受意识形态和路径依赖影响有其稳定性，很难从内部进行快速有效的变革。因此，政府作为外部力量在乡村移风易俗中发挥着重要作用。受乡村地区自治传统影响，政府要加强乡村治理必须首先加强内部的动员，重塑政府在乡村地区的治理权威。除了提供强制性的正式制度外，还需要注重引导乡村内部力量，通过村规民约来发挥诱导性制度变迁的作用。对于移风易俗来说，改造传统思想是关键。既可以从宣传教育入手，主动宣扬新思想新观念，也可以通过惠民政策因势利导、用利益驱动群众主动转变行为。这些措施对于政府在乡村地区推进移风易俗、重塑乡村治理的权威有着重要的借鉴意义。

9.3 贵州雷山千户苗寨加强传统文化保护

9.3.1 案例概况

贵州省黔东南自治州雷山县西江千户苗寨是贵州东线民族风情旅游景点，近年来该地以苗族特色文化资源为载体，以旅游开发作为发展导向，把昔日偏远而贫穷的苗寨变成产业兴旺、百姓富足和民族文化繁荣发展的美丽村寨。西江千户苗寨利用当地传统文化发展乡村旅游，以开发促保护，为传统文化赋能的同时加强了对传统文化的保护，形成了独具特色的"西江模式"。西江千户苗寨通过运用大数据分析技术搭建文化传承数据库、创办传习所等方式提高文化传承人的素质，推动传统文化创新式发展，同时将有关传统文化保护的内容纳入村规民约中，提升村民对传统文化的保护意识。

9.3.2 形成背景

西江千户苗寨位于贵州省黔东南自治州雷山县东北部，是全国乃至世界最大的苗族聚居区，迄今为止保留着厚重的苗族传统农耕文化。"富饶的贫困"曾经是西江千户苗寨的典型特征，"富饶"是因为西江千户苗寨是苗族文化的宝库，完整地保留着厚重的苗族传统文化，使得西江千户苗寨成为汇聚苗族文化遗产的家园。但是当地经济发展却十分缓慢，文化上的"富饶"并未使西江千户苗寨的村民摆脱经济和生活上的贫困，而限制其发展的主要原因在于村庄空心化严重、村落地理位置偏僻、传统手工艺受机器制造品的冲击等。

西江千户苗寨中一度很少能看到年轻人，他们大多选择外出打工，2008年开发旅游之前，西江全寨有1500多名村民外出打工[1]。不少年轻人不愿意从事苗绣等方面的工作，外出务工带来的收益更具有吸引力，年长的绣娘技法娴熟，但由于年轻人不愿投入到苗绣行业，绣娘队伍老化严重，传承人数量少，苗绣面临传承断代、技艺流失等严峻问题。此外，2008年以前，西江的交通和信息闭塞，旅游设施比较薄弱，全镇只有一家民族招待所，且接待能力较弱，游客进入西江极为不便。

---

[1] 孙志香."西江模式"为民族地区乡村振兴提供借鉴意义[N]. 中国民族报,2018-06-22(005).

自 2008 年第三届贵州旅游产业发展大会在西江千户苗寨举办之后，西江千户苗寨紧紧依托丰厚的民族文化资源，进一步发展苗族特色传统文化，"西江模式"应运而生。西江千户苗寨通过"政府＋企业＋村民"共同参与的旅游开发模式，在经济、社会、文化、经营、脱贫等方面产生规模化效应，先后获得首批国家非遗名录、传统村落等称号。在"西江模式"中传统文化是其可持续发展的基础保障，在开发旅游的同时，西江千户苗寨始终坚持保护式发展的理念，着重激活苗族优秀传统文化的内在基质和创造活力，以行动开展保护，以旅游开发促进文化的价值再生，实现了对传统文化的切实保护。

近年来，西江千户苗寨外出打工的村民逐渐回流，临近的就业机会、参与旅游发展的机会，基本解决了村寨社区居民的收益和脱贫问题。仅在 2017 年，西江千户苗寨全体村民通过制度性收益、资产性收益、劳务性收益等手段，使得家庭平均收入达到 86190 元，人均年收入达到 22100 元，相比于 2007 年增长了 12 倍，社区大部分居民已经实现了脱贫致富[①]。截至 2022 年，在西江千户苗寨经营的各类商业主体高达 1300 多家，涉及"吃、住、行、游、购、娱"等方面，形成了完整的旅游开发产业链[②]，同时还带动了周边附近 20 多个村寨的产业发展，对雷山县经济发展产生了积极推动作用。

9.3.3　主要做法

通过对苗族传统文化的保护式开发、传承培养方式的创新、文化发展利益共享机制的创立、文化保护相关规章制度的确立，西江千户苗寨探索出了具有创新意义和推广价值的"西江模式"。具体而言，西江千户苗寨对传统文化保护的做法主要体现在以下四个方面：

第一，坚持文化保护式开发、创新式发展的理念。西江千户苗寨是拥有丰厚苗族传统文化的村寨，对民族传统文化保护式开发、创新式发展是西江千户苗寨可持续发展的关键。自 2008 年西江千户苗寨发展文化旅游业以来，西江千户苗寨始终坚持保护式开发、创新式发展的理念，着重激活苗族优秀文化内在基质和创造活力，以行动开展保护，以旅游开发促进文

---

① 李天翼,麻勇斌. 西江模式:贵州民族文化旅游产业发展的样本[J]. 新西部,2018(19):39-43.
② "西江模式":西江千户苗寨十年持续跨越发展的经验[EB/OL]. 贵州第一旅游网,2018-06-20, https://www.sohu.com/a/236776832_637502

化的价值再生、价值联动,实现对民族文化的切实保护。具体而言,西江千户苗寨从2008年发展至今,先后建成了"银饰坊""刺绣坊""蜡染坊""古歌堂""鼓藏堂"等20多个民族文化展示点,形成了"十二道拦门茶""嘎歌古巷茶旅一条街""苗语角""西江讲堂"等互动活动,"千家灯火工程""美丽西江"等歌舞表演,以及"游方对唱""苗服"夜间旅游、旅拍等文化活动。这一系列对民族传统文化的保护和传承措施,丰富了西江千户苗寨旅游参与项目,延长了旅游价值利用的时间链。在对传统文化开展保护的同时,西江千户苗寨也进行创新式发展,将苗族刺绣、银饰、蜡染等传统手工艺融入现代审美样式,开发出游客易于接受的文化旅游产品。通过将静态的自然景观、人文景观与动态人文景观相融合,形成了动静结合的乡村旅游氛围。静态体验通过"田园观光区""村寨夜景系统""苗族风雨桥""吊脚楼建筑群"等方式不断进行打造,动态展示不断适时推出各种民俗活动,比如,将苗年的活态展示作为大亮点,通过文化节点设置,让游客亲身参与体验小年、中年、大年三次苗年的节日活动,感悟苗族文化魅力。西江千户苗寨还以"人人都是文化主体,个个参与文化保护,家家成为民宿博物馆,户户都是文化保护场所"为落脚点,在西江苗族博物馆的带动下,鼓励村民利用自己的房屋住所兴办40多所参与型、体验型、互动型的"家庭博物馆",构建起立体多元的民族文化活态展示点,让广大村民在参与文化保护和旅游开发中获得真实的收益,充分调动起村民参与景区民族文化保护的积极性。

  第二,创办专业传习所,搭建技艺信息库。苗绣是西江千户苗寨特色的非遗文化之一,但是由于传统的"长辈教晚辈"的传承形式,忽略了对技艺的创新,使得传统工艺制品与现代生活脱节,制约当地传统工艺的发展。为大力保护和传承传统手艺,西江千户苗寨对苗绣文化的传承和保护方式进行了创新,积极开设专业传习所,定期举办培训会,并结合大数据搭建技艺信息平台。首先,西江千户苗寨创办多所民族手工艺传习所,定期开展"非遗+扶贫"技艺培训班,培育优秀文化传承人。民族传统手工艺传习所以代表性传承人为核心,举办不同规模的传统手工艺项目培训,为热爱传统手工艺的村民们提供学习和交流的平台,在推进文化传承的同时也提升自身的技艺水平。传习所的创办和相关工作的推进,既在民族意识的保护和传承中实现乡村公共文化产品的供给,又通过人才培养在世代传袭的专业艺人群体中培养带头人。其开展的活动主要有"双培"行动、民族文化进校园、工艺大师评选、百佳绣娘、民族民间工艺博览会、民族服饰设计大赛等。其次,西江千户苗寨还结合大数据搭建绣娘信息库,鼓励妇女创业就业。西江千户苗寨通过岗位推荐、技能培训、项目推介、维权服务等方式,采取"绣娘照片+绣娘作品"管理模式建立绣娘信息库。通过大力宣传,搭建就业平台帮助城乡就业困难妇女创业就业,充分发挥优秀绣娘致富带头人的示范引领作用,采用"公司+合作社+绣娘"的发展模式,将"指尖技艺"转化为"指尖经济",为苗绣技艺未来的传承和发展注入新的活力。

第三,创立民族文化保护发展利益共享机制。西江千户苗寨从2008年开始探索文化保护发展的利益共享机制,2010年民族文化保护发展利益共享机制开始走向制度化,并实现了西江千户苗寨景区所有农户家庭的全覆盖。西江千户苗寨民族文化保护发展利益共享机制主要有三个部分:一是每年以门票收入的18%作为民族文化奖励经费发放给村民,确保旅游收益的全民共享。二是"人人有份,户户受益",即文化保护奖励费的发放以户为单位,受益多少取决于吊脚楼保护的程度和家庭人口数。在18%的民族文化奖励的总经费中,60%按照房屋年限发放,房屋年限越久分得越多;40%按照家庭人口数发放,家庭人口数越多分得越多[①]。三是文化保护费发放有严格的流程,且多主体参与,每年分上下半年各发放一次,全程都有村民代表参与和监督。截至2018年年底,西江千户苗寨累计发放民族文化奖励经费高达1.3亿元,户均累计8万元[②]。西江千户苗寨的民族文化保护发展利益共享机制,体现了在旅游发展制度安排上的"公平"与"正义",确保在文化旅游开发过程中实现人人都受益、户户都获利。这一文化保护奖励机制,惠及每一个村民,实现了村民共享文化旅游发展的红利,激发了村民对民族文化传承和保护的积极性,吸引村民参与到文化传承和开发中。

第四,设置规章制度,加强对核心文化资源的保护。西江千户苗寨除了充分利用国家法律法规以外,还充分运用村规民约,以及苗族传统的

---

① 林文君."西江模式":苗寨文化资源变成发展资本[N].贵州民族报,2018-12-21(B01).
② 合理利用民族文化遗产 走出乡村旅游发展新模式——贵州省黔东南州西江千户苗寨[J].中国产经,2020(9):101-106.

"议榔制""寨老制""扫寨仪式"等民间智慧,对有碍传统文化保护和开发的行为进行规范。具体而言,西江千户苗寨专门设立房屋建筑保护委员会、老年协会、西江商会等社区民间组织,协同政府处理因文化旅游开发带来的各种社会问题,形成"小矛盾不出村,大矛盾不出镇"的良好治理局面。此外,村寨积极引导村级组织将传统村落相关条例纳入村规民约,对于有碍文化旅游发展的失范、失当、失德行为进行规训与处罚,具体内容为,村民要保护景区内的苗寨建筑风格,在寨内新建、改建的建筑物,只能修建全木质吊脚楼;需要修建砖混结构建筑的,经村委会审查同意后,按照"一砖两木"结构的要求建设[①]。这不仅加强了村寨内传统建筑的保护,也增强了村民的主人翁意识,让村民主动参与到传统村落的保护和发展中来。对促进村民自治管理、传承民族优秀传统文化、发挥村规民约教育村民遵纪守法、加强村民团结、促进和谐乡村文明建设等起到积极作用。另外,自2008年旅游开发以来,西江千户苗寨出台了《西江千户苗寨文化保护评级奖励办法》,积极探索"景区集中管理,家庭分散保护"的运作机制,建立起"全面普查,完整保护,镇村复查,兑现奖励"的长效管理机制,让广大村民在参与文化旅游开发中获得收益,充分调动起村民参与民族文化保护的积极性[②]。除此之外,西江千户苗寨还制定并推行了一系列有利于文化保护的规章制度,例如《黔东南苗族侗族自治州民族文化村寨保护条例》《西江千户苗寨文化保护评级奖励评分标准》《西江千户苗寨房屋建筑保护条约》《西江景区古树名木管理保护措施》等。规章制度的制定和推行,使西江千户苗寨的文化保护和景区发展有了依据,对推动苗族文化的保护发展起到积极的作用。

9.3.4 评价与借鉴

西江千户苗寨通过依托丰富的苗族文化遗产资源,开发文化旅游,成为文化传承创新动力强劲的美丽村寨,形成了独特的"西江模式"。西江千户苗寨秉持着保护式开发的理念,对当地传统文化实现经济赋能,以开发促保护。创立传统文化保护利益共享机制,将文化保护内容纳入村规民

[①] 雷山县西江镇西江村:村规民约促乡村文明建设提质增效[EB/OL]. 天眼新闻网,2022-10-30,https://baijiahao.baidu.com/s?id=1748125113140701567#:~:text.

[②] 孙志香."西江模式"为民族地区乡村振兴提供借鉴意义[N]. 中国民族报,2018-06-22(005).

约，极大地调动起村民参与文化保护和传承的积极性，使村民共享文化旅游发展红利。与此同时，依托大数据搭建传统文化信息平台，创新传承人培养机制，为传统文化的未来发展提供人才储备。

历史悠久、丰富多彩的民族传统文化是乡村发展的宝贵财富和巨大优势，文化与旅游产业的融合发展，绝非简单的乡村游、农家乐和土特产，而是要以乡村优秀传统文化为涵养和根基，充分挖掘农村历史积淀下来的建筑、礼俗、工艺、服饰、典籍等特色文化资源，利用文化资源为旅游做推广，用旅游为文化做宣传，为传统文化的发展创新提供新路径。"西江模式"表明，"开发式"的文化保护理念是推动文化传承和发展的客观需要，要围绕文化保护和合理的旅游开发利用为中心，加强对文化传承人的培育和文化传承信息平台的搭建，积极营造崇尚文明、充满活力的经济发展环境，在开发中坚持文化遗产的真实性、完整性和原生态，努力挖掘其历史价值、文化价值、审美价值、文化生态价值等。西江千户苗寨对传统文化的"开发式"保护，对于西部地区类似地方推动传统文化振兴具有很强的借鉴意义。

9.4 贵州榕江大利侗寨村加强村寨保护和文化传承

9.4.1 案例概况

少数民族特色村寨是在一定历史和地域条件下形成的，少数民族人口相对聚居，且比例较高，生产生活功能较为完备的自然村或行政村。贵州作为众多少数民族聚居地，少数民族特色村寨高达12000余个。随着脱贫攻坚任务的全面结束，乡村振兴在全国范围内迅速开展起来。贵州作为少数民族重点聚居地区，做好少数民族特色村寨的巩固拓展脱贫攻坚成果与乡村振兴有效衔接，对于贵州实现乡村振兴具有重要意义。

贵州大多数少数民族特色村寨地处大山深处，地理位置偏僻，交通设施落后，生态环境脆弱，但是民族文化特色资源，尤其是非物质文化遗产资源极其丰富。在脱贫攻坚的过程中，许多少数民族依托自己传统的特色村寨，打造传统少数民族特色村寨旅游，不仅有效保护了传统村寨，还有效带动了少数民族的经济发展，帮助他们摆脱了贫困。如今，在国家全面实施乡村振兴战略的形势下，众多的少数民族特色村寨在传统特色村寨旅游的基础上，还设计了多样化的民族风情文化活动，实现了少数民族特色文化与产业的有效融合发展。其中，贵州省榕江县大利侗寨村作为少数民族特色村寨之一，近年来，通过打造传统少数民族特色村寨旅游以及开展非物质文化遗产活动等，不仅在收入上实现了稳定增长，巩固了脱贫攻坚成果，还形成了"村寨保护+文化传承"产业融合发展模式，为进一步实现乡村振兴奠定了良好的基础。

贵州省榕江县大利侗寨村位于贵州省黔东南苗族侗族自治州。全村共250多户，约1906人[①]。大利侗寨寨内5座花桥横跨于大利洞溪上，分布在大利侗寨的寨头、寨中和寨尾，始建于清朝乾隆年间的4条石板古道是大利侗寨景区的主要景观之一，也是榕江县境内历史最为悠久且唯一有石雕的石板古道，古道有异常精美的石雕，长2公里，宽约2米，共480余级，当地侗民习惯称之为"三百磴"。这里古楠木丛生，浓荫掩蔽，植被保护完好，山清水秀，是典型的侗族村寨，人称"深山明珠"[②]。此外，大利侗寨拥有29座保护完整的古居民建筑，6眼古井，还有400多株百年古树，体现了大利侗寨人与自然和谐共生、"老人护村，古木佑寨"的生态价值观念[③]。

除去传统的自然景观之外，大利侗寨还有浓郁的侗族特色文化。这里不仅有多样化的传统手工技艺如种棉、纺纱、织布、染色、裁剪等传统手工技艺，还有二月二、三月三、四月八、六月六、吃新节等传统侗族节日，还有侗族特色歌曲、戏剧、舞蹈等侗族特色传统文化。浓厚的独具特色的传统侗族文化使得大利侗寨在2012年被国家住建部公布为"中国第一批传统村落"，2013年大利古建筑群被国务院公布为第七批全国重点文物保护单位，2014年被国家住建部公布为全国第六批历史文化名村。

9.4.2 形成背景

（1）非物质文化遗产资源丰富

贵州黔东南苗族侗族自治州位于贵州省东南部，全境东西宽220公里，南北长240公里，总面积30282.34平方公里。根据第七次全国人口普查结果，2020年11月1日，黔东南州常住人口375.86万人，其中居住在城镇

[①②] 大利侗寨[EB/OL]. 黔东南苗族侗族自治州人民政府网, 2016-05-18, http://www.qdn.gov.cn/zjqdn/jxqdn/lswh_5871586/ctcl_5871588/202110/t20211001_70690426.html.

[③] 杨云婷. 乡村振兴与民族传统村落的保护与开发：以贵州省榕江县大利侗寨村为例[J]. 乡村振兴, 2021(5):56-57.

的人口171.2万人，居住在乡村的人口204.66万人。州内居住着苗、侗、汉、布依、水、瑶、壮、仫佬、畲、土家等46个民族。侗族作为贵州黔东南少数民族中人口相对较多的少数民族，其人口占到了黔东南常住总人口的30.4%。各少数民族创造和传承了丰富的、多彩多样的、独具特色的非物质文化遗产。大利侗寨景区拥有多样化的非物质文化遗产资源。在非物质文化遗产方面，根据国务院2020年公布的非物质文化遗产名录，大利侗寨有25项非物质文化遗产列入，涉及饮食、饮酒、工艺制作、节日文化等多个方面[①]。此外，这些文化遗产和旅游资源大多数集中在少数民族聚居地，60%以上资源分布在少数民族聚集的贫困地区，使得这些地区拥有了民族文化和自然风光的天然优势。

（2）政策支持

贵州是《中国21世纪议程》确立的两个极度贫困区之一，深山、石山、高寒山区和少数民族聚居区住着80%以上的贫困人口，在脱贫攻坚时期是最难啃的"硬骨头"。贵州多为少数民族聚居区，丰富多彩的民族特色文化和秀丽的自然风光为贵州地区发展特色民族旅游奠定了良好的发展基础。对此，贵州政府严格贯彻落实国务院关于支持贵州在新时代西部大开发上闯新路的意见，结合榕江县与粤港澳大湾区之间的独特地理位置连接优势，省工信厅出台了《支持黔东南州"黎从榕"打造对接融入粤港澳大湾区"桥头堡"的若干措施》，拓宽了少数民族传统文化的传播渠道，为进一步弘扬少数民族传统非物质文化遗产奠定了良好的基础。

（3）市场驱动

近年来，随着贵州基础设施逐步改善，越来越多来自五湖四海的人们选择到贵州旅游。贵州旅游呈现出"井喷"式高速发展态势。贵州旅游总人数以及总收入持续增长，屡创新高。贵州旅游以其独特的自然风光和多样化的少数民族文化吸引着不同地区的人们来到贵州旅游，为乡村民族旅游发展注入了新动力。

此外，对于许多来自大城市的人而言，乡村魅力是一种挡不住的诱惑，对于许多游客而言，不仅是时间和空间意义上的转换，更是一种独特的体验。贵州少数民族村寨以其独特的村寨结构和多样化的少数民族传统

---

① 贵州黔东南人民政府办公室. 黔东南年鉴：第22卷[M]. 昆明：云南美术出版社，2021：29.

表演、民宿、小吃满足了越来越多游客探索和体验少数民族真实生活的需求。以民族村寨来打造具有世界知名度的乡村旅游目的地，推动贵州旅游进入内涵式发展阶段。根据贵州旅游发展委员会2017年统计数据显示，就入黔旅游目的而言，民族文化旅游和乡村旅游的比重占到28%，民族文化旅游在多个部门的有效配合和政策支持下，在贵州旅游发展中扮演越来越重要的角色。

9.4.3 主要做法

（1）支部党建引领，助力文化旅游

在农业农村发展过程中，一个健全的、完整的基层党组织结构为农业农村发展一方面能够提供良好的组织保障体系，另一方面能及时贯彻中央以及省级人民政府针对农业农村发展的相关政策。贵州省榕江县大利侗寨村以党建为引领，通过采用"景区+产业+农户"的方式，确保农户能够通过多样化的方式获取足够的收入，避免再次陷入贫困。在大利侗寨党建的正确领导下，村寨党组织首先针对不同农户的发展情况，制定了个性化的增收方案。一些擅长传统侗族手工艺品和其他侗族特色文化产品如蜡染、银饰、草绣、草木染制作的村民，在村级党组织的有效帮助下顺利地将侗族特色的手工艺品和特色文化产品销往全国各地。还有一些手工业大户与一些定点企业建立了良好的生产合作销售关系，建立了属于自己的手工艺作坊和完整的生产销售流水线，进而确保自己的收入稳步增长。

针对一些年纪较大缺乏足够劳动能力的少数民族农户，他们无法通过高强度的劳动来获取足够的收入。为了避免这些年老的农户再次陷入贫困，党组织引导这些农户参加到侗族特色歌舞表演当中，通过组建村级老年侗族歌舞团，定期组织开展侗族歌舞文化表演活动，吸引了来自不同地区的游客参观侗族歌舞表演，领略侗族传统文化。侗族传统歌舞文化的有效开展，一方面展现了黔东南少数民族独具特色的传统文化，另一方面推动了一部分收入水平较低的农户增收，有效提高了他们的收入水平，促进了乡村振兴。

在大利侗寨村内，还有一部分农户利用自己家中空余的房屋，经过改造装修升级之后在村内经营起了饭馆和旅馆。为了更好地整合优化旅游资源，大利侗寨村党支部组织这些经营农家旅馆和饭馆的商户，为游客们提供农家特色旅馆住宿和农家特色百家宴席套餐，进一步确保了这些农户能够获得持续稳定的收入。进入到旅游旺季，这些经营农户通过特价销售"住宿+特色小吃"打包套餐，日平均收入最高可达400~500元，实现了农户的增收[①]。

(2) 文创搭台助增收

大利侗寨村的人文环境和生态环境被侗族居民保护完好，非常适宜艺术类、美术类型的高等院校学生在这里进行写生创作。因大利侗寨独特的村寨结构和天然的自然风光，来自不同省份的美术院校、艺术院校的师生相继来到大利侗寨进行实地考察、选景进行写生。一幅幅展现大利侗寨优美的自然风光、独具特色的传统侗族文化的写生作品从这里走向了各地。此外，大利侗寨相继与凯里学院、贵州师范大学签订了写生协议，华南理工大学、广西师范学院等11所院校在当地建立了写生基地，每年大约有7000多人次来到大利侗寨进行写生创作，不仅传播了少数民族聚居区独特的民俗文化，更拉动了当地在旅游淡季时的消费，稳定了农民的收入。

依托已经建立的写生基地，大利侗寨村大力发展多样化的文化创意产品。大利侗寨村在写生基地基础上组建起村级集体旅游公司以及农民生产合作社，培养侗族大歌、侗族戏曲人才传承队伍。此外，侗寨在原来侗族织布、蜡染工艺的基础上设计侗布创艺、蜡染刺绣等现代化民族文化产品。自此之后，大利侗寨村形成了"村级集体旅游公司+农民生产合作社+农户"抱团发展模式，通过不断推出多样化的融合传统少数民族文化和现代元素的原创文化产品，进一步加快了少数民族村寨旅游的市场化进程。村庄通过加大引进市场管理人才的力度，大利侗寨的旅游市场得到了有效开发，逐渐形成了受市场机制调控的"旅游+消费+收益"的旅游产业链，不仅传承和保护了少数民族的传统文化，而且有效开发了少数民族村寨的旅游资源，促进了当地的旅游增收，稳定了广大农户的收入来源。

(3) 深入挖掘非遗文化资源，将非遗与旅游相结合

大利侗寨村拥有丰富的非物质文化遗产资源，依托地方民族文化特色，深入挖掘、开发非物质文化遗产。此外，能够突破开发传统旅游资源的束缚，促进乡村旅游的全面升级。大利侗寨村通过打造非物质文化遗产

[①] 杨云婷. 乡村振兴与民族传统村落的保护与开发:以贵州省榕江县大利侗寨村为例[J]. 乡村振兴,2021(5):56-57.

展示中心，将侗族传统的歌舞文化如侗族舞蹈、侗族花炮节、百家宴、侗戏等非物质文化遗产项目以及侗族居民世代流传下来的农耕文化、建筑文化、饮食文化相结合，通过月月举办非物质文化遗产活动，以"非物质文化遗产＋节庆"的形式呈现。旅游在物化方面展示了地方非遗的价值和魅力，并给游客全新体验。此外，大利侗寨景区依托丰富的旅游文化资源，大力推进旅游产业化进程，围绕"四新"抓"四化"，结合自身发展特点，建立了形式多样、独具特色的研学旅行调研活动。多姿多彩的研学旅行活动已经成为大利侗寨景区旅游产业高质量发展的重要组成部分，有力地推动了少数民族特色旅游的高质量发展。

（4）改善道路环境，提升出行体验

大利侗寨村位于贵州省黔东南苗族侗族自治州的榕江县城里，距离榕江县城大约20公里。但由于大利侗寨村地处群山环绕的大山深处，缺乏便捷的公共交通换乘体系，缺乏配套完善的泊车设施、加油站等设施，无法提供有效的车辆维修保障服务。落后的交通运输设施在很大程度上降低了旅客的出行意愿。对此，榕江县政府重视少数民族聚居区的基础设施建设和投入。随着贵广等多条跨省高铁的开通和贵州省内城际动车组的开行，许多位置偏僻的少数民族聚居区被有效地连接在了一起，进一步满足了全国各地旅客的出行需求，有效推动了少数民族地区旅游业的发展与繁荣，为开发少数民族特色的非物质文化遗产旅游提供了更为广阔的发展空间。在景区内部改造上，随着景区的游客量激增，各少数民族景区的收益呈现出稳步增长的态势，同时景区注重游客出行体验的改善，通过不断优化景区道路和改善景区环境，进一步提升了游客的出行满意度，一定程度上推动了游客数量的增长，稳定了少数民族景区的收入来源。

（5）优化扶持政策

贵州省作为多样化少数民族核心聚居区，各少数民族聚居区的实际发展情况受到了党中央、国务院、各级政府部门的关注。2021年，黔东南苗族侗族自治州人民政府印发了关于支持文化企业发展的税收优惠政策，对于发展文化的企业给予税收优惠补贴政策。在税收优惠之下，大利侗寨景区发展壮大了一批文化企业，提高了这些文化企业的效益。

9.4.4 评价与借鉴

近年来，大利侗寨村庄以党建为引领，发挥党员干部的先锋带头作用，通过有效开发利用大利侗寨独特的自然资源和特色民俗文化资源，逐步改变了少数民族聚居区发展落后、人民生活贫困的现象。首先，依托大利侗寨景区位于群山环绕植被森林茂密的大山深处独特的自然优势，大利侗寨村与贵州省以及其他省的高等院校签订了合作协议，建立了写生创作基地，每年大约有 1 万多名来自合作高校艺术类专业的大学生在基地进行创作设计和写生。庞大的高校学生群体一方面通过写生作品展现了大利侗寨独特的自然风光，另一方面也在一定程度上拉动了当地的消费，促进了农户在旅游淡季时的经济增收。其次，传统村落得到保护。大利侗寨景区始终坚持"原材料、原结构、原形状、原工艺"原汁原味修缮传统文物，坚决贯彻执行"修旧如旧"的修缮原则，全力挖掘和保护传统侗族村落的历史、文化、艺术等，全面提升少数民族村落的公共基础设施，建立健全相关服务机制，向来自五湖四海的游客展现侗族的传统风貌。最后，通过大力培养侗族歌舞、侗族大戏人才队伍，开发少数民族特色和现代时尚元素相融合的原创文化产品，不仅在一定程度上增加了依靠文化演出、传统产品制作的农户的收入，更起到了对传统少数民族非物质文化遗产保护的作用，尊崇村落传统文化、传统技术、传统习俗、传统价值观及村民日常生产生活习惯，确保民族文化传承的完整性。

10 脱贫地区推进乡村生态振兴的案例

10.1 内蒙古通辽科左后旗生态建设推动绿色发展

10.1.1 案例概况

20世纪70年代，内蒙古通辽市科左后旗地区的土地80%沙化，牧场沙化、草甸地盐碱化，森林覆盖率仅为5.1%。在巨大的生态压力和民生压力"夹击"下，科左后旗尝试探索"沙增绿"和群众增收的"双赢"之路。

科左后旗采取了人工造林、封禁保护、飞播种草、退耕还林、禁牧舍饲等措施，因地制宜栽种樟子松等乡土树种，在不易进行人工造林的宜林荒山荒沙区域使用飞机播撒林草种子，对于天然森林草场破坏严重的地区实施封禁保护，令其休养生息、自然恢复，同时引导农牧转变经营方式，退耕还林、退牧还草，减轻草原压力，实现可持续发展。生态建设也在不断将当地沙区农牧民的土地资源转化为生态资源资产，持续释放生态红利。日渐好转的生态环境也为培育主导产业发挥了作用，科左后旗通过实施退耕还林还草、建设饲草料基地、推广经济作物等措施，大力发展肉牛产业、林果产业、药材产业、旅游产业，从而助力农牧民群众获得持续的收入。

经过几代人的努力，科左后旗沙化土地面积从1977年的1688万亩减少到2017年的815万亩，全旗51.7%的沙漠化土地得到了治理，森林覆盖率由1977年的5.1%提高到2017年的21.68%，在世界荒漠化日趋严重的情况下实现了由"沙进人退"到"绿进沙退"的历史性转变①。

10.1.2 形成背景

科尔沁是著名的蒙古族地域文化——科尔沁文化的发祥地,历史上科尔沁草原是成吉思汗之弟哈萨尔的领地。20世纪初,科尔沁左翼前、中、后三个旗南部,以昌图府为中心,沿辽河两岸成为哲里木盟南部两大农垦区之一。在北洋政府有关垦荒的种种鼓励"条例"和处罚"规定"的催促下,科尔沁各盟旗又相继出放了部分荒地,而留有时代痕迹的屯垦也出现于科尔沁,科尔沁左翼中旗,从1914年至1930年的17年里,前后又放荒30多万公顷。"九一八"事变后,由于国际国内形式复杂多变、动荡不安,私自放垦成为该阶段科尔沁农垦扩展的主要渠道,但是呈现垦殖混乱、零散的现象,使得科尔沁农耕并没有大力发展。新中国成立后,内蒙古经历四次垦荒高潮,共开荒250多万公顷,同时,大量外省人口迁入和当地多年较高的人口自然增长率,科尔沁人口由1947年的93.64万,增加到1996年的348.02万。随着农耕向沙地腹地的深入,当地的部分牧民逐渐转化为农牧兼营或纯粹的农业人口,从而使得科尔沁农垦队伍更加庞大。

---

① 本案例主要参考以下网页、报刊及期刊:冯吉. 通辽市科左后旗:守护生态底色,迈向绿色发展[EB/OL]. 金台咨询,2022-06-16,https://baijiahao. baidu. com;刘安琪. 科左中旗:建在产业链上的生态扶贫,实现"绿色"与"富民"双赢[EB/OL]. 澎湃网,2020-03-08,https://m. thepaper. cn/baijiahao_6402663;减贫寻道·"全球最佳减贫案例"科左后旗生态建设推动绿色扶贫[EB/OL]. 中国网,2019-11-27,http://grassland. china. com. cn/2019-11/27/content_40976337. html;轩玉燕. 向荒漠进军:内蒙古通辽市奈曼旗荒漠化治理侧记[EB/OL]. 中国网,2019-06-07,http://grassland. china. com. cn/2019-06/07/content_40779133. html;科左后旗多举措开展生态扶贫实现"增绿又增收"[EB/OL]. 科尔沁左翼后旗人民政府网,2019-07-09,http://www. houqi. gov. cn/kzhq/hqxw/2019-07/09/content_9f7e2f546bb849819cb4f6400901e01c. shtml;吕巍. 从茫茫沙海到莽莽草原——民进中央"科尔沁沙地综合治理"调研综述[EB/OL]. 人民政协网,2018-02-23,http://www. rmzxb. com. cn/c/2018-02-23/1964716. shtml;科左后旗发布. 全球减贫案例评审专家考察通辽科左后旗对产业生态扶贫项目点赞[EB/OL]. 搜狐网,2018-09-03,https://www. sohu. com/a/251608588_364300;孔明. 内蒙古通辽治沙、用沙两手抓 荒漠化治理成效凸显[EB/OL]. 央广网,2017-02-03,https://country. cnr. cn/focus/20170203/t20170203_523550307. shtml;张丽霞. 大地增绿农民增收:科左后旗生态扶贫扶出"双赢"路[EB/OL]. 中国网,2019-07-02,http://grassland. china. com. cn/2019-07/02/content_40805966. html;周德成,赵淑清,朱超. 退耕还林还草工程对中国北方农牧交错区土地利用/覆被变化的影响——以科尔沁左翼后旗为例[J]. 地理科学,2012(4):442-449;那音太,秦福莹,乌兰图雅. 科尔沁左翼后旗土地荒漠化动态变化与原因分析[J]. 内蒙古师范大学学报(自然科学汉文版),2010(6):612-616;乌兰图雅. 20世纪科尔沁的农业开发与土地利用变化[J]. 自然资源学报,2002(2):157-161;王宏,乌恩其,谢建华,呼和,柯建武. 科尔沁草地荒漠化现状、成因及整治措施——以科左后旗为例[J]. 草业科学,2002(4):19-21.

经过一个世纪的开垦，科尔沁从以牧为主的牧农区演变成以农为主的农牧交错区。最终，无休止、不合理的土地开垦，不仅侵占和破坏了大面积的草场，同时使得留存草场的载畜率大大超过合理水平，造成草场退化，使得原本水草丰美的草原变成恶化的沙区。在20世纪70年代，科左后旗地区的土地存在80%沙化。到20世纪末，科尔沁沙漠化土地面积已占总土地面积的51.3%，"科尔沁草原"变成了"科尔沁沙地"。

科尔沁左翼后旗位于科尔沁沙地东南边陲，东北部与吉林省双辽县接壤，东部和南部与辽宁省彰武、康平、昌图县相邻，西部和北部与库伦旗、奈曼旗、开鲁县、通辽市科尔沁区以及科左中旗毗邻，土地总面积11481平方千米。除东、西辽河交汇处有占总面积不到3%的冲积平原外，其余全部为沙坨草甸交错，以沙地沙丘为主要特征。当地以畜牧业经济为主体，农业比重比较大，属典型的半农半牧地区。土壤构成以风沙土、草甸土、盐碱土为主，植被以旱生禾草和水生杂草为主。截至20世纪末，科左后旗草地荒漠化土地面积达到73.89平方千米，占天然草地总面积的71.42%，占科尔沁草地荒漠化土地面积的13.38%，其中严重荒漠化草地面积达47.44平方千米，占可利用草地面积的66.77%，占科尔沁草地严重荒漠化土地面积的85.37%。草地荒漠化土地面积每年以2.59平方千米左右的速度扩展，经济损失每年达1.53亿元，对草地畜牧业的发展形成严重威胁。

为此，科尔沁左翼后旗于2000年开始实施大规模的植被GGP生态恢复工程，并于此前后实施"三北"防护林、"5820"及沙源治理等一系列生态建设工程。2019年，聚焦"两不愁、三保障"，落实"四个不摘"要求，完善基础补短板、精准施策强弱项，贫困发生率降至0.04%，科左后旗一举实现了脱贫摘帽，实现了贫困群众增收致富与生态环境持续改善的美丽双赢。"生态扶贫案例"入选2019全球最佳减贫案例，受邀在意大利罗马举行的"2019全球减贫伙伴研讨会"上作为唯一旗县代表作了交流发言。

近年来，科左后旗生态文明顶层设计逐步完善。2020年制定印发《科左后旗提升环境空气质量工作实施方案》，明确了改善环境空气质量的总体要求、目标愿景、重点任务、制度体系。2021年8月，《科左后旗有关部门生态环境保护责任清单》出台，提出加强国土空间用途管控，落实自然资源资产产权制度和用途管理制度，完善生态环境保护行政管理体制和生态环境保护执法体制等。随着《科左后旗污染防治攻坚战行动方案》《科左后旗国家重点生态功能区县域生态环境质量监测评价与考核工作实施方案》相继出台，明确的职责分工和绿色规划全景式描绘了科左后旗生态环境发展蓝图。

10.1.3 做法与成效

（1）脱贫攻坚时期

有绿水青山才有金山银山，生态美与百姓富共生，生态就是生路，治沙才能致富，生态建设与保护是全旗各族群众安身立命之本，是脱贫攻坚的坚实支撑。

第一，加大力度实施生态工程项目。随着国家三北防护林建设、京津风沙源治理、退耕还林、生态效益补偿等国家重点生态工程和项目的实施，防沙治沙步伐逐年加快，治理规模不断扩大，治理效果显著。特别是2000年以来，随着国家投入增加，科尔沁防沙治沙步伐进一步加快，开始实施退耕还林还草等一系列生态工程，有效提高了科左后旗的森林覆盖度，有利于改善水土流失与土地荒漠化的发展趋势。

"十一五"期间，科尔沁左翼后旗认真落实"双禁、双退、双还"政策，生态的自然恢复和人工修复明显加快。赤通高速公路两侧20万亩综合治理项目、百万亩围封禁牧项目顺利完成，禁垦禁牧和季节性休牧工作成效显著。五年累计完成人工造林138.4万亩，封沙（山）育林116.8万亩，综合治沙255.2万亩，森林覆被率由2005年的15.8%提高到2010年的18.5%，草原植被盖度达到70%，实现了治理速度大于沙化速度的良性逆转。

"十二五"期间，不断加强生态建设和环境保护，认真贯彻落实节能减排政策措施，扎实推进100万亩围封禁牧、210万亩常年禁牧区和400万亩生态功能区建设工程。农田水利基础设施不断完善，新增节水高产高效农田9万亩，建设浅埋滴灌示范田7万亩。城乡绿化规模和质量空前，栽植各类树木1666万株，所有村屯、通道实现绿化全覆盖，绿化量为过去十年的两倍。实施科尔沁沙地"双千万亩"综合治理工程100万亩。"三滥"治理、森林草原防火和病虫害防治工作进一步加强，全社会生态环境意识进一步增强。

"十三五"是科左后旗脱贫的冲刺期,科左后旗坚持"生态立旗",牢固树立"绿水青山就是金山银山"的理念,围绕建设祖国北疆生态安全屏障,稳步实现科尔沁沙地综合治理、三北防护林、退牧还草等重点生态修复工程,累计完成科尔沁沙地综合治理507.5万亩,森林覆盖率达到21.68%,其林业局被授予全国生态建设突出贡献先进集体。

科左后旗发放退耕还林补贴25.6万亩,累计补助资金9216万元;发放公益林补贴175万亩,累计补贴资金8800万元;发放草原补奖资金923万亩,累计补贴资金3.4亿元。农牧民年人均享受补贴资金406元。积极申报国家公益林项目补贴资金。对于过去森林覆盖度达不到公益林标准的荒地,科左后旗通过实施人工造林、封山育林等措施,提高森林覆盖率,并积极申报列入国家公益林范围,争取国家公益林项目补贴资金,反哺群众。累计申报面积20万亩,预计补贴资金每年300万元,受益农牧民9300人,其中贫困农牧民890人。科左后旗生态建设成效逐步凸显,带动贫困群众脱贫的力度也在逐年加大。生态建设正以每年治理100万亩、造林1600万株的速度扎实推进,实现了生态效益、经济效益和社会效益多赢。

第二,荒漠化治理同生态产业发展有机结合。深入开展森林资源清理整顿和矿山生态环境恢复治理大排查大整治,扎实推进禁垦禁牧、退耕还林、经济林果等生态产业,实现生态美丽与经济发展"双赢"。

科尔沁左翼后旗坚守"发展、生态、民生"三条底线,坚持生态建设与脱贫攻坚有机结合,探索并形成林果产业、林下经济、生态补偿、以育代造等脱贫致富新路子,在改善生态环境的同时,促进了贫困农牧民增收。科左后旗依托退耕还林地块、农户庭院等,鼓励农牧民种植大果榛子、锦绣海棠等经济林,林间地种植中草药。加强苗木选购、技术服务、产品销售等环节扶持力度,确保林果产业规模不断壮大。结合实施的科尔沁沙地"双千万亩"综合治理工程,加大沙化草牧场封禁力度,引导农牧民退牧还草,促进生态修复的同时,有力支撑了黄牛主导产业发展。2018年,建设以青贮为主的优质饲草料基地130万亩、灌草型饲草料基地50万亩,全年储备饲草料50亿公斤,带动农牧民人均增收200元以上。

第三,设置岗位促进贫困户增收。科左后旗在生态建设过程中,积极引导农牧民进入绿化企业务工,或直接参与苗木起运、树木栽植、抚育管理等工作，就地转化成为造林工人，实现务工增收。通过实施生态工程，带动农牧民年务工增收2120万元，其中贫困农牧民务工增收169.6万元。科左后旗按照谁管护谁受益的原则，将在农牧民承包土地上实施的造林，产权归属土地承包户，变为农牧民资产，后续管理、抚育、经营全权交由土地承包户负责，最大限度调动农牧民参与经营管理的积极性，实现林产业发展和农牧民资产增值的双赢。此外，选聘310名贫困人口担任公益林护林员，每人每年发放工资1万元，使有劳动能力且愿意从事森林资源管护工作的贫困群众实现家门口就业，拓宽了贫困人口就业增收途径。

(2) 巩固拓展脱贫攻坚成果同乡村振兴有效衔接时期

在取得脱贫攻坚胜利、全面建成小康社会之后，科尔沁后旗左翼继续走以生态优先、绿色发展为导向的高质量发展新路子。

第一，探索"生态+产业"多模式发展路线。科左后旗全方位、多元化推进"生态+产业"融合发展，持续深化供给侧结构性改革，加快推进传统产业改造升级，促进新旧动能转换，让"老树发新芽"。坚持生态立旗，扩展"生态+旅游""生态+产业"等新模式，实现脱贫攻坚与乡村振兴有效衔接。在"生态+农牧业"方面，黄牛产业一直是科左后旗的龙头产业，如何打造以生态种养为基础的养殖模式一直是畜牧业发展的探索方向。在"生态+文旅"方面，科左后旗推出"绿水田园，乐游后旗"的特色旅游路线图，让游客对科左后旗文化有更好的体验感。坚持"文化为魂，生态为本"的理念，依托"英雄上马的地方"的文化影响力、优美的自然风光、丰富的自然资源、深厚的民族文化资源，实施"全域旅游、四季旅游、旅游+"发展战略，走文化生态旅游融合高质量发展新路子，打造全国知名文化生态旅游目的地。

第二，转变经济增长方式，重点领域低碳发展。科左后旗着力提升能源绿色供给和就地消纳水平。坚持生态优先，赋能绿色发展，依托硅砂资源和产业基础，重点培育并引进下游绿色高端产业链条，构建"采砂—加工—铸造—机械加工—装备配套—沙坑治理—农畜鱼种养"循环经济链，着力打造东北地区具有影响力的硅砂新材料生产加工基地。进一步加大"风光储一体化"新能源项目引进实施，推进华能等企业"风光储一体化"项目、200MW荒漠风电基地工程项目、100MW光伏治沙储能项目。2021年，科左后旗入驻新能源企业11家。其中，风力发电企业6家，光伏发电企业4家，全年总发电量达11.83亿千瓦时，清洁能源的使用量达40%，"风光储一体化"新能源项目取得实效。

10.1.4 总结评价

科左后旗始终坚定不移贯彻"创新、协调、绿色、开放、共享"新发展理念，将绿色融入经济社会发展的各个环节之中，将绿色作为社会经济发展的底色。

科左后旗委政府、科左后旗人民政府牢记习近平总书记"把内蒙古建成我国北方重要的生态安全屏障"的嘱托，坚守"生态、发展、民生"三条底线，按照通辽市"北保护、中节水、南治沙"生态建设战略和生态扶贫的工作部署，坚定不移推动绿色可持续发展，强化资金整合力度和投入方式创新，进一步加大生态建设保护和修复力度，探索生态益贫机制，促进贫困人口在生态建设保护修复中增收致富，享受"生态红利"，在摆脱贫困过程中不断增强保护生态、爱护环境的自觉性和主动性，实现了美丽与发展双赢。在促进脱贫攻坚与乡村振兴有效衔接过程中，多渠道开展生态扶贫工作，实现"增绿又增收"，扩展"生态+旅游""生态+产业"等新路子。以全域生态化、生态产业化、产业绿色化为方向，以实现减污降碳协同增效为总抓手，以改善生态环境质量为核心，保持力度、延伸深度、拓宽广度，以更高标准走好新时代美丽乡村的每一步。

只有"治理一片、留住一片、管好一片"，才能真正达到"绿了沙漠、美了家园、富了百姓"的目的，才能体会"绿水青山就是金山银山"的理念内涵。科左后旗坚持生态建设推动绿色产业发展，将"荒漠变良田"成为现实，为各地区生态扶贫提供了鲜活案例。

10.2 新疆察布查尔锡伯生态振兴推动可持续发展

10.2.1 案例概况

新疆察布查尔锡伯自治县是中国唯一一个以锡伯族为主体的多民族聚居的自治县，位于中国边境地带，拥有得天独厚的自然风光。但过去很长一段时间，大量草地在过度放牧、自然灾害等多种因素的影响下，出现沙化和退化现象。当地主要依赖的第一产业处于"靠天吃饭"的状态，导致部分农民的生活极易陷入贫困状态。2016年，结合"生态大格局"的发展思路，察布查尔锡伯自治县创造性地提出了"生态+扶贫"的脱贫攻坚可持续发展路线，实施30万亩生态扶贫林建设工程，于2017年摘掉贫困县帽子。

打赢脱贫攻坚战后，要保障贫困人口脱贫不返贫，深入推进生态文明建设，巩固拓展脱贫攻坚成果同乡村振兴有效衔接。察布查尔锡伯自治县以国家储备林和荒漠绿化为依托，探索并提出了"国家储备林＋N"项目谋划模式，促进增收和生态双收益，走出了一条乡村生态振兴新路子。①

10.2.2 背景分析

察布查尔锡伯自治县隶属于新疆伊犁哈萨克自治州，地处新疆西天山支脉乌孙山北麓，西与哈萨克斯坦国接壤，南部为山区丘陵，北部是河流阶地与河漫滩，中部为倾斜平原。"察布查尔"在锡伯语种有"粮仓"之意，森林遍布，水草丰美，矿产资源十分丰富，全县面积4.485万公顷，可利用草场面积2.71万公顷，林地面积2.99万公顷，森林蓄积量6.46亿立方米，天然草地面积占全县土地面积的74.18%。

当第一产业为一个地区的核心产业时，该地区的生态环境优劣直接影响到当地农户的生产以及生活状况。当自然生态环境出现污染和破坏时，将直接导致一方农牧民陷入贫困状态。

长期以来，当地居民没有认识到草地生态系统的重要性，在农牧业生产中，重利用、轻保护、草地超载放牧，滥垦乱挖，盲目开发，同时受到自然灾害的影响，至2000年，察布查尔县所在区域出现大片平地无水可

---

① 本案例主要参考以下网页、报刊及期刊：杨佳奇. 察布查尔县储备林建设项目打造绿色生态新底色[EB/OL]. 新华网，2022-05-12，http://www.xj.xinhuanet.com/zt/2022-05/10/c_1128637596.htm；永旭峰，永海. 新疆察布查尔县：生态产业让群众就近增收致富[EB/OL]. 人民网，2021-01-28，http://xj.people.com.cn/n2/2021/0128/c394722-34552961.html；《中国发展观察》"微观中国·城乡之变"调研组. 察布查尔："生态＋产业＋扶贫"新模式 蹚出生态扶贫新路子[EB/OL]. 中国发展观察，2019-10-10，https://cdo.develpress.com/? p=8392；史智峰. 精准帮扶，贫困县脱贫焕发新活力[EB/OL]. 搜狐网，2019-06-23，https://www.sohu.com/a/322497765_268248；阿尔达克. 新疆察布查尔锡伯自治县：摘帽之后接着干[EB/OL]. 中国扶贫在线网，2018-08-24，http://f.china.com.cn/2018-01/24/content_50289040.htm；陈静. 新疆察布查尔志在真脱贫脱真贫[N]. 中国县域经济报，2017-11-09(7)；张亮. 察布查尔：无限风光在湿地[N]. 伊犁日报（汉），2010-08-13(002)；马天，图尔柯孜·阿吉，赵士渊，赵俐. "十三五"边疆民族地区县域经济优化分析——以新疆察布查尔锡伯自治县为例[J]. 乌鲁木齐职业大学学报，2016(4)：35-39；郭正礼，李厚健，张波. 伊犁自治州尼勒克县和察布查尔自治县反贫困研究报告[R]. 2012(7)；詹磊. 察布查尔锡伯自治县经济发展的现状与提升对策[J]. 农村经济与科技，2012(1)：65-66；察布查尔锡伯自治县：乌孙山下 伊犁河畔的"粮仓"[J]. 财经界，2010(11)：71；走进察布查尔看林业[J]. 新疆林业，2007(1)：51.

浇，大片森林被采伐，大片天然草地出现不同程度的退化和沙化，天然草场覆盖率降至约30%，最终被确定为贫困县。2002年被国家列为国定贫困自治县，同年11月又被自治区党委政府列为自治区级17个边境重点扶贫开发的自治县之一。因此，在发展战略中如何切实保护民族地区的生态环境不仅是一个生态问题，而且是一个事关少数民族农牧民生产生活的经济问题和政治问题。

进入21世纪以来，随着西部大开发战略的纵深推进，中央关于"稳疆兴疆、固边富民"和加强民族地区发展的战略部署，以及国家2003年启动的以围栏封育、禁牧休牧、舍饲圈养和以草定畜为内容的退牧还林工程，察布查尔县迎来发展的大好时机。察布查尔县抓住发展机遇，实施退耕还林政策，积极改善生态环境，重视国土绿化工作，加快伊犁河流域开发步伐，积极推进生态建设和草原生态保护工程建设，使得林业进入快速发展的轨道。党的十八大以来，"宁要绿水青山，不要金山银山，绿水青山就是金山银山"的理论，成为贫困地区坚定不移走生态优先、绿色发展道路的指导思想，成为百姓保生态富口袋、吃上"生态饭"的行动指南。2015年，国家林业和草原局会同相关部门印发了《关于加快落实新一轮退耕还林还草任务的通知》，拉开了新一轮退耕还林工程的序幕。2018年，通过《生态扶贫工作方案》等政策的精确部署，确定了生态扶贫的六项关键核心措施，不断推动贫困地区经济开发与生态保护相协调、脱贫致富与可持续发展相促进，使贫困人口从生态保护与修复中获得实惠，使生态治理成为脱贫攻坚的强大力量。察布查尔县积极响应国家政策，结合当地实际制定相应政策条例，有序推进生态环境治理，形成生态扶贫新模式。在"输血式"退耕还林等补偿机制的实施下，贫困地区资源受到保护、贫困人口收入更加稳定，2017年，全县3101户贫困户、10847人顺利脱贫摘帽。察布查尔县进一步实施"造血式"扶贫举措，培养林下经济，创新提出了"国家储备林+N"项目谋划模式，为生态扶贫提供察布查尔县新案例。

10.2.3 做法与成效

将生态环境治理与脱贫攻坚有效衔接，充分利用察布查尔县丰富的自然资源，这是察布查尔县脱贫的最佳路径，同时也是其巩固拓展脱贫攻坚成果的最优方案。

(1) 脱贫攻坚时期

第一，加大实施退耕还林工程的力度。随着退耕还林作为一项生态富民工程深入实施，为确保贫困户顺利脱贫，相关工程建设向山区贫困户倾斜，促进山区贫困地区脱贫。同时，农户依托退耕还林，发展林粮间作，使得山区所在的乡增收，全县农民增收，从而走出一条脱贫致富思路大变、农牧民生活水平大变、生存生态环境大变的可持续发展道路。2006年底，察布查尔县已经成为全疆退耕还林第一大县，并且获得"退耕还林先进县"的殊荣。

第二，荒漠化治理同生态产业发展有机结合。察布查尔县政府高度重视国土绿化工作，将2006年至2008年确定为农田防护林建设年，全面加强农田防护林建设。在"十二五"规划中，强调坚持生态可持续发展道路，坚定生态立州和可持续发展战略，按照工程造林、产业兴林、依法治林的发展思路，建设以优质高效为特色的林果产业体系，以农村防护林、六沿绿化为重点的、完备的林业生态体系和内涵丰富的林业生态文化体系，以及力求打造全疆最大的以优质苹果为主的特色林果业大县，打造国家薰衣草主题文化公园。

2016年是国家脱贫攻坚的加速期，是全面建成小康社会的决胜阶段。察布查尔县按照自治区脱贫攻坚部署，启动脱贫攻坚摘帽行动，利用生态扶贫产业将种植树木与扶贫帮困挂钩，既保护了生态，也巩固提升了脱贫质量。察布查尔县结合"生态大格局"发展思路，提出生态扶贫的脱贫攻坚可持续发展道路，将产业、生态和扶贫有机结合，种植树上干杏、苹果和西梅等经济果树，既改善了生态环境，又形成特色产业助力贫困人口脱贫增收。

察布查尔将生态、旅游、扶贫有机结合，实行市场化运作。察布查尔锡伯自治县以10万亩生态扶贫造林工程为依托，大力发展全域生态旅游产业，打造"农副产品基地+农户+旅游+餐饮+特色养殖+合作社+龙头企业"新型循环产业链，鼓励贫困群众参与发展特色旅游、生态旅游，并享受30%旅游收益，最大限度激发贫困群众内生动力，确保脱贫有支撑、生态造林可持续。2016年底，《察布查尔生态文明县建设规划》通过自治区审查并组织实施，完成6个自治区级生态乡镇和19个自治区级生态村申报，成功创建自治区级生态乡镇2个、生态村11个。全力推进百万亩生态经济林，实施退耕还林 8349 亩，森林覆盖率达到 13%。

第三，建立生态管护员管理制度。为了保证造林成果，察布查尔县坚持"谁主管，谁受益"的原则。2016 年底，察布查尔县组建了察布查尔生态扶贫投资发展有限公司，一方面，采取"国有＋金融＋民营＋扶贫"的市场化运营方式，引入田园综合体主题元素，在县城邀请中国农科院、中国林科院进行顶层设计，以乡村振兴战略和田园综合体为指南，对 30 万亩国有草地林地进行生态修复、治理和高效开发，推进就业扶贫、产业扶贫；另一方面，采取"公司＋贫困户"的模式进行管护，通过建立植树造林＋脱贫攻坚利益联结机制，筛选确定 220 户建档立卡贫困户负责管护 1.1 万亩生态林，户均管理 50 亩，政府每年给予每户 1.2 万元劳务补助，5 年扶贫林挂果后进行二次分配，户均享受 15 亩收益分红。此外，贫困户还可以继续从事劳务，公司按市场用工标准支付工资，后续的生态扶贫造林工程也按这种模式予以推广，最终实现全县建档立卡贫困户全覆盖。2019 年，生态扶贫产业初见成效，完成造林 2.4 万亩，栽植各类苗木约 260 万株，长期稳定吸纳建档立卡贫困户就业 310 人，人均年劳务收入逾万元。5 年经济林挂果后，果品收入的 30% 将分配给贫困户，帮助贫困户家庭实现稳定增收。

(2) 脱贫攻坚与乡村振兴有效衔接时期

察布查尔锡伯自治县把巩固拓展脱贫攻坚成果摆在重要位置，推动脱贫攻坚政策举措和工作体系逐步向乡村振兴平稳过渡，接续全面推进乡村振兴，推动各项工作顺利开展。

第一，建设国家储备林，提出"国家储备林＋N"项目模式。2016 年，国家林业局贯彻落实 2015 年中央一号文件和《生态文明体制改革总体方案》建立国家储备林制度的精神，研究制定了《国家储备林制度方案》，国家储备林是指在自然条件适宜地区，通过人工林集约栽培、现有林改培、抚育及补植补造等措施，营造的工业原料林、珍稀树种和大径级用材林等优质高效多功能森林。国家储备林制度是全面保护天然林的重要配套制度，是发挥财政金融合力、创新投融资模式的基础保障制度，也是大型营造林工程实现系统化精细化管理的样板先行制度，对加强国家储备林基地建设，维护国家生态安全和木材安全具有重要的现实意义。

为深入推进生态文明建设、巩固拓展脱贫攻坚成果、衔接乡村振兴战略，察布查尔锡伯自治县以国家储备林和荒漠绿化为依托，以打造新疆生态林业重点示范区为导向，推动生态建设和巩固脱贫协同发展，坚定不移走生态优先、绿色发展之路，紧紧围绕"国土绿化、生态保护、生态惠民"三大主题，率先启动国家储备林基地建设项目。该项目总投资10.13亿元，拟于"十四五"期间在察布查尔锡伯自治县生态扶贫林南岸干渠建设储备林4.5万亩，栽种夏橡、黑核桃、黑胡桃、大小叶白蜡等大、中径苗木，经济林主栽西梅、苹果、树上干杏等林果品种，辅以栽种榆树、杨树、刺槐、沙棘、柳树等形成防护林。察布查尔县通过推进绿色发展，实现扶贫与生态双效益，让当地群众收获到了实实在在的"生态红利"。

察布查尔县提出了"国家储备林＋N"项目模式，将"美丽乡村建设、产业发展、城市建设、水系连通"等融入国家储备林建设中，项目配套建设高效节水灌溉、水利工程、道路工程、围栏、管护站等基础设施，并通过"公司＋农户"的方式，让各族群众在生态林中有事干、有钱挣。项目完工后，可直接解决帮扶贫困户就业1000人，季节性提供就业岗位3000人以上，真正把国家储备林变身成为帮助当地农牧民防止返贫、巩固脱贫的"靠山"。储备林项目建成后，将从储备木材、碳汇容量、经济效益、农民增收、生态修复五个方面产生巨大的生态效益、经济效益和社会效益。该项目实施后，已经累计就业达到781人。

察布查尔县在"十四五"规划中明确，将按照"政府主导、全民参与、注重实效、提升质量、巩固成果"的原则，建设国家生态林和储备林，发展碳汇产业，积极争取国家生态扶贫储备林基地建设项目；实施建设20万亩国家储备林，构建重要生态安全屏障体系。

第二，推进生态产业发展，丰富生态产业链。察布查尔县着力推进以30万亩生态林、城乡供水一体化工程、水肥一体化工程为核心的生态产业，丰富生态养殖、林下种植等产业业态，大力发展生态牧草、生态鹅、生态鸡等林下经济；加快耕地占补平衡指标交易、碳汇交易进度，努力实现"绿富"双赢；丰富产业业态，探索"农产品＋期货＋保险"模式，加快构建以林果、景观苗木、林下经济、生态旅游为重点的生态产业链。

生态文明建设是贫困地区实现可持续发展的基础和前景，脱贫摘帽不是终点，如何让贫困户持续增收，确保已经脱贫的贫困户不再返贫才是关键。结合自治县实际，把生态文明建设与脱贫攻坚相结合，让群众在良好的生态环境中生产生活，这是实现可持续发展进而达到共同富裕的根本途径。

第三，引导更多的社会力量和爱心人士参与生态保护和扶贫行动。2018—2020年，中国石油累计投入2200万元在察布查尔县实施生态扶贫经济林项目，建设扶贫林共11000亩，一方面对当地伊犁老品种苹果进行有效保护，另一方面为当地300名贫困户提供了就业机会。该项目建成5年内每户均管林地50亩，年收入12000元以上，5年挂果后30%林果收益交给贫困户，确保了贫困户稳定增收。

察布查尔境内坎乡水资源丰富，发展水产养殖前景广阔。2017年，在工作组的帮扶下，伊犁悦然生态公司获得25万元产业引导资金，开始在坎乡尝试大面积养殖大闸蟹。工作组请来江苏水产专家进行技术指导，并从射阳引进螃蟹幼体进行培育。2018年，蟹种规模化培育成功，实现本地自产自供。2020年，40多吨成蟹远销十多个省份，供不应求。

10.2.4 总结评价

察布查尔县牢牢抓紧"两山"理念，将生态文明建设与脱贫攻坚、乡村振兴紧密相连，依托丰富的自然资源，充分发挥其地理位置优势，抓住快速发展的机遇，改善了当地因过度放牧和自然灾害导致的土壤退化、沙漠化的现象，将一片片荒漠转变为绿色风景，同时引导贫困人口加入"护林人"，为贫困人口就业提供稳定靠山，避免陷入"靠天吃饭"的困境。

自2017年察布查尔脱贫摘帽后，为巩固拓展脱贫攻坚成果，察布查尔县结合当地生态资源优势，探索并提出乡村生态振兴的新路径。制定生态扶贫产业区果树社会化认购方案，在全社会推行认领认购生态扶贫产业区果树，引导更多的社会力量和爱心人士参与生态保护和扶贫行动，以此创造更多的脱贫户生态护林员就业岗位，从而实现生态环境治理和脱贫攻坚巩固"双提升"，真正把察布查尔打造成"生态扶贫产业的引领区"；创新性提出"国家储备林＋N"项目，发展"旅游＋生态＋扶贫"的模式，将旅游产业与万亩生态扶贫林相结合，加快构建林果、林下经济等生态产业链，探索生态扶贫多方法多路子；积极响应国家2030年前实现碳达峰、2060年前实现碳中和目标，以建设国家生态林和储备林为依托，发展碳汇产业，加快耕地占补平衡指标交易、碳汇交易进度，着力为国家解决资源环境约束等突出问题。察布查尔县结合本地实际,努力实现生态扶贫产生的效益最大化,为各地区发展生态产业助力乡村振兴提供了经验借鉴。

10.3 贵州毕节探索林业碳汇生态补偿机制

10.3.1 案例概况

毕节试验区通过长期以来推行退耕还林和石漠化治理等生态修复工程,成功改变了过去生态贫瘠且脆弱的状态,转变为了一幅绿水青山的画卷。同时,丰富的森林资源优势为毕节试验区脱贫攻坚时期推广单株碳汇扶贫项目打下了基础。在推进乡村振兴过程中,毕节试验区测度全市林业碳汇规模,进一步发掘碳汇经济潜力,通过发行林业碳票为村民拓宽了收入来源并助推了农村产业绿色发展;以逐步完善林业碳票相关的法律制度为前提,进一步建立林业碳票交易平台并鼓励开展基于林业碳票的金融产品,拓宽了毕节试验区森林资源的生态价值实现渠道。海雀村的首笔碳交易顺利完成,意味着林业碳票模式成功将碳汇资源转变为了经济资源,是毕节试验区巩固拓展脱贫攻坚成果同乡村振兴有效衔接的一项重要举措。

10.3.2 形成背景

毕节地区位于贵州省西北部,具有典型的喀斯特地形地貌特征,在成立毕节试验区之前曾是贵州省最贫困落后的地区之一。由于喀斯特地质成土慢、易流失等特点,加上过度的生产活动,多方面原因造成毕节地区生态恶化。此外,人口膨胀、粮食短缺迫使当地居民陡坡开荒,林、灌、草、植被均遭到严重破坏,直到1987年,森林覆盖率仅为15%[1],水土流失面积超过全市土地面积65%,人与自然严重对立,贫困与生态恶化互为因果。针对毕节地区的严峻现实,国务院于1988年6月批准建立了"毕节开发扶贫、生态建设试验区"。

毕节试验区在成立后开始探索生态文明制度框架,先后实施了多项生态修复工程,通过大力推进退耕还林和石漠化治理工程,为土壤固碳增

---

[1] "毕节试验":一个极贫生态脆弱区的"发展经济学"[EB/OL]. 中国政府网,2008-03-08, http://www.gov.cn/2008lh/content_914394.htm#.

肥,治理水土流失。其中试验区的中心——毕节市赫章县河镇乡海雀村是治理的典型代表,经过当地干部群众 30 多年的努力,海雀村曾经的荒山秃岭已成"万亩林海",林地面积达 1.37 万亩,海雀村森林覆盖率从 1987 年的 5% 上升到 2020 年的近 80%[①]。

自 2017 年启动创建国家森林城市工作以来,毕节市森林覆盖率已经达到 60%,森林面积达 2416 余万亩[②],在逆转了喀斯特地貌天然劣势的同时,庞大的森林规模使得毕节市拥有了碳汇优势,极具经济价值。在脱贫攻坚时期,毕节试验区积极响应贵州省启动的单株碳汇项目,对拥有林地且收入相对较低的林户,将其树木按照树种、大小和碳汇功能(吸收二氧化碳、释放氧气)进行筛选、编号、拍照,将林木信息和林户基本信息一起录入贵州省单株碳汇大数据平台,按每棵树每年碳汇价值 3 元人民币计价,建立树木、碳汇价值、林户基本信息等数据库。同时,毕节市生态环境局通过"三强化"模式,即强化组织发动、强化技术指导和强化宣传推广,安排工作人员深入贫困县,向建档立卡贫困户宣传讲解单株碳汇项目及益处,发动贫困户积极申报项目。在纳雍县 2 个乡镇 6 个村 464 户贫困户、威宁县 3 个乡镇 8 个村(社区)300 户贫困户参与该项目,每户贫困户年均可增收 1000 余元,助力贫困户将"绿水青山"变为"金山银山",实现增收。

在巩固拓展脱贫攻坚成果同乡村振兴衔接的过程中,为了让单株碳汇成为长效且覆盖面更广的生态产品价值实现机制,需要增加更广泛的碳汇产品,并且扩大参与对象范围,进一步开发认证树种范围,筛选出更多具有碳汇功能属性和生态产品价值的树种,并引入市场机制来实现生态价值到经济价值的转变,在此背景下,毕节试验区展开了对碳汇生态扶贫模式的创新探索。

10.3.3 主要做法

"生态建设"和"绿色发展"是 1988 年以来,党中央、国务院立足毕

[①] 全国绿化劳动模范|艰苦奋斗成就幸福海雀——记全国绿化劳动模范文正友[EB/OL]. 国家林业和草原局政府网,2022-10-26, https://www.forestry.gov.cn/main/586/20221026/092653253254642.html.

[②] 毕节市林业局:全面创建国家森林城市,打造"洞天福地·花海毕节"[EB/OL]. 毕节市林业局,2021-10-21, http://lyj.guizhou.gov.cn/xwzx/szdt/202110/t20211020_70991234.html.

节不同发展阶段的实际情况，赋予其探路子、作示范的试验主题之一，经过30多年的探索实践，毕节森林覆盖率从14.9%提升到60%，实现了生态环境从不断恶化到显著改善的重大跨越。为了让森林资源成为碳汇资源，让"绿水青山"成为"金山银山"，2021年以来，毕节市积极开展应对气候变化的工作，紧紧围绕"四新"主攻"四化"①，努力探索碳达峰、碳中和路径，开展了森林、草原和湿地碳储、碳汇与碳利用研究，在继续推动单株碳汇扶贫项目的同时，结合乡村振兴战略的实施推进林业碳票模式，其主要做法体现在以下四个方面：

一是测度林业碳汇规模。通过监测林业碳汇样地，可以掌握毕节试验区森林生态系统固碳现状及空间分布，估算毕节森林生态系统未来碳汇能力。2021年7月，毕节试验区开展了贵州省首个林业碳汇利用规划研究。该研究以2020年林地、草原、湿地资源数据为基准，采用多种方法，估算了森林、草原、湿地碳储量和碳汇量；计划通过造林、森林经营、草原生态修复增加林业碳汇，并分析预测了毕节市2030年和2060年森林、草原和湿地碳储量和碳汇量，编制了《贵州省毕节市森林、草原和湿地碳储、碳汇与碳利用研究报告》。该研究对推动林业碳汇项目开发研究起到了示范引领作用，为碳达峰和碳中和提供有力的支撑，也是后续林业碳票计量方法、核准发行的前提保障。

二是制定并发行林业碳票。在推广单株碳汇项目进行扶贫的同时，毕节试验区也在尝试进一步拓宽林业碳汇的认证范围，并在2021年10月成立了毕节市林业碳票工作领导小组，开始探索林业碳票模式。在完成测算市域内森林、草原、湿地的碳储量和碳汇量后，毕节组织市林业局、市发展改革委、市生态环境局、市金融办、市自然资源和规划局、市委改革办等市直有关部门人员赴福建省三明市，对林业碳票制发流程、开发对象、计量方法、适用市场等进行深入考察学习，结合毕节市实际情况，出台了《毕节市林业碳票管理办法（试行）》，成为贵州省首个林业碳票试点市。在专家库建立、计量方法、技术培训和项目、资金等方面大力支持下，毕节试验区邀请贵州省林科院专家帮助制定《毕节市林业碳票碳减排量计量

---

① 毕节全力以赴围绕"四新"主攻"四化"——向着高质量发展目标奋勇前进[EB/OL]. 贵州省人民政府网,2021-12-30,https://www.guizhou.gov.cn/home/sxdt/202112/t20211231_72179215.html.

方法（试行）》，其中根据毕节地区特殊的喀斯特地貌创新性地将灌木林纳入林业碳票碳减排量计量范围，并组织来自贵州大学、贵州师范大学、贵州省林业调查规划院、贵州省第二测绘院、贵阳市环境能源交易所等单位的专家进行评审通过。

2022年2月15日，毕节市林业局为黔西市毕绿生态绿色产业发展有限公司颁发了贵州省第一张林业碳票，涉及面积2203公顷，核算期为5年（2016年1月1日至2020年12月31日），碳减排量13.573万吨二氧化碳当量。在第一张林业碳票的先例下，碳汇产品作为生态保护补偿机制有助于推进乡村振兴。2022年4月29日，毕节试验区第二张林业碳票在海雀村发放，该村7346.5亩林地在核算期的5年间碳减排量为3.46万吨二氧化碳当量，按照每吨约30元计算，总价值104万元左右，为海雀村229户群众户均增收4500余元①，对于参与单株碳汇项目的脱贫户而言，林业碳汇带来的户均增收达5850余元。

林业碳票的发行为农民带来直接经济收益的同时，也助推了乡村产业绿色发展。毕节试验区的第三张林业碳票发行于七星关区，该地区以"国储林+林下经济"的模式，通过"公司+合作社+农户"的组织方式建立利益联结机制，发展林下经济71万亩，产值达65216万元，其中，林下种植15万亩、林下养殖29万亩、森林景观利用12万亩、野生林产品采集15万亩②，以此形成了循环生态农业，既盘活了林业资源，又让村民参与进了绿色生态产业链中。因此，林业碳票巩固拓展了脱贫攻坚成果，推动了同乡村振兴有效衔接。

三是围绕林业碳票完善法律制度。完善的法律制度是推广林业碳票的前提，也是拓宽林业碳票使用渠道的制度保障。在毕节试验区的林业碳票模式上，一方面，明确林业碳票产权制度，明晰的产权和排他性是后续引入市场机制有效运行的基本要求。《毕节市林业碳票管理办法（试行）》规定，凡是拥有林木所有权的个人、集体、企业等都可以申请制定碳业碳票，允许分山分林到户的林木所有权人，可以多户自愿联合、依托集体经

---

① 全国绿化劳动模范|艰苦奋斗成就幸福海雀——记全国绿化劳动模范文正友[EB/OL]. 国家林业和草原局政府网,2022-10-26,https://www.forestry.gov.cn/main/586/20221026/092653253254642.html.
② 贵州毕节七星关区推进"国储林+林下经济"走出绿色产业发展新路[EB/OL]. 国家林业和草原局政府网,2022-08-29,https://www.forestry.gov.cn/stzx/2/20220824/095252618118321.html.

济组织或国有林业单位申报的方式申请领取林业碳票，且申请制发林业碳票的林地、林木，不影响其所有权人正常的生产经营活动；并且依据《毕节市林业碳票碳减排量计量方法（试行）》，毕节市行政区域内权属清晰的林地、林木，经第三方机构监测核算、专家审查、林业主管部门审定、生态环境主管部门备案签发的碳减排量而制发的具有收益权的凭证，赋予交易、质押、兑现、抵消等权能。另一方面，毕节试验区在"补植复绿"生态修复中明确了林业碳汇的应用方式。2022年6月8日，毕节市中级人民法院、毕节市人民检察院、毕节市公安局、毕节市林业局联合对《毕节市破坏森林资源违法犯罪案件生态损失补偿工作机制》进行修订，探索建立碳汇认购替代性修复制度，允许购买林业碳票替代缴纳生态功能损失费，同时，针对森林资源受损后，不能现地或异地恢复的情形，以购买林业碳票的方式履行生态损失补偿责任。随后在2022年7月的一起滥伐林木刑事附带民事公益诉讼中，金沙县人民法院判决被告购买166.221吨二氧化碳当量碳汇减排量作为生态功能损失赔偿，成为了毕节首个"以碳代赔"的诉讼案①。

　　四是推动林业碳票市场化发展。市场化机制是碳汇产品作为一种生态产品实现其直接经济价值与衍生经济价值的关键路径。毕节试验区从两个方面推动林业碳票市场化。一方面是构建林业碳票交易平台。2022年11月，毕节市林业局委托贵州环境能源交易所有限公司建立毕节市林业碳票交易平台，并进一步共同制定毕节市林业碳票交易细则、交易服务费收费标准，开展毕节市林业碳票交易服务，建立交易数据库，向交易参与方出具交易凭证，为毕节市林业碳票构建起公平、公开、规范、有序的交易市场。2022年12月2日，毕节试验区首笔林业碳票在贵州环境能源交易所达成交易，林业碳票买方贵州大方农商银行向毕节市赫章县河镇乡海雀村集体股份经济合作社78户农户购买600亩碳汇林的碳汇，碳减排量为2620吨二氧化碳当量，成交单价为每吨55元，成交总价为14.41万元，用于抵消该行2021年度投资经营活动及自身运营活动产生的碳排放量总量2612.63吨，实现自身碳中和目标。购买林业碳票的资金将进入海雀

---

① 毕节首例，开审！[EB/OL]. 毕节市人民政府门户网站，2022－07－16, https://www.bijie.gov.cn/bm/bjsslyj/zl/fzbj/202208/t20220816_76096669.html.

村集体合作社账户，由合作社按照与农户签订的入股协议召开村民大会决定资金的使用分配。这笔交易标志着林业碳票可以真正变为钞票来助推乡村振兴，林业碳票模式是有效践行"绿水青山"变为"金山银山"的可行路径，也是毕节试验区探索金融支持林业碳汇价值实现方式的一项成果。

另一方面是探索林业碳汇资产化、金融化、证券化路径，引导金融机构参与开发林业碳汇资产抵质押融资、碳金融结构性存款、碳债券、碳基金等绿色金融产品，并联合金融部门制定了《毕节市银行保险机构支持林业碳票改革工作方案》，赋予林业碳票可流转、可收储、可授信、可质押、可保险的功能价值。明确银行保险部门探索采取质押型、增信型、混合型等融资方式开发金融产品，构建森林保险与碳汇质押、碳汇融资相结合的"碳汇+保险"体系，为全省林业金融创新、构建专业化金融服务、提供"多元化"金融产品服务、完善"多渠道"金融服务配套，提供了毕节方案。

以毕绿生态绿色产业发展有限公司所持的首张林业碳票为例。2022年3月25日贵州银行毕节分行参照其他收益权质押的模式将碳票收益权作为押品进行准入，围绕林业碳票金融属性进行开发探索，最终通过"林业碳票质押+保证"混合模式，为毕节市农投实业有限责任公司授信500万元，开辟了以生态权益质押的新融资通道，创新了森林资源利用和生态价值实现方式①；随后在2022年9月30日，该张林业碳票再次获得太平洋财产保险股份有限公司贵州分公司承保，提供森林碳汇风险保障500万元，涉及林地面积3.3万亩，保险时间为1年，为因火灾、暴雨、暴风、暴雪、洪水、滑坡、泥石流、雨雪、冰冻、霜冻、干旱、林业有害生物以及由此采取的合理必要的施救行为导致保险林木碳汇量减少进行理赔②。此次林业碳票保险的签单落地，是在"绿色保险"领域做出的有益尝试，同时填补了毕节林业碳票价值保险领域的空白。

---

① 全省首笔林业碳票质押贷款在毕节落地[EB/OL]. 毕节市金融办,2022-04-06,http://jr.guizhou.gov.cn/jrzx/dfjr/202204/t20220406_73244111.html.

② 毕节市:创新"林业碳票"机制推动森林生态产品效益最大化[EB/OL]. 毕节市人民政府门户网站,2022-12-26,https://www.bijie.gov.cn/xxfb/bjyw/202212/t20221226_77723225.html.

10.3.4 评价与借鉴

2022年11月，毕节市入选全国林业碳汇试点市（县）名单。毕节试验区对林业碳票的探索，将脱贫攻坚时期的单株碳汇项目在林木覆盖范围、申请主体范围以及价值实现渠道等方面做了进一步延伸，使得林业碳汇的生态产品价值得到了进一步的发掘。从海雀村的林业碳票案例中可以发现，该模式覆盖农林户规模更广，户均增收更高，且促进了营林主体提高森林经营质量，形成绿色发展的正循环。在七星关区林业碳票的案例中，借助林业碳汇的生态价值提高农林产品附加值，充分利用碳汇林的林下空间，因地制宜开展林下种养业，通过种植中草药、野生林产品、养殖等，促进农、林、牧业实现资源共享、优势互补、协调发展，有利于推动农林产业转型升级，实现生态生产与经济生产的有机统一。毕节试验区对林业碳汇资产化、金融化、证券化路径的探索，尤其是首张林业碳票获得质押融资、保险的案例，证明了林业碳票能够有效地通过市场机制和经济手段实现环境资源要素优化配置。从巩固拓展脱贫攻坚成果同乡村振兴有效衔接的角度来看，林业碳票模式以群众为主体，不仅激发了农村生态建设的内生动力，同时在政府推动引导、社会市场协同发力下带动了农村产业发展，具有借鉴意义。

10.4 贵州黔西南万峰林街道生态振兴赋能乡村旅游

10.4.1 案例概况

贵州省兴义市万峰林街道依托黔西南丰富的生态资源，坚持人与自然和谐相处的理念，守住生态底线，有效巩固了脱贫攻坚过程中建立起的环境优势。同时，通过整合各类旅游资源，丰富了旅游业态，推动万峰林由粗放型旅游向环境友好的集约型生态旅游转变，加快发展方式绿色转型，有效释放了生态红利。在进行生态治理和整合旅游资源的过程中，万峰林街道着力激发群众参与的积极性，为生态振兴建立起动力优势。以上一系列举措解决了万峰林街道过去"发展—污染—治理—再污染—再治理"的难题，深刻践行了"绿水青山就是金山银山"的理念，实现了生态与经济的协调发展，推动万峰林街道走上经济高质量发展之路。

10.4.2 形成背景

万峰林街道位于黔西南布依族苗族自治州兴义市的城郊，由宝剑峰林、罗汉峰林、列阵峰林、叠帽峰林、群龙峰林构成,灰瓦白墙的村庄、错落有致的农庄点缀在峰林间,但是,如诗如画的"绿水青山"并没有成为人们鼓起腰包的"金色钥匙",一座座大山反而困住了这里的发展。作为中国南方锥状喀斯特岩溶发育典型地区,万峰林街道难逃石漠化的影响,植被破坏、岩石裸露、水土流失、土地退化、人地矛盾突出,恶劣的自然环境、脆弱的生态承载能力使得万峰林街道经济发展缓慢,长期处于深度贫困之中[①]。

2001—2005年,万峰林街道启动生态环保治理工作,复绿还青修复生态系统,在生态修复方面取得显著成效,先后被评为"国家地质公园""全国农业旅游示范点""中国最美的五大峰林之一""国家4A级旅游景区"。然而,由于基础设施匮乏,道路不畅,美丽山水无法吸引游客,为了改善这种状况,当地政府充分利用万峰林的自然风光优势,致力于打造万峰林品牌,并投入近2亿元资金进行修路以及公厕、环保设施、景区亮化等基础设施建设。2016年9月,万峰林旅游扶贫创新示范区的245户建档立卡和精准贫困户在兴义市率先整体脱贫,成为乡村旅游引领精准扶贫的成功实例。2018年,万峰林街道农村常住居民的经济状况明显改善,人均可支配收入达14405元,高于全省4689元[②]。

然而,万峰林景区仍然更多地依靠传统的观光旅游增收,粗放式的乡村旅游要求不断地对景区进行开发,整个过程中,基础设施建设给景区带来大量的污染,游客制造的垃圾和汽车尾气破坏了植被和水体,这使得脆弱的喀斯特环境日益恶化,万峰林景区的生态环境遭到不同程度的破坏,卫生问题也变得十分严重,万峰林的生态发展之路受阻。在这样的背景下,如何正确认识和处理生态环境保护和经济发展的关系始终是一道困扰着万峰林街道发展的难题。为此,兴义市委、市政府组织团队进行实地调研,认真践行"绿水青山就是金山银山"的发展理念,转变旅游经济发展模式,坚持科学规划、系统谋划、综合治理,守住生态底线,追求经济持续绿色发展。

党的十八大以来,以习近平同志为核心的党中央坚定不移推进生态文

[①②] 刘尚君.贵州兴义万峰林街道:生态赋能十万大山,绿水青山实践样板[EB/OL].中国青年网,2020-01-15,http://news.youth.cn/gn/202001/t20200115_12170000.htm.

明建设，在一系列新思想的指导下，万峰林街道因地制宜，以生态环境承载力为前提，追求经济可持续增长的发展模式，在坚持人与自然和谐相处的前提下，把生态环境优势转化为生态经济优势，走出了一条特色的致富之路。

10.4.3 主要做法

万峰林街道粗放式的乡村旅游主要通过大量开发旅游资源、增加旅游投资和劳动力投入来实现旅游经济的增长。这种发展模式实质是以数量增长为核心，虽然观光旅游者在规模和数量上较大，但其消费支出较少，因此，经济效益较低，对旅游产业可持续发展作用相对有限，不利于万峰林街道生态红利的释放。而集约式的乡村旅游主要依靠提高旅游生产要素质量和使用效率，优化旅游生产要素组合和利用效率。具体而言，可通过旅游科技的进步和应用，提高劳动者素质和旅游资源、资金、技术和设施的利用率来实现旅游经济的增长。这种发展模式以质量效益为中心，走内涵式发展之路，推动万峰林街道走上生态振兴之路。

为了打破"发展—污染—治理—再污染—再治理"的怪圈，万峰林街道合理利用旅游资源，加强生态环境保护，努力夯实发展基础，打造比较优势，坚持生态优先，挖掘景区的人文资源，积极发挥市场主体的作用，充分调动群众的积极性，摒弃粗放式乡村旅游，发展环境友好型生态旅游，进一步释放生态红利，推动万峰林实现生态振兴。

第一，坚持生态优先，为生态振兴巩固环境优势。景区旅游资源的开发，必须以生态环境的保护为前提。万峰林街道高度重视环境污染治理工作，着力保护景区生态环境。2021年初，街道制定了《万峰林环境整治工作实施方案》，成立了生态环境整治工作领导小组及排水、污水处理、黑臭水体排查整治专班，以及商品房小区、安置区排查整治专班等6个专班。通过各部门、各村联动，以纳灰河污染为重点，对59个污水处理池、兴巴线、学校、医院等重点区域展开地毯式排查，建立排查台账。2021—2022年，万峰林街道投入70余万元对纳灰河两岸污水管网进行改造，投入2万余元对纳灰河岸安全警示牌进行维护更新、对河岸进行绿化补植。在此基础上，由街道党工委牵头，对辖区8个村77个村民小组实行网格化管理，落实"主要领导包片、联系村领导包村、一般干部包组"的网格化包保工作制度①。

对于农村人居环境的治理，万峰林街道投入110万元，用于拆偏房、开通道、路面硬化、扩宽村组串户路及排洪排污管道铺设等基础设施建设项目。按照农村环境整治"三好、四净、五顺"和"一拆、二改"的标准要求，加强畜禽管理，保证道路干净、河渠清净、田地美净、庭院洁净，要求管线理顺、衣物归顺、柴草堆顺、农具码顺、车辆停顺，扎实推进农村环境整治工作。紧抓村级、农户两大治理重点，以创建美丽庭院、美丽田园、美丽村庄为突破口，集中人力、物力、财力向农村环境整治倾斜，全面推动人居环境整治工作大提升②。

第二，整合旅游资源，为生态振兴培育优势产业。传统的观光旅游无法吸引游客在景区长期消费，旅游收入无法实现质的提升。旅游资源的整合是万峰林高质量发展的关键，万峰林街道将自然旅游资源与人文旅游资源相结合，盘活各类精品旅游资源，从孤立到综合，从分散到集中，稳步推进旅游产业化、生态化，不断提升万峰林景区的"魅力值"。

万峰林街道因地制宜，充分利用当地得天独厚的山地旅游资源，积极开展万峰林生态体育公园的基础设施建设工作。60公里西峰林腹地穿越步道、15公里纳灰河滨河步道、9公里沿途电瓶车步道、9公里自行车专用道、7.8公里观峰木栈道等串联了各个景点，增加了市民户外运动活动空间。此外，万峰林着力建设户外运动基地，丰富了万峰林生态体育公园活动内容，拓展区域内可开展的户外运动项目，包括万峰林通用航空运动基地、万峰林攀岩基地、万峰湖野钓乐园等，方便群众就近参与体育锻炼，满足了群众多元化健身需求。凭借其设施优势，万峰林生态体育公园积极承接各类赛事活动，如中国万峰湖野钓大奖赛、万峰林国际自行车赛、中国热气球俱乐部联赛、兴义户外运动装备产业博览会等体育赛事，以及彩虹跑、秋收节、星空露营、攀岩、自行车骑游等户外趣味活动，将刺激性、娱乐性和旅游观光、体育竞技集于一体，在开发体旅产业链、丰富山地旅游业态的同时，增值生态红利，助推生态振兴。2021年11月26日，

---

① 兴义市人民政府万峰林街道办事处. 万峰林街道：治污打出组合拳[EB/OL]. 兴义市人民政府门户网站,2021-11-25,https://www.gzxy.gov.cn/xwzx/bmdt/202111/t20211125_71797775.html.

② 谭支乐. 兴义市万峰林街道：环境整治成效显著[EB/OL]. 天眼新闻,2022-06-20,https://baijiahao.baidu.com/s?id=1736156845567386572.

万峰林生态体育公园景区成功入选国家体育旅游示范基地①。

万峰林街道坚持"以文促旅",将文化融入旅游产业。结合乡村文化和布依文化资源,当地打造以民族文化为主题的民宿,推动"旅游+民宿+民俗+文化"融合发展。特色精品乡村民宿辐射至周边区域餐饮、文创体验、休闲娱乐等产业,并形成品牌效应②。文化产业如双生村的"乡愁集市",极具民族风情,是贵州省首次打造的以乡愁为集市的市场,按照"有生态,有生活,有生气,有生意"的原则,分为商业功能区、民宿功能区、八音堂演绎功能区,"乡愁集市"建设有布依族吊脚楼、民族风情步道、蜡染、刺绣、造纸、八音坐唱、民族美食等多元体验的"吃住行游购娱"配套服务,主题活动"乡愁节""元宵节""万峰林布依浪哨节""祭水放生""万峰林千人蛋炒饭节""万峰林羊汤锅节"等集"文化力、体验力、观光力、休闲力、服务力"要素为一体,打造了多元内涵的旅游文化项目,丰富了游客的旅行体验,增加了游客在景区内的消费③。

万峰林街道通过以上措施整合各类旅游资源,打造了"山地、生态、乡村、康养"四张旅游名片。发展休闲养老、特色饮食、会议会展、文化创意等旅游产业,延伸康养文化旅游产业链。将观光游逐步向康体游、体验游、休闲游、深度游转变,扩大了旅游范围,拉长了旅游时限,有力推动了万峰林旅游经济向集约型的转变,有效释放了生态红利,不仅解决"留不住人"的困境,还促进旅游产业绿色化发展,使居民实现在青山绿水间鼓起腰包的美梦④。

第三,激发群众参与性,为生态振兴提供动力优势。在过去,一方面,由于万峰林街道居民缺乏生态保护意识,致使生态治理工作的成效不佳;另一方面,万峰林景区周边居民参与旅游发展的积极性不高,旅游商品店的经营者也多为外地人,当地居民的主要收入来源仍以在外务工和在

---

① 罗蔓. 国家体育旅游示范基地巡礼 | 体旅扬帆,"万峰"先行[EB/OL]. 天眼新闻,2022-01-24,https://www.sohu.com/a/518805539_121106902.
② 贵州:发挥乡镇统筹协调作用,推动乡村旅游集聚发展[EB/OL]. 文旅中国,2021-12-17,https://baijiahao.baidu.com/s?id=1719380694026025613.
③ 彭芳蓉. 兴义万峰林街道:人与自然共绘和谐画卷[EB/OL]. 天眼新闻,2021-10-14,http://www.ddcpc.cn/detail/d_wenhua/11515115750622.html.
④ 谭支乐. 兴义市:生态好风景,发展有"黔"景[EB/OL]. 天眼新闻,2021-07-10,https://baijiahao.baidu.com/s?id=1704874211103631258.

家务农为主,这使得景区经营者与当地居民的利益不一致,进而导致当地居民对旅游开发产生一定的抵触心理,这不利于万峰林街道实现旅游产业的健康发展,反而阻碍乡村生态振兴工作的推进。因此,万峰林街道分别从综合治理特别是生态环境治理方面和资源整合方面采取措施,鼓励群众参与旅游建设。

在街道综合治理方面,万峰林街道坚持群众的主体地位,鼓励群众自由选择发展方向,维护群众利益,使群众实现"要我干"到"我要干"的转变。万峰林街道双生村创新开展了申报制和"领头羊"制,在经过组织群众充分讨论,并广泛征求其意见后,群众共同选举出16位致力于带领群众发展的优秀群众代表作为"领头羊"。"领头羊"代表群众向村党支部提交乡村振兴工作的相关申请,通过街道党工委的审批同意后启动建设工作。双生村党支部组织开展的"领头羊"制度建设颇有成效,发挥了基层群众调解和沟通的作用,成功在街道与群众之间搭建起了桥梁,使得各项工作顺利开展。在此基础上,万峰林街道大力开展生态环境治理工作,组织强调全民动员、全民共建,层层夯实责任。对于纳灰河的治理工作,街道号召党员、干部职工、群众积极参与河道两岸的绿化培植,提升工作效率。街道实施《村规民约》,积极开展院坝会、宣讲会、卫生评比"打擂台"等活动。网格员每两个月组织开展"群众院坝会"至少1次,向群众宣传街道人居环境整治等政策,增强群众的生态环境意识。同时通过常态化考评机制,定期组织人员对各村环境卫生清理整治情况开展考评并进行排名,形成"创优争先"的浓厚氛围,为村民行为准则提供新的"标尺",激发各村及群众内生动力,切实增强村民自我管理、自我服务、自我监督、自我约束能力,发动群众共同参与治污染、搞创建、促振兴。

在资源整合方面,万峰林街道以万峰林旅游集团为龙头,运用"公司+合作社+农户"模式,采取"结对帮扶、政策支持、市场引导"方式,让居民以土地、山林、房屋等资源和"特惠贷"资金入股万峰林旅游集团等市场主体,发展精品客栈、农家乐和旅游服务业,引导村民变股东、变商人、变工人,带动群众参与经营管理的积极性,充分发挥政府、公司、村民、商家联合经营管理优势,实现利益共享、互惠共赢。在参与民宿经营管理的过程中,村民的服务意识、服务能力可以得到积累,为旅游业的深入发展奠定了坚实的基础，并起到了引导作用。同时，街道加强组织领导，形成党委领导、政府推动、部门协同、全社会参与、广大人民群众共享的大旅游发展格局，进而推动万峰林街道高效开展生态振兴工作。

10.4.4 评价与借鉴

万峰林街道依托丰富的生态资源，通过坚持生态优先、整合旅游资源、加强群众参与，打造"山地、生态、乡村、康养"的旅游品牌，改变了过去粗放型的旅游经济发展模式。复绿还青，万峰林街道紧抓生态环境治理工作，稳住了经济持续发展之基。通过文化资源与生态资源的整合，增加了万峰林景区的体验式旅游项目，在丰富游客的旅行体验、增加游客黏性的同时，守住了生态保护的底线。与此同时，万峰林在生态保护与资源整合过程中激发了群众的内生动力，充分发挥群众参与的积极作用，推动了经济内涵式发展的进程。

加快发展方式绿色转型，是党中央立足全面建成社会主义现代化强国、实现第二个百年奋斗目标，以中国式现代化全面推进中华民族伟大复兴做出的重大战略部署。万峰林街道通过旅游经济绿色发展推动乡村生态振兴的经验表明，要走出一条生产发展、生活富裕、生态良好的文明发展之路，就必须坚持旅游经济的内涵式发展，必须改变以牺牲生态环境为代价换取一时的经济增长的做法，从根本上缓解经济发展与资源环境约束的矛盾，充分释放生态红利。万峰林街道的发展模式为全国特别是亟须通过旅游促进生态振兴的地区提供了可借鉴的经验。

10.5 贵州黔西化屋村加强生态修复

10.5.1 案例概况

曾经环境恶劣、交通闭塞的贵州黔西化屋村在脱贫攻坚过程中焕然一新，在生态环境得到实质性改善的同时也为化屋村提出了一个新的难题，即如何兼顾生态修复与经济增长，改变高度依赖于自然资源的传统模式。化屋村生态修复模式便是在这一背景下探索而出，化屋村在乡村振兴中以生态修复为基础，在河湖长制的基础上，结合"河长令+"等制度，针对过去长期受到污染的水域进行治理，建立农村生活污水处理设施，使农村人居环境得到大幅度改善，实现了从"污水靠蒸发"向"污水变清水、清水带红利"转变的目标。同时，化屋村构建集人巡、物巡、技巡于一体的乌江源水体防治体系，逐步将过去恶劣的自然环境转变为山水美丽的苗族村寨。随后以发展生态旅游业为突破口，整合全村资源，制定特色产业发展方向，推动第一、第二、第三产业融合发展。化屋村的生态修复模式不仅改善了生态环境，还激活了人口、资本、技术等要素，成功将化屋村传统的经济发展模式转变为绿色循环发展的新模式。

10.5.2 形成背景

黔西市新仁乡化屋村坐落在贵州乌江上游六冲河区域，是三岔河与六冲河交界处形成的一个面积仅为8.2平方公里的苗族聚居村落，苗族人口占96.7%，具有历史悠久的苗族文化。但化屋村在过去发展中陷入了困境，一方面，受群山阻隔，背靠刀劈斧削、耸入云天的峭壁悬崖，环境恶劣、信息闭塞，村民出行需要翻山越岭，衣食住行全靠自给自足；另一方面，因地理位置上三面临水，经济收入高度依赖于渔业捕捞、网箱养殖，并且长时间污水入河、农业面源污染、水域总磷超标等问题导致水体受到严重污染，土地也陷入荒漠化，大量的村民在移民搬迁中选择离开故乡，化屋村的发展陷入了恶性循环，成为深度贫困村。

在脱贫攻坚时期，由于乌江是长江上游一级支流，是贵州重要的生态屏障，而三岔河与六冲河均是乌江上游重要的支流，化屋村周围的水域在贵州省的高度重视下开展了深度治理。2015年，贵州省政府先后批准并实施了《乌江流域水环境保护规划（2015—2020年）》《乌江流域水污染防治生态补偿办法》和《贵州省饮用水水源环境保护办法》，通过加快淘汰落后产能、保障居民饮水安全、控制城镇基础设施建设及污染物总量等措施，先后关闭了流域内16家高能耗高污染企业，共淘汰落后产能100.7万吨[①]，严格控制饮用水水源保护区和准保护区内的各种开发建设活动。

经过两年针对水污染的生态修复后，化屋村周围水域的生态环境有了明显好转。乌江流域布设的国控及省控地表水监测断面显示，2017年乌江流域水体水质综合评价为"良好"，Ⅰ～Ⅲ类水质断面占89.5%。曾一度

---

① 贵州全面开启八大流域生态环境治理工作[EB/OL]. 中国日报网,2016-03-02,https://cnews.chinadaily.com.cn/2016-03/02/content_23713269.htm.

受煤炭业、非金属冶炼等工业影响导致水质为劣Ⅴ类的三岔河有了明显好转。六冲河水质为Ⅱ～Ⅲ类水质，其中Ⅱ类水质占71.5%，Ⅲ类水质占28.5%，也有了明显改善，但仍需进一步治理生活污水和农业面源污染问题。

在生态修复过程中，化屋村的经济来源也受到很大的影响。例如在整治乌江流域富氧化拆除网箱养殖的过程中，化屋村32个网箱全部拆除完毕，曾经赖以生存的渔业面临转型，上岸渔民需要通过发展其他产业来寻求就业机会。因此，一方面化屋村周围的水体需要持续治理和防护，另一方面化屋村亟须寻找新的经济发展模式，摆脱过去主要依赖于自然资源的生产生活方式，在此背景下化屋村开展了独特的生态修复模式。

10.5.3 主要做法

党的十八大以来，随着一系列铺路造林以及惠民政策的持续精准发力，在2017年，化屋村顺利摘掉了深度贫困村的帽子，并于2019年实现贫困人口清零。自此化屋村正式开始了以水体治理为前提，依托于生态修复带来的环境改善开展生态旅游业，并在此基础上结合苗族文化来发展特色产业的乡村振兴之路，其做法主要分为以下四步：

第一，建立"河长令+"制度，进一步推动生态修复。自2016年11月28日，中共中央办公厅、国务院办公厅印发实施《关于全面推行河长制的意见》（厅字〔2016〕42号）后，黔西市对化屋村周围的三岔河、六冲河水域全面推行河湖长制，以河湖长制为总抓手，强化组织领导，构建县、乡、村三级河湖长管理机制，形成"河湖长+河湖长站+片区水务站+部门（乡镇）+巡（护）河员"的河湖长制运行格局。在脱贫攻坚时期，化屋村水体水质得到显著提升。2020年，在河长制的基础上，黔西发布总河长令，以统筹山水林田湖草一体化保护和修复为主线，完善水生态保护格局，并建立"河长令+"制度，将河长令与制度建设、调度平台、联动执法、主题党日活动等机制相连接，同时推进"开门治水"行动，通过建立河湖长联席会议制度，同自然资源、住建、环保、农牧等部门严格控制河道范围内建设项目和活动审批、监管。

针对脱贫攻坚时期化屋村遗留下的生活污水对河流造成污染的问题，化屋村对生活污水采取"集中+分散"的方式处理，按照"宜集则集、宜分则分"的原则，对居住相对集中的农户，根据住户间的居住距离采取联户集中建设的方式,按照日产污水200升,统一建设污水治理项目,由居住相对集中的农户共用;针对集中居住的自由组34户群众,统一建设日处理污水量10立方米的污水治理项目;对居住分散的农户,采取"一户一项目"的方式单独建设污水治理设施,由农户使用和管护。对于污水治理项目所需资金,采取"上级补一点、财政担一点、群众筹一点"的方式解决,对项目运行中的电费、清淤费、管道维护费等后续管护所需资金,由农户自行解决。处理后的污水采取"回收+吸收"的方式,即污水经过处理后所产生的清净水将由人工湿地植物进行再次吸收。由于集中项目产生的净水量较大,通过采取中水回流的方式以用于土地灌溉、浇花淋木、庭院清洗等,可以实现水资源的二次循环利用。自由组的34户集中项目处理后的出水,用于解决10多个蔬菜大棚的灌溉所需。在对沿河一带的101户农户启动污水治理工程后,化屋村建成了123处污水处理设施,村里的生活污水不再直排入河,化屋村流域在2021年已达水质Ⅰ类标准①,彻底解决了过去水体污染的问题。

第二,以"河湖长制"助推"河湖长治",水体治理转向水体防治。在生活污水问题得到有效治理后,化屋村把生态修复的工作重心从水体治理转向了水体防治。水体防治的路径主要依赖于巡逻和监测,因此,化屋村在严格落实河长制的基础上,构建了集人巡、物巡、技巡为一体的乌江源百里画廊生态环境保护网②。在人巡上,化屋村建立了"党小组联片,党员联户"以及村民"十户联管"等工作体系,由干群齐心担起政治责任,边巡边宣,提升广大群众的生态环保意识;在物巡上,化屋村成立流域护河队伍11人、专业打捞船1艘,对河面上的旅游船只进行规范管理,同时兼顾江面巡逻的职责;在技巡上,化屋村通过5G+数字乡村打造的"智慧水质监测平台",对当地水文情况进行全天候实时监测,自动测量水中溶解氧、PH、ORP、电导率和浊度等数据,智能监测设备包括水质在线监测浮标和在线多参数传感器,能在第一时间发现问题,并进行上报、提前预警,为化屋村乌江水质监测工作提高效率的同时节约

---

① 时政新闻眼|第9次春节前夕考察,习近平首站来到这个黔西苗寨[EB/OL]. 央视新闻,2021-02-04,http://m.news.cctv.com/2021/02/04/ARTIR6VQ3OIZmWK8yc2hmk8p210204.shtml.
② 贵州黔西县新仁乡化屋村基层社会治理工作纪实[EB/OL]. 中新网贵州,2021-03-03,http://www.gz.chinanews.com.cn/shzx/2021-03-03/doc-ihahzwpm7238537.shtml.

了成本。河长制与"三巡"组合拳在构建化屋村水体防治体系中,有助于提高群众的环保意识,并且护河员等工作岗位解决了部分退捕渔民的就业问题。

第三,以生态旅游为突破口,把自然资源转化为经济资源。在巩固拓展脱贫攻坚成果同乡村振兴有效衔接的过程中,化屋村通过一系列生态修复项目使得自然环境得到了显著改善,但同时全面取缔网箱养殖、全面完成退捕等任务也迫使化屋村必须改变以渔业为主的传统经济模式,仅靠把渔民转化为护河员不足以提供充足的就业机会。在此背景下,化屋村把生态旅游作为经济增长的突破口,结合化屋村历史悠久的苗族村寨文化底蕴,探索通过发展旅游业将自然资源转化为经济资源的道路。2021年2月3日,习近平总书记到化屋村考察调研后,化屋村倾力打造的"乌江源百里画廊"旅游线路精品景点被全国游客认识,化屋村的苗族服饰、各类装饰激发了百姓的文化认同,深受游客欢迎。同年五一假期接待旅游人次达4.4万,实现收入1500余万元。

为突出化屋村特色,防止出现以次充好、欺客宰客等不文明旅游现象,化屋村根据村民意愿成立了化屋餐饮民宿协会,协会从最基本的吃住标准进行规范,在特色菜品研发上成立了黔西市化屋村特色菜品研发工作领导小组,由黔西市委常委、宣传部长任组长,打造具有特色传统的化屋农家菜,提升游客的乡村游体验。旅游业逐渐成为该村产业结构调整、加快脱贫致富的主导产业,与此同时,旅游业的发展为村民转产转业提供了机会,过去的渔船成为游船,闲置的房屋成为接纳旅客的民宿。2021年末,化屋村农家乐和民宿分别达33家和18家,旅游业的发展成功为化屋村转变了经济模式,拓宽了村民就业、收入的来源,也为后续发展其他产业奠定了基础。同时,随着乡村旅游持续升温,因景而富的化屋村民更加注重生态环境保护,参与乡村治理的积极性也得到了提升,形成了赶超比学的良好氛围。

第四,以旅游业为主导,推动第一、第二、第三产业融合发展。在推进乡村振兴的过程中,产业是发展的根基,也是巩固拓展脱贫攻坚成果、全面推进乡村振兴的主要途径和长久之策。如何在旅游业的带动下形成第一、第二、第三产业融合发展的格局成为化屋村新的挑战。2021年,化屋村制定了《特色田园乡村·乡村振兴集成示范试点工作方案》和《乡村振兴集成示范试点产业规划》，决定以旅游业为主导产业，开创"旅游＋农业"和"旅游＋手工业"的第一、第二、第三产业融合发展之路，以乌江生态环境保护为前提，以苗族文化传承为内涵，以山水田园和乡村生活为载体，打造集乡村民宿、山水观光、文化体验、改革研学为一体的山水苗乡民俗村、改革脱贫研学村。同时，在乡村振兴的初步规划中，化屋村把土地区域分为居民聚居区、旅游开发区、采摘种植区三大板块，进一步合理利用土地资源，腾出发展空间，优化资源配置。

在实践中，化屋村致力于做多元产业融合发展的规划，以生态旅游作为支柱，陆续推进化屋游客中心、生态营地、新能源游船、观光马车、康养民宿等项目。在"旅游＋农业"上，化屋村党支部领办合作社，发动258户村民入股合作社，根据地理特色，联合周边4个村成立联村党委，通过实施"易地经济"模式共同抱团发展由黄姜、黄牛、黄粑构成的"三黄"产业。2022年5月1日，化屋村黄粑加工厂正式投产，合作社通过养殖黄牛和加工黄粑半年间为村民带来盈利100万元，根据1∶1∶2∶6的比例，村合作社留下10万元作为风险资金、10万元作为运行资金、20万元作为发展资金，为村民发放60万元现金分红。在"旅游＋手工业"上，由于化屋村的苗族人口占据96.7%，几乎家家户户擅长苗族民间传承的刺绣技艺。因此，化屋村利用苗绣做工精细、工艺复杂、构图美观的优势开办刺绣蜡染扶贫车间，组建专业设计团队，将传统与时尚结合，把刺绣蜡染融入服饰、香包等设计中。对于产品的销售，化屋村采用"线下＋线上"的方式，一方面通过旅游业带动线下苗绣销售，另一方面通过网络销售、直播销售、网红带货等新型方式销往全国各地。2021年，车间销售额达300余万元，带动化屋村60余名绣娘就业，传承和发扬了苗族文化。

10.5.4 评价与借鉴

近年来，化屋村对"绿水青山就是金山银山"进行了不懈的实践探索。在成功打赢脱贫攻坚战后，化屋村在"河长令＋"制度下进一步展开对水体污染的生态修复，并建立集人巡、物巡、技巡为一体水体防治体系，逐渐将处于劣势的自然条件转化为了竞争优势。同时，利用自然资源优势和苗族文化特色将旅游业作为突破口，生态修复不仅改变了化屋村的人居环境，更是成为经济转型的助推器，在生态旅游的带动下推进化屋村第一、第二、第三产业融合发展，2020年到2021年，化屋村的人均收入从11500元增长到19304元①，收入增长幅度达到67.9%。化屋村的生态修复模式也得到了贵州省的认可，2022年2月28日，贵州省生态环境厅授予化屋村首批贵州省"绿水青山就是金山银山"实践创新基地。

长期以来，在城乡二元分治的影响下，快速城市化、工业化的过程大幅提升了城镇地区的经济效率，而在另一方面农村却普遍出现了环境恶化、人口空心化等问题，甚至陷入恶性的贫困循环陷阱之中。化屋村的生态修复模式证明了通过生态修复可以有效激活农村的人口、资本、技术等发展要素，在政府规划和村民们抱团发展下，可以依托良好的自然环境推动建立良性循环的农业农村绿色发展模式。从巩固拓展脱贫攻坚成果同乡村振兴有效衔接的角度来看，化屋村的生态修复模式证明了乡村产业兴旺、生态宜居、乡风文明、治理有效、生活富裕这五方面相互联系、相互促进，化屋村从生态宜居的角度为切入口，为实现乡村振兴提供了经验借鉴。

10.6 西藏隆子推动生态修复与生态经济协调发展

10.6.1 案例概况

西藏隆子县曾经自然条件极其恶劣，严重威胁当地人民的生存，极大阻碍了当地的经济社会发展。为解决这一问题，隆子人民向自然发起了"挑战"，使恶劣的生态环境得到很大改善，曾经的荒漠变绿洲，同时还取得了一定的经济效益。在"挑战自然"的过程中，隆子县发动人民群众，通过改善生态环境、加强重点生态功能区县域考核、统筹发放生态补偿脱贫岗位资金、健全工作机构、发展生态产业等措施成功实现脱贫，在改善生态环境的同时增加了人民收入，提高了人民的生活水平，把隆子县从光秃秃、白茫茫的沙滩变为郁郁葱葱的河谷，沙棘林更是从无到有，被称为"风沙地里长出沙棘林"。②

---

① 许蕾："把化屋村的变化带到北京去"——中国共产党第二十次全国代表大会[EB/OL]. 贵州省人民政府，2022-10-10，https://www.guizhou.gov.cn/ztzl/zggcdd20cqgdbdh/gzdb/202210/t20221010_76681825.html.

② 许蕾："把化屋村的变化带到北京去"[EB/OL]. 贵州省人民政府，2022-10-10，https://www.guizhou.gov.cn/ztzl/zggcdd20cqgdbdh/gzdb/202210/t20221010_76681825.html.

10.6.2 背景分析

隆子，意为须弥山顶（佛教用语），全称"玉杰隆子"，古称"涅"，唐代曾写"聂"。据考，隆子之地，早有藏民族先民居住，繁衍生息。隆子县，位于我国西藏自治区山南市，地处山南市南部，喜马拉雅山北麓东段；北与朗县、加查县接壤，南与门隅、东与珞隅、西与措美县相连，西南与错那县、偏北方与曲松县、西北与山南市乃东区、东北与米林县相邻。隆子县下辖2个镇、9个乡，县域面积10000平方公里，其中耕地面积3269公顷，林地面积为33.48万公顷，草场40万公顷；属高原温带大陆性季风气候，年平均气温为5.5°C，年降水量为297.41毫米[①]。全县常住人口为33570人，共有家庭户12774户，家庭户人口为32945人，平均每个家庭户的人口为2.58人。居住在城镇的人口为5527人，占16.46%；居住在乡村的人口为28043人，占83.54%。全县常住人口中，藏族人口为32075人，汉族人口为1171人，其他少数民族人口为324人[②]。

曾经的隆子县自然条件恶劣，生活条件落后。"风沙一起尘飞扬，四顾茫茫不见家""一天吃进二两土，白天不够晚上补"，是隆子县50多年前当地的顺口溜，反映了当地当时恶劣的自然条件，那时隆子河谷一年中有接近8个月的风沙天气，常常一场风沙刮过，房子周围的沙有半墙高。在此背景下，隆子人民没有选择离开家乡，反而以"沙棘精神"为动力，在荒凉的风沙地里筑起了绿色的"长城"。

隆子县通过发动人民群众、改善生态环境、加强重点生态功能区县域考核、统筹发放生态补偿脱贫岗位资金、健全工作机构、发展生态产业等措施成功实现脱贫。2019年，隆子县完成地区生产总值12.83亿元，同比增长4%；农村居民人均可支配收入完成13450元，同比增长15%。2019年2月6日，隆子县正式退出贫困县，并于同年获（全国）第三批"绿水青山就是金山银山"实践创新基地。

10.6.3 做法与成效

第一，发动人民群众，改善生态环境。隆子县地处高寒干旱区，平均

---

① 隆子概况[EB/OL]. 隆子县人民政府网, 2019-02-27, http://www.longzixian.gov.cn/zjlz/lzgk/.

② 隆子县第七次全国人口普查主要数据公报[EB/OL]. 隆子县人民政府网, 2021-07-27, http://www.longzixian.gov.cn/xwzx/tggs/202107/t20210727_86065.html.

海拔3800多米，隆子河谷风沙肆虐，河谷地下水位高，土地为沙滩盐碱地，种植农作物不仅颗粒不饱满，产量效益也很低，适宜树种极少，成活很难。由于自然环境极其恶劣，庄稼难以成活，隆子人民生活长期难以得到保障，遑论发展。面对这种情况，隆子县人民推行退耕还林种植沙棘，实施林草间作、林草共生的新模式。同时，政府还出资给农户购买美国兰草、紫花苜蓿等草种，以群众投劳的方式在沙棘树下种植苜蓿草，确保沙棘树有序生长。这一举措一方面提升了生态效益，有效遏制了沙棘树杂乱生长，另一方面也提高了经济效益，解决了群众牲畜的饲草料供给。

第二，加强重点生态功能区县域考核。隆子县建立了以生态环境质量改善为目标、将生态环境保护结果与保护过程相结合的考核指标体系，以此加强县域生态环境质量监测、评价与考核工作，实现对县域内重点生态功能区生态环境质量的立体监测和综合评价，持续推进当地生态环境保护和监管能力建设。根据考核结果，合理分配国家重点生态功能区财政转移支付资金，因地制宜加强资金管理，强化绩效导向，合理提高补偿资金使用效益，确保补偿资金落到实处。2020年，隆子县接受中央财政重点生态功能区转移支付（支持"三区三州"脱贫攻坚）到位资金2518.55万元，用于支持脱贫攻坚、保护生态环境及改善民生等，收入功能科目列"1100226重点生态功能区转移支付收入"。

第三，统筹发放生态补偿脱贫岗位资金。隆子县按照《关于2020年脱贫攻坚统筹整合资金计划的批复》《关于印发西藏自治区建设美丽西藏"三整治、三提升"行动方案的通知》等文件要求，对生态公益岗位"定人、定岗、定责、定酬"，明确相关工作职责、任务目标、监督管理、保障措施和绩效考评等要求，并严格按照自治区规定的生态脱贫岗位政策和低收入群众认定标准精准遴选人员，确定岗位数量。2020年，隆子县落实生态补偿脱贫岗位数4733个，共计资金1656.55万元。截至2022年底，到位生态补偿脱贫岗位资金1456万元，统筹中央草原禁牧补助和草畜平衡奖励用于扶贫生态补偿脱贫岗位资金1191万元，中央财政林业改革发展森林管护补助资金265万元。

第四，发展生态产业。近几年，隆子县"人种树""树养人"和谐共生景象带来的"生态红利"更加显现，通过释放生态红利明显提升群众的获得感和幸福感，促进了广大农牧民积极投身生态保护和生态修复行动中。隆子县逐步建立和完善农牧区县、乡、村三级技术推广服务体系，加强适合不同区域特点的生态修复适用技术研究、开发和推广，引导农牧民选种沙棘获取经济效益。隆子县已有50多年的沙棘种植经验和万亩的沙棘林种植成果，建成了近1600亩可繁育优质沙棘的种植基地和苗圃基地，成苗以5元/株的价格，销往墨竹工卡县、日喀则等地区，年获利十几万元。沙棘枝叶含有丰富的蛋白质、脂肪及许多生物活性物质，营养价值高于普通牧草，每公顷沙棘林每年可产鲜叶1500~2500公斤。在沙棘林下种植的美国兰草、紫花苜蓿草等面积达3500多亩，年均收割3次，可有效解决牛羊饲草料短缺问题，多余草料还向农业农村局、奶牛基地等销售，能有效增加群众收入。由此一来一公顷沙棘林可以养活一个羊单位的牲畜，每公顷可增收3000元左右。除此之外，沙棘林平均每亩还产出25~50千克沙棘果，每千克约60元，年销售量达3万千克，可实现收入180万元。隆子县进一步延伸沙棘产业链条，通过建设沙棘果加工厂、发展沙棘木建材产业和加工制造沙棘手工艺品，有效促进当地居民增收。一是建设沙棘果加工厂，开展产品深加工，提高产品附加值和收益。2020年11月成立了西藏隆子县青翠沙棘产业开发有限公司，经营范围包括沙棘茶、沙棘粉、沙棘果、沙棘饮料的加工及销售等。二是发展沙棘木建材产业，将沙棘木作为建筑材料供应寺庙和家庭修建庙宇及房屋使用，直径在25厘米左右的沙棘木80元/根，年销售达20万左右。三是加工制作沙棘木手工艺品，开办农牧民民族手工艺品加工合作社，生产沙棘木产品不仅受当地群众欢迎，还销往拉萨、日喀则等地。2021年，隆子县通过出售沙棘果产生效益超179万元，通过沙棘苗产生效益超222万元。

第五，健全工作机构。隆子县成立了以县委、县政府主要领导分别任组长和副组长的生态文明建设领导小组。由党政主要领导牵头，开展了"大排查大整改"活动。同时，隆子县还积极完善顶层设计，出台了《隆子县环境保护"一岗双责"责任制管理制度》《隆子县县城集中式饮用水水源地保护管理办法》《隆子县城镇生活垃圾填埋场运营管理制度》等促规范、管长远的制度机制。在政策落实和实施的过程中，隆子县压实工作责任，配齐县生态环境分局人员力量，细化明确主体责任和行业部门监管责任、乡镇属地责任、村居直接责任、驻村工作队协作责任，形成一级抓一级、层层抓落实的组织体系，确保了工作高效落实。

通过上述措施，经过数十年不断的植树造林和退耕还林，隆子县自然环境有了很大改善。截至2018年年底，隆子县沙棘林面积达43056亩，人工种植面积达到42251亩，人工种草面积达到1300亩，万亩沙棘林在隆子河谷已然形成了亮丽的风景线。目前，隆子县人工沙棘林种植面积达50.33平方千米，并且这片沙棘林在2019年被世界纪录认证机构（WRCA）认证为"世界最大人工种植连片沙棘"。万亩沙棘林改善了隆子河谷生态系统，起到防风固沙、涵养水源的功能。生态系统的改善，间接提高河谷青稞亩产，催生河谷特色农产品种植。依托沙棘林，隆子人直接从沙棘林中获利颇多，实现了"人种树、树养人、人致富"的良性循环。隆子县如今的生态环境呈现出"一增一降"的巨大变化：森林覆盖率增至31.5%，年风沙天数降为20多天，现有耕地面积约1.5万亩，林地面积约7.8万亩，优良天然草场面积约70万亩，大面积荒山和荒滩已变为绿洲。

在未来，隆子县要做到两个"突出"。突出多措并举，构建精准到位的防治体系。坚持将抓好大气、水、土壤污染防治作为重要工作任务，认真执行《大气污染防治行动计划》《水污染防治行动计划》《土壤污染防治行动计划》等规定，扎实推进"美丽隆子"建设。始终坚持把传承弘扬"沙棘精神""列麦事迹"作为美丽隆子建设的重要抓手，因地制宜推进国土绿化行动。持续加大"六清六改"工作力度，农牧区人居环境综合面貌彻底改变，绿色隆子建设迈出坚实步伐。积极加强对县域内洗浴场所的监管，煤改电、煤改太阳能全面完成，大气污染显著减少。突出统筹兼顾，构建生态优先的发展体系。突出抓好隆子特色农牧业发展，累计投入资金2.13亿元，实施百亩高山茶园、万亩黑青稞为主"百千万"工程等特色农牧产业。加快推进黑白花奶牛、黑藏鸡、黑藏猪、黑青稞深加工"四黑"产业发展，确保农牧产业绿色可持续发展。严格落实项目审批环评手续，严禁高污染、高耗能企业进入隆子。持续加大对各类企业生态环保监督力度，制定出台《隆子县重点污染源现场检查制度》，重点企业、重点建设项目、集中式饮用水源地、医疗废物处置等重点领域的环境监管逐步规范化、制度化。统筹推进以生态旅游、红色旅游、体验旅游为主的乡村旅游线路规划，开工实施玉麦旅游基础设施建设项目，不断完善旅游硬件设施。

10.6.4 总结评价

隆子县坚持"绿水青山就是金山银山"的发展理念,通过发动人民群众、改善生态环境、加强重点生态功能区县域考核、统筹发放生态补偿脱贫岗位资金、健全工作机构、发展生态产业,持续强化生态环境保护,走绿色发展之路,形成了生态变资源、资源变财富、财富保生态的良性发展模式。

隆子县的实践表明"绿水青山就是金山银山",没有"绿水青山"就没有"金山银山",同时也为相似地区提供了有益借鉴。这一类型地区的主要特点是自然条件比较恶劣,同时又具备条件修复生态。主要经验有:一是推动实现保护"绿水青山"者受益,换来"金山银山"。保护"绿水青山"者的投入在前期往往无法得到补偿,而生态修复又是一个漫长的过程,保护者提供的是具有正外部性的公共产品,比如优美的自然环境、良好的空气等,如果不能得到补偿,很有可能减少生态修复,甚至终止生态修复,使得前功尽弃,因此保护者应当换来"金山银山"。二是要合理分配使用生态修复资金。通过建立完善的考核机制,保证资金的高效使用,提高生态修复的效率。三是要健全规章制度,落实责任,把生态修复划为"私人产权"。把责任落实,给生态修复提供保障。四是要依据生态环境和当地禀赋,发展具有特色的生态产业,从而释放"生态红利"。"生态红利"一方面可以增加收入利民,另一方面可以反哺生态修复,从而保证生态修复与生态经济协调发展,生态效益与经济效益双丰收。

10.7 云南祥云生态建设助推乡村振兴

10.7.1 案例概况

云南省大理州祥云县曾经是全省有名的旱坝子、老旱区,属全国水资源极度贫乏的地区。水成为制约祥云县经济发展的主要瓶颈,提高水资源利用率、调整农业产业结构刻不容缓。为了解决这一问题,当地政府认真践行"绿水青山就是金山银山"的生态发展理念,始终以解决工程性缺水、资源性缺水和水质性缺水为目标,实施农村饮水安全项目建设,兴修水利基础设施。与此同时,大力开展生态系统的修复和保护工程,实施植树造林,在立足生态发展的基础上,加快推进高原特色产业助推乡村振兴的步伐,将生态发展贯穿于脱贫攻坚和乡村振兴的过程中。祥云县围绕

"经营城市"的理念,加大对居民居住环境和乡村绿化的整治力度,不断提升县域环境管理质量,并利用其民族多样性、文化多样性的特点,将农业与旅游业深度融合发展,建设旅游示范县,致力于打造绿色宜居县城。通过一系列举措,祥云县开创了农业农村发展新格局,实现了生态和经济协调发展。2018年,祥云县成为云南省首批脱贫摘帽退出县之一①。

10.7.2 背景分析

祥云县位于云南省中部偏西,境内山脉、河谷、盆地相间排列,地形错落有致,地势平坦,是云南省四大平坝之一,拥有2425平方公里的国土面积,辖8镇2乡139个村(居)委会1191个村(居)民小组,全县人口48.28万,素有"云南之源""彩云之乡"的美誉。祥云县拥有汉、白、彝、苗、回、傈僳等6个世居民族和20多个少数民族成分,是全国14个集中连片特殊困难地区滇西边境片区县之一,属云南省扶贫开发工作重点县。经流祥云县的泉源和河流极少,且由于地处金沙江流域和红河流域的分水岭,海拔高于四邻,年降雨量少,县境年均降雨量为810毫米,人均拥有水资源量947立方米,远远低于全省、全州的平均水平,水资源匮乏。"老天爷快下雨,保佑娃娃吃白米"的童谣是祥云人靠天吃饭留下的深刻记忆。2009年,我国各地均出现了不同程度的旱情,尤其是西南地区持续高温少雨,旱情迅速发展,这一特大灾情更加凸显了祥云县缺水问题的严

---

① 本案例主要参考以下网页、网站:云南祥云县以生态建设为支点撬动乡村振兴[EB/OL]. 中国县域经济报网站,2019-06-10,https://www.xyshjj.cn/detail-1482-6596.html;陈应国. 云南祥云:抓实生态扶贫 助推乡村振兴[EB/OL]. 中国网七彩云南网站,2021-03-03,http://union.china.com.cn/txt/2021-03/03/content_41483658.html;李璟. 生态保护与脱贫攻坚"双赢进"云南祥云多方位开启乡村振兴新路径[EB/OL]. 长江商报网站,2020-12-07,http://www.changjiangtimes.com/2020/12/611369.html;云南省祥云县生态保护修复结硕果[EB/OL]. 国家林业和草原局政府网,2020-04-21,https://www.forestry.gov.cn/main/102/20200421/101428526175066.html;郑义. 云南祥云县强力推进生态环境建设[EB/OL]. 中国县域经济报网站,2019-07-04,https://www.xyshjj.cn/detail-1482-7416.html;云南省大理州祥云县自然保护地整合优化工作稳步推进[EB/OL]. 国家林业和草原局政府网,2020-05-25,https://www.forestry.gov.cn/main/102/20200525/104600319149558.html;郑义. 云南祥云:从"旱坝"到"绿洲"的美丽蝶变[EB/OL]. 县域经济网,2021-11-11,https://www.xyshjj.cn/detail-1482-58046.html;杨彦,陈应国. 祥云县走出旱坝子高原特色农业之路[EB/OL]. 中国共产党新闻网,2014-07-22,http://cpc.people.com.cn/n/2014/0722/c87228-25319654.html;郑义. 云南祥云县多方发力保护水源地[EB/OL]. 县域经济网,2018-09-11,https://www.xyshjj.cn/detail-1482-4083.html;郑义. 云南祥云:精准发力 提升农村饮水安全[EB/OL]. 县域经济网,2021-01-21,https://www.xyshjj.cn/detail-1482-42105.html.

峻性，导致祥云县的农业、经济社会发展受到严重阻碍。一是严重威胁农村饮水安全。农村地区的饮水设施、净水技术、供水管网系统相对城市来说都较为落后，饮水安全问题更为迫切，制约农村进一步发展，成为农村社会不稳定的因素之一。二是农业用水矛盾突出，制约发展高原特色农业产业。受到气候、地理条件的影响，祥云县的水资源时空分布极为不均，冬春少雨，初夏干旱，在农业用水的高峰期却是当地降雨最少的时期，而农业生产对农田灌溉的依赖程度很高，水资源严重匮乏导致了农业的低效率生产，农民的经济效益很低，造成了生态退化和经济落后的双重困境。

党中央始终高度重视生态保护和乡村建设工作。2012年，党的十八大报告指出，要加大对自然生态系统和环境的保护力度，实施重大生态修复工程，并加快水利建设，加强生态文明建设。2017年，党的十九大报告提出要按照"产业兴旺、生态宜居、乡风文明、治理有效、生活富裕"的总要求，建立健全城乡融合发展体制机制和政策体系，加快推进乡村振兴和农业农村现代化。相比新农村建设要求，把"村容整洁"升级为"生态宜居"，就是强调加强农村环境保护，维护人与自然和谐共生，把"绿水青山就是金山银山"发展理念落实到乡村建设当中去。2018年，中共中央、国务院印发《乡村振兴战略规划（2018—2022年）》，文件指出要建设节水型乡村；强调以建设美丽宜居村庄为导向，以农村垃圾、污水治理和村容村貌提升为主攻方向，开展农村人居环境整治行动，全面提升农村人居环境质量。2020年，中共中央、国务院发布关于实现巩固拓展脱贫攻坚成果同乡村振兴有效衔接的意见，明确提出，到2025年，农村基础设施和基本公共服务水平进一步提升，生态环境持续改善，美丽宜居乡村建设扎实推进。2021年，中央一号文件指出要加强对村庄风貌的引导，保护传统村落、传统民居和历史文化名村名镇。2022年，中央"一号文件"强调"实施生态保护修复重大工程，复苏河湖生态环境，加强天然林保护修复、草原休养生息。"在此战略背景下，祥云县结合当地实际，以生态扶贫促进乡村振兴为抓手，实施水源工程建设，强化生态修复和生态治理，实现了"旱坝子"到"绿洲"的美丽蝶变。

近年来，中共中央、国务院也越来越强调农业产业融合在"三农"工作中的重要性。中央一号文件曾多次提出要推进农村产业融合发展。2018年，《国务院办公厅关于促进全域旅游发展的指导意见》指出，要打造一二三产业融合发展的美丽休闲乡村。2019年,《国务院关于促进乡村产业振兴的指导意见》强调要促进产业融合发展和深度交叉融合,形成"农业+"多业态发展态势。

10.7.3 做法与成效

祥云县通过大干水利建设解决了工程性缺水、资源性缺水和水质性缺水的重大难题,用生态扶贫夯实乡村振兴的绿色基础,积极探索高原特色产业发展路子。因地制宜制定旅游发展规划,努力推进一二三产业融合发展,把产业优势转化为特色优势,巩固拓展脱贫攻坚成果,助推乡村振兴。

第一,兴修水利基础设施,做好农村饮水安全项目建设管理。祥云县始终把水利建设放在经济社会发展的重要地位。2011年以来,当地县委、县政府坚持"立足生态,兴修水利"的思路大力发展水利工程建设。在"十三五"期间,祥云县投资24.18亿元建设水利工程。例如,组织实施投资3.4亿元的中国烟草云南祥云青海湖大型水源工程,投资近5亿元的清水河水库工程;加大河道治理力度,筑牢综合防御网,切实保障河道行洪安全和人民群众生命财产安全。同时不断推进大型灌区工程建设,实施水库塘坝整治;对病险水库进行除险加固,实施小型农田水利建设,全力解决农业资源性缺水和工程性缺水问题。截至2019年,全县共建成中型水库7座、小(一)型水库11座、小(二)型水库304座、小坝塘2031件、防渗渠道4611公里等水利基础设施,实现了水利工程跨越式发展;水利设施总控制水量达2.32亿立方米,年可供水量达1.42亿立方米,有效灌溉面积达30.19万亩,全县防灾减灾能力得到全面提升;启动并完成162件灾后薄弱环节小型病险水库除险加固项目,改善灌溉面积1.91万亩,新增年供水能力412.3万立方米。基本形成"西水东灌、东水西引、多库联合调度、相互补充、统一管理、综合利用、四通八达"的大型灌区排灌网络,为祥云县工农业生产稳步发展和人民生活改善发挥了重要作用。

按照重防治、提质量的原则,祥云县从源头治理入手,启动对县城集中式饮用水源地小官村水库周边的污水处理系统工程建设,确保水质达标和提升。为彻底解决农村群众饮水难题,切实做好农村饮水安全项目建设管理,祥云县充分发动群众投工投劳,调动群众参与建设的积极性,成立农村饮水安全水质检测中心，完善配备自来水消毒净化措施，确保供水水质安全。祥云县因地制宜地采取拦蓄地表水、适当开采地下水以及蓄、引、提并举等措施，建设了一大批饮水工程，根据"实施一处，解决一处"的要求，通过管网延伸、水井改造、配送供水管材及水泵、建设集中供水工程等方式，分类逐步改善农村饮水状况，确保工程按质、按量、按时完成并发挥效益。"十三五"以来，全县农村集中式供水工程有267件，全县行政村通自来水达到100%，集中供水率高达99.49%，自来水普及率99.49%，实现全县482781人饮水安全有保障，包括建档立卡贫困人口8861户32755人在内的全县农村饮水均已达到脱贫指标。

第二，大力实施生态工程，加快乡村绿化。祥云县在生态保护过程中，始终坚持保护优先、自然恢复的原则，把治水与治山、治林结合起来，推进生态文明建设。一是抓实造林绿化，增加森林覆盖率。大力开展人工造林、封山育林，鼓励群众积极参与和发展林产业；实施天然林保护、小流域治理、退耕还林、国家储备林等重点生态建设项目，强化生态修复和生态治理，保护与恢复矿区生态环境。全县的森林覆盖率也在逐年提高，现已达到65.7%。二是全面贯彻林业生态扶贫，精准实施建档立卡贫困人口生态护林员扶贫政策，选聘383名建档立卡贫困人口生态护林员，参与管护森林资源120.74万亩，有力地促进了383户贫困户1453名贫困人口脱贫，同时也使全县的森林资源管护队伍和管控能力得到增强。三是改革创新清扫保洁模式，深入推进乡村绿化工作。祥云县先后印发《祥云县乡村绿化实施细则》《祥云县城乡绿化工作实施方案》《祥云县绿化示范村创建活动实施方案》等政策文件，合理部署绿化工作方案和绿化机械设备，加强市政设施清洁维护。例如，投入1225万元进行环卫保洁、垃圾运输、环卫设施修复；投入16万元专项资金对县城公厕进行改造，对县境内果皮箱、休闲椅、信息张贴栏、公示牌进行全天候的保洁。四是加大农村环境整治力度，强化汽车尾气污染治理、建筑施工扬尘、市政道路扬尘防治，开展生态村、生态乡镇创建，加快污水、垃圾处理试点乡镇建设；建设建筑垃圾处理厂，对周边建筑垃圾进行统一集中清理，有力改善了村容村貌和县城的环境质量。

2016年以来，祥云县累计实施营造林9.88万亩，新一轮退耕还林3.28万亩，国家储备林示范项目人工造林0.15万亩。积极推进乡村绿化步伐,建成绿化示范村和绿化重点村 30 个,以公路、村庄、河流、沟渠、道路、库塘堤坝绿化为重点,全面开展全民义务植树活动,完成义务植树任务 455 万株。仅在 2020 年,全县完成全民义务植树任务 95 万株,栽植绿化树木 2.5 万株,完成征占用林地、采石场罚金、乡村振兴面山绿化等人工造林 164.31 亩。目前,祥云绿化水平不断提升,绿化强度逐步加强,县城的生态和环境质量显著提高。

第三,调整农业产业结构,推动高原特色现代农业高质量发展。祥云县依据农业高效节水和群众增收致富协同并进的工作方针,切实加快推进农业产业结构调整,扩大旱地作物种植面积,积极探索高原特色产业发展路子。与此同时,因地制宜发掘各地生产潜力,把高原特色产业做大做强,积极改造提升传统农业产业,不断培育农业生产现代化体系,实现了传统农业到高原特色现代农业的历史性转变。

一是推广以喷灌、滴灌为主的农田灌溉方式,形成从水源建设到水源利用的有效管控模式,使有限水资源得到有效管理利用;压缩用水量大的农作物生产面积,扩大旱作农作物和旱作经济作物的种植面积,例如,烤烟经济作物的种植面积扩大到了 10 万亩,而水稻农作物的种植面积则从之前的 20 万亩缩至 10 万亩。通过这样的农业产业结构调整,大大节约了农业用水。二是大力推行优质安全、绿色环保技术,广泛应用农业绿色防控技术,加大农业源头污水防治,推进生态循环农业发展。三是采取"大产业+新主体+新平台"模式,实施"科研+种养+加工+流通"全产业链发展,积极发展订单农业,建立高原优势特色产业体系,形成"产业高效化、发展生态化、产品特色化、生产标准化、经营规模化、品牌高端化"的优质高产特色农业产业发展格局。四是推进"一村一品、一镇一业"建设,建设 57 个"一村一品"产业园示范村、6 个"一村一品"县级专业村,因地制宜培育出冬桃、山核桃、蚕桑、秋豌豆、红梨、李子等多个特色优势产业。全县已建成红梨种植基地 3.18 余亩,鲜果产量 1.8 万吨,实现产值 1.2 亿元,成为继烤烟、蚕桑之后的又一支柱产业;把秋豌豆产业开发作为发展高原特色农业的重要抓手和农民增收的重要渠道,积极推广烤烟田地套种秋豌豆、玉米地套种秋豌豆、桑树地套种秋豌豆、果树地套种秋豌豆等生产模式。

第四,农旅融合发展,打造有亮点的乡村旅游重点村。祥云县以绿色发展为导向，巩固和提升一批优质农产品品牌，打造市场占有率高、科技含量高、产品附加值高的无公害、绿色、有机名牌农产品，支持和鼓励农业龙头企业和专业合作组织开展农产品质量认证。全县已认定无公害产地57万亩，认证无公害农产品15个，绿色食品认证产品26个，有机食品认证11个。这些为打造"最佳伴手礼"提供了独具地方特色、具有区域文化地理意涵的丰富农产品资源。

祥云县居住着汉、白、彝、傈僳、苗、回等多个民族，具有民族多样性、文化多样性的独特优势。当地政府因村施策，研判各地自然地理条件、文化资源禀赋及后期经济发展潜力等因素，结合物种多样性、遗传多样性和生态系统多样性三个层次，以"云南之源"文化小镇为重要点，制定切实可行的旅游发展规划。围绕核心文化元素打造乡村旅游路线，加快"云南之源"文化小镇、莲海大理营地小镇、青海湖康养小镇和刘厂绿色食品小镇建设进程，加速省级全域旅游示范区、省级旅游强县示范进程。目前，已经形成以祥城镇为代表的"洱海卫城"、文物古迹和红色文化体验区，以东山乡干海村百合节为代表的"最佳伴手礼"旅游商品体验区和以云南驿古镇为代表的"云南源"文化旅游体验区等多个重点旅游示范区；拥有10余条乡村旅游路线，涵盖全县1191个自然村。2020年，祥云县接待游客近250万人次，实现旅游综合收入43.76亿元。

10.7.4 总结与评价

祥云县牢牢把握住"绿水青山就是金山银山"的深刻内涵，将绿色发展理念贯穿脱贫攻坚和乡村振兴的全过程，把生态环境保护放在经济社会发展的首要位置，扎实做好水生态、水安全、水资源的文章，通过建设水利工程、实施生态建设工程，有效缓解缺水问题。将绿色生态发展理念作用于调整农业产业结构的过程中，对农业源头污水进行治理，运用绿色、安全、环保技术，打造并认证一大批绿色农产品，加快了农业绿色发展。拓展生态扶贫新渠道，依托其本身具有的人文资源优势，积极发展旅游产业，培育"生态+人文旅游"融合新业态，进一步拓宽了当地群众增收致富的渠道。

祥云县"绿水青山就是金山银山"的生动实践值得开展生态建设的其他地区借鉴和学习。一是要认识到保护生态环境就是保护生产力，改善生态环境就是发展生产力，必须重视生态环境对经济发展的作用，坚定推进绿色发展，增大绿化面积，将生态效益转化为经济效益、社会效益。二是要积极推广和应用农业现代化技术，根据不同地区不同的自然资源禀赋，分类施策，调整农业产业结构，发展适合当地种植的农作物和特色产业，打造有当地特色的品牌产品。三是要注重农业产业与乡村旅游产业的有机结合，把休闲农业发展与美好乡村建设结合起来，形成新兴乡村农业旅游，从而拉动当地经济增长，更大力度推进乡村振兴，让人民群众共享高质量发展的成果。

11 脱贫地区改善基础设施条件和提升公共服务水平的案例

11.1 陕西镇巴推动优质医疗资源下沉山区

11.1.1 案例概况

陕西省镇巴县通过引导优质医疗资源下沉,加强政府兜底保障,开拓了深度贫困地区健康扶贫的新路径。针对因病致贫、因病返贫群体,镇巴县大力推行家庭医生签约服务,推动医疗信息化建设,强化慢病管理和健康知识普及,加快构建"基层首诊、双向转诊"的服务格局,较好地破解了山区群众居住分散、缺医少药、健康意识差等一系列因病致贫返贫难题,有助于实现"健康中国"最终目标[1],为巩固拓展脱贫攻坚成果、有效衔接乡村振兴提供了强大的卫生健康保障。

11.1.2 形成背景

健康是国家富强和民族昌盛的重要标志,也是个体获取社会资源、实现自我发展的人力资本。为了实现全民健康目标,中共中央、国务院在2018年6月出台《打赢脱贫攻坚战三年行动的指导意见》,明确提出要深入实施健康扶贫工程,统筹衔接脱贫攻坚与乡村振兴[2]。2021年2月,《关于实现巩固拓展脱贫攻坚成果同乡村振兴有效衔接的意见》进一步提出在5年过渡期内,聚焦重点地区、重点人群、重点疾病,完善国民健康促进政策,提升乡村卫生健康服务能力和群众健康水平,为脱贫地区接续推进

---

[1] 潘祥勇,唐伶俐,范康,张婷,杨晓莉,蒲应松,张正廷.陕西省镇巴县关于家庭医生签约服务的探索与实践[J].中国初级卫生保健,2021(1):8-10.

[2] 中共中央 国务院关于打赢脱贫攻坚战三年行动的指导意见[EB/OL].中华人民共和国中央人民政府网,2018-08-19,http://www.gov.cn/zhengce/2018-08/19/content_5314959.htm.

乡村振兴提供更加坚实的健康保障①。

深入推进健康扶贫，需加强和优化政策供给，完善健康危险因素控制长效机制，防止"贫困—疾病"恶性循环。当前，在自然、家庭、社会和自身健康风险的冲击下，深度贫困地区居民"因贫致病"问题更为严重，由此造成的人力资本和物质资本受损会进一步加重家庭负担，形成"贫穷—疾病"的代际循环②。只有切断"贫困—疾病"恶性循环联结，才能打破贫困与疾病的相互作用，缓解"因病致贫返贫"现象。

汉中市镇巴县地处秦巴山集中连片特困地区，总人口28.9万人，曾是国家扶贫开发重点县和陕西省11个深度贫困县之一。境内自然灾害频繁，交通等基础设施落后，且镇巴县自然条件差，外出务工患职业病群众较多，部分农民也因贫困或看病不便，容易把小病拖成大病③。2016年初，镇巴县共有贫困村129个，建档立卡贫困人口19572户、54411人，贫困发生率为24.11%。其中因病致贫、因病返贫户为9862户、22751人，占贫困人口总数的41.8%。保障基本公共卫生服务供给，解决因病致贫、因病返贫等突出问题，是镇巴如期打赢脱贫攻坚战的重要挑战。

基于镇巴地理位置偏远、群众健康意识差、基层医疗机构力量薄弱等现实问题，镇巴县确立"健康镇巴"建设目标，聚焦"扶持谁"，实行以健康体检为重点的"四步筛查"工作方法；聚焦"谁去扶"，整合重组医疗卫生人力资源，在国家卫健委推行的"1+1+1"模式基础上，创新了"2+2+1"（村医和村卫计专干各1人+镇级医生和公卫专干各1人+县级指导人员1人）家庭医生签约服务模式；聚焦"怎么扶"，建立多重健康保障体系，推进"互联网+健康扶贫"服务，加大健康知识宣传力度，有效提升了当地基层医疗服务水平。

2020年2月，镇巴县实现整县脱贫摘帽，全县9862户因病致贫返贫户全部脱贫清零，全县在册贫困人口参合参保率达100%。人民网、新华

---

① 关于印发巩固拓展健康扶贫成果同乡村振兴有效衔接实施意见的通知[EB/OL].中华人民共和国中央人民政府网,2021-02-01,http://www.gov.cn/zhengce/zhengceku/2021-06/13/content_5617463.htm.

② 左停,徐小言.农村"贫困—疾病"恶性循环与精准扶贫中链式健康保障体系建设[J].西南民族大学学报(人文社科版),2017(1):1-8.

③ 张永军,冯亮.大巴山里的"脱贫答卷"——访陕西省汉中市人大常委会副主任、中共镇巴县委书记赵勇健[J].西部大开发,2020(7):94-98.

社和央视《焦点访谈》《健康之路》《为了人民健康》等20余家中央、省级媒体先后赴镇巴实地采访报道。河北、河南、黑龙江等7省及省内96个县（区）共130余批次到镇巴考察交流、借鉴经验。镇巴县先后荣获"全国优秀家庭医生团队""全国脱贫攻坚奖组织创新奖""全国健康扶贫工作突出县"等殊荣，健康扶贫"镇巴模式"助推脱贫攻坚成效显著①。

11.1.3 主要做法

镇巴县的健康扶贫工作主要围绕精准识别帮扶对象、提供家庭医生签约服务、推进"互联网+健康扶贫"信息化服务和建立多重保障体系四方面展开②。

第一，精准识别帮扶对象。2017年，镇巴县首先出台了《镇巴县健康扶贫"四步筛查"实施方案》，统一体检标准、筛查方案、组织培训、抽调人员和调配设备，为健康扶贫工作的实施提供了规章依据。其次，镇巴县组织县内40名专家、骨干医师，并邀请西安交通大学第一附属医院和陕西省肿瘤医院17名博士专家，采取镇卫生院集中体检、行动不便患者上门体检等方式，对全县20个镇178个村因病致贫人员进行了全面体检筛查③。再次，将体检数据与扶贫管理系统数据进行比对，厘清致贫主次原因，排除不符合标准的人群，经公示最终确定因病致贫返贫7450户、18625人。最后，由县镇村三级医生联合对筛查确认的贫困患者进行评估和分类，确定全县贫困人口中患病人员9162人，其中大病2526人、慢性病6326人、重病310人，逐人建立电子健康档案，并按照大病集中救治、慢性病签约管理、重病兜底保障的"三个一批"策略实行精准救治。

第二，提供家庭医生签约服务。2017年，镇巴县以行政村为单位，抽调县镇村886名医生，按照"2+2+1"模式组建178个家庭医生签约服务团队，以团队方式与贫困人口签约。2020年，镇巴将县级慢病专科指导

---

① 政研室. 陕西汉中:探索深度贫困县健康扶贫新路径[EB/OL]. 中华人民共和国国家发展和改革委员会, 2021 – 07 – 21, https://www.ndrc.gov.cn/fggz/fgzy/xmtjd/202107/t20210721_1291084.html? code = &state = 123.

② 张燕,余潇,吴素雄. 镇巴县健康扶贫的实践:问题与对策[J]. 中国农村卫生事业管理, 2022(3):168 – 172.

③ 镇:健康扶贫照亮全面小康之路[EB/OL]. 中国青年网, 2017 – 08 – 11, http://news.youth.cn/jsxw/201708/t20170811_10489779.htm.

医生、具有中级以上职称的药师、护士和原计生专干也纳入家庭医生团队。一是明确团队职责，提高服务效率。规定签约服务内容和服务频次，实行队长负责和持证上岗制。明确县级负责技术指导、业务培训；镇级负责进村服务、入户随访；村级负责送医送药、组织体检。二是提升服务内涵，规范服务流程。一方面，将签约服务与分级诊疗相结合，引导患者在基层首诊。上转患者住院连续计算起付线，下转患者免起付线。赋予签约医生一定比例的二级医院专家号源、预留床位，对贫困人口开通预约诊疗、医保代办等特色服务。另一方面，明确入户服务、慢性病管理、出院随访、县对镇村工作指导等相关流程，对签约患者实行"一病一方"和"一户一策"服务管理，高血压、糖尿病、严重精神障碍、结核病规范化管理率分别达83.3%、83.4%、72.7%和100%[①]。三是强化考核激励，提升服务质量。镇巴县将签约服务纳入卫健系统目标责任考核，按月评选签约服务"星级团队"，作为评优树模、个人职称晋升的重要参考依据。同时整合医保、公共卫生和财政资金290万元，按照因病致贫每人每年80元、其他贫困人口50元的标准，核定签约服务费。开发村级公共卫生公益性岗位178个，按照每月500元标准落实服务报酬，稳定村级签约服务队伍（何得桂、徐榕，2021）。

第三，推进"互联网+健康扶贫"信息化服务。镇巴县利用"互联网+健康扶贫"应用试点项目落户汉中的有利契机，积极开展"互联网+医疗健康"探索，具体做法主要包括以下四个方面：一是构建"互联网+健康扶贫"数据平台。镇巴县同国家卫健委进行战略合作，以大数据平台为轴心，在全国率先实现居民健康档案、电子病历、医疗结算与健康扶贫业务数据的互通共享，同时利用医疗大数据对医疗机构进行实时监管，发现并纠正多起不合规医疗行为。二是开发移动家庭医生签约服务管理系统。开发家庭医生签约服务管理和电话跟踪随访系统软件，专门用于家庭医生签约服务信息传递。增加贫困户就诊即时通功能，家庭医生通过手机App能够及时掌握群众的就医动态，开展健康档案信息查询、预约服务和医患交流等，使签约服务实现信息化、智能化管理。三是大力开展远程诊

[①] 以新理念开辟健康扶贫的"镇巴路径"——陕西省镇巴县健康扶贫先进事迹[EB/OL]. 镇巴县人民政府网,2018－08－03,http://www.zb.gov.cn/zbxzf/tpgj/201808/5b4824ac4eef41c38991d0335b84b286.shtml.

疗服务。利用互联网优势，推进医疗卫生信息平台建设，为基层医疗机构提供预约诊疗、远程培训、远程医疗等服务。首批为6326名慢病贫困人口建立电子档案，实行在线慢性病管理，为贫困人口提供了高层级医疗机构的优质资源，实现"让信息多跑路、让群众少跑腿"目标。四是倡导社会力量参与。引导社会力量参与健康信息化建设，与中国人口与发展研究中心、西安交通大学等科研院所和企业签订战略合作协议，减少政府投入，降低研发成本，推进健康乡村建设和医养结合等健康产业发展，让群众有更多获得感。

第四，建立多重保障体系。镇巴县把全民健康作为脱贫攻坚、实施乡村振兴战略的关键任务，围绕健康镇巴这一目标，构建统筹协作、服务保障、能力提升、健康管理、监督考评"五大体系"，为实现全民健康提供制度保障。一是统筹协作体系。建立县委、乡镇书记主抓，县长、局长、镇长主责，镇村干部、第一书记、帮扶责任人、签约医生"四支队伍"为主体的"234"领导机制，以及县级"三线协作"（党政、业务、协会）、镇级"四个统筹"（工作谋划、业务协调、人员安排、经费保障）、村级"六位一体"（学习办公、开展工作、参加培训、接受督导、共享信息、考核奖惩）的"346"责任体系，形成健康扶贫工作合力。二是服务保障体系。全面推行"基本医保+大病保险+民政救助+补充医疗保障+其他方式（社会捐助、爱心基金等）"的"4+X"医疗保障体系，切实提高贫困人口医疗保障水平，贫困患者住院政策范围内报销比例稳定在80%~85%之间。三是能力提升体系。筹资近4亿元，实施中医院整体迁建和县医院综合楼建设，扩建6所片区中心卫生院，建成183个标准化村卫生室，统一配备健康管理一体机等医疗设备。同时，积极组建医联体和医共体，对大病患者进行分类管理、定点救治，提升卫生人才和卫生机构的能力①。四是健康管理体系。通过签约医生村村宣讲、创建健康医院、建立智慧卫健、健康文艺演出等多种形式，强化健康教育和健康促进，落实基本公共卫生、妇幼保健项目，推进基本疾病防控和群众预防意识的培养，让群众"少生病"。五是监督考评体系。把健康扶贫纳入县委、政府工作督查范

---

① 陕西汉中:探索深度贫困县健康扶贫新路径[EB/OL]. 中华人民共和国国家发展和改革委员会, 2021-07-21, https://www.ndrc.gov.cn/fggz/fgzy/xmtjd/202107/t20210721_1291084.html?code=&state=123.

围,每年组织人大代表、政协委员视察一次以上;注重过程考核,坚持考用结合,将健康扶贫考核结果与干部任用、评优评先、职称晋升和绩效考核挂钩,对出现严重问题的,坚决实行"一票否决"。

11.1.4 问题分析

镇巴县紧扣"健康中国"规划纲要,抓牢"控增量"和"减存量"两个重点,认真贯彻党中央关于卫生健康工作的决策部署,在消除当下贫困、阻断贫困的传递和关注贫困人口整个生命周期、全方位全周期保障人民健康方面实现了突破。但在实践中镇巴县健康扶贫过程中还存在识别机制不够科学、家庭医生签约服务模式不够优化和保障体系缺乏有效协同三大执行偏差现象。

第一,识别机制不够科学。因病致贫、因病返贫是一个动态的过程。有效扶贫政策的制定不仅需要关注当期静态的贫困状况,更需要关注现在和未来一段时间内遭受的陷贫冲击(蒋丽丽,2017)。镇巴县的健康扶贫工作主要针对"已致贫、已返贫"的贫困群体开展,对潜在的、可能因病致贫的边缘人口并未给予足够重视。在突发疾病的情况下,一年一次的动态管理难以较快地识别新增对象,沉重的经济负担容易造成健康贫困人口的增加和贫困类型叠加现象的发生,加大未来稳定和巩固健康扶贫成效的难度。

第二,家庭医生签约服务模式不够优化。一方面,由于基层设施条件落后、待遇低、职业发展前景不佳等导致工作吸引力低,基层医护人才流失严重,后备力量不足,乡村医生队伍老化、农村卫生人员整体素质偏低等问题制约家庭医生签约服务开展;另一方面,贫困地区贫困人口体量大、卫生力量薄弱,签约医生入户走访和在院诊疗两项工作不能较好兼容,造成医护人员工作负荷过重、压力过大和村医的实际收入下降等问题,进一步导致家庭医生开展签约服务的主观能动性降低。因此,目前开展签约服务主要以行政推动为主(徐榕、何得桂、蔡杨,2020)。

第三,保障体系缺乏有效协同。首先,由于深度贫困地区贫困人口多、脱贫成本高,医疗保障体系在医保偿付、医疗资源供给等方面缺乏有效协同,一方面,贫困户治疗期间的伙食费、交通费和护理费等"医疗周边费用"被忽视;另一方面,外出务工人员在异地就医的费用难以保障。其次,在健康扶贫实施过程中涉及多元主体,政府部门之间可能难以达成一致的意见,并产生消极怠工的情况。最后,以政府为主的监督考评体系并未将政府人员的工作与医疗结合,形成体系之间的脱钩,不利于真实反映健康扶贫工作的进展(张燕、余潇、吴素雄,2022)。

11.2 陕西宁陕探索农村特困群体集中托养

11.2.1 案例概况

在现代化、城市化背景下,农村地区青壮年外出打工成为常态,空巢、独居、留守老人日益增多,导致家庭内子女对年老父母经济供养、生活照料、精神慰藉的家庭养老,在社会转型的农村面临着严峻的挑战(慈勤英,2016)。为此,宁陕县积极探索实行特困供养机构社会化托养,在做好农村低保对象与特困对象兜底保障工作后,利用全县"一中心六区域"敬老院空余床位,为农村贫困家庭中有照料和看护需求的重残对象及独居老人提供低偿集中托养服务。这种保成本、非营利的"政府补助+民政救急+个人负担"社会托养新模式,有效破解了"非五保"特困群体日常生活照料缺失、基本生活和人身安全无法保障等难题,减轻了家庭的精神和经济上的双重负担,让托养对象的子女可以安心在外务工,收到了"托养一人、解放一户、幸福一家"的效果①。

11.2.2 形成背景

贫困家庭中的老年人、残疾人托养照护问题一直是党和政府高度关注的重要民生问题。2016年2月,国务院发布的《关于进一步健全特困人员救助供养制度的意见》明确提出坚持托底供养基本原则,强化政府托底保障职责,对所有特困人员应救尽救,应养尽养②。2018年7月,《在脱贫攻坚三年行动中切实做好社会救助兜底保障工作的实施意见》进一步提出全面落实特困人员救助供养制度,"鼓励有条件的农村特困供养服务机构(农村敬老院),在满足特困人员集中供养需求的前提下,逐步为农村低保、低收入家庭和建档立卡贫困家庭中的老年人、残疾人,提供低偿或无

---

① 谭海波,李兵,杨卓. 家庭养老试水社会化——宁陕县开展农村特困群体集中托养工作观察[N]. 安康日报,2020-11-12(001).
② 国务院关于进一步健全特困人员救助供养制度的意见[EB/OL]. 中华人民共和国中央人民政府网,2016-02-10,http://www.gov.cn/gongbao/content/2016/content_5051222.htm.

偿的集中托养服务。"①

宁陕县地处秦岭中段南麓，是国家首批扶贫开发重点县、秦巴山区集中连片特困地区县、中央办公厅定点扶贫县与全省"农村低保兜底保障试点县"。全县总面积3678平方公里，辖11个镇68个村12个社区，总人口7.4万，贫困发生率达34%。受海拔差异化、地貌多样化、土地碎片化等自然条件影响，宁陕县形成了"生态环境好与基础条件差、产品品质优与对外销售难、产业潜力大与生产规模小"三大反差。贫困人口多、贫困程度深、脱贫难度大、返贫风险高是宁陕县脱贫攻坚面临的四大难题。

2016年，宁陕县立足当地实际，围绕"两不愁、三保障"目标，探索建立"1+2+N"兜底保障模式，即围绕兜底对象一个不漏，把握城乡低保、特困供养两个重点，实施医疗救助、临时救助、教育资助、残疾人两项补贴、失能半失能护理补贴、流浪乞讨救助、困境儿童关爱保护与扶贫扶志等N项配套措施②，大幅提升了全县集中供养水平。2019年，宁陕实现整县脱贫摘帽，全县7087户、20060名建档立卡贫困人口全部脱贫，40个贫困村全部退出，贫困发生率下降为零。宁陕由此连续四年荣获全市脱贫攻坚成效考核优秀县，先后三次获评全省脱贫攻坚成效综合评价"好"等次③。2021年2月，在全国脱贫攻坚总结表彰大会上，宁陕县委荣获"全国脱贫攻坚先进集体"。

"脱贫摘帽不是终点，而是新生活、新奋斗的起点。"在五保集中供养的问题解决后，宁陕全县开展兜底脱贫督查，发现还有部分重残对象和独居老人，受制于特困供养政策规定和家庭经济条件，面临集中供养"不合规进不去"、社会化养老"收费高养不起"的困境，存在较大的返贫致贫风险隐患。这两部分人虽有法定赡养人，但因子女婚嫁他乡、外出务工或自身条件差等原因，无法履行照护义务，独居老人平时缺乏照护、生活质量差；部分家庭也因为要照料残疾人或老人而陷入"顾家和挣钱不能兼

---

① 民政部 财政部 国务院扶贫办关于在脱贫攻坚三年行动中切实做好社会救助兜底保障工作的实施意见[EB/OL].中华人民共和国中央人民政府网,2018-07-16,http://www.gov.cn/zhengce/zhengceku/2018-12/31/content_5441999.htm.

② 陈衍子.宁陕县建立兜底脱贫长效机制实践与思考[EB/OL].安康市民政局,2019-04-25,https://mzj.ankang.gov.cn/Content-175435.html.

③ 向博,杨宁,党欣春.携手并进迈小康——宁陕县脱贫攻坚工作纪实[EB/OL].宁陕县人民政府网,2020-09-21,https://www.ningshan.gov.cn/content-2173534.html.

顾"的两难境地,严重影响了家庭经济状况,成为全县巩固拓展脱贫攻坚成果、全面推进乡村振兴的"硬骨头"①。

11.2.3 主要做法

为破解"非五保"特困群众生活照料缺失难题,宁陕县在全面做好农村低保对象与特困供养对象兜底保障的基础上,率先落实民政部等五部委关于脱贫攻坚中做好贫困重度残疾人照护服务工作的指导意见,积极探索低偿集中托养服务。通过科学配置养老资源、规范低偿合理计费和优化管理服务,宁陕县建立了"非五保"对象低偿托养模式,保障了脱贫质量。具体而言,其做法主要体现在以下三个方面②:

第一,科学配置养老资源,解决"进得去"的问题。一是整合床位资源。实现集中托养,首先要解决托养场所问题。依托"一中心六区域"7所敬老院,宁陕县制定出台《农村特困供养机构托养服务实施方案》,坚持"最难优先、应养尽养"原则,将居住环境差、生活质量差、自理能力弱、监护有缺失的特困供养对象全部集中供养;对与监护人同吃同住、亲情难舍、故土难离,不愿入住敬老院的特困对象实行分散供养,从而腾出近百张空余床位,为开展低偿托养"进得去"提供了基础保障。截至2021年底,全县累计托养失能半失能人口和独居老人97人,为95个家庭解除了后顾之忧,解放了58名劳动力进行就业创业,为这部分家庭稳定脱贫不返贫提供了有效保证。二是整合护工资源。床位有了着落,同步要解决护理人员配置问题。宁陕县积极探索人力资源优化配置新方式,将供养对象分为失能、半失能、自理三类人员,分别按3∶1、7∶1、10∶1的比例配备护理人员,并优先从贫困家庭特别是托养对象家属中聘用。为确保政府护理支出不增大、集中护理质量不降低,一方面,定期开展护理岗位技能培训,强化护理人员考核管理,建立了奖罚双向激励机制;另一方面,倡导老有所为、守望相助,动员责任心强的老人协助护理失能半失能人员,或担任院内卫生保洁、安全引导等公益性岗位,通过"以服务养服务",解决护养人员紧缺、护养成本上升等问题。三是优化居住环境。为保证托养

---

① 姜方平. 宁陕县"非五保"特困群体低偿托养服务工作纪实[EB/OL]. 安康市人民政府网, 2021-12-01, https://www.ankang.gov.cn/Content-2333581.html.

② 李思泫. 宁陕县探索"非五保"特困群体低偿托养服务的调查报告[J]. 时代人物, 2021 (30):99-100.

居住环境和生活质量，县财政加大养老设施资金投入，7个农村敬老院在全县率先实现集中供暖，配建中医理疗室、远程诊疗系统、康复训练室、心理疏导室和理发室、棋牌室、图书室、微超市等，一站式解决医疗、护理、养老等问题，还为失能、半失能托养对象配置轮椅、护具等设备。敬老院建有生态墓地，被托养的老人去世后根据亲属意愿或由敬老院代办丧事，使之生前有保障、临终有关怀、逝后有尊严①。

第二，规范低偿合理计费标准，解决"托得起"的问题。托养对象均是生活困难群体，既要实现"进得去"，还要确保托养费用能承受、可负担。一是规范托养标准。宁陕县严把托养服务"入口关"，建立"户申请、村申报、镇初审、县审核"制度，经县、镇、村三级把关审核，托养对象、托养机构、监护人三方签订托养服务协议书，明确三方责任义务，既防止少数家庭以托养为名把责任甩给国家，长期不探望托养对象导致亲情淡漠，又有效防止因低偿导致生活质量低、照护服务差等问题。二是规范收费标准。按照托养费用能承受、护养服务能维持、财政支出不增加的原则，民政部门会同物价部门精准测算托养成本，合理制定托养服务价格标准。把托养对象划分为全自理、半护理和全护理三个级别，送养家庭划分为低保户、贫困户和低收入户三种类型（脱贫巩固衔接期划分为低保户和低收入户两种类型），基本生活费比照特困供养对象标准收取，护理费对低保户和脱贫户分别减免50%、30%，床位费低保户免交、脱贫户减免50%。按此标准，在抵扣养老保险、低保金、残疾人补贴等政策性补助后，托养家庭有能力承担少部分差额费用。三是规范服务标准。为防止低偿托养等于低标准服务，宁陕县制定托养服务工作标准，要求一日三餐设定食谱，护养人员与托养对象同锅就餐，实行24小时亲情照护，进行理疗康复训练和心理疏导，提升其健康指数。强化智能监测与紧急呼叫系统应用，实现所有床位全覆盖，加强夜间巡逻值班，遇有紧急情况及时采取应急处置措施。

第三，优化管理服务，解决"养得好"的问题。一是健全服务机制，实现集中供养精细化。制定《宁陕县敬老院工作人员"五制"管理制度》，

---

① 宁陕县乡村振兴局. 托养一人 幸福一家——宁陕县探索困难家庭低偿托养服务工作纪实[EB/OL]. 中国网, 2021-12-02, http://iot.china.com.cn/content/2021-12/02/content_41809262.html.

全县敬老院由群众政局统管，建立局班子成员包挂敬老院工作机制，实行院长法人制、人员聘任制、工资差别制、责任追究制和末位淘汰制"五制"管理与"三清一报告"制度，每日开展自查巡查，工作情况在微信群晾晒，接受县局监督。坚持多劳多得，将护理员工资与护理人数、护理质量挂钩，实行差别化发放，勤奋多劳者月工资可达4500元以上，提高职工积极性，保证托养服务质量。二是培养向善文化，创造舒心生活。结合新民风与孝老文化建设，指导各院修订完善院民公约，教育引导院民增强主人翁意识，实行院民自治，激发老人融入集体、团结互助的生活热情。此外，敬老院每日还召开院民大会，发动"院民评院民"，将矛盾纠纷化解在当日、不良习俗整改在当日，营造院民一家亲的大家庭氛围。组织入住老人常态化开展打扑克、下象棋、舞花船等活动，锻炼身体、陶冶情操。三是丰富老年活动，升华个人价值。在敬老院开辟安心菜园、小养殖场，动员身体好、能劳动的供养人员从事农耕生产，引导失能老人制作十字绣、竹编等手工艺品，在扶贫网络平台市场反响良好，目前已售出的十字绣《八骏图》售价高达4000元。通过力所能及的劳动，不少托养对象重拾生活信心、实现自我价值，获得物质精神"双丰收"[①]。

11.2.4 评价与借鉴

在不额外增加财政负担的前提下，宁陕县盘活敬老院资源，通过低偿托养兜住了"非五保"困难群体"两不愁、三保障"的脱贫底线，既延伸了农村特困供养政策，也进一步完善了民生保障服务体系。其经验做法入选国家社会领域公共服务助力脱贫攻坚典型案例，值得在乡村振兴实践中进行总结推广。

第一，低偿集中托养服务是特困群体稳定脱贫的有效保证。必须坚持系统思维，建立健全常态化长效化工作机制，精准破解在保障和改善民生方面存在的突出问题，不断织密织牢兜底保障网，巩固脱贫成果。托养家庭多是残疾户、独居老人户、贫困户，脱贫难度大，返贫风险高，巩固尤其难，是影响稳定脱贫的重要群体。开展托养服务，提升了托养群体的生活质量和幸福指数，解放了托养家庭的劳动能力，助力托养家庭发展产业

---

① 郑嫚,黄倩.宁陕农村老年人失能不"失落"[EB/OL].安康市人民政府网,2020-06-16, https://www.ankang.gov.cn/Content-2124755.html.

和就业创业，从根本上解决了托养家庭生活困境，是长期稳定脱贫的重要保障。

第二，低偿集中托养服务是特困群体全面小康的现实需要。必须坚持目标导向，紧盯问题短板，敢于创新实践，把工作做深做实做细。解决好五保、低保、残疾、特困等特殊群体的生活问题是实现"小康路上一个都不少"的关键，宁陕抓住全省"兜底脱贫试点县"机遇，探索建立低偿托养服务模式，着力补齐兜底扶贫短板，创新工作亮点，做到应兜尽兜、应保尽保，解决了群众的现实需求，满足了贫困群众共享全面小康的愿望。

第三，低偿集中托养服务是特困群体美好生活的有力保障。习近平总书记指出："人民对美好生活的向往，就是我们的奋斗目标。"过去，托养群体因家庭贫困，自身年老体弱或家人无法照应，对美好生活只能止步于向往。宁陕县坚持以人民为中心的发展思想，聚焦贫困家庭留守老人养老保障难题，积极开展社会化低偿托养服务，缓解了托养家庭负担和生活压力，改善了全家人的生活状况和精神面貌，满足了重度残疾人和独居老人老有所养、弱有所扶、住有所居、病有所医、有养护照料的美好向往，体现了党和政府对弱势群体、特困群众的关怀照顾，是执政为民理念的生动实践[①]。

11.3 宁夏彭阳依托互联网推进城乡供水一体化

11.3.1 案例概况

宁夏回族自治区固原市彭阳县地处宁夏西海固地区，山大沟深，沟壑纵横，水资源极度匮乏，农村饮水困难的问题尤为突出，严重制约全县经济社会发展。自建县以来，彭阳县持续开展一系列农村饮水工程，形成了覆盖全县的供水管网体系，逐步改善了农村人畜饮水条件，解决了资源性和水质性缺水的问题。然而，已建的农村人饮工程普遍存在跑冒滴漏严重、管理成本高、供水保障率差等问题。为此，彭阳县在巩固农村饮水安全成果的基础上，引入互联网技术和信息化手段，并对供水管理服务体制进行全面改革，探索出"互联网+城乡供水"模式，解决农村安全饮水

---

① 陕西宁陕：以低偿托养服务扎牢"非五保"特困群体防返贫"篱笆"[EB/OL]. 中华人民共和国国家发展和改革委员会, 2021-08-24, https://www.ndrc.gov.cn/fggz/fgzy/xmtjd/202108/t20210824_1294381.html?code=&state=123.

"最后100米"的问题,实现了城乡供水"同源、同网、同质、同价、同服务",促进彭阳县城乡供水公共服务均等化,为乡村振兴提供有力的供水保障①。

11.3.2 形成背景

彭阳县位于宁夏东南部边缘,属中温带大陆性半干旱气候区,地属典型的黄土丘陵区,属集中连片特困区,总人口24.74万人,为自治区乡村振兴重点帮扶县。全县水资源以雨洪资源为主,具有量少、质差的特点,年均降水量约为450毫米,主要集中在7—9月,约占全年降水量的60%,水资源时空分布不均,为资源性、水质性、季节性和工程性缺水并存的地区。彭阳县人均水资源量335立方米,仅为全国平均水平的1/6,水资源匮乏日益成为严重的社会问题,致使全县经济发展缓慢②。

自建县起,为解决群众饮水困难的问题,彭阳县政府持续开展了一系列饮水工程,农村饮水经历了以下四个阶段:一是农村饮水起步阶段(1983—1999年)。在国家财政扶贫资金的支持下,彭阳县采取挖水井、打水窖等方式建设一批小型供水工程,解决了一部分群众饮水困难和远距离拉水的问题。二是农村饮水解困阶段(2000—2004年)。彭阳县抓住国家实施农村饮水"解困工程"的历史机遇,在《全国解决农村饮水困难"十五"规划》等相关政策的扶持下,明确农村饮水解困工程的覆盖对象、实施范围和农村饮水困难标准,通过蓄、引、提等方式,加快农村饮水工程建设的步伐,改善农村饮水的状况③。三是农村饮水安全阶段(2005—2015年)。中央出台的《2005—2006年农村饮水安全应急工程规划》标志着农村饮水发展进入新阶段。这一阶段,我国高度重视农村人口饮水安全,相继出台了《农村饮水安全项目建设资金管理办法》《关于加强农村饮水安全工程卫生学评价和水质卫生监测工作的通知》等政策,完善农村饮水安全的制度。彭阳县也将饮水安全作为全县农村饮水工作的重点,从水质、水量、保证率和方便程度四个方面保证农村饮水安全,实施农村饮

---

① 马富春.宁夏彭阳:一个西北小县的农村水务实验[N].中国青年报,2019-05-28(010).
② 张志科,孙维红.基于"互联网+农村人饮"的信息化模式应用研究[J].水利水电快报,2021(9):91-96.
③ 李晓玲,郭伟,徐彩玲,杨艳.彭阳县农村饮水安全问题探讨[J].安徽农学通报,2007(9):23-24.

水安全项目，改善农村饮水条件。2013年底，彭阳县建设集中供水工程共46处，解决了14.81万人的饮水安全问题，自来水入户率达65%[①]。四是农村饮水巩固提升阶段（2016年至今）。2016年，宁夏历史上投资规模最大、受益人口最多的中南部城乡饮水安全工程全面通水。彭阳县作为中南部城乡饮水安全工程的受水区，在饮水工程正式通水后，将全县划分为三片供水区，由两座水厂输出，形成了城乡一体化供水体系，保障了彭阳县农村19万人的饮水安全[②]。

然而，彭阳县在彻底解决了农村饮水安全工程全覆盖后，仍然存在一些问题：一是农村自来水入户率、供水率不高。彭阳县先后实施的农村饮水生命工程、农村饮水解困工程和农村饮水安全工程，基本实现全县农村饮水管网全覆盖。然而，由于当地农村居民的居住地区相对分散以及收入低下难以承担供水入户的自筹费用，部分村庄仍存在着供水入户困难的问题。二是管理机制不健全。彭阳县的自然条件决定了农村饮水工程的布局分散，工程点多、面广、线长，不易管理，一定程度上降低了供水保障能力。当前的运行管理还存在机构不健全、机制不完善、责任不落实和管理手段落后等问题。三是供水自动化水平低。由于彭阳县城乡人饮供水抄表和缴费系统的信息录入等业务都是人工完成，缺乏自动化的检测和记录，导致难以记录管网实时情况和水费收缴情况[③]。四是存在跑冒滴漏问题。彭阳县受早期的农村供水工程建设标准低的影响，工程管件质量不高，管网跑冒滴漏情况频发。因彭阳县的干支管网存在漏失情况，常常造成道路、房屋等损失，居民的投诉一度居高不下。

针对以上问题，彭阳县以信息化手段和均等化服务为抓手，将农村饮水安全的建设、管理和服务工作融入乡村振兴战略中，实施农村饮水巩固提升工程，从水源、泵站、蓄水池、管网到水龙头全链条数字化改造升级，积极探索"互联网+城乡供水"模式，以信息化推动水利现代化，实现城乡供水一体化，全面推进乡村振兴。

---

① 郭伟.宁夏彭阳县农村饮水安全工程现状与对策[J].北京农业,2014(21):234-235.
② 从"人挑驴驮"到"智慧水利"彭阳:用水实现历史跨越[EB/OL].宁夏新闻网,2021-02-23,https://www.nxnews.net/zt/2020/xsss/ssz/202102/t20210223_7044621.html.
③ 张文科.基于"互联网+"的城乡供水一体化建管服模式改革探讨——以彭阳县智慧人饮工程为例[J].水利水电快报,2020(10):80-83.

11.3.3 主要做法

通过工程提升、数字赋能和创新管理服务机制，彭阳县探索出了一条"互联网+城乡供水"的新路径，推进城乡供水一体化。"互联网+城乡供水"模式的做法主要体现在以下三个方面：

第一，改造升级供水基础设施。2016年，全面通水的中南部城乡饮水安全水源工程覆盖了彭阳县全县，对全县水源全部替换，并将原本分散的农村饮水工程水源整合成稳定统一的水源，解决了农村饮水困难的问题。基于已有的供水工程，彭阳县通过实施管网延伸入户工程和改造配套提升工程，巩固提升农村饮水工程。一是管网延伸入户工程。近年来，彭阳县按照"建大、并中、减小"的原则对水厂进行整合改造，采取"延伸、联网、整合、消缺、提标"等方式，实施供水网络提升工程，实现城乡供水一体化。2021年，彭阳县实施"互联网+城乡供水"项目，其中的延伸入户工程，敷设延伸入户管道5206户共169.44千米，将中南部城乡饮水安全水源工程的水源引入千家万户[①]。二是改造配套设施工程。传统的老式水表是一户一井一表，砖井结构简单，建设标准低下，因此，彭阳县大规模将老式水表和砖井改造为智能水表和联户井，统一采用联户表井的安装模式。与传统的砖井相比，联户井的井内安装至少4块智能水表，井外安装远程智能抄表器，并且其建设标准有很大提高，有助于保护井内的智能设备。联户表井的模式是指井下每块水表的流量信息均能通过智能抄表终端系统进行采集，若管网发生爆管或漏水情况，系统会自动报警，工作人员在终端远程关闭水表开关，同时，可以根据联户井的编号确定事故具体位置并及时到达现场。此外，彭阳县对泵站和供水池安装体积更小、运输更便捷的专用智能设备，实现了供水设施自动运行、精准管控，以便实时掌握供水池的水位情况。依据《宁夏"十四五"巩固拓展水利扶贫成果同乡村振兴水利保障有效衔接规划》，彭阳县规划更新改造老旧工程与管网工程共4处，干支管网长度达225.1千米，设计供水工程覆盖18.8万人

---

① 关于彭阳县"互联网+城乡供水"项目初步设计的批复[EB/OL]. 彭阳县人民政府网,2021-08-23,http://www.pengyang.gov.cn/xxgk_13872/zfxxgkml/zdxm/xmspxx/202111/t20211124_3149023.html.

口,推进农村供水规模化发展和城乡供水一体化①。2021年,彭阳县在"互联网+城乡供水"项目中,完成更换县城1680户远程水表,改造升级农村950户自来水工程,小岔、王洼、涝池三个居民点改造提升512户②。

第二,数字化赋能城乡供水。彭阳县通过引入云计算、水联网等现代信息技术手段,对泵站、蓄水池、供水管网等设施配备自动化监测控制装置,实现城乡供水从源头到用户用水的数字化改造。一是打造自动化工程平台。具体而言,彭阳县在供水工程中引入信息技术,对每一个管道和出水口均引入物联网水表等数字化监控水表,在已建的农村人饮工程中的40座泵站安装了自动启停控制设备,在215个蓄水池安装液位传感器、联网水位监测装备、无线采集、电动阀门等自动化设备,在28处管网安装压力传感器和超声波流量计,为1447联户表井、8119户用水户安装射频卡水表和光电直读远程水表,实现供水项目从水源到龙头全链条的升级改造。以泵站配备的自动启停控制设备为例,当流量超过上限时,设备便会自动报警并及时停泵以发挥保护作用,实现了泵站的自动化运行以及工作人员远程监控,确保水泵的安全运行和用水量的精准监测,保障供水工程的安全③。此外,依托宁夏水利云和政务云两大平台,彭阳县建设供水流量、水位、压力、水质等多方面的数据信息采集点3.94万处,实现了7100余公里供水管网、45座泵站、96座蓄水池、7466座联户表井等设施24小时自动运行,对源头到龙头每一个环节的水进行实时监控④。二是打造数字化管理平台。彭阳县将供水管理平台信息化,建立三大入口,即智能化门户网站、人饮一张图和移动App,包括供水调度、工程运行、项目监控、缴纳水费、维护修养等板块,精准把控供水工程的情况,实现了对水质的实时监测以及对工程事故的判断和及时处理。此外,基于宁夏水利数据中

---

① 自治区水利厅关于印发宁夏"十四五"巩固拓展水利扶贫成果同乡村振兴水利保障有效衔接规划的通知[EB/OL].宁夏回族自治区水利厅网,2022-01-28,http://slt.nx.gov.cn/xxgk_281/fdzdgknr/wjk/sltwj/202202/t20220207_3315176.html.

② 彭阳县城乡饮水安全工程主要措施进展[EB/OL].彭阳县人民政府网,2021-07-07,http://www.pengyang.gov.cn/xwzx/zwyw/202107/t20210707_2914584.html.

③ 深化农村饮水"建管服"改革 以"互联网+人饮"推进智慧水利建设[EB/OL].彭阳县人民政府网,2019-12-19,http://www.pengyang.gov.cn/xwzx/zwyw/201912/t20191219_1895191.html.

④ 彭阳县城乡饮水安全工程主要措施进展[EB/OL].彭阳县人民政府网,2021-07-07,http://www.pengyang.gov.cn/xwzx/zwyw/202107/t20210707_2914584.html.

心的相关数据,彭阳县创建农村饮水专题数据库,并与宁夏自治区水利厅水慧通平台进行结合,实现供水流程全链条的自动运行、精准管理,为更科学、更高效的管理方式提供技术支撑。通过将管理平台数字化,彭阳县农村饮水工程的事故率下降了30%,供水管网漏失率也由35%降到12%,有效降低了工程事故和管网滴漏的发生率。三是打造智慧化服务平台。贯彻"群众少跑腿、数据多跑路"的理念,彭阳县建立"互联网+农村饮水"的数字化服务平台,以彭阳智慧人饮的微信公众号为例,城乡居民可直接通过手机进行在线缴费购水、查询用水情况、申请停水用水等业务。此外,还可以从水务局发布的每天、每月、每年展开的多项水质检测的结果了解水质情况,真正让群众吃上"明白水、安全水、放心水",城乡居民的用水满意度和幸福度不断提升①。

第三,创新管理服务机制。一是拓展筹资渠道。为确保农村饮水工程的运行、维护和管理的资金不足问题能够得到有效改善,彭阳县建立县级水利投融资平台,即成立彭阳县盛泽水务投资有限公司,采用自建融资公司的融资模式进行资金筹措。不同于以往仅依靠中央、自治区资金投入的传统方式,彭阳县通过政府财政补贴、中央预算内资金、国开行贷款和群众自筹资金等多种渠道,积极筹措各方资金共3.1亿元,其中1.8亿元用于实施管网改造以及延伸入户工程,补齐农村供水基础设施建设的短板,为农村饮水巩固提升工程的建设提供资金保障②。二是购买社会化服务。为提升农村饮水工程管理服务水平,彭阳县创新公共服务供给模式,采用市场化的方式将专业化服务引入智慧供水工程的运行、管理、维护等多方面,将政府管理与市场化服务有机结合,使其全程协同、各司其职。在供水工程的运行管理过程中,委托方主要责任是指挥和监督,而受托的服务方,基于委托方的要求,结合实际情况对供水工程进行管理与维护,起到实施保障作用。由宁夏回族自治区水利厅出资20万元作为试点资金,彭阳县政府通过购买社会化服务的方式,委托宁夏西部绿谷节水科技有限公司引入具有信息系统研发、维护能力的新兴市场主体,协助实施农村饮水安

---

① 彭阳县城乡饮水安全工程主要措施进展[EB/OL]. 彭阳县人民政府网,2021-07-07,http://www.pengyang.gov.cn/xwzx/zwyw/202107/t20210707_2914584.html.
② 彭阳"五项举措"打造"互联网+城乡供水"新模式[EB/OL]. 彭阳县人民政府网,2020-09-24,http://www.pengyang.gov.cn/xwzx/zwyw/202009/t20200924_2243203.html.

全工程管理。通过购买专业化服务,对全县农村饮水工程的调度、监测、排查、通知、预警进行托管服务,以便对所有农村饮水工程点的水位、流量、压力等参数进行在线监管,大大地节省了人力、物力和财力,降本增效成效显著,提升农村饮水工程的管理水平。三是保障长期运维。彭阳县创新"EPC+O"运维模式,即设计、施工、运维总承包的模式,有效提升建管服综合质效,并将全县城乡水价统一调整为每立方米2.6元,推进城乡供水一体化。彭阳县政府与长江勘测规划设计研究有限责任公司合作,共同出资成立了彭阳县城乡供水管理有限公司,承担全县的城乡供水建设以及12年运维服务的职责,实现了工程从设计、施工到运维的有机结合,提升了工程的建设质量,保障了全县农村饮水全生命周期的建设、运行和维护。此外,彭阳县政府每年拨款200万元用于供水工程维修养护补贴,通过定期检测、联合抽检、在线自动监控等方式,对水质进行实时监控,保障农村用水安全①。

11.3.4 评价与借鉴

在已建供水工程的基础上,彭阳县实施的"互联网+城乡供水"模式通过改造升级供水基础设施、数字赋能供水工程和创新管理服务机制,构建城乡一体化的供水工程网、信息网和服务网,形成"覆盖全域、城乡一体"的城乡供水现代水网体系。"工程+技术+改革"的配套措施提高了农村供水保障率、水质达标率、水费收缴率和农村自来水入户率,加快消除城乡供水"二元"结构,为城乡居民提供优质和安全的供水服务,解决了农村饮水"最后一公里"的难题,有助于推进县域内城乡供水公共服务均等化,有效做到巩固水利扶贫成果同乡村振兴有效衔接。

彭阳县推进城乡供水服务均等化的经验如下:一是科技引领,数字治水。要善于运用最前沿的创新技术,对泵站、蓄水池等供水设施改造升级,实现供水系统远程监控和自动化管理等功能。二是因地制宜,系统改革。各地区应从当地工程的问题出发,创新供水管理服务机制。面对融资难的问题时,积极引入专业化的运维机构,使得政府与市场良性互动,全程协同发力。立足彭阳县"互联网+城乡供水"的成功实践,宁夏回族自

---

① 深化农村饮水"建管服"改革 以"互联网+人饮"推进智慧水利建设[EB/OL]. 彭阳县人民政府网,2019-12-19,http://www.pengyang.gov.cn/xwzx/zwyw/201912/t20191219_1895191.html.

治区在全国率先开展了"互联网+城乡供水"示范区建设，推动城乡供水服务均衡协调发展。因此，彭阳县农村饮水巩固提升工程，对于破解全国农村供水工程留存的难题，巩固拓展脱贫攻坚水利成果同乡村振兴衔接都具有现实的指导意义和推广价值。

12 易地搬迁后续扶持和扶贫资金资产管理监督的案例

12.1 陕西澄城幸福搬迁社区"网格下沉"创新社区治理体系

12.1.1 案例概况

澄城幸福社区"网格下沉"模式是城关街道幸福社区根据《澄城县易地扶贫搬迁后续扶持工作巩固拓展脱贫攻坚成果的实施方案》的要求，按照办事方便、服务到位、活动丰富、引领有力的原则，紧扣"网格下沉显力量"主题，以"网格下沉"为突破点，从网格覆盖全社区、政策上门聚民心两方面不断推进社区网格化建设，同时从公共卫生服务、培训和就业服务、文化服务、养老服务、志愿服务5个方面健全社区治理体系，帮助搬迁群众更好地融入社区生活。

12.1.2 形成背景

陕西省澄城县位于渭北高原东北部，全县辖9镇1办160个行政村15个社区，总人口40万，国土面积1121平方公里，耕地面积90万亩。2011年被列入国家扶贫开发工作重点县，2018年被划定为革命老区县。"十三五"初，全县有贫困村94个、贫困人口12396户42335人，2018年底整县脱贫摘帽[①]。易地搬迁是脱贫攻坚的"头号工程"，搬迁工作开展以来，澄城县先后被确定为全省移民搬迁保障基金试点县、整村搬迁试点县和易地扶贫搬迁旧宅基地增减挂交易指标试点县。全县易地扶贫搬迁"十三

---

① 袁艳花. 澄城概况[EB/OL]. 澄城县人民政府，2022-04-19，http://www.chengcheng.gov.cn/ccdt/shms/shms1/60562.htm.

五"最初规模为3418户13202人,最终实施搬迁建档立卡贫困人口2208户8623人。在全县规划设置安置点13个,各安置点的社区管理、物业服务职责清晰,运转正常,集中安置率和城镇化率均达到100%。2018年6月底所有安置点完成分房交钥匙到位,2019年3月底所有搬迁户全部完成装修达到入住条件,2020年5月底完成旧宅基地腾退、拆除和复垦工作。

城关街道幸福社区是澄城县政府2019年设立的易地扶贫搬迁安置社区,坐落于万泉街幸福路,占地162亩。社区现辖万泉街九路以南共4个居民小区,其中汇邦公馆834户2085人(常住435户1384人)、晖福阳光城1390户3475人(常住680户1800人)、惠安苑C区860户2150人(常住373户1218人)、惠安苑移民办搬迁安置小区搬迁户1217户5070人(常住812户2259人)。社区党支部共有党员55人、高龄老人565人、残疾人365人、退伍军人64人、义务教育阶段学生348人、无劳动能力户14户40人、独居老人4人、大病患者14人、低保户319户982人、留守儿童6人。2019年,澄城县"九镇一办"1217户5070名群众搬进了惠安苑易地扶贫搬迁安置小区。此次易地搬迁不是整村搬迁,而是针对有搬迁需求的贫困户,将其集中迁往安置社区,具有典型的"插花式搬迁"特征,即人离地不离。因此,澄城县幸福社区易地扶贫搬迁安置小区社区治理面临两大难题:一是如何稳住搬迁群众,让没有城居经验的搬迁群众适应社区新生活。二是如何处理不同镇、办搬迁群众的邻里关系,打造全新的社区睦邻圈。幸福小区在易地搬迁后续帮扶工作中不断摸索,以"网格下沉"为突破点,健全"社区治理体系",创新社区治理新模式,帮助搬迁群众更好融入社区生活。

12.1.3 主要做法

近年来,幸福社区以"创建金色暖心社区"为载体,积极创新服务方式,提升服务水平,持续开展接地气、贴民心的救助政策宣传活动,进一步推动社会救助各项工作落细落实落地,真正做到畅通救助渠道,造福困难群众①,结合移民搬迁社区实际,探索易地扶贫搬迁社区治理模式,以"网格下沉"为突破点,创新社区治理模式。首先,幸福社区不断夯实基

---

① 城关街道办.城关街道:网格下沉显力量 政策上门聚民心[EB/OL].澄城县人民政府网,2022-10-20,http://www.chengcheng.gov.cn/ccdt/tbdt/cgjdb/84874.htm.

层救助网格化责任,搜集困难群众"急难愁盼"问题,最大限度地帮助搬迁群众解决实际困难,确保救助政策"进家门"、群众诉求"马上报",推动社会救助从原来的"人找政策"向"政策找人"转变。其次,幸福社区从生产生活、就业创业、小区治理、平安建设、文明创建等方面做好社区治理和各项服务工作,健全包含公共卫生服务、培训和就业服务、文化服务、养老服务、志愿服务的社区治理体系。幸福社区的这一社区治理模式创新,有利于推进搬迁移民"后半篇"工作的开展。

(1) 网格化管理全覆盖

幸福社区在社区治理上实行网格化管理,实现了"横到边、纵到底、管到位"的网格化管理全覆盖。首先,幸福社区按照"因地制宜、方便群众、便于管理"的原则,全面整合在职党员、志愿者等力量,将35栋居民楼合理划分为5个网格,构建党建引领网格治理体系,将组织建在网格上、治理融入生活中,以多元化方式服务群众需求,把社会服务管理责任落实到网格,让服务更精准、工作更高效,最终提升社区治理"精准度"。其次,为促进搬迁群众更好更快地融入新环境,幸福社区还充分发挥基层党组织的主导作用,加强宣传教育,推进精神文明建设,建立长效机制。幸福社区按照"党建引领、整合资源、多方参与、闭环管理、治理创新、服务群众"的工作思路,以为群众"办小事、办好事、办实事"为目标,深入摸排,建立辖区13类特殊群体台账,精准掌握各类下沉资源信息,做好下沉人员进网格、搞服务、促治理等工作的日常管理,多元共治、融合联动,凝聚起推动基层治理、服务居民群众的强大合力。社区积极探索"网格下沉"社区治理模式,汇聚多方力量,加强责任落实,把党的政治优势、组织优势、群众工作优势转化为社区治理优势,坚持推进网格管理工作精细化、高效化、便民化,切实实现以"小网格"撬动"大治理",用"小网格"服务"大民生"。

(2) 多渠道宣传惠民政策

为切实做到惠民服务,加强居民对政策的深入了解,推进网格化服务管理工作,进一步推动"金色暖心社区"创建,幸福社区进一步加大社会救助政策宣传力度。社区为困难群众和特殊群体提供更有力、更温暖、更精准的服务,做到以民为本,为民解困,满足困难群众的所需、所盼、所想,保障困难群众求助有门,受助及时,切实增强居民获得感及满意度。

城关街道幸福社区通过接地气、广覆盖的宣传形式，向社区居民宣传养老、社会救助、未成年保护等惠民政策，提升了社会救助政策的透明度，使居民的幸福感和归属感得到了保障。例如，为了让辖区居民更好地了解低保政策详细内容，幸福社区多次组织志愿者和社区工作人员上门开展政策宣讲活动。社区及救助站工作人员现场为群众发放宣传单，讲解低保政策，让群众进一步了解低保政策申请条件、保障标准、所需材料及相关办理流程，全面提升民政惠民政策的知晓率和透明度，让更多的群众了解政策法规、办事程序和工作职责，让困难群众感受到社区的关心与温暖。幸福社区还联合县民政局救助股，在社区设立临时办公点，对前来办理业务的低保户通过查、看、问等办法，给低保户耐心解答取暖问题减免政策，并开具减免取暖费优惠政策证明，确保符合条件的社区低保户全部纳入救助范围，使惠安苑移民搬迁安置小区内每一户低保家庭温暖过冬。

（3）健全社区治理体系

城关镇幸福社区分别从公共卫生服务、培训就业、文化服务、养老服务和志愿服务五个方面发力，积极建立健全社区治理体系。

一是健全公共卫生服务体系，保障居民健康生活。幸福社区立足为民服务，坚持从实际出发，为居民群众提供精细化、精准化服务，社区多次联合医院开展健康义诊活动和家庭医生签约服务，普及和传播健康知识，提高全民健康保健意识。例如，2022年5月24日，幸福社区联合共驻共建单位澄城县医院，在汇邦公馆小区开展"共驻共建力量大，医疗服务显真情"健康义诊活动。由澄城县医院心血管内科、神经外科、消化内科等组成的医诊团队，为中老年人详细讲解常见病、多发病及高血压、冠心病等心脑血管疾病，并为他们现场查体、量血压、测血糖，详细询问老年人的生活习惯及身体状况，除了指导老年人做好预防、正确用药，还鼓励居民要树立积极乐观的生活态度，养成健康的生活习惯。

二是建立培训就业服务体系，增强自我发展能力。幸福社区通过"四社联动"，发挥社会力量，调动搬迁群众就业积极性，促进搬迁人员实现就业增收。为实现搬迁群众搬得出、稳得住、能就业、有保障的目标，社区通过政策宣传、就业技能培训、设置扶贫专岗等方式，多措并举有效拓展就业渠道，精准帮扶求职群众。首先，社区根据每一位援助对象的特点和需求，制定详细的援助方案，按需提供援助服务，实施"一人一策"的重点帮扶，用心解决企业用工难和群众就业难的问题。其次，为拓宽广大搬迁群众就业门路，社区进一步推动"四社联动"工作，帮助搬迁群众实现就业创业。"四社联动"是指城关街道幸福社区联合县人社局、移民办、多维达家政公司、唐威服装厂、豪嘉服装厂等单位，组织开展就业技能培训、就业招聘会、就业动态监测工作等。如2022年7月29日，社区联合县人社局、移民搬迁办在惠安苑移民搬迁安置小区举办"澄城县2022年易地搬迁安置点专场招聘会"，为就业困难群众提供更多应聘机会。截至2022年8月，幸福社区1186户2761人已实现就业，其中县内就业940户1671人，县外省内537户732人，省外285户358人，公益性岗位安置30人，社区工厂26人。幸福社区通过建立培训就业服务体系，很好地解决了搬迁群众的就业问题。

三是做强文化服务体系。为丰富群众的精神文化生活，拉近居民间的邻里关系，增强社区凝聚力与向心力，幸福社区将公共文化服务与精神文明建设工作相结合，围绕文化活动、健康教育、精神文明等方面，切实打通文化惠民服务的"最后一公里"。依托春节、端午、中秋等传统节日，开展一系列昂扬向上，形式活泼，居民乐于参与、便于参与的文化活动；组建广场舞舞蹈队、民乐秦腔等社区文化队伍，利用空闲时间、节庆日在健身广场开展文化活动，营造良好生活氛围。

四是加速健全养老服务体系，提高社会保障能力。在社区开展"访民情、听民意"大排查大走访活动中，居民反映惠安苑小区基础设施不完善，且老年人居多，没有供居民休憩的场所。社区居委会针对此问题，及时与共建单位移民搬迁办协调沟通，实地考察，选出平时居民们聚集较为集中的地方，安装休闲座椅35套，供老年人平日休憩娱乐使用。为老年人提供更加精准化、个性化的服务，开展社区常态化摸排工作，全面掌握老年人群基本情况，成立"为老助残"服务队，定期走访独居老人、残疾老人，陪老人聊天、看报，为老人代买米面油菜，代交电费、水费；定期为老年人进行健康义诊、心理疏导，更好地满足老年人的医疗服务需求；定期开展爱心义剪、清理打扫、适老化改造等服务，让老人享受到贴心服务，感受到社区的温暖。

五是做优志愿服务体系，增进社群情感联结。社区积极动员社会各层面、各行业、各领域广泛参与志愿服务活动，并成立"郎中在线""为老助残""稳岗就业"志愿服务队,常态化组织开展环境整治、医疗健身、科学普及、法律宣讲、代买物品、免费理发等志愿服务。同时,推行志愿服务积分兑换制度,改变以前志愿者单向服务的状况,将志愿服务受益人群延伸至志愿者本人,激励更多居民加入志愿服务活动中。社区根据《城关街道志愿服务积分管理办法》,结合志愿者们一年中参与政策咨询、医疗救助、就业创业等方面志愿服务活动的表现情况,为积极参与志愿服务的网格员、小区党支部书记、居民议事会会长、楼栋长、彩虹志愿服务者等十类人群兑换志愿服务积分,让志愿服务助力社区治理。

12.1.4 评价与借鉴

为保障搬迁群众"搬得出、稳得住、能脱贫、可致富",幸福社区党支部充分发挥基层党组织战斗堡垒和党员先锋模范作用,积极探索创新社区治理模式,"网格下沉"的社区治理新模式以"全方位视角"服务群众,真正实现了搬迁群众住得安心、过的放心、充满信心、生活舒心、党群齐心的目标。幸福社区突出党建引领,按照"塑造新居民,增强幸福感"的发展理念,通过推进网格下沉做实网格治理,通过开展多样的政策宣传活动强化群众对政策的理解和认识,通过健全公共卫生服务、培训就业服务、文化服务、养老服务、志愿服务等完善社区治理体系,把社区建设成为"民主更健全、科教更进步、文化更繁荣、社会更和谐"的睦邻安居新社区,实现幸福社区人人幸福。

易地搬迁是一项系统、全面的项目,包括"愿意搬—搬得出—稳得住—能致富—好融入—有保障—协同化"的复杂过程,牵涉搬迁群众后续生产方式、生活方式和生存方式的结构性重组和变革。易地搬迁初期,重点聚焦搬迁群众"愿意搬、搬得出"这一现实问题,在易地搬迁后续帮扶时期,如何实现搬迁群众"稳得住、能致富、好融入、有保障、协同化",是我国在巩固拓展脱贫攻坚成果同乡村振兴有效衔接时期应持续关注的话题。后者的任务难度更大,需要各地集思广益,在实践中探真知。从这个意义上说,澄城县幸福社区"网格下沉"的社区治理新模式,对于全国尤其是西部类似地区推进易地搬迁后续帮扶具有很强的借鉴意义。

12.2 陕西山阳富桥搬迁社区推动乡村移风易俗

12.2.1 案例概况

易地扶贫搬迁是党中央、国务院为解决"一方水土养不起一方人"地区贫困人口脱贫问题而提出的战略性方案。该方案的实施有效解决了不具备良好生存条件的贫困群众的基本生活问题（武汉大学易地扶贫搬迁后续扶持研究课题组，2020）。到2020年，我国的易地扶贫搬迁工作全部完成，脱贫攻坚成效显著。做好易地扶贫搬迁后续帮扶工作成为当下的重点任务，要确保群众在"搬得出"的基础上实现"稳得住、能致富"。搬迁社区的乡风文明建设则是后续帮扶工作的核心，其能够使搬迁群众形成良好精神面貌、生活和行为习惯，提升其自身的思想觉悟和道德素质，加深社区融入程度。

富桥社区移民小区位于陕西省商洛市山阳县高坝店镇，始建于2020年5月，辖1592户5962人，其中易地搬迁1107户4475人。社区设有卫生室、警务室、爱心超市、图书阅览室、便民服务室等配套设施，多方位地帮助搬迁群众融入社区，实现搬得出、稳得住。富桥社区在开展搬迁后续帮扶工作中坚持物质文明与精神文明两手抓，聚焦乡风文明建设，结合山阳县开展的移风易俗"1423"专项行动，针对移民搬迁社区实际，创新形成了移风易俗"135"工作机制，即"一纸民约树新风、三类群体做表率、五项措施强推进"。其中，移风易俗相关整治以及文明实践拓展方面的工作具有较强的代表性和借鉴性，有效提升了居民文明素质，助推乡村振兴向纵深发展。

12.2.2 形成背景

党中央的相关文件中明确指出了乡风建设的重要意义。党的十九大报告提出的乡村振兴战略，包含产业兴旺、生态宜居、乡风文明、治理有效、生活富裕五方面的内容，其中，文明乡风建设是实现乡村全面振兴的强有力保证。我国当前的主要矛盾已经转化为"人民日益增长的美好生活需要和不平衡不充分的发展之间的矛盾"，搬迁群众在追求物质富足的基础上也更期望精神层面的满足，因此，要使搬迁群众在新环境中获得归属感，就需要加强文明乡风建设。《中共中央 国务院关于实施乡村振兴战略的意见》指出乡风文明是乡村振兴的保障，必须提升农民的精神风貌，培育良好家风和淳朴民风,实现乡村社会文明程度的节节攀升①。《中共中央国务院关于实现巩固拓展脱贫攻坚成果同乡村振兴有效衔接的意见》中提出要做好易地搬迁的后续扶持工作,提升搬迁社区的管理服务水平,重点关注搬迁群众的社会融入问题②。《关于进一步推进移风易俗建设文明乡风的指导意见》提出要坚决遏制农村"天价彩礼'娶不起'、豪华丧葬'死不起'、名目繁多的人情礼金'还不起'、农村老人'老无所养'"等陈规陋习,推进移风易俗整治工作,建设文明乡风③。

经过多年的发展与建设,我国的乡村整体上形成了文明和谐的良好风气,为建成社会主义新农村、实现乡村振兴奠定了基础。然而,由于易地搬迁工作所涉及的贫困人口搬离了原本的居住环境,他们的思维方式与行为模式都很难在短时期内与新的生活环境相契合,这给后续的乡风建设工作带来了不容忽视的挑战。其源头归根结底有以下两点:陈旧的思维认知以及不健全的社区制度。首先,转变搬迁群众的陈旧思维是推动乡风建设的核心与起点。社区群众的思想认识水平、道德和价值观念、对社区的认同程度均为易地搬迁后续乡风建设的重点和难点。由于搬迁群众中脱贫户占大多数,并且老弱病残在其中占很大比例,他们的文化水平普遍较低,对新思想的接受能力较弱,再加上搬迁打破了原有的以传统的血缘或地缘为纽带的人际关系,对社区缺乏归属感与认同感,不愿积极主动地融入新生活,不愿接受社区在移风易俗、破除陈规陋习方面的限制(赵双、李万莉,2018)。因而,需要通过后期的帮扶工作来提升搬迁居民的思想水平,帮助邻里之间实现和睦相处,以便使其更好地适应新的社区生活。其次,不健全的社区制度也是阻碍乡风文明建设的原因之一。易地搬迁社区是在新型城镇化的背景下产生的、具有独特的过渡性质的社区,它和一般的城市或农村社区之间既有相似之处,又存在着明显的差别。国家和地方层面针对易地搬迁社区的政策制度相对较少,以至于不同地区对该种社区的定位有的为城市社区,有的则为农村社区,导致其社区定位较为模糊。此外,尽管在各地易地扶贫搬迁工作的推动进程中有不少指导性文件,但大

---

① 中共中央 国务院关于实施乡村振兴战略的意见[N]. 人民日报,2018 - 02 - 05(001).
② 中共中央 国务院关于实现巩固拓展脱贫攻坚成果同乡村振兴有效衔接的意见[N]. 人民日报,2021 - 03 - 23(001).
③ 关于进一步推进移风易俗建设文明乡风的指导意见[J]. 农村工作通讯,2019(22):5 - 7.

都是针对搬迁效率的提升而制定，并非关涉后期的社区建设与治理，或只是寥寥概括，缺少具体的约束与规定，进而导致在后续的社区治理过程中各部门各自为政，阻碍了搬迁群众融入社区的积极性与团结性（刘欢，2021）。基于上述的一般化问题，富桥社区作为有代表性的易地扶贫搬迁社区之一，在乡风建设方面的工作一定程度上缓解了群众与新环境之间的矛盾，非常值得分析与借鉴。

12.2.3 主要做法

（1）文明实践的拓展

第一，精神文明宣传。在乡村治理中融入德治，能够发挥道德引领、规范和约束的作用，增强搬迁群众的道德底蕴，有助于邻里之间和谐相处，促进乡风建设。富桥社区积极开展精神文明提升相关行动，实施创建征集活动：一是在社区建立村史馆，记录乡村的历史变迁、民俗风情、民俗文化，让搬迁群众能够保留对原先居住地的记忆，以解乡愁。同时，村史馆的建成能够让群众明白历史传承的价值和意义，对自己本村的文化产生认同感，增强文化自信。二是在社区建立新时代文明实践站，招募志愿者150余名，围绕政策宣讲、精神文化、医疗保障、科普教育、产业帮扶、矛盾调解、疫情防控、环境提升"八大志愿服务"向社区群众提供帮助，先后开展"爱心作业帮""科技入户"等志愿服务活动5次，积极宣传习近平新时代中国特色社会主义思想，培育主流价值，推动移风易俗的农村基层宣传。富桥社区因此于2022年3月被县新时代文明实践中心授予"最美志愿服务社区"，被县委组织部、宣传部等部门联合授予"山阳青年五四奖章集体"。三是在社区开展以家庭和谐、孝道、劝学、向善、勤俭、励志、修养为内容的好家风好家训征集活动，宣传社会主义核心价值观，提升群众的政治觉悟。

第二，道德模范评选。富桥社区积极实施道德模范评选活动，通过"服务得积分、积分享服务"的双向积分运行模式调动群众的参与积极性，提升治理效率。积分评定标准涵盖道德积分和实践积分两大部分，以及下设的包括行为文明、邻里和谐、移风易俗、政策宣讲、产业帮扶等在内的13个小项，群众可以通过完成评定标准中的具体内容获取积分。获得的积分不仅可以按照1积分兑换1元的标准，在爱心超市兑换相应物品，还可以在需要帮助时，按同等价值兑换成志愿者或其他志愿组织提供的服务。

如果不用积分退还商品或服务，长期累计积分达到前 20 名的家庭还可以参与年终"寻找新时代文明实践者"评选活动。2022 年，富桥社区共发放爱心积分 8200 余分，并先后评选了王鹏等"道德楷模"4 人，让群众有"榜样"可学，有"镜子"可照，全面推进社区文明建设，最大限度地发挥模范带头作用，营造见贤思齐的浓厚氛围。

第三，社区服务延伸。提升老年群体的生活质量以解决在外务工子女们的后顾之忧，是易地搬迁后续帮扶工作的目标。老年人是需要重点关注的核心群体，相较于年轻人，他们接受新事物的能力较弱，适应新环境所需的时间更长。富桥社区创办了社区老年大学，突出关爱老人服务，其中开设书画、戏曲、舞蹈、乒乓球等四个兴趣爱好班；共招募 3 名教师（志愿者），学员人数超过 70 人。老年人不仅能够在大学中学习新知识、新技能，还能通过文艺汇演的方式向家人和社区群众展示学习成果，提升自身学习热情和生活自信。老年大学作为为社区老年人搭建的文化活动平台，秉承"老有所学、老有所乐"的理念，让老年人在陶冶情操的同时，对文明城市和文明生活有更深层次的理解。此外，老年大学内还留有供老年人休息的房间，依托社区日间照料中心，为前来社区参与文化活动的老年人提供就餐和休息服务。

第四，移风易俗治理。"风成于上，俗化于下"的移风易俗新局面有助于推动乡风文明建设。为更好服务社区群众，强化社会管理，遏制婚丧嫁娶大操大办、奢侈浪费的不良风气，富桥社区成立红白理事会，专项负责移风易俗红白喜事的统筹工作；制定喜事会管理制度、红白喜事"两办八不办、双六条"标准，以及"2115115"硬规定，有效减轻了群众的人情负担，形成了良好的社区风气。相关制度和标准对红白喜事的宴请范围、酒席标准和随礼金额均有明确规定，包括只过婚丧两种事，宴请规模不超 100 人，每桌费用控制在 300 元以内，酒水 50 元以内等，倡导红白喜事操办从简，反对浪费和恶性攀比。社区还在广泛征求意见的基础上，将"红白喜事应节约、铺张浪费要不得"以及"不搞迷信不赌博、移风易俗从我做"的新风纳入居民公约，并张贴移风易俗红黑榜，对遵守规定的群众公开表扬，反之通报批评。这一做法能够有效约束群众的落后思想和不文明行为，促进良好乡风文明建设。

（2）管理制度的完善

第一，深化组织领导。为了确保管理制度落地见效，深入推进移风易俗工作，引导教育群众自觉抵制和破除陈规陋习，树立新思想新观念，努力形成良好的社会新风尚，富桥社区成立了以副镇长为组长的监督工作领导小组，负责对喜事会进行日常监管。其主要职责包括：宣传喜事简办管理制度和要求；实时监督检查、及时纠正违规现象；对违反制度的群众进行批评教育并公开曝光；对于严格遵守喜事会制度的群众给予补贴。另外，针对道德模范评选活动的积分评定与发放，富桥社区组织了积分评定小组负责管理日常事务。评定小组会依据积分评定细则，于每周五对申报积分进行评定，无误的积分数据会于每周一由村文明实践工作站班子审定，并向全体社区群众公示，以保证公平性。所有公示的积分均会由村文明实践站建立积分管理台账，群众不用担心积分会因个人记忆偏差而出现遗漏，系统会自动累计和计算积分数额，以确保数据的准确性。

第二，强化示范效应。领导干部的日常作风和生活习惯不仅代表着本人的形象，更对社会风气的形成具有"上行下效"的示范带头作用。在移风易俗、乡风建设的推进工作中，富桥社区抓住社区在外工作的干部职工、具有影响力的乡贤达人、在外创业成功人士三类关键群体，带头落实红白喜事"两办八不办、双六条"标准等相关规定，充分发挥他们的影响力和感召力。在社区群众心中，他们就像一个标杆和目标，他们崇尚俭朴节约、杜绝浪费，就会引导节俭风气；他们自觉摒弃陈规陋习、践行新要求，就会引领文明新风尚。移风易俗就是要在党员干部等关键群体的带头引领下，破除婚丧嫁娶大操大办、奢侈浪费等不良风气，倡导婚事新办、厚养薄葬、勤劳节俭、崇德孝仁的社会生态，以正确导向和行为示范带动群众转观念、破旧俗、立新风。

第三，加强宣传引导。积极宣传移风易俗的意义，有助于增强社区群众对政策的理解，形成文明淳朴的新民风。富桥社区积极开展"移风易俗传文明、党群合力扬新风"宣传教育活动：通过"山阳宣传""山阳党建"等微信公众号向群众汇报移风易俗工作内容与成果，宣扬建立良好风气对社区生活的积极影响；通过文艺汇演、上户走访、在全镇范围内发放移风易俗倡议书等形式，开展移风易俗的宣传普及，营造浓厚的宣传氛围；在社区内放置宣传标语并张贴居民公约，让群众切身融入移风易俗、文明乡风的环境之中，潜移默化地引导群众生活习惯，推动乡风建设。

12.2.4 总结评价

易地搬迁的后续帮扶工作是一个系统性工程。为了推动乡风建设，紧跟国家乡村振兴的脚步，富桥社区移民小区开展的相关工作取得了一定成效：一是移风易俗的整治，将原有的民风民俗与规章制度相结合，制定红白喜事管理制度、"双六条"标准等限制群众的恶性攀比。同时，社区张贴的红黑榜以及居民公约对约束群众的行为很有成效。二是注重精神文明提升，通过建立村史馆传承历史变迁；通过建立新时代文明实践站全方位地为群众提供志愿服务；通过开展好家风好家训征集活动提升群众的价值理念和政治觉悟。三是进行道德模范评选活动，激发群众内生动力。"服务得积分、积分享服务"的双向积分运行模式不仅能够让群众长期保持良好的文明习惯，更成为促使群众尽快适应社区生活的助力。四是创办社区老年大学，重点关注老年人的身心健康，实现"老有所学、老有所乐"的目标。富桥社区还成立了喜事会和道德模范评选的专项行动工作小组，负责综合协调和督查考核工作，并利用关键群体的带头作用以及多方面的宣传引导，带动社区群众转观念、立新风的自觉性和积极性。

然而，暴露出来的问题也需要重视。一是陈规陋习依然存在。尽管社区成立了专项工作小组并制定了相关规定，但在外大吃大喝、红白喜事宴请相互攀比的状况时有发生；邻里之间仍会因鸡毛蒜皮的小事发生争吵；随地吐痰、言语粗俗等不文明习惯也并未避免。二是有组织的文化或志愿活动开展次数有限。搬迁群众的文化生活较为单调，针对老年人创办的老年大学也缺少志愿者，活动项目不足，更多的休闲方式仍然是在树荫下聊天或打牌。三是有关乡风建设的专业人才不足。搬迁社区的常住人口基本为老年人和儿童，文化程度较高的中青年劳动力都倾向于外出打工，进而导致有能力的专业人才的缺失。再加上乡镇工作繁重、人员有限，很难对每个社区乡风建设的进展工作进行实时监督审核，导致社区的工作人员会产生"混日子"的心态，影响文明乡风建设工作的有序推进。四是搬迁群众自身的积极性不足。乡风建设的核心是要遏制原有的不良风气，光靠外部对群众的"硬推"很难解决根本问题，更重要的还是激发内生动力。但搬迁社区的常住人口文化素养普遍不高，受教育程度有限，对新事物和新知识的接受度不足，因此，在促进社区融入方面仍有一定困难。

整体而言，富桥社区的乡风建设工作坚持强化社会主义核心价值观的建设，以优秀文化引领乡村文化的进步，能够在一定程度上解决搬迁群众的思想负担，构造一种与现代生活方式相适应的文明理念。其在乡风建设方面的成果能够从搬迁群众流露出的幸福感和安全感中体现出来，这是最为直接和显著的发现方式。乡风文明建设是乡村振兴的核心和助力，二者是统一的，只有将乡风建设和乡村振兴有机结合起来，相互促进、良性互动，才会深化乡村振兴内涵，增强乡村振兴动力和活力，推进乡村振兴战略的稳步实施。因此，富桥社区在乡风建设方面的成果对于其他易地搬迁社区的后续社区治理和乡风建设工作的实施具有很强的借鉴意义。

12.3 新疆莎车促进易地搬迁群众稳定就业

12.3.1 案例概况

莎车县易地扶贫搬迁集中安置区是新疆维吾尔自治区易地扶贫搬迁特大型工程，是全区两个万人集中安置区之一。"十三五"时期，莎车县对"一方水土养活不起一方人"的达木斯乡、霍什拉甫乡、喀群乡3个山区乡建档立卡1915户贫困户、10062人实施易地扶贫搬迁，统一采取集中方式安置搬迁户，搬迁入住率100%，成立搬迁区管委会——永安管委会，设置5个村[①]。集中安置区坚持拓展就业岗位以扩大搬迁群众就业规模，加大创业扶持来鼓励搬迁群众自主创业，加强技能培训促进搬迁群众转移就业，建立就业台账进而把控搬迁群众就业动态，被国家发改委评为"'十三五'易地搬迁成效明显县""美丽搬迁安置区"。

12.3.2 形成背景

中国许多农村建档立卡贫困人口居住在相对偏远、基础设施较为落后、水土资源严重不匹配、生态环境极度脆弱和水、旱、泥石流等自然灾害高发的地区，易地扶贫搬迁脱贫一批，是实施精准扶贫、打赢脱贫攻坚战的关键举措，加快实施易地扶贫搬迁工程，可以从根本上解决贫困人口的脱贫和发展问题（曾小溪、汪三贵，2017）。易地扶贫搬迁的雏形最早出现在改革开放之初的地方政府实践。自《易地扶贫搬迁"十一五"规

---

① 孙斌,姚艳红,阿不都克优木·萨拉木.易地扶贫搬迁后续扶持产业发展问题思考——以新疆莎车县为例[J].实事求是,2021(4):108–112.

划》颁布后，易地扶贫搬迁成为独具中国特色的扶贫政策主题。2016年，中国开始进入全面建成小康社会的决胜阶段，国家发展和改革委员会印发《全国"十三五"易地扶贫搬迁规划》，以加快实施易地扶贫搬迁工程。通过"挪穷窝""换穷业""拔穷根"，从根本上解决居住在"一方水土养不起一方人"地区贫困人口的脱贫发展问题（刘明月等，2022）。

南疆四地州——喀什、和田、阿克苏地区及克孜勒苏柯尔克孜自治州，是全国"三区三州"深度贫困地区之一。从戈壁沙漠到高山深谷，资源禀赋贫瘠、自然灾害多发，贫魔长期肆虐，而莎车县就坐落于南疆四地州之一的喀什地区。

莎车县达木斯乡的多个农村位于昆仑山深处，四面环山，自然条件恶劣，灾害频发，基础设施薄弱，村民文化素质整体偏低，人均耕地只有0.4亩，村民的收入主要以畜牧业为主，频发的自然灾害对村民的生活生产造成严重威胁①。例如，艾克拜尔·斯依提艾合麦提，出生于新疆喀什莎车县达木斯乡1村，该村距离莎车县城有150多公里，他在达木斯生活的时候，住房安全没有保障，一家人挤在低矮破旧的土房里，下暴雨时把能盛水的容器找遍也不能将漏水都接下；上学困难，学校离家很远，且村里经常停电，学习不方便；生活资料匮乏、交通不便利②。

"十三五"时期以来，莎车县坚决贯彻落实关于打赢扶贫攻坚战的决策部署和工作要求，将易地搬迁作为精准扶贫的重要措施，按照"集中搬迁一批、社区务工一批、园区就业一批、政府兜底保障一批"的思路，努力克服困难，多方筹集资金，高起点、高水平、高标准规划了永安管委会易地扶贫搬迁建设工程。2016年莎车县对叶尔羌河沿岸喀群乡、霍什拉甫乡、达木斯乡三个乡镇的贫困户率先实施了扶贫搬迁。此次大规模集中搬迁拉开了该县2017年扶贫搬迁的大幕。该县在易地扶贫搬迁中，同步做好产业帮扶，在易地搬迁安置点完成了5万亩土地平整，2.17万亩生态林建设，38.5公里防渗渠建设。同时，在集中安置点引进了社区化管理，完善

---

① 潘彦云. 新疆莎车县100户贫困家庭实现集中易地扶贫搬迁[EB/OL]. 凤凰资讯网,2017-09-02,https://news.ifeng.com/a/20170902/51843764_0.shtml.

② 艾克拜尔·斯依提艾合麦提."搬迁群众说变化"系列报道之四 拥有遮风避雨的新房 遇到相守一生的伴侣[EB/OL]. 中华人民共和国国家发展和改革委员会,2020-11-12,https://www.ndrc.gov.cn/fggz/dqzx/tpgjypkfq/202011/t20201112_1250298.html?code=&state=123.

了教育、医疗卫生、户籍、社会保障兜底机制,使村民搬迁无后顾之忧①。此外,建立了一个可容纳 100 家商铺的巴扎,商品种类丰富,居民步行 20 分钟就能到达。艾克拜尔一家于 2018 年 7 月搬到了莎车县易地扶贫搬迁安置区,住进了 80 多平方米的安居房,"一排排安置房整整齐齐地坐落在小区,不仅接通了电和自来水,道路也平坦宽阔,手机信号好,房子特别漂亮,再也不用担心房顶漏水,不用担心棉被被打湿,终于可以安稳踏实地睡个好觉了。房子旁边还有一个小院子,可以种果树和蔬菜。安置区里,学校、幼儿园、卫生院、文化站、客运站、幸福大院一应俱全,我们过上了城里人一样的生活。"②

但是,易地搬迁群体是我国巩固拓展脱贫攻坚成果难度最大、返贫风险最高的一类人群,而后续稳定就业是实现搬迁群众长效脱贫的主要路径。易地搬迁人口的人力资本水平较低,搬迁后原有的社会网络在一定程度上被打破、社会资本被削弱,且无土安置户远离了土地等原有的创收性资源,后续生计大多需要通过非农就业实现。但以非农就业为主的生计模式对劳动力专业技能和健康水平等要求较高,因而人力资本水平较低、就业竞争力较弱的搬迁群众较难自主实现稳定就业,并适应新的生计模式③。正如莎车县易地搬迁点管委会党工委书记习梁平所说"易地扶贫搬迁不仅是'住'的问题,发展后续扶持产业,使搬迁民众充分就业,从而脱贫过上幸福生活才是关键。"④ 易地搬迁后,尤其是新冠疫情以来如何发展产业、发展什么产业,特别是如何通过产业带动就业的问题突出,莎车县在不断探索中摸索出一套初有成效的方案。

12.3.3 主要做法

为解决搬迁群众增收渠道狭窄、自我发展能力不足等问题,莎车县在

---

① 潘彦云. 新疆莎车县 100 户贫困家庭实现集中易地扶贫搬迁[EB/OL]. 凤凰资讯网,2017 - 09 - 02,https://news.ifeng.com/a/20170902/51843764_0.shtml.

② 艾克拜尔·斯依提艾合麦提. "搬迁群众说变化"系列报道之四 拥有遮风避雨的新房 遇到相守一生的伴侣[EB/OL]. 中华人民共和国国家发展和改革委员会,2020 - 11 - 12,https://www.ndrc.gov.cn/fggz/dqzx/tpgjypkfq/202011/t20201112_1250298.html?code=&state=123.

③ 陈菲菲,张祎彤,仇焕广. "挪穷窝"后如何实现平稳过渡?——基于疫情冲击下易地扶贫搬迁户就业治理的研究[J]. 经济社会体制比较,2022(2):48 - 59.

④ 胡嘉琛. 探访新疆易地搬迁点:告别土坯房进"新城" 贫困户变"行业带头人"[EB/OL]. 中国新闻网,2020 - 04 - 18,https://www.chinanews.com.cn/sh/2020/04 - 18/9160995.shtml.

考虑本地资源禀赋、交通便利条件和产业集聚等因素的前提下,按照"不漏一户、不落一人"和"一人一岗"的要求,紧抓就业帮扶,通过四项举措促进搬迁群众更充分、更稳定就业。

(1) 开发就业岗位,扩大搬迁群众就业规模

莎车县易地搬迁安置区鉴于安置区周边耕地少、土地沙化严重、缺水等制约因素,依据产业发展规划和搬迁群众意愿,积极筹措项目资金,整合各类资源,充分利用卫星工厂、农贸市场、特色食品加工厂、蔬菜交易市场、牛场、羊场、骆驼场、拱棚、就业创业商铺、光伏发电厂、养殖棚圈、纯净水厂等产业,为易地搬迁群众拓宽就业渠道,提供就业岗位①。例如,馕是深受新疆各族人民喜爱的传统美食。在莎车,馕的生产长期以来都是以小作坊的形式存在,没有形成产业。脱贫攻坚以来,莎车县出台一系列政策举措,不断提升馕产业发展水平和层次,为馕产业规模化发展提供了有力支撑。莎车县易地搬迁安置区按照"搬得出、稳得住、能致富"的要求,建立起满足搬迁群众就业和搬迁区后续发展需要的馕产业园,该馕产业园以工厂化提高品质、以品牌化扩大影响,引进现代化打馕设备,实现流水线式作业,生产效率大幅提升。产业园区日产馕1.2万个,其中5000个销往县城,2000个供应当地,其余面向群众零售,解决了本地60多个村民就地就业问题,在这里上班打馕的员工一个月工资2500元左右②。

对于家有老人幼儿、残疾亲人、重病患者等特殊原因无法外出就业的搬迁群众,莎车县通过项目建设、基层社会治理和公益性岗位等方式,开发就业岗位,确保搬迁群众就近就地就业。截至2022年6月,莎车县通过开发就业岗位途径就业的搬迁群众共有1139人,主要从事保洁员、环境卫生监督员、交通劝导员、档案管理员、农业技术员、民政协理员、就业协理员、计划生育宣传员、护林员和护路员等工作。

(2) 加大创业扶持,鼓励搬迁群众自主创业

莎车县成立就业创业服务站,为搬迁群众就业创业提供优质服务。对接莎车县人力资源和社会保障局,为有创业意愿的搬迁群众提供创业培

---

① 裴文超. 新疆莎车县:抓好就业帮扶促进易地扶贫搬迁群众稳定就业[EB/OL]. 国家乡村振兴局网,2022 – 08 – 19,http://www.nrra.gov.cn/art/2022/8/19/art_28_196301.html.
② 王芳,米尔班. 脱贫攻坚丨莎车:馕产业成为增收新引擎[EB/OL]. 莎车县人民政府网,2020 – 11 – 30,http://www.shache.gov.cn//scx/c107984/202011/fd7160ec98624e929dd7cc7f20b66803.shtml.

训；对接莎车县司法局，为搬迁群众在就业创业过程中提供法律咨询和法律援助；对接莎车县农村信用合作联社，为搬迁群众中的脱贫户、监测户提供自主申请小额免息贷款服务（最高3年免息）。同时，在莎车县政府和就业创业服务站的帮扶下，搬迁群众依托已建成的卫星工厂、商铺、农贸市场等平台载体参加就业培训并参观学习，了解其经营管理模式，以此创办投资小、见效快、易转型、风险小的中小规模经济实体。截至2022年6月，莎车县自主创业的搬迁群众共有471人，主要经营设施农业、流动超市、餐馆、生活用品店、理发店、蛋糕店、衣服店、修理店等。[①]

例如，2020年，莎车县易地搬迁安置区针对辖区内的贫困群众，鼓励他们发展大棚种植，邀请内地技术专家为农户提供一对一的技术指导，并为每户贫困户免费建设一个温室大棚，安排了10名技术员，每周一、三、五都会到温室大棚实地查看并指导农民对大棚的管理种植情况，对操作不熟练的农民会继续进行培训教学，有效降低农民种植成本和风险。其中尝到设施农业甜头的阿布都热合曼·图尔荪承包了邻居的三个温室大棚，错峰种植特色蔬菜，一年下来四座大棚卖出了8万多元。随着收入的增加，掌握了种植技术的阿布都热合曼·图尔荪以每月1500元的工资，吸纳村里的建档立卡贫困户一同打理大棚，带动他们增收致富。阿布都热合曼的事例激励村民干事创业，一大批有着创业热情的建档立卡贫困户通过设施农业脱贫致富，激发群众脱贫内生动力。政府扶持、乡镇带动、一对一技术培训、贫困户自愿参与，传统的种植方式转变成现代化规模经营，目前，莎车县易地搬迁区已建成现代化大棚2000座，通过种植辣椒、茄子、西红柿等蔬菜，让建档立卡贫困户有了稳定收入[②]。为了能让村民种植的农作物卖出好价钱，安置区党工委专门成立了农产品销售合作社，由合作社进行统一收购、联系批发售卖，建立起了种植、销售一体化的长效机制，有效解决了农民后顾之忧。

（3）加强技能培训，促进搬迁群众转移就业

莎车县充分利用农牧民夜校，采用现场教学、视频教学等方式，根据

---

① 裴文超.新疆莎车县:抓好就业帮扶促进易地扶贫搬迁群众稳定就业[EB/OL].国家乡村振兴局网,2022-08-19,http://www.nrra.gov.cn/art/2022/8/19/art_28_196301.html.

② 蔬菜温室大棚带动村民增收致富[EB/OL].莎车县人民政府网,2021-01-19,http://www.shache.gov.cn//scx/c107997/202101/f3e31243ecbf4f00a7d332914470cd4c.shtml.

搬迁群众掌握国家通用语言文字的高中低程度进行分班授课，内容涵盖国家通用语言文字、政策法规和职业技能（包括畜牧养殖、泥瓦工、种植技术、食品加工、烹饪技术、建筑工、电焊工）等方面。根据搬迁群众就业意愿，莎车县人力资源和社会保障局组织学校汉语教师、政法系统干部、有高级技工及以上资质的教师，对 16~50 岁搬迁群众进行有针对性的分层分类培训，提升搬迁群众就业技能。培训类型分为 a 类工种（汽车维修工、焊工等）、b 类工种（电子计算操作员、厨师、木工、缝纫、建筑工、电工等）和 c 类工种（纺织、家畜饲养、动物防治人员、农作物生产人员等），此外，还有专项培训和通用素质培训①。

例如为解决贫困户就地就业问题，莎车县易地安置区积极引进企业，并通过相应的技术培训，实现农民向产业工人的转变。安置区永平村村民阿尔祖古丽·麦麦提从学校毕业回到家里照顾父母，没能就业，引进永盛服饰有限公司在易地扶贫安置区建立服装厂后，她来到厂子上班，经过培训很快就适应了工作岗位，生活得到保障②；2018 年 4 月，参观了莎车县易地扶贫搬迁安置点后，古再丽努尔毅然决定加入易地扶贫搬迁队伍，搬进永平村后，经过培训，她很快在安置点扶贫车间找了份缝纫工的工作，每月收入 2000 多元，和她一样的经过培训在扶贫车间工作的还有四五百名搬迁村民③。

截至 2022 年 6 月，莎车县共进行职业技能培训 20 次，参加培训的搬迁群众共计 870 人，其中 212 人已获得职业技能证书。

（4）建立就业台账，把控搬迁群众就业动态

2022 年年初，莎车县针对易地搬迁群众成立就业工作领导小组，建立就业台账，并采取入户摸排核实、电话就业回访等方式，对就业台账进行每月一次的动态调整。对于本人或家属在安置点长期就业的人员，就业工作领导小组召集安置点所辖行政村就业专干和就业协理员进行劳动力就业入户核实，并要求熟悉村情况的小组长、大队长、治保主任等协助对摸排

---

① 裴文超. 新疆莎车县：抓好就业帮扶促进易地扶贫搬迁群众稳定就业[EB/OL]. 国家乡村振兴局网,2022-08-19,http://www.nrra.gov.cn/art/2022/8/19/art_28_196301.html.
② 王芳,吐地·塔西. 新春走基层丨莎车：家门口的服装厂解决就业促增收[EB/OL]. 天山网,2021-02-07,https://www.ts.cn/zxpd/dz/scx/202102/t20210207_5787316.shtml.
③ 韩沁言,约提克尔·尼加提. 莎车县易地扶贫搬迁安置点村民——有家有业有幸福[EB/OL]. 莎车县人民政府网,http://www.shache.gov.cn//scx/c107997/202007/615d93499533446abc94ef12de0c22d5.shtml.

信息进行再次核查；对于整户长期在外就业人员，就业工作领导小组进行电话就业回访。就业台账的实时更新，使得莎车县能够及时掌握搬迁劳动力数量变化、具备就业条件人数、就业实际情况和收入状况，提高所掌握的搬迁群众就业信息准确性。截至2022年6月，莎车县动态调整搬迁群众就业台账6次，经摸排，搬迁群众具备就业条件人员4143人，已全部实现就业；暂时不具备就业条件人员1022人（学生911人、孕妇19人、哺乳期妇女27人、因病治疗16人、骨折受伤11人、照顾家庭35人、学徒3人）；长期不具备就业条件人员687人（残疾124人、精神障碍7人、长期慢性病81人、大病重病79人、特殊人员250人、无劳动力87人、长期不在辖区47人、户籍迁走12人）。①

通过上述四项举措，莎车县易地搬迁安置区具备劳动能力的人员全部就业，并且搬迁群众人均年收入由搬迁前的1700～3050元增加至搬迁后的6002～50000元，为巩固拓展脱贫攻坚成果打下坚实的基础②。

12.3.4 经验启示

易地搬迁群体返贫风险大，促进搬迁群众稳定就业是实现长效脱贫的主要路径，莎车县在帮助搬迁群众实现就业方面所采取的举措成效显著，值得其他易地搬迁地区借鉴。针对搬迁群众本身贫困程度较深，且远离了原有的土地等主要收入来源的问题，莎车县通过开发就业岗位和鼓励创业来维持搬迁群众的后续生计，尤其注重利用当地特色产品的生产，在鼓励创业方面，帮助村民亲身体验产品的生产过程，使其充分了解经营管理模式，由村民自己决定是否投资经营，并邀请相关技术人员来为创业的群众提供培训；非农就业岗位对劳动力的专业技能要求相对较高，莎车县易地搬迁安置区根据搬迁群众的就业意愿来为其提供相应的技能培训，使群众能够较快地适应工作；同时莎车县易地搬迁安置区的干部入户走访，实地考察，精确把握搬迁群众的就业状况，并根据个人能力和家庭状况，引导鼓励进入适合的岗位就业。

---

① 裴文超. 新疆莎车县:抓好就业帮扶促进易地扶贫搬迁群众稳定就业[EB/OL]. 国家乡村振兴局网,2022-08-19,http://www.nrra.gov.cn/art/2022/8/19/art_28_196301.html.

② 孙斌,姚艳红,阿不都克优木·萨拉木. 易地扶贫搬迁后续扶持产业发展问题思考——以新疆莎车县为例[J]. 实事求是,2021(4):108-112.

12.4 贵州丹寨金泉街道加强易地搬迁后续帮扶

12.4.1 案例概况

"五金五泉"模式是金泉街道在完成易地搬迁后,紧扣搬迁群众"稳得住、有就业、逐步能致富"工作目标,继续深化公共服务、培训和就业服务、文化服务、社区治理、基层党建"五个体系"建设,通过多渠道多元化保障搬迁群众收入,创新"五金五泉"品牌,全力将金泉街道打造为集金饭碗、金品牌、金钟罩、金钥匙、金种子为一体的"五金"品牌,成为搬迁居民的致富之泉、幸福之泉、平安之泉、文化之泉、红色之泉。金泉街道以基层群众自治为切入点,以网格为出发点和着力点,形成"居委会—网格—楼栋"的网格化管理机制,此外,将党小组建立在网格上,以"一网格一组织"为原则进一步延伸党建触角,进一步加强党建的引领作用和搬迁社区的凝聚力和向心力,以有效推进社区治理体系和治理能力现代化,从而实现金泉街道易地搬迁后续各项工作高质量开展。

12.4.2 形成背景

"十三五"期间,贵州省丹寨县打赢脱贫攻坚战,2018年,在全州第一批顺利实现"减贫摘帽";到2019年底,全县5个贫困乡镇全部摘帽,96个贫困村全部出列,5.87万贫困人口全部脱贫,使得丹寨县历史性地撕下了绝对贫困的定性标签。其中,易地搬迁作为解决"一方水土难养一方人"的根本途径,不仅让搬迁群众完全脱离了其既往生存的特定"贫困空间",从根本上隔断了贫困的代际传递,而且进一步优化升级城乡布局,为西部巩固拓展脱贫攻坚成果同乡村振兴有效衔接提供了经验借鉴。金泉街道于2019年8月经贵州省人民政府批复成立,位于丹寨金钟经济开发区核心区,国土面积约10.28平方公里,辖4个社区(金泉社区、金扬社区、东湖社区、农场社区)和3个村(老八寨村、排正村、中华村),其中三个社区(金泉社区、金扬社区、东湖社区)为移民搬迁社区,是搬迁群众迁入的重点区域,累计搬迁人数约为2860户11914人,约占总人口的51%,是典型的易地搬迁社区之一。

搬迁入住只是第一步,搬得出需要依靠国家的扶贫政策,政府的支持和移民局干部前期工作的硬件环境;稳得住则需要靠搬迁移民安置点的后续动力,需要政府的财力支持、安置点社区的协调工作等各方面因素的支持①,因此,易地扶贫搬迁"后半篇文章"的关键在于对搬迁群众的后续帮扶。相比常规易地扶贫搬迁类社区,金泉街道面临特有的困难和挑战,很大程度上桎梏了后续帮扶工作的顺利开展,无疑成为其亟须解决的重点、难点所在。首先,因搬迁人员复杂的文化背景会存在"融合难"问题。金泉街道的搬迁居民绝大多数来自全县各乡镇村寨,分别来自不同的民族,社区居民的思想观念、文化习俗、生活习惯等方面存在显著差异,融入难度较大,社区治理难以开展。其次,因全新陌生的生活环境会出现"适应难"问题。搬迁后全新的生产生活环境使得搬迁居民在生计方式、生活成本、生活习俗和社会交往等方面存在不可避免的摩擦和碰撞。此外,由于熟人社会结构和传统习俗受限会导致搬迁群众在文化适应、社会适应上面临巨大的阻碍。最后,因社会组织参与度低,会引致"帮扶难"问题。现有的易地搬迁后续帮扶工作均是以政府为主,部分企业给予资金支持,但其余帮扶领域尚未向社会基层组织开放,导致两者之间存在"放"与"管"的恶性循环,从而大大削弱了帮扶工作对社会基层组织的吸引力,掣肘了金泉街道后续帮扶工作的开展。

对此,金泉街道以"问题得到'销号',严防问题'反弹'"为重要抓手,以"政策暖心、服务用心、发展顺心"为着力点和落脚点,紧紧围绕群众就业、公共服务、社区治理、文化传承、基层党建等方面,开展一系列建立和完善搬迁群众可持续发展的体制机制,切实解决好"搬出来后怎么办"的问题,着力将其打造为集金饭碗、金品牌、金钟罩、金钥匙、金种子为一体的"五金"品牌与集致富泉、幸福泉、平安泉、文化泉以及红色泉为一体的"五泉"品牌。"五金五泉"的社区治理模式不仅使得搬迁群众实现了物质和精神层面的"双重富裕",而且有效推动了金泉街道社区治理重心向基层下沉,缩短了党和政府联系群众、服务群众的"最后一公里",达到了政府治理、社会调节和居民自治之间的良性互动,最终形成了以自治、法治、德治为核心的"三治融合"全方位基层社会治理体系,为引领金泉街道易地搬迁后续各项工作实现高质量发展夯实了根基。

---

① 罗银新,胡燕,滕星. 从鸿沟到共生:易地扶贫搬迁人员文化适应的特征及教育策略[J]. 当代教育与文化,2020(5):38-44.

12.4.3 主要做法

为做好易地搬迁后续帮扶工作，金泉街道紧密结合移民搬迁群众实际，瞄准有效实现其稳得住、有就业、逐步能致富的目标，自主积极探索创新移民社区管理机制，从稳岗就业、公共服务、社区治理、文化传承、基层党建等方面多措并举改善并提高搬迁群众的生产生活条件，依托"居委会—网格—楼栋"的网格化管理机制，发挥基层群众自治组织基础作用，狠抓后续扶持工作，以大幅增强搬迁群众幸福感、获得感与满意度。金泉街道的具体做法如下①：

第一，打造群众就业"金饭碗"，汇聚搬迁社区"致富泉"。金泉街道将稳定就业作为做好后续扶持工作的重要抓手，通过建立健全就业促进机制和保障体系，以高质量就业不断提高搬迁群众收入水平，汇聚金泉街道就业"致富泉"。首先，实施"三个一批"就业工程，增加搬迁群众就业岗位。一是创办扶贫车间吸纳一批，充分利用浙江杭州、广州佛山等对口帮扶资源和东西部扶贫协作资金及财政扶贫资金，在移民小区及周边建成洗涤、制衣、蜡染等车间4个，吸纳稳定就业230人，提供临时就业岗位500余个；二是从事农业生产灵活解决一批，积极整合财政扶贫资金盘活园区闲置土地，大力发展生产周期短、效益好的农业产业项目，带动脱贫劳动力务工3560余人次，日均增收80~150元；三是开发公益性岗位稳定一批，在移民小区开发公益性岗位316个，优先帮助无法离乡、无业可扶的搬迁劳动力实现就业。其次，全力聚焦"三种形式"，提升搬迁群众就业质量。一是开展"订单式"培训，依托技校、职校以及培训机构等开设就业培训班，累计开展就业培训8场次526人，实现就业420人；二是进行"立体式"推荐，利用招聘会推荐、入户讲解、便民墙发布、苗汉双语广播宣传等方式，做好就业信息宣传、发布和就业岗位推荐；三是抓好"集中式"输送，组建丹寨县同协产业专业合作社联合社总社，金泉、金扬、东湖劳务合作社分社，抓好集中组织劳务输出。最后，建立"三级联动"机制，防范社区居民失业。一是成立由街道、社区"两委"和网格员组成的"三级联动"机制，在此基础上通过逐栋逐户对搬迁群众劳动力基

---

① 恩琪. 丹寨县金泉街道"五举措"交出易地搬后扶幸福答卷[EB/OL]. 丹寨县人民政府网，2022-12-12，https://www.qdndz.gov.cn/xzjdbsc/jqj/gzdt_5649469/202212/t20221216_77548451.html.

础信息进行排查，以社区为单位建立搬迁劳动力台账，做到精准底数；二是创新研发"红黄蓝"就业预警监测系统，分别对应临时失业、灵活就业、稳定就业三种形式，实施预警监测；三是严格落实就业人员动态跟踪制度，围绕基础信息、就业培训、转移就业、自主创业、公益性岗位等内容进行核实，及时掌握搬迁群众就业状况。

第二，打造公共服务"金品牌"，汇聚搬迁社区"幸福泉"。在社会保障服务方面，金泉街道围绕教育、医疗、养老等问题展开易地搬迁后续帮扶。一是建立"学校+社区"教育服务沟通机制，将搬迁子女转入社区周边学校就近就学，创新创办"四点半学堂"；二是建立"医院+社区"医疗卫生服务机制，举办卫生健康培训，就近安排卫生防疫服务；三是进一步优化养老尊老服务，建立"老人+"服务机制，提供劳务、托教、文娱、用餐、医疗、交流学习等服务。在基础设施建设方面，金泉街道则将重心下沉到家家户户，建立县第二幼儿园、金钟一小、第二中学等满足搬迁子女的就学需求，配套社区卫生服务中心、县疾控中心、利民医院以及3个村（社区）卫生室以满足搬迁群众基本医疗卫生需求。在社区综合服务方面，金泉街道通过建立健全便民服务大厅和相关机构、设立村级社区服务站以及成立物业管理公司等全方位保障搬迁居民的生活需求，从而以"便民利民"为实现目标从本质上提高搬迁居民的获得感、幸福感和安全感。

第三，打造社区治理"金钟罩"，汇聚搬迁社区"平安泉"。金泉街道充分发挥"政治引领"作用、"法治保障"作用、"自治强基"作用，加快提升安置点社区治理能力。首先，聚焦在群众个体，要求群众自治系统化、规范化。积极引导社区居民参与社区治理，通过组建紧急救援队、巡逻队、服务队等进行消防安全、治安巡逻和矛盾纠纷调解，实现基层群众自治。其次，以网格为出发点和着力点，实行社区管理网格化。金泉街道将安置区按照区位和人口分布成立3个易地扶贫搬迁社区，进一步划分为45个网格实行网格化管理，形成"居委会—网格—楼栋"的网格化管理机制。最后，统筹建立"综治中心+N"模式，实现社区治安防控法治化。健全"三调联动"机制（即人民调解、司法调解、行政调解），用好"居民公约""天网工程""雪亮工程"等载体，落实治安联防联控责任，形成群防群治工作格局，切实增强群众安全感。

第四,打造民族文化"金钥匙",汇聚搬迁社区"新风泉"。金泉街道紧密结合搬迁人员文化构成,充分挖掘少数民族文化,通过丰富社区群众的精神文化生活以尽快适应新城镇环境。一是解锁民族文化发展新动力。充分利用苗年、吃新节、翻鼓节等少数民族特色节日,开展芦笙比赛、铜鼓舞、篮球比赛、篝火晚会等群众喜闻乐见的各种文体活动,在加强社区居民群众联系的同时,促进了民族特色文化的交流和传承。二是解锁民族文化传承的新潜力。金泉街道以民族文化传承保护和推进群众就业统筹为解锁主线,以民族文化队伍建设和丰富群众业余精神文化生活结合为解锁抓手,通过减免场地租金、创业补贴等优惠政策,建设民族特色扶贫车间,带动90余名搬迁劳动力就业;通过鼓励支持以搬迁群众组建文化活动为契机,成立、发展、壮大相关文体协会,积极引导社区群众参会入会,为社区"新风泉"建设注入活力。三是解锁文明新风倡导的新活力。通过多途径、多形式开展树文明新风活动,将微博、抖音、小红书等新型传媒载体与特色民俗文化活动进行有机结合,实现社区精神风貌的转变和深化。

第五,打造基层党建"金种子",汇聚搬迁社区"红色泉"。首先,抓好基层、打好基础。金泉街道将"党小组建在网格上",进一步延伸党建触角,指导金泉社区按照"一网格一组织"原则,通过单独组建、联合组建、挂靠组建等方式成立若干个网格党小组,通过定期或不定期举办党务知识业务能力提升培训班,通过授课培训、交流借鉴等方式提高社区党务工作者抓党建促发展的能力素质。其次,抓好班子、带好队伍。切实选优配强社区"两委"班子成员,结合社区实际积极落实"一肩挑",切实增强"两委"干部队伍战斗力。建立健全村级后备力量选拔、培养、任用机制,建立村级后备力量人才库和村级后备力量档案,进行动态跟踪管理,实行社区干部"1+X"联系、帮带、培养后备干部模式,引导后备干部到网格党小组一线、产业发展一线、乡村振兴一线锻炼。最后,抓好制度、搞好服务。在就业服务层面,以"党群联干、党政联推、党社联合"为主要抓手,为易地搬迁群众就业与再就业提供强大的组织保障;在社区服务层面,通过党员联系、民情家访、简化办事流程等方式拉近与移民群众的距离,不断提升社区治理和服务质量,积极营造社区服务"零距离"的良好氛围。

12.4.4 问题分析

一是稳岗就业难度大,发展内生动力不足。首先,金泉街道大部分搬迁居民受到自身文化素质以及民俗文化的双重影响,对于传统农业有较强的依赖性,习惯于传统的种养模式,对于搬迁移民社区的帮扶新产业难以适应;其次,街道搬迁社区青壮年大部分外流就业,导致搬迁社区组织涣散、凝聚力差,难以形成有规模的集体经济,集体经济发展较为薄弱,相关帮扶产业发展难以为继;最后,目前现有的连带帮扶产业只是单方面培养了搬迁群众的可行能力,短期的技能培训难以使其获得谋生的一技之长,难以从根本上解决移民搬迁居民的可持续生计问题。

二是现有生产生活资源有效利用率较低。金泉街道自然资源丰富,民族特色鲜明,但基础设施条件、交通条件、资源条件和社会经济条件等方面限制了产业的优化和升级,导致其资源利用不足。一方面搬迁社区的资源没有进行合理科学利用,特色资源挖掘不够,优势特色产业难以显现,进一步导致零散资源没有完全盘活;另一方面缺乏科技研发人才,科技研发与产品附加价值呈正相关,科技研发越慢,产品的附加价值越少,产品蕴含的含金量就越低,丰富的资源优势难以在有限条件下得以开发。

三是搬迁移民社区与后续发展不同步。易地搬迁工程不单单解决搬迁农户的住房安全问题,更是对贫困等深层次问题的彻底根除,但"搬而不富,安而无业"逐渐成为搬迁居民搬迁生活的真实写照,其核心原因是政府与其他社会各项扶贫资源之间的协调配合存在不对称。具体表现为搬迁与设施配套不同步、搬迁与安置发展不同步、搬迁与就近就业不同步、搬迁与综合改革不同步、搬迁与社区治理不同步(黄云平,2020)。

12.4.5 评价与借鉴

社区治理是国家治理的基本单元和关键环节,是社会治理的末端基础,也是社会治理的主战场。金泉街道通过对搬迁社区实行社区管理网格化从而创新社区服务管理体制,使得网格化服务横向到边、纵向到底,形成了"党政主导、公众参与、社会协同、上下联动"的基层工作新格局。在此基础上,进一步将基层党建、文化融合以及社区治理的相关举措与网格化管理进行深度融合,以期真正实现"小事不出网格,大事不出社区"的目标。此外,金泉街道以健全党的基层组织体系、提升组织力为重点,以解决突出问题为突破口,充分发挥街道社区党组织在基层治理中的领导核心作用，进一步提高治理科学化、精细化、规范化水平，形成了"党建引领全覆盖、物业管理全参与、优质服务全方位、社区治理全融入"的工作格局，打造了集"居委会＋网格＋党小组＋楼栋"四位一体的"五金五泉"社区治理新模式，切实把组织治理优势转化为移民社区治理效能。"五金五泉"的综合社区治理模式不仅使得搬迁群众实现自主增收致富，发挥了基层群众的战斗堡垒作用，对于后续其余地区的易地搬迁后续帮扶也具有一定的借鉴意义。

12.5 陕西扶风有效管理扶贫资产

12.5.1 案例概况

扶风县是宝鸡市农村扶贫资产管理的试点县之一，全面脱贫以来把扶贫项目资产管理作为巩固拓展脱贫攻坚成果同乡村振兴有效衔接的突破口。2020年9月全省扶贫资产管理现场调度会在扶风县顺利召开，扶风在实践中形成的管理经验在全省得到推广，2020年11月6日，原国务院扶贫办领导专题听取了扶风县扶贫项目资产管理工作的汇报，并给予了充分肯定。扶风县通过建立"四张清单"明责任摸底数、探索"五种模式"保收益促增收以及推行"三色预警"防风险保安全的"453"工作机制，对2016—2020年投入的共计17.24亿元的各级各类专项扶贫资金展开有序管理工作[①]。

12.5.2 形成背景

陕西省宝鸡市扶风县地处关中平原西部，属于六盘山连片特困地区贫困县，全县辖7镇1街，113个行政村，9个社区，其中农村社区3个，城镇社区6个，全县总面积720平方公里，耕地面积58万亩，[②]曾有精准识别贫困村69个、贫困人口14128户53832人[③]。

脱贫攻坚工作开展以来，扶风县深入贯彻习近平总书记关于扶贫工作重要论述，认真落实省市脱贫攻坚精神，统筹脱贫攻坚和经济发展两件大事。

第一，把产业发展作为促进贫困村发展和增加贫困户收入的有效途

---

①② 唐雯莉. 扶风县农村扶贫资产管理问题研究[D]. 杨凌：西北农林科技大学，2021.
③ 扶风县"3＋4＋5"扶贫模式推动培训就业全覆盖[EB/OL]. 扶风县人民政府网，2018 - 07 - 20, http://www.fufeng.gov.cn/art/2018/7/20/art_7378_687673.html.

径。一是鼓励贫困人口自主发展产业，制定出台《扶风县产业脱贫菜单》，鼓励支持建档立卡且有劳动能力的贫困户围绕果、畜、菜、苗、菌等农业产业自主发展，五年来全县自主发展产业贫困户共计20061户，发放产业到户补助资金4335.3万元；二是积极发挥能人示范带动效应，利用农村"能人"、产业大户销售平台，引导贫困户积极参与产业发展。

第二，加大公共服务力度，为贫困户脱贫排忧解难。一是组建产业技术服务"110"指挥中心，选派118名技术帮扶干部、选聘23名乡土专家作为贫困户产业发展指导员，建立健全贫困户产业发展指导员工作制度，每村确定一名技术指导员，按照同类问题集中培训，对个性问题实行上门指导的思路，脱贫攻坚以来年均受理技术咨询105次，开展技术服务110次；二是强化基础设施建设，按照"产业发展到哪里，设施配套跟进到哪里"的原则，着力解决水、路、电等数量和质量问题，为产业发展提供保障，五年共投资50499.4万元，用于生产硬化道路、灌溉井、简易水肥一体化等项目。

第三，探索经营主体带动贫困户生产创收的路径。推广"分户生产、订单收购"模式，对于有自主发展意愿、技术基础的贫困户，引导其与经营主体签订长期购销合同，形成稳定的购销关系；推广"入股分红、企业搭载"模式，对于有资产资源、发展条件受限的贫困户，一方面，将其土地租赁或量化折价入股经营主体以增加财产性收入，另一方面，通过入园务工以增加工资性收入；推广"互帮互助、抱团发展"模式，对劳动能力较弱的贫困户，与特定利益关系的组织联合，增加发展技能、承接产业项目，互帮互带、互学互助，共同参与生产经营，共享产业利益。

第四，推动特色农产品发展为知名品牌。组织县内带动能力强、具备产业发展优势的新型经营主体不断参加省内外农优特产品推介，以提高扶风县苹果、猕猴桃等农产品的知名度；形成了"扶风苹果口福心福"苹果和"鼎盛扶风"猕猴桃两个区域公共品牌，"秦源香"苹果、"民香"猕猴桃获得陕西省优秀果业品牌，并采取政府搭台、企业展销、农户直销等多种方式，积极促进消费扶贫，带动贫困户脱贫致富；举办扶风消费扶贫大集市采购活动、"中国农民丰收节"活动，实施扶贫订购和定向消费等措施，充分利用陕果集团扶风分公司在外设立的32个集市，拓展销售渠道，发挥贫困村电商服务站点作用，坚持线上线下同步推进，开展农产品促销,确保农产品种得好、卖得好①。

五年以来,扶风县贫困户产业覆盖率达到93%,贫困劳动力实现转移就业34105人,建立"村镇工厂"76家,就地就近吸纳就业2618人,贫困群众持续稳定增收,农民人均可支配收入从2013年的8647元增长到2019年的12786元,年均增长6.7%,贫困户人均可支配收入从2013年的2970元增长到2019年的9016元,年均增长20.3%。2019年5月顺利实现脱贫摘帽,71个贫困村全部出列,建档立卡贫困户于2020年全部脱贫②。

脱贫摘帽不是终点,而是新生活、新奋斗的起点。脱贫攻坚战略在实施过程中通过产业扶贫、政府扶助、村企合作等模式积累了大量的扶贫资产,而扶风县在帮助贫困户脱贫过程中对扶贫资产的管理存在诸多问题:一是扶贫工作主要围绕"人"开展,而扶贫资产总数有多少、投到了哪些领域、资产类别有哪些、发挥效益如何等问题都不清楚;二是扶贫资产权属不明晰,难以对贫困村、贫困户产生激励作用,不利于资产的健康运行;三是基础设施管护不到位,很多村庄根本找不到合适的管护员,部分村庄甚至存在挂名冒领工资的现象;四是村干部经营管理资产的水平较低,扶贫资产无法得到有效利用。针对上述一系列问题,扶风县从2019年12月开展扶贫资产规范化管理工作,重点围绕"产权、权责、管理、经营、监督"五个方面,通过逐本溯源、健全机制等方式,形成了从资产形成到使用的全流程管理模式,并取得显著成效。

12.5.3 主要做法

扶风县成立扶贫资产管理中心,其主要功能是向脱贫攻坚领导小组提供决策意见,指导全县扶贫资产管理工作,同时负责扶贫资产台账的监督管理工作。该中心下设综合协调组、资产摸评组、资产权属界定组、资产管护组、资产运营组和资产监督组,人员组成主要从发改局、财政局等五个部门各抽调一名人员,以全职的身份参与扶贫资产管理工作。此外,扶风县不断出台扶贫资产管理相关政策和文件,健全农村扶贫资产管理的监督机制,并且重视扶贫资产管理中心队伍和扶贫资产村级管理员的专业能力培训。

---

① 扶风县聚力"五个坚持"夯实产业脱贫基础[EB/OL]. 扶风县人民政府网,2020-12-15, http://www.fufeng.gov.cn/art/2020/12/15/art_7379_1303540.html.

② 唐雯莉. 扶风县农村扶贫资产管理问题研究[D]. 杨凌:西北农林科技大学,2021.

（1）建立"四张清单"

为摸清扶贫资产情况，扶风县制定"四张清单"：

第一，建立责任清单。由扶贫资产管理中心下设的6个专项工作组来明晰主体责任，分别负责资产摸底评估、资产管理管护、资产权属界定、资产运营和资产监督管理等工作，同时在各镇（街）设立扶贫资产管理工作站，在县级承担业务部门和各镇（街）、村（社区）各确定一名扶贫资产专职管理员，负责办理具体业务，进一步明确县、镇、村三级责任。

第二，建立制度清单。扶风县依据地方实际情况，研究制定《扶风县扶贫资产管理办法》，针对资产摸底工作制定了《扶贫资产摸底指导意见》，同时从扶贫资产类型出发制定《公益性扶贫资产管护办法》和《经营性扶贫资产管理办法》等制度。在探索管理过程中，依据相关文件及制度安排，绘制了"扶贫资产确权流程图"，对确权工作的步骤和流程进一步明晰。在资产移交过程中，该县探索制定《扶贫资产确权界定协议书》《资产移交协议书》《扶贫资产管理承诺书》《资产移交清单》等统一制式文本，确保了扶贫资产管理合法合规，让农村在资产移交方面有章可循。

第三，建立资产清单。坚持"一上一下"工作法，"一上"即村庄根据反馈清单，对比村庄实际实施的扶贫项目、扶贫资金及扶贫资产，展开核实梳理，明确每项扶贫资产的身份信息；"一下"即县级部门将其牵头实施的扶贫项目清单汇总反馈至镇村。这种"自上而下反馈，自下而上核实"的流程，基本能够保证账账相符和账实相符。

第四，建立档案清单。扶风县在进行扶贫资产档案管理过程中形成了"一总四类"的扶贫资产档案管理模式，对扶贫资产实行动态档案管理制度，从扶贫资产管理前期制度建立、确权移交过程、资产运营管护、收益分配及资产处置等各个环节分类、分阶段建档管理，确保扶贫资产有据可查。

扶风县通过一系列举措开展扶贫资产确权工作，将扶贫资产权属明确到村，明晰管护责任和具体责任人，有效保证了扶贫资产的良性运行。

（2）建立扶贫资产分类管理制度

为确保农村扶贫资产管得好和能增值，扶风县探索并建立五类管理模式，分别是"1+7"管护模式、"自主经营"模式、"村企联建、政府统筹"模式、"保底分红"模式、"股份合作"模式，这五种模式分别具有不同的特点和适用条件，针对不同的资产类型进行差异化管理。

第一，"1+7"管护模式。该管理模式主要针对农村通村硬化路、生产砂石路、农田水利设施、卫生室和体育健身设施等公益性基础设施。"1+7"管护模式针对该类扶贫资产实行一人多岗管护制度，设立管护岗位，整合管护事务，使一名管护员能够同时看护多个基础设施，并且优先聘用贫困群众，明确管护员的管护责任，确保公益性扶贫资产能够持续发挥作用。推行落实"1+7"公共基础设施管护模式之后，扶风县F镇公共基础设施管护人员由原来的100名整合为47名，不仅减少了管护成本，还解决了管护人员不足和管护人员监督管理难的问题，提高了管护效率。

第二，"自主经营"模式。这一模式主要针对经营性扶贫资产，鼓励有意愿、有能力、有基础的村结合村情实际，自主选择产业项目，盘活用好扶贫资产。扶贫资产管理中心结合县情，建立了特色产业项目库，通过对全县发展动力强的产业项目进行上下游信息摸底梳理，形成符合扶风发展的特色产业项目库，为有条件的村集体或个人在项目选择、市场信息、产品销售等方面提供服务，提高农村致富能力。J镇F村截至2020年发展猕猴桃园2300余亩，村两委结合村庄猕猴桃种植面积大、基础好的实际情况，运用40万元扶贫专项资金壮大村集体经济，建设了全县唯一一家集体经济村级自建自营项目（F村农资服务部），服务部设办公服务区、培训功能区、物资仓储区三大功能区，主要经营农药、化肥、花粉、农具、农膜、有机肥料等，2020年全年营业额达50余万元，实现纯利润7万元，带动贫困户102户，累计分红5万元。

第三，"村企联建、政府统筹"模式。扶贫资产管理中心作为扶贫资产的总指挥部，在全县筛选出多家带动力强的农业类龙头企业，与临近的贫困村和贫困户建立带贫益贫的利益联结机制，带动周边贫困村发展农业特色产业，村庄根据自身条件采取自营、委托或承包等方式管理经营，企业负责提供生产资料、技术指导、产品收购销售等服务，通过龙头企业"带着走"，激发贫困村、贫困户自主发展经济的活力。扶风县F镇争取财政专项扶贫资金和涉农整合资金共计1442.8万元，引入食用菌龙头企业落户带动，将资金全部注入9个贫困村集体经济合作社，由村集体自营，该镇2020年村集体经济收入187万元，为贫困户分红130.9万元，村集体经济积累56.1万元。

第四,"保底分红"模式。这个模式主要针对经营能力不强、不具备村企联建条件的村,由行政村集体经济合作社将扶贫资金、资产交由经济前景较好、企业发展稳定的农业产业化龙头企业经营管理,按照约定比例,企业定期为合作社分红,同时优先吸纳贫困户在企业就业。针对发展中需要土地资源的企业,行政村配合对土地进行流转,贫困户享有资产分红、土地流转、务工收入等三重收益。扶风县 J 镇 Y 村是合并村,产业基础差,集体经济薄弱,村领导班子融合不到位且干部年龄大、管理能力弱,出于求稳的心态,在 2016—2019 年,将各类扶贫资金共计 183 万元注入企业,按照 2%~6% 不等的收益率定期分红。

第五,"股份合作"模式。此模式主要针对农村集体经济合作社以扶贫资产入股农业产业化龙头企业,按照企业及合作社出资比例多少对项目收益进行分配,同时企业优先使用贫困劳动力。扶风县 X 镇过去的农户收入主要以种养殖和外出务工为主,而近年来依托当地元宝枫龙头企业,由企业免费提供元宝枫幼苗,无偿提供技术指导和包销等服务,优先雇佣镇内贫困户,村集体将土地承包给企业,最后将收益按股权进行分配,截至 2021 年企业已带动该镇 13 个村组发展元宝枫产业园 2 万余亩。

(3) 建立"三色管控"风险防控机制

为确保资产不受损、不流失和稳增值,扶风县根据扶贫资产的运行状态对扶贫资产台账中的资产实施"绿色、黄色、红色"三色标注,这三种颜色代表不同安全风险等级,"绿色"代表扶贫资产正常运行,"黄色"代表资产闲置或有资产流失风险,"红色"代表已经出现资产流失、受损问题。

第一,建立定期公示制度。对扶贫资产的管理和使用情况在政府网站及村庄定期公示,公布招投标、账目、权属等情况,确保公开透明,让扶贫资产在阳光下运行,同时以便接受群众及时监督、及时发现问题。与此同时,扶风县将扶贫资产运行纳入审计部门审计范围,并将扶贫资产监管作为县委巡察和纪委监委的日常监督的重要内容,对资产管理运营处置过程中存在的违纪违法问题,严肃处理。

第二,明确扶贫资产处置程序。扶风县对扶贫资产处置实行"审批制备案",对确需处置的到村扶贫资产需进行"四议两公开",并由镇(街)包片领导、村党支部书记、第一书记或驻村工作队队长、包村干部联合对扶贫项目的建设内容、数量、完整程度、运行情况等进行现场勘查,对处置资产进行评估,在镇扶贫办备案后镇党委审批公示之后,报县扶贫资产管理中心备案,并向群众公开。

第三,加强动态监管。通过对系统录入的全县各镇村扶贫资产数据进行对比分析,能够掌握资金和资产的来源、分布情况及运行状况等信息,便于平衡资金、资产、项目的二次分配。及时对资金资产偏少的村补短,同时对于资产运行状态好、增值明显的镇村项目,予以重点支持发展,增强带动效应,发挥最大效益[①]。

12.5.4 评价与借鉴

脱贫攻坚以来,我国基层现有的扶贫资产管理制度多是碎片化的,缺乏系统性衔接规划(李书奎、任金政,2021),政府对扶贫资产的数量和运行状况不了解、扶贫资产缺乏管理和维护,导致扶贫资产效益低,从而难以带动当地脱贫群众持续增收,不利于巩固拓展脱贫攻坚成果与乡村振兴的有效衔接。

陕西省扶风县扶贫资产管理的试点工作取得一定成效:一是了解全县扶贫资产的总数、投入领域、资产类别、效益等实际状况,从而可以针对不同类别的资产采用不同的模式实施管理,并且有利于资产监管;二是明确了扶贫资产权属,资产有了责任主体,激发了所有者经营的积极性,有利于资产健康运行以及保值增值;三是缓解了工作人员数量不足和村干部管理能力较低的问题;四是壮大了一批村集体经济,通过依托当地龙头企业,利用扶贫资金,解决了脱贫户后续的就业和收入问题;五是实现了对扶贫资产的动态监管,及时掌握资产运行状况。因此,扶风县在扶贫资产管理试点过程中形成的经验、制度具有较强的借鉴意义。

12.6 陕西岚皋通过"三级三账"监管扶贫资金资产

12.6.1 案例概况

岚皋县曾是陕西11个深度贫困县之一,针对扶贫资金项目散小多、管理成本高、监管难度大、项目规划不科学、资金闲置浪费等诸多影响扶贫资金使用效率的难题,在项目审批权限下放、资金切块下达之后,任务、

---

① 唐雯莉. 扶风县农村扶贫资产管理问题研究[D]. 杨凌:西北农林科技大学,2021.

资金、权利、责任"四到县"的情况下，探索推行在县级部门、镇、村三级建立项目建设台账、资金使用台账和资产管理台账的"三级三账"扶贫模式，将财政专项扶贫资金、涉农整合资金、行业专项扶贫资金、金融扶贫资金、苏陕协作资金、社会扶贫资金"六大类"全部纳入系统监管范畴，实现了"多个渠道引水、一个池子蓄水、一个系统管水"，动态跟踪、全程掌握资金流向、流速和目标实现情况，提升了项目决策的科学性、资金投入的实效性，逐步实现扶贫资源精确化配置、扶贫资金最大化使用、扶贫对象精准化扶持的目标，形成了欠发达地区扶贫项目资金管理的"岚皋模式"。

12.6.2 形成背景

岚皋县位于陕西南部、大巴山北麓，地处国家主体功能区限制开发区、国家南水北调中线工程重要水源涵养地，2001年被确定为国家扶贫开发工作重点县，2011年被列入国家集中连片特殊困难地区县，2017年被确定为全省深度贫困县。全县国土总面积1956平方公里，总人口17.2万，辖12个镇136个行政村（社区），其中，有贫困村72个，134个村（社区）有脱贫攻坚工作任务。2014年，农村户籍人口数54512户144333人，建档立卡贫困人口23933户62586人，贫困发生率43.36%。脱贫攻坚战打响以来，岚皋县"抓落实"主体责任，坚持"六个统筹"（统筹工作力量、统筹规划布局、统筹城乡发展、统筹产业带动、统筹惠民政策、统筹资金投入）谋划脱贫攻坚工作，落实"八个一批"脱贫举措。2020年2月正式退出贫困县序列，11月在册贫困人口全部清零，消除绝对贫困取得全面胜利[1]。

随着脱贫攻坚的胜利和乡村振兴战略的推进，我国进入两大战略的有效衔接时期。过渡期内，加强扶贫项目资产监管对巩固拓展脱贫攻坚成果、有效衔接乡村振兴非常重要。扶贫资金是特定时期内为实现脱贫目标而投入特定项目的资金，包括财政专项资金、行业扶贫资金和社会扶贫资金。现阶段，资金的分配权和项目的审批权已下放到了县级政府，省、市、州只管资金安排和监管。岚皋县在"十三五"打赢脱贫攻坚期间累计

---

[1] 岚皋：精准施策顺利实现"脱贫摘帽"[EB/OL]．岚皋宣传，2023-01-05，http://wm.lgxcw.gov.cn/cms/show.gen?id=5633.

投入扶贫资金49.6亿元，平均每年近10亿元资金用于扶贫。包含财政专项扶贫资金、行业部门资金、定点扶贫资金、苏陕协作资金、社会扶贫资金、地方债务资金、银行贷款资金、移民搬迁资金8大类财政资金，以及产业建设、基础设施、金融扶贫、危房改造、就业扶贫、教育扶贫、健康扶贫等13个大类实施项目，涉及交通、水利、扶贫、农业、林业、住建等18个部门①。

扶贫资金的使用上呈现出"资金量大、面广、点多、线长"的特点，给资金的监督和管理带来了极大的不便。对于县上职能部门来说，要想弄清楚某个村或某个贫困户具体的项目需要将农业局、交通运输局、财政局等跑遍才能得到完整的项目信息，不仅耗时耗力，还难以整体统筹各个扶贫项目。对于基层具体工作人员来说，各种扶贫资金和项目呈现"碎片化"特点，给项目的公示、管理造成困难。特别是村级财务管理人员，他们大多缺乏财务管理知识，对于项目资金的规范管理缺乏重视。此外，在项目资金的公示公开上仍采用传统的纸质方式进行张贴，而群众居住分散，受到时间地点约束难以及时获取公示信息。再加上扶贫资产项目繁多且专业化，项目公开公示往往流于形式化。在此背景下，岚皋县探索出了"三级三账"项目资金管理模式，借助网络平台实现扶贫领域资金的全口径监管。

12.6.3 主要做法

为了更好地管理扶贫资产推动乡村振兴，岚皋县将2013年以来形成的各类涉农资产统一登记管理，在县、镇、村三级建立资金使用台账、项目建设台账、资产管理台账。通过网络信息技术建立"三级三账"项目资金监管系统公示平台，该系统会根据承包数量、总金额、占比数值，对承包单位廉政风险进行预警，提醒重点监督检查。岚皋县给各镇、村统一派发了乡村振兴"三级三账"项目资金监管系统的用户名和初始密码，工作人员可登录查看和修订自己辖区内有关乡村振兴的项目、资金、资产信息及其动态情况。群众则可以打开岚皋县政府网站，找到岚皋县乡村振兴"三级三账"项目资金监管系统入口，输入户主姓名和身份证号后即可看到惠

---

① 岚皋县人民政府2021年工作报告[EB/OL]. 岚皋县人民政府，2023 – 01 – 05，https://www.langao.gov.cn/Content – 2244759.html.

农政策、村里项目和自己所享受政策的具体情况。各村还组成自己村民的微信群，将涉及本村的脱贫攻坚"三级两账"中的项目和资金内容第一时间链接截图到群，方便村民及时查看。

（1）通过顶层设计完善监管体系

成立由县政府主要负责人任组长的工作领导小组，明确了专人负责"三级三账"监管体系建设工作。领导小组下设综合协调、业务指导、督查督办3个工作组，各司其职抓好监管系统建设的协调、指导和督办。同时，实行部门、镇、村分级管理模式，分别建立主要领导负总责、分管领导牵头抓，财政、扶贫干部具体管的"三级三账"管理责任落实体系，确保工作推进权责一致，责任具体到个人。印发《关于加强扶贫领域项目资金"全口径"监管工作的通知》《岚皋县脱贫攻坚项目资金"三级两账"监管体系建设工作实施方案》等规范性文件，将"三级三账"工作纳入年度任务考核。同时明确建立范围、主要内容、工作步骤、完善时限、工作职责等具体内容，所涉单位"按图索骥"，极大地提升了工作效率。

通过开发"岚皋县脱贫攻坚项目'三级三账'项目资金监管系统"信息化平台，对部门、镇、村扶贫资金，从启始的来源、流向，到中途的审批、使用，再到最终报账、核销，以及到镇、到村的项目等各个环节进行全面管控、全过程监督、全方位公开，项目资金落地更加快捷。

（2）通过双线排查建立"三账"

通过财政、扶贫和乡村振兴部门信息共享，项目建设主体和主管单位与财政、扶贫和乡村振兴部门项目资金清单比对印证，将使用财政涉农整合、专项扶贫、地方债务、苏陕协作等七方面，以及有效衔接资金投入形成的各类资产分类纳入系统监管。"三级三账"累计录入各类资产61.33亿元，其中2021年监测资金3.63亿元、项目233个。纳入过程中，实行"双线比对"核查核实：一条线，由财政、原扶贫和乡村振兴部门分别对下达的各类项目计划、资金拨付情况进行全面梳理，分门别类建立项目资金清单，与行业部门比对并实行信息共享；一条线，由项目建设主体和主管单位从项目立项、招标公示、资金支出、决算审计等各个环节进行全面自查，建立资产清单，与财政和乡村振兴部门项目资金清单比对印证。"两条线"同步推进，互相排查比对，最终实现"两线并轨"，形成资产管理台账。

建立"三账"后，对账分类、因地制宜、确定权属。按照"谁主管、谁负责"的原则，对照账本逐项分类确定资产权属。公益性资产中单独到村的道路和安全饮水资产归属于村集体，村卫生室纳入镇级卫生院统一管理。对经营性资产单独实施到村的，所有权和收益权归村集体所有；对跨镇村实施的，能量化的量化到村、无法量化到村的据实确权。到户类资产归农户所有。"三级三账"累计录入各类"扶贫"资产61.33亿元，其中2021年监测资金3.63亿元、项目233个，为确权明责提效奠定了坚实基础①。

（3）通过分级管理明确主体责任

在权责一致原则下，建立县政府，县级行业部门、镇政府，村"两委"分工负责、协同联动的管理责任体系。在县政府的统筹下，交通、水利、乡村振兴、自然资源等12个部门制定印发了行业资产管理制度规范，明确资产管理目标、质量要求、操作规程及保障机制，在履行确权到本部门资产管理主体责任的同时，对确权到镇村的资产移交监管。各镇政府对移交到镇的资产履行管理主体责任，对确权移交到村的资产履行属地管理责任，加强村级管护责任落实督促检查。

县建总账、对标统筹。通过源头梳理扶贫资产，将12个镇、18个部门的76项用于脱贫攻坚的财政资金，以及社会捐赠、爱心帮扶资金，全部纳入县级"扶贫资金总账"管理范畴，进一步壮大了资金保障能力。按照国务院扶贫办《关于完善县级脱贫攻坚项目库建设的指导意见》和省市相关实施方案，对照"577"脱贫标准编制《岚皋县2018—2020年脱贫攻坚项目库》，将项目库纳入"三级两账"管理系统进行动态监管，确保扶贫项目规划精准。县委、县政府出台了《进一步加强脱贫攻坚工作责任的通知》，各县级领导分辖区、项目明确"七个一"具体工作责任，实行工期倒排、"三级三账"系统预警提示，工作指导"点对点"，资金拨付和项目建设进度得到全面保障。

---

① 建立健全"三级三账"管好用好"扶贫"资产[EB/OL]. 安康市乡村振兴局, 2023-01-05, https://xczx.ankang.gov.cn/Content-2329182.html.

镇设分账、精准实施。对应县里的总账，根据项目建设情况在12个镇和5个县级部门开设了"扶贫资金专户"，其他部门实施的扶贫项目，资金纳入总账由国库集中支付管理。一是政策落实类项目，互助资金等到村项目资金，由镇财政审计所代管、代理记账，各村设立专职报账员；到户到人的项目资金，实行"一折通"兑付管理。二是基础设施建设项目。首先，规范招投标程序。施工单位项目均需经过招标、投标、开标、评标与定标等环节，决策过程资料同步上传，施工合同、建设标准、资金流量公示公开。其次，监管资金拨付进度。通过"两账"对比，依据项目合同拨付建设资金，保证工程所需，防止资金挪用、截留等情况发生。最后，严格验收和评估。竣工后，县上对照资金、项目台账，组织扶贫、发改、审计等部门逐项对标验收，确保了项目效益发挥与系统一致。

村重公开、全程监管。按照"项目跟着规划走""资金跟着项目走"的原则，各村针对公示公开、后续管护等内容建立脱贫攻坚项目、资金台账。一是专岗专责。设立专职报账员，对到村项目按程序审核报账管理，通过上下一致、相互联动，确保扶贫资金合规、安全地被使用。二是适时更新。对项目实施进度进行制度化更新，线上倒逼、线下督促，为资金拨付提供"第一手"资料，严防弄虚作假、跑冒漏滴。三是信息透明。在岚皋县政府官网中加入"岚皋县脱贫攻坚'三级两账'项目资金监管系统"查询窗口，所有村民和社会各界可对政策标准、资金分配、项目安排等情况进行适时查询，账目主动接受社会监督，实现公开透明。

（4）制定"三级三账"的工作流程

制定"七步工作法"。通过试点推进，探索形成了扶贫项目资金使用"七步工作法"：①县建总账；②分批下达（根据资金到账情况，向各部门、镇下达项目资金计划）；③组织实施（各单位根据下达的项目资金计划启动实施或兑现，同步建立本单位扶贫项目资金管理基础台账）；④定期报告（每月28日将本行业、本辖区的扶贫资金项目建设使用情况向县脱贫办报告）；⑤按时反馈（每月5日前县脱贫办对各部门、各镇报送的月工作动态进行审核汇总后将变化情况向各单位全面反馈）；⑥实时更新（每月8日前各部门、镇村根据反馈情况，及时更新本单位、本辖区管理台账，做到三级台账情况一致）；⑦全面公开。如此环环相扣，既是资金运行链，更是责任追溯链，实行定时定责，避免了项目建设年初等、年中拖、年底急和项目转移、资金截留等问题的发生。

执行"345"工作纪律。"三级两账"推进过程中，配套建设形成了"三专四统一五不"工作纪律，即专人、专户、专账；统一会计科目、统一核算办法、统一支出手续、统一资金使用管理办法；擅自改变计划的支出不予报账，未按项目计划、实施方案、施工合同的支出不予报账，施工质量问题、整改不到位的项目不予报账，票据不规范、不完整的支出不予报账，项目不真实、未验收结算的支出不予报账。

（5）建立"三级三账"的配套机制

一是建立公开公示制。通过对项目资金来源、项目计划、实施内容、投入概算、建设主体，以及镇、村对扶贫产业、补贴类资金的计划、规模、来源、受益对象、扶持名单及补助金额等，在县政府网站、镇村两级、项目实施所在地进行分级分类公示，让每一分项目资金的使用都清楚、明白。二是建立监督检查制。县纪委监委、财政、扶贫、审计等部门对各村的"三变"资金、互助资金、财政专项资金使用情况，定期查资金、查使用、查凭证、查资料，到村了解、入户核对，有效防止扶贫领域违规违纪现象发生。三是建立绩效评价制。项目竣工经镇级初验后，向县脱贫办报送书面检验报告，财政、扶贫、发改、审计等部门组成联合工作组对项目实施、资金管理、资料收集等方面进行验收和全面绩效评价。同时，建立责任追溯制度，为扶贫项目质量筑牢了一道严实防线。

12.6.4 总结与评价

岚皋县针对扶贫项目散小多、管理成本高、监管难度大等问题，实行"三级三账"项目资金管理模式。即在县、镇、村三级建立项目建设台账、资金使用台账和资产管理台账，将所有扶贫资金和项目纳入网络系统监管，对群众公开公示。岚皋县的"三级三账"项目资金监管系统平台，强化信息互动对接，确保了管理精准高效。一是提升了工作效率。对部门、镇、村扶贫资金的来源、流向、审批、报账，以及镇、村项目进度各环节全面监控，消除了监督盲区，透明了审批进度，项目资金落地更加快捷。二是堵塞了工作漏洞。全口径资金归集，各类项目由镇村对标申报，实行针对性下达，有效杜绝了部门多头申报、年年申报和同一项目多部门检查验收的问题发生。三是社会化监督效果日益明显。通过项目名称、内容、投资规模、工程结算、资金补助受益对象、金额、标准等适时公开，群众参与度日益提高，倒逼了资金监督检查、绩效评价等制度严格执行。

借助互联网信息平台，规范扶贫资金的使用流程以及加强扶贫资金的监督，既提高了扶贫资产在使用过程中的效率，也保障了资产的社会化监督。在扶贫资产的使用过程和后续监督上，岚皋县的"三级三账"模式对于其他地区扶贫资产的监管有着重要的借鉴意义。然而，岚皋县的"三级三账"模式重点在扶贫资产的事中和事后两个过程，缺乏对扶贫资产事前的管理。如何在事前对扶贫项目的落地选择进行合理的规划，以及在事后如何对已有的扶贫项目进行必要的调整和改变，仍需要进一步探索。

参考文献

[1]白永秀,宁启.脱贫攻坚提出的背景、实施及难点破解[J].西北大学学报(哲学社会科学版),2020(4).

[2]白永秀,宁启.巩固拓展脱贫攻坚成果同乡村振兴有效衔接的提出、研究进展及深化研究的重点[J].西北大学学报(哲学社会科学版),2021(5).

[3]白永秀,等.西部地区城乡经济社会一体化战略研究[M].北京:人民出版社,2014.

[4]曹斌.乡村振兴的日本实践:背景、措施与启示[J].中国农村经济,2018(8).

[5]曹立,王声啸.精准扶贫与乡村振兴衔接的理论逻辑与实践逻辑[J].南京农业大学学报(社会科学版),2020(4).

[6]蔡松涛.实现脱贫攻坚与乡村振兴有效衔接的探索与启示——以兰考县为例[J].中州学刊,2020(11).

[7]蔡熙乾,陆毅,周颖刚.全面建成小康社会视角下安溪脱贫实践与理论思考[J].中国经济问题,2020(4).

[8]陈菲菲,张祎彤,仇焕广."挪穷窝"后如何实现平稳过渡?——基于疫情冲击下易地扶贫搬迁户就业治理的研究[J].经济社会体制比较,2022(2).

[9]陈明星.脱贫攻坚与乡村振兴有效衔接的基本逻辑与实现路径[J].贵州社会科学,2020(5).

[10]陈文胜.论乡村振兴与产业扶贫[J].农村经济,2019(9).

[11]陈天祥,魏国华.实现政府、市场与农户的有机连接:产业扶贫和乡村振兴的新机制[J].学术研究,2021(3).

[12]程承坪,谢雪珂.日本和韩国发展第六产业的主要做法及启示[J].经济纵横,2016(8).

[13]慈勤英.家庭养老:农村养老不可能完成的任务[J].武汉大学学报(人文科学版),2016(2).

[14]道格拉斯·C.诺思.制度、制度变迁与经济绩效[M].杭行,译.上海:格致出版社,2014.

[15]丁建彪.我国精准扶贫措施减贫效应的生成逻辑研究[J].学习与探索,2021(1).

[16]邓磊,罗欣.脱贫攻坚与乡村振兴衔接理路探析[J].江汉论坛,2020(2).

[17]豆书龙,叶敬忠.乡村振兴与脱贫攻坚的有机衔接及其机制构建[J].改革,2019(1).

[18]董玮,秦国伟,于法稳.脱贫攻坚与乡村振兴的有效衔接:转换与调适——基于公共政策的视角[J].农村经济,2021(9).

[19]杜志雄,崔超.衔接过渡期扶贫资产差异化治理研究[J].农业经济问题,2022(1).

[20]范从来,谢超峰.益贫式经济增长与中国特色社会主义共同富裕的实现[J].中国经济问题,2018(2).

[21]冯丹萌.国际视角下脱贫攻坚与乡村振兴相融合的探索[J].当代经济管理,2019(9).

[22]冯维江.世界不发达地区的减贫实践及中国援助研究[J].人民论坛,2021(11).

[23]冯勇,刘志颐,吴瑞成.乡村振兴国际经验比较与启示——以日本、韩国、欧盟为例[J].世界农业,2019(1).

[24]方迎风.国家级贫困县的经济增长与减贫效应——基于中国县级面板数据的实证分析[J].社会科学研究,2019(1).

[25]高强.脱贫攻坚与乡村振兴有机衔接的逻辑关系及政策安排[J].南京农业大学学报(社会科学版),2019(5).

[26]高强.脱贫攻坚与乡村振兴有效衔接的再探讨——基于政策转移接续的视角[J].南京农业大学学报(社会科学版),2020(4).

[27]高强,刘同山,沈贵银.2020年后中国的减贫战略思路与政策转型

[J].中州学刊,2019(5).

[28]贵州黔东南人民政府办公室.黔东南年鉴:第22卷[M].昆明:云南美术出版社,2021.

[29]郭峰,熊瑞祥.地方金融机构与地区经济增长——来自城商行设立的准自然实验[J].经济学(季刊),2017(1).

[30]郭伟.宁夏彭阳县农村饮水安全工程现状与对策[J].北京农业,2014(21).

[31]郭笑然,周李,虞虎,等.日本乡村振兴政策演变及其效果分析[J].世界地理研究,2020(5).

[32]耿达.民族地区脱贫攻坚与乡村振兴有效衔接的文化路径——基于一个少数民族村寨的文化扶贫实践[J].思想战线,2021(5).

[33]古川,曾福生.产业扶贫中利益联结机制的构建——以湖南省宜章县的"四跟四走"经验为例[J].农村经济,2017(8).

[34]管珊.农业生产托管中的集体统筹:组织机制及其制度逻辑——基于山东省W县土地托管的实践[J].湖北经济学院学报,2022(2).

[35]国务院关于深化农村义务教育经费保障机制改革的通知[J].中华人民共和国国务院公报,2006(5).

[36]国务院新闻办公室.人类减贫的中国实践(白皮书)[M].北京:人民出版社,2021.

[37]国家统计局.中国统计年鉴(1988)[M].北京:中国统计出版社,1989.

[38]国家统计局住户调查办公室.2020中国农村贫困监测报告[M].北京:中国统计出版社,2021.

[39]韩道铉,田杨.韩国新村运动带动乡村振兴及经验启示[J].南京农业大学学报(社会科学版),2019(4).

[40]韩广富,昝瑞语.新时代中国特色脱贫攻坚道路的多维解读[J].厦门大学学报(哲学社会科学版),2018(3).

[41]韩克庆.国际减贫事业的中国经验:治理规律与创新路径[J].人民论坛,2021(11).

[42]何得桂,姚桂梅,徐榕,等.中国脱贫攻坚调研报告——秦巴山区篇[M].北京:中国社会科学出版社,2020.

[43]何得桂,徐榕. 团结性吸纳:中国国家与社会关系的一种新解释[J]. 中国农村观察,2021(3).

[44]何蕾,辛岭,胡志全. 减贫:南非农业的使命——来自中国的经验借鉴[J]. 世界农业,2019(12).

[45]何仁伟. 城乡融合与乡村振兴:理论探讨、机理阐释与实现路径[J]. 地理研究,2018(11).

[46]何毅,江立华. 产业扶贫场域内精英俘获的两重向度[J]. 农村经济,2019(11).

[47]胡鞍钢. 国情报告·第十一卷:2008年(下)[M]. 北京:社会科学文献出版社,2012.

[48]胡富国. 向贫困宣战:如何看中国扶贫[M]. 北京:外文出版社,2019.

[49]胡平波,钟漪萍. 政府支持下的农旅融合促进农业生态效率提升机理与实证分析——以全国休闲农业与乡村旅游示范县为例[J]. 中国农村经济,2019(12).

[50]胡月,田志宏. 如何实现乡村的振兴?——基于美国乡村发展政策演变的经验借鉴[J]. 中国农村经济,2019(3).

[51]黄承伟. 中国扶贫开发道路研究:评述与展望[J]. 中国农业大学学报(社会科学版),2016(5).

[52]黄承伟. 共同富裕进程中的中国特色减贫道路[J]. 中国农业大学学报(社会科学版),2020(6).

[53]黄承伟. 脱贫攻坚有效衔接乡村振兴的三重逻辑及演进展望[J]. 兰州大学学报(社会科学版),2021(6).

[54]黄承伟. 新时代十年伟大变革的最生动实践——兼论脱贫攻坚的里程碑意义[J]. 南京农业大学学报(社会科学版),2022(6).

[55]黄任燕. 加快发展县域劳务经济的思路和举措[J]. 农村经济,2005(8).

[56]黄云平,谭永生,吴学榕,等. 我国易地扶贫搬迁及其后续扶持问题研究[J]. 经济问题探索,2020(10).

[57]黄志平. 国家级贫困县的设立推动了当地经济发展吗?——基于PSM-DID方法的实证研究[J]. 中国农村经济,2018(5).

[58]郝海波.制度变迁视角下的移风易俗和乡村社会秩序重塑——以河南省N县农村高额彩礼治理为中心的考察[J].治理研究,2021(2).

[59]赫曦滢.海外中国特色减贫道路研究动向评析[J].社会科学战线,2020(9).

[60]姜正君.脱贫攻坚与乡村振兴的衔接贯通:逻辑、难题与路径[J].西南民族大学学报(人文社会科学版),2020(12).

[61]姜安印,张庆国.中国减贫经验在"一带一路"建设中的互鉴性[J].中国流通经济,2016(4).

[62]贾晋,尹业兴.脱贫攻坚与乡村振兴有效衔接:内在逻辑、实践路径和机制构建[J].云南民族大学学报(哲学社会科学版),2020(3).

[63]蒋丽丽.贫困脆弱性理论与政策研究新进展[J].经济学动态,2017(6).

[64]蒋永甫,龚丽华,疏春晓.产业扶贫:在政府行为与市场逻辑之间[J].贵州社会科学,2018(2).

[65]蒋永穆,万腾,周宇晗.基于政府集成的中国特色减贫道路(1978—2018):历史进程和逻辑主线[J].当代经济研究,2018(12).

[66]蒋永穆,祝林林.扎实推动巩固拓展脱贫攻坚成果同乡村振兴有效衔接[J].马克思主义与现实,2021(5).

[67]金人庆.扩大公共财政覆盖农村范围 建立支农资金稳定增长机制[J].求是,2006(8).

[68]廖彩荣,郭如良,尹琴,等.协同推进脱贫攻坚与乡村振兴:保障措施与实施路径[J].农林经济管理学报,2019(2).

[69]李博,苏武峥.欠发达地区巩固拓展脱贫攻坚成果同乡村振兴有效衔接的治理逻辑与政策优化[J].南京农业大学学报(社会科学版),2021(6).

[70]李琳.陕西省山阳县茶叶高质量发展存在问题与对策[J].农学学报,2021(2).

[71]李眉洁,王兴骥.乡村振兴背景下农旅融合发展模式及其路径优化——对农村产业融合发展的反思[J].贵州社会科学,2022(3).

[72]李绍平,李帆,董永庆.集中连片特困地区减贫政策效应评估:基于PSM-DID方法的检验[J].改革,2018(12).

[73]李书峰,任金政,李慧泉,毛世平.扶贫资产管理助力脱贫攻坚的体系构建研究[J].中国农业科技导报,2020(4).

[74]李书奎,任金政,赵鑫.精准扶贫背景下扶贫资产管理的实践与机制创新[J].中国农业资源与区划,2021(6).

[75]李书奎,任金政.脱贫攻坚与乡村振兴的融合发展——扶贫资产管理视角[J].农村金融研究,2021(2).

[76]李天翼,麻勇斌.西江模式:贵州民族文化旅游产业发展的样本[J].新西部,2018(19).

[77]李晓玲,郭伟,徐彩玲,等.彭阳县农村饮水安全问题探讨[J].安徽农学通报,2007(9).

[78]李小云,马洁文,唐丽霞,等.关于中国减贫经验国际化的讨论[J].中国农业大学学报(社会科学版),2016(5).

[79]李卓,郑永君.有为政府与有效市场:产业振兴中政府与市场的角色定位——基于A县产业扶贫实践的考察[J].云南社会科学,2022(1).

[80]李志萌,张宜红.革命老区产业扶贫模式、存在问题及破解路径——以赣南老区为例[J].江西社会科学,2016(7).

[81]李志飞.乡村旅游存在库兹涅茨曲线吗?[J].旅游学刊,2021(4).

[82]刘焕,秦鹏.脱贫攻坚与乡村振兴的有机衔接:逻辑、现状和对策[J].中国行政管理,2020(1).

[83]刘金龙,金萌萌.易地移民搬迁能实现"搬得出、稳得住、能致富"吗?——基于陕南S县的调查[J].中国农业大学学报(社会科学版),2020(2).

[84]刘建生,邱俊柯.从脱贫攻坚到乡村振兴:内生活力的政策体系与治理机制研究[J].农村经济,2021(4).

[85]刘建生,陈鑫,曹佳慧.产业精准扶贫作用机制研究[J].中国人口·资源与环境,2017(6).

[86]刘明月,汪三贵.产业扶贫与产业兴旺的有机衔接:逻辑关系、面临困境及实现路径[J].西北师范大学学报(社会科学版),2020(4).

[87]刘明月,冯晓龙,张崇尚,等.易地扶贫搬迁的减贫效应与机制[J].中国农村观察,2022(5).

[88]刘彦随.中国新时代城乡融合与乡村振兴[J].地理学报,2018(4).

[89]刘彦随,周扬,刘继来.中国农村贫困化地域分异特征及其精准扶贫策略[J].中国科学院院刊,2016(3).

[90]刘杨.农村产业扶贫的实践机制与优化路径——政策生态的视角[J].人文杂志,2020(10).

[91]刘义圣,赵东喜,许彩玲.第一个百年目标实现的经验探要及对发展中国家的启示[J].福建论坛(人文社会科学版),2021(6).

[92]刘应杰.中国城乡关系演变的历史分析[J].当代中国史研究,1996(2).

[93]刘震.城乡统筹视角下的乡村振兴路径分析——基于日本乡村建设的实践及其经验[J].人民论坛·学术前沿,2018(12).

[94]卢黎歌,武星星.后扶贫时期推进脱贫攻坚与乡村振兴有机衔接的学理阐释[J].当代世界与社会主义,2020(2).

[95]吕方.脱贫攻坚与乡村振兴衔接:知识逻辑与现实路径[J].南京农业大学学报(社会科学版),2020(4).

[96]吕开宇,施海波,李芸,等.新中国70年产业扶贫政策:演变路径、经验教训及前景展望[J].农业经济问题,2020(2).

[97]林俐.产业发展视角下西藏巩固拓展脱贫攻坚成果与乡村振兴有效衔接的路径探讨[J].西藏民族大学学报(哲学社会科学版),2021(5).

[98]林万龙,华中昱,徐娜.产业扶贫的主要模式、实践困境与解决对策——基于河南、湖南、湖北、广西四省区若干贫困县的调研总结[J].经济纵横,2018(7).

[99]林毅夫.新结构经济学的理论基础和发展方向[J].经济评论,2017(3).

[100]马光荣,郭庆旺,刘畅.财政转移支付结构与地区经济增长[J].中国社会科学,2016(9).

[101]马晓河,蓝海涛,黄汉权.工业反哺农业的国际经验及我国的政策调整思路[J].管理世界,2005(7).

[102]麻学锋,张世兵,龙茂兴.旅游产业融合路径分析[J].经济地理,2010(4).

[103]毛泽东.建国以来毛泽东文稿:第8册[M].北京:中央文献出版社,1993.

[104]那音太,秦福莹,乌兰图雅.科尔沁左翼后旗土地荒漠化动态变化与原因分析[J].内蒙古师范大学学报(自然科学汉文版),2010(6).

[105]牛若峰,郭玮,陈凡.中国经济偏斜循环与农业曲折发展[M].北京:中国人民大学出版社,1991.

[106]任金政,李书奎.扶贫资产管理助力巩固拓展脱贫攻坚成果的长效机制研究[J].农业经济问题,2022(4).

[107]任保平,杜宇翔.黄河流域经济增长—产业发展—生态环境的耦合协同关系[J].中国人口·资源与环境,2021(2).

[108]施海波,李芸,张姝,等.精准扶贫背景下产业扶贫资产管理与收益分配优化研究[J].农业经济问题,2019(3).

[109]施琳娜,文琦.相对贫困视角下的精准扶贫多维减贫效应研究——以宁夏彭阳县为例[J].地理研究,2020(5).

[110]沈权平.韩国乡村振兴社会政策的起源、演进及政策路向[J].中国农业大学学报(社会科学版),2021(5).

[111]沈兴菊,刘韫.国家公园门户社区旅游发展与民族地区乡村振兴——美国的经验教训对我国的启示[J].民族学刊,2021(12).

[112]索小霞.乡村振兴战略下的乡土文化价值再认识[J].贵州社会科学,2018(1).

[113]唐跃恒,杨其静,李秋芸,等.电子商务发展与农民增收——基于电子商务进农村综合示范政策的考察[J].中国农村经济,2020(6).

[114]涂圣伟.脱贫攻坚与乡村振兴有机衔接:目标导向、重点领域与关键举措[J].中国农村经济,2020(8).

[115]佟大建,应瑶瑶.扶贫政策的减贫效应及其可持续性——基于贫困县名单调整的准自然实验[J].改革,2019(11).

[116]覃建雄,张培,陈兴.旅游产业扶贫开发模式与保障机制研究——以秦巴山区为例[J].西南民族大学学报(人文社会科学版),2013(7).

[117]覃志敏.中国—东盟减贫合作:现实基础、实施机制及发展趋势[J].广西社会科学,2017(3).

[118]王爱云.1978—1985年的农村扶贫开发[J].当代中国史研究,2017(3).

[119]王国庆,李梦玲,刘初脱.宁夏"脱贫摘帽"后产业可持续发展研究[J].农业经济,2020(5).

[120]王介勇,戴纯,刘正佳,等.巩固脱贫攻坚成果,推动乡村振兴的政策思考及建议[J].中国科学院院刊,2020(10).

[121]王宁,吴明.我国农村地区产业精准扶贫长效机制建设研究[J].农业经济,2019(5).

[122]王山林.西部乡村生态振兴的理论逻辑与协同机制[J].社会科学家,2022(10).

[123]王守坤.国家级贫困县身份与县级城乡收入差距[J].人文杂志,2018(10).

[124]王小林,张晓颖.中国消除绝对贫困的经验解释与2020年后相对贫困治理取向[J].中国农村经济,2021(2).

[125]王亚华,舒全峰.中国精准扶贫的政策过程与实践经验[J].清华大学学报(哲学社会科学版),2021(1).

[126]王亚华,苏毅清.乡村振兴——中国农村发展新战略[J].中央社会主义学院学报,2017(6).

[127]王艺明,刘志红.大型公共支出项目的政策效果评估——以"八七扶贫攻坚计划"为例[J].财贸经济,2016(1).

[128]王泽润,吴振磊,白永秀,等.区域性扶贫政策的增长与分配效应——基于集中连片特困区的经验证据[J].中国软科学,2020(10).

[129]王志章,杨志红.西部地区脱贫攻坚与乡村振兴战略的融合之路——基于10省85村1143户的微观调查数据[J].吉首大学学报(社会科学版),2020(2).

[130]汪牧耘.减贫经验输出的困境与挑战——对援老项目的中期考察[J].中国农业大学学报(社会科学版),2020(6).

[131]汪三贵,冯紫曦.脱贫攻坚与乡村振兴有机衔接:逻辑关系、内涵与重点内容[J].南京农业大学学报(社会科学版),2019(5).

[132]汪三贵,冯紫曦.脱贫攻坚与乡村振兴有效衔接的逻辑关系[J].贵州社会科学,2020(1).

[133]汪三贵,胡骏.从生存到发展:新中国七十年反贫困的实践[J].农业经济问题,2020(2).

[134]万君,张琦."内外融合":精准扶贫机制的发展转型与完善路径[J].南京农业大学学报(社会科学版),2017(4).

[135]乌兰图雅.20世纪科尔沁的农业开发与土地利用变化[J].自然资源学报,2002(2).

[136]吴丰华,韩文龙.改革开放四十年的城乡关系:历史脉络、阶段特征和未来展望[J].学术月刊,2018(4).

[137]吴国宝.中国减贫与发展(1878—2018)[M].北京:社会科学文献出版社,2018.

[138]武力.1949—2006年城乡关系演变的历史分析[J].中国经济史研究,2007(1).

[139]武力.中华人民共和国经济史[M].北京:时代经济出版社,2010.

[140]武汉大学乡村振兴研究课题组.脱贫攻坚与乡村振兴战略的有效衔接——来自贵州省的调研[J].中国人口科学,2021(2).

[141]武汉大学易地扶贫搬迁后续扶持研究课题组.易地扶贫搬迁的基本特征与后续扶持的路径选择[J].中国农村经济,2020(12).

[142]文丰安.全面实施乡村振兴战略:重要性、动力及促进机制[J].东岳论丛,2022(3).

[143]温忠麟,张雷,侯杰泰,等.中介效应检验程序及其应用[J].心理学报,2004(5).

[144]解安."七个坚持"读懂中国脱贫攻坚密码[J].人民论坛,2021(11).

[145]习近平.在庆祝中国共产党成立100周年大会上的讲话[M].北京:人民出版社,2021.

[146]习近平.在全国脱贫攻坚总结表彰大会上的讲话[M].北京:人民出版社,2021.

[147]习近平.在打好精准脱贫攻坚战座谈会上的讲话[J].求是,2020(9).

[148]习近平.高举中国特色社会主义伟大旗帜为全面建设社会主义

现代化国家而团结奋斗——在中国共产党第二十次全国代表大会上的报告[M]．北京：人民出版社，2022．

[149]新华社国家高端智库．中国减贫学——政治经济学视野下的中国减贫理论与实践[M]．北京：新华出版社，2021．

[150]邢成举，李小云．超越结构与行动：中国特色扶贫开发道路的经验分析[J]．中国农村经济，2018(11)．

[151]许汉泽，李小云．精准扶贫背景下农村产业扶贫的实践困境——对华北李村产业扶贫项目的考察[J]．西北农林科技大学学报(社会科学版)，2017(1)．

[152]徐舒，王貂，杨汝岱．国家级贫困县政策的收入分配效应[J]．经济研究，2020(4)．

[153]徐榕，何得桂，蔡杨．"健康中国"视域下家庭医生签约服务制度安排与实践思考[J]．卫生经济研究，2020(8)．

[154]修兴高．产业扶贫模式：运行成效、影响因素与政策建议——福建省产业扶贫模式典型案例分析[J]．福建论坛(人文社会科学版)，2018(4)．

[155]谢志强，姜典航．城乡关系演变：历史轨迹及其基本特点[J]．中共中央党校学报，2011(4)．

[156]燕继荣．反贫困与国家治理——中国"脱贫攻坚"的创新意义[J]．管理世界，2020(4)．

[157]杨云婷．乡村振兴与民族传统村落的保护与开发：以贵州省榕江县大利侗寨村为例[J]．乡村振兴，2021(5)．

[158]袁树卓，刘沐洋，彭徽．乡村产业振兴及其对产业扶贫的发展启示[J]．当代经济管理，2019(1)．

[159]于树一，李木子，黄潇．我国贫困治理现代化："精准"取向下的财政扶贫资金发展[J]．山东社会科学，2020(11)．

[160]叶兴庆．新时代中国乡村振兴战略论纲[J]．改革，2018(1)．

[161]中共中央党史和文献研究院．习近平扶贫论述摘编[M]．北京：中央文献出版社，2018．

[162]中国共产党中央委员会．中共中央关于制定国民经济和社会发展第十四个五年规划和二〇三五年远景目标的建议[M]．北京：人民出版

社,2020.

[163]中华人民共和国国务院新闻办公室.人类减贫的中国实践[M].北京:人民出版社,2021.

[164]中央文献研究室.建国以来重要文献选编:第七册[M].北京:中央文献出版社,1993.

[165]中华人民共和国农业部计划司.中国农村经济统计大全(1949—1986)[M].北京:农业出版社,1989.

[166]中共中央文献研究室.十六大以来重要文献选编(中册)[M].北京:中央文献出版社,2006.

[167]中共中央、国务院关于推进社会主义新农村建设的若干意见[M].北京:人民出版社,2006.

[168]张彬斌.新时期政策扶贫:目标选择和农民增收[J].经济学(季刊),2013(3).

[169]张海霞,庄天慧,杨帆.建构主义视角下中国—柬埔寨合作减贫:回顾与展望[J].广西社会科学,2018(9).

[170]张国建,佟孟华,李慧,等.扶贫改革试验区的经济增长效应及政策有效性评估[J].中国工业经济,2019(8).

[171]张军.乡村价值定位与乡村振兴[J].中国农村经济,2018(1).

[172]张磊等.中国扶贫开发历程(1949—2005)[M].北京:中国财政经济出版社,2006.

[173]张明皓,叶敬忠.脱贫攻坚与乡村振兴有效衔接的机制构建和政策体系研究[J].经济学家,2021(10).

[174]张青,郭雅媛.脱贫攻坚与乡村振兴的内在逻辑与有机衔接[J].理论视野,2020(10).

[175]张琦.稳步推进脱贫攻坚与乡村振兴有效衔接[J].人民论坛,2019(S1).

[176]张文科.基于"互联网+"的城乡供水一体化建管服模式改革探讨——以彭阳县智慧人饮工程为例[J].水利水电快报,2020(10).

[177]张勋,万广华.中国的农村基础设施促进了包容性增长吗?[J].经济研究,2016(10).

[178]张永军,冯亮.大巴山里的"脱贫答卷"——访陕西省汉中市人大

常委会副主任、中共镇巴县委书记赵勇健[J].西部大开发,2020(7).

[179]张亦弛,代瑞熙.农村基础设施对农业经济增长的影响——基于全国省级面板数据的实证分析[J].农业技术经济,2018(3).

[180]张占斌.中国减贫的历史性成就及其世界影响[J].马克思主义研究,2020(12).

[181]张忠明,钟鑫.土地流转的有效形式——土地托管模式[J].江苏农业科学,2013(7).

[182]朱海波,毕洁颖.巩固拓展脱贫攻坚成果同乡村振兴有效衔接:重点方向与政策调试——针对"三区三州"脱贫地区的探讨[J].南京农业大学学报(社会科学版),2021(6).

[183]朱红根,宋成校.产业扶贫政策的福利效应及模式比较研究[J].农业经济问题,2021(4).

[184]郑家喜,江帆.国家扶贫开发工作重点县政策:驱动增长,缩小差距,还是政策失灵——基于PSM-DID方法的研究[J].经济问题探索,2016(12).

[185]周德成,赵淑清,朱超.退耕还林还草工程对中国北方农牧交错区土地利用/覆被变化的影响——以科尔沁左翼后旗为例[J].地理科学,2012(4).

[186]周国华,于雪霞,贺艳华,等.湖南省巩固脱贫攻坚成果同乡村振兴有效衔接的思考[J].经济地理,2021(8).

[187]周敏慧,陶然.市场还是政府:评估中国农村减贫政策[J].国际经济评论,2016(6).

[188]周文,郑继承.减贫实践的中国贡献与经济学诺奖的迷误[J].政治经济学评论,2020(4).

[189]周玉龙,孙久文.瞄准国贫县的扶贫开发政策成效评估——基于1990—2010年县域数据的经验研究[J].南开经济研究,2019(5).

[190]左停,刘文婧,李博.梯度推进与优化升级:脱贫攻坚与乡村振兴有效衔接研究[J].华中农业大学学报(社会科学版),2019(5).

[191]左停.脱贫攻坚与乡村振兴有效衔接的现实难题与应对策略[J].贵州社会科学,2020(1).

[192]左停,徐小言.农村"贫困—疾病"恶性循环与精准扶贫中链式健

康保障体系建设[J]. 西南民族大学学报(人文社科版),2017(1).

[193]左停,原贺贺,李世雄. 巩固拓展脱贫攻坚成果同乡村振兴有效衔接的政策维度与框架[J]. 贵州社会科学,2021(10).

[194]左停,苏武峥. 乡村振兴背景下中国相对贫困治理的战略指向与政策选择[J]. 新疆师范大学学报(哲学社会科学版),2020(4).

[195]郑瑞强. 新时代推进乡村益贫性产业发展的学理阐释[J]. 内蒙古社会科学,2021(4).

[196]赵双,李万莉. 我国易地扶贫搬迁的困境与对策:一个文献综述[J]. 社会保障研究,2018(2).

[197]赵洋. 中国特色社会主义城乡关系变迁:历史、理论与现实[J]. 思想理论教育导刊,2016(9).

[198]曾福生,蔡保忠. 农村基础设施是实现乡村振兴战略的基础[J]. 农业经济问题,2018(7).

[199]曾庆捷,牛乙钦. 乡村治理中的产业扶贫模式及其绩效评估[J]. 南开学报(哲学社会科学版),2019(4).

[200]曾小溪,汪三贵. 易地扶贫搬迁情况分析与思考[J]. 河海大学学报(哲学社会科学版),2017(2).

[201]Altonji J G, Elder T E, Taber C R. Selection on Observed and Unobserved Variables: Assessing the Effectiveness of Catholic Schools [J]. Journal of Political Economy, 2005, 113(1):151–184.

[202]Blundell R, Bond S. Initial Conditions and Moment Restrictions in Dynamic Panel Data Models [J]. Journal of Econometrics, 1998, 87(1): 115–143.

[203]Busso M, Gregory J, Kline P, et al. Assessing the Incidence and Efficiency of a Prominent Place Based Policy[J]. The American Economic Review, 2013, 103(2): 897–947.

[204]Chen S, Mu R, Ravallion M. Are There Lasting Impacts of Aid to Poor Areas? [J]. Journal of Public Economics, 2009, 93(3–4):512–528.

[205]Chen S, Ravallion M. Reconciling the conflicting narratives on poverty in China[J]. Journal of Development Economics, 2021(153):102711.

[206]Chen S, Ravallion M. China's (Uneven) Progress Against Poverty

[J]. Journal of Development Economics,2004,82(1):1-42.

[207] Glaeser E L, Gottlieb J D. The Economics of Place-Making Policies [J]. National Bureau of Economic Research, 2008(1): 155-253.

[208] Jose G Montalvo, Martin Ravallion. The Pattern of Growth and Poverty Reduction in China[J]. Journal of Comparative Economics,2009,38(1):2-16.

[209] Kline P, Moretti E. People, Places, and Public Policy: Some Simple Welfare Economics of Local Economic Development Programs[J]. Annual Review of Economics, 2014, 6(1): 629-662.

[210] Liu C, Ma G. Are Place-Based Policies Always a Blessing? Evidence from China's National Poor County Programme[J]. The Journal of Development Studies, 2019(55):7, 1603-1615.

[211] Lu Y, Wang J, Zhu L, et al. Place-Based Policies, Creation and Agglomeration Economies: Evidence from China's Economic Zone Program [J]. American Economic Journal: Economic Policy, 2019, 11(3): 325-360.

[212] Martin Ravallion. Are There Lessons for Africa from China's Success Against Poverty? [J]. World Development,2008,37(2):303-313.

[213] Meng L. Evaluating China's Poverty Alleviation Program: A Regression Discontinuity Approach[J]. Journal of Public Economics, 2013, 101(5):1-11.

[214] Moser P, Voena A. Compulsory Licensing: Evidence from the Trading with the Enemy Act [J]. American Economic Review, 2012, 102 (1): 396-427.

[215] Park A, Wang S. Community-Based Development and Poverty Alleviation: An Evaluation of China's Poor Village Investment Program[J]. Journal of Public Economics, 2010, 94(9-10):790-799.

[216] Park A F, Wang S, Wu G, et al. Regional Poverty Targeting in China [J]. Journal of Public Economics, 2002, 86(1): 123-153.

[217] Ravallion M, Chen S. Measuring Pro-Poor Growth[J]. Economics Letters, 2003, 78(1): 93-99.

[218] Rozelle S, Park A, Benziger V, et al. Targeted Poverty Investments and Economic Growth in China [J]. World Development, 1998, 26 (12): 2137-2151.

[219] Wang J. The Economic Impact of Special Economic Zones: Evidence from Chinese Municipalities[J]. Journal of Development Economics, 2013, 101(1):133-147.

[220] Yuheng Li, Baozhong Su, Yansui Liu. Realizing Targeted Poverty Alleviation in China[J]. China Agricultural Economic Review,2016,8(3):443-454.

后　记

本书是白永秀教授主持的国家社科基金重大项目"西部地区巩固拓展脱贫攻坚成果同乡村振兴有效衔接的路径及政策研究"（21ZDA063）的阶段性成果。课题立项以来，白永秀教授带领课题组深入开展研究，发表了一系列学术论文，在实地调查基础上撰写了一系列典型案例，为撰写本书奠定了基础。

本书的前两篇"理论探索"和"政策分析"脱胎于课题组撰写的学术论文，具体分工如下：第1章《巩固拓展脱贫攻坚成果同乡村振兴有效衔接的研究进展及深化研究方向》由白永秀、宁启撰写，刊发于《西北大学学报》2021年第5期；第2章《中国特色减贫道路的一般框架与经验借鉴》由吴振磊、刘泽元、王泽润撰写，刊发于《中国经济问题》2022年第1期；第3章《乡村振兴的历史渊源与实施重点》由吴丰华、温慧撰写；第4章《巩固拓展脱贫攻坚成果同乡村振兴有效衔接的政策演进及其逻辑》由白永秀、黄海昕、宋丽婷撰写，刊发于《西北大学学报》2022年第5期；第5章《巩固拓展脱贫攻坚成果同乡村振兴的耦合协同关系》由郭俊华、王阳撰写，刊发于《西北民族大学学报》2022年第1期；第6章《区域性扶贫政策的增长与分配效应》由王泽润、吴振磊、白永秀、周博杨撰写，刊发于《中国软科学》2020年第10期。

第3篇"案例研究"由王颂吉、王泽润、吴丰华三位老师组织研究生撰写初稿，具体分工如下：张甜甜撰写案例——陕西澄城"小樱桃"成就"大产业"，陕西澄城幸福搬迁社区"网格下沉"创新社区治理体系；郝姝涵撰写案例——陕西山阳"绿叶子"变成"红票子"，陕西山阳法官镇农旅融合赋能乡村产业振兴；严明撰写案例——陕西山阳"小木耳"发展为"大产业"，陕西山阳发展"归雁经济"；程旭翀撰写案例——陕西山阳肉牛产业联合体促进农民增收；韩瑞撰写案例——陕西澄城西夏村土地托管促进农业适度规模经营，宁夏彭阳依托互联网推进城乡供水一体化；杨家耕撰写案例——陕西永寿寨里村探索多元产业发展路径，青海玛多打好生态产业发展组合拳；赵雅芝撰写案例——陕西石泉明星村"小蚕桑"发展"大产业"，云南祥云生态建设助推乡村振兴；许恒博撰写案例——四川稻城依托生态旅游实现可持续发展，西藏隆子推动生态修复与生态经济协调发展；张书宇撰写案例——贵州丹寨借助万达文化小镇促进产业振兴，贵州榕江大利侗寨村加强村寨保护和文化传承；王佳吉撰写案例——贵州岑巩促进农文旅融合发展，贵州黔西南万峰林街道生态振兴赋能乡村旅游；冯雪撰写案例——贵州黔东南白岩村依托特色产业强村富民，贵州丹寨金泉街道加强易地搬迁后续帮扶；郭嘉德撰写案例——陕西商南推动乡村人才振兴，陕西镇巴文化振兴赋能乡村旅游；张馨之撰写案例——陕西澄城吉安城村党建统领乡村治理，贵州雷山千户苗寨加强传统文化保护；康林鑫撰写案例——陕西澄城樊家川村能人带动产业发展；任俐芳撰写案例——甘肃康县发展壮大劳务经济，贵州正安推动农民工返乡创业；吴昱林撰写案例——贵州赫章殡葬改革促进乡风文明，陕西岚皋通过"三级三账"监管扶贫资金资产；惠靓颖撰写案例——内蒙古通辽科左后旗生态建设推动绿色发展，新疆察布查尔锡伯生态振兴推动可持续发展；王浩宇撰写案例——贵州毕节探索林业碳汇生态补偿机制，贵州黔西化屋村加强生态修复；江金花撰写案例——陕西镇巴推动优质医疗资源下沉山区，陕西宁陕探索农村特困群体集中托养；赵曼如撰写案例——陕西山阳富桥搬迁社区推动乡村移风易俗；王鑫撰写案例——新疆莎车促进易地搬迁群众稳定就业，陕西扶风有效管理扶贫资产。

  案例初稿完成之后，王颂吉组织人员对案例反复修改提升，并对全书内容进行统稿，江金花、任俐芳、韩瑞在统稿过程中承担了大量具体工作。稿件完成后，白永秀教授、吴振磊教授等审定终稿。此外，中国经济出版社的贺静老师为本书出版付出了辛勤劳动，在此一并表示感谢。